成城大学法学会 編

21世紀における法学と政治学の諸相

信山社

成城学園創立 90 周年記念

成城大学法学部創設 30 周年記念

序　文

成城学園創立六〇周年を機に創設された成城大学法学部は、二〇〇七年、学園創立九〇周年と同時に創設三〇周年を迎えた。この間、一九八七年には、大学院法学研究科博士前期課程を、一九九二年には、博士後期課程を開設するに至っている。

成城大学法学部は、創設以来、国際的視野に立った法律学を身につけ、実践できる人材の養成を教育の目標として掲げてきた。その基本方針である外国語科目の重視、オールラウンドな法学教育、学生の自主性の尊重、少人数教育主義は現在でも基本的に堅持されている。こうした教育目標・方針を実現するためには、教員と学生がともに学問を志す者として、地道な研鑽を重ねる必要があり、実際に行ってきた。成城大学法学部の三〇年は、学問共同体の理想を愚直なまでに追求してきた歴史といっても過言ではない。ともあれ、成城大学法学部が今日あるのは、創設期から現在に至るまでのスタッフの並々ならぬご尽力の賜であり、心から感謝申し上げる次第である。

近時、法科大学院の制度化により、法学教育のあり方について見直しを余儀なくされている。しかし、このような時代だからこそ、大学の原点である学問共同体の理念が忘れられてはならない。幸いなことに、成城大学法学部は、学問に対して厳しい姿勢を貫き、基礎的な研究に日々邁進している多くの教員を擁している。学生もそうした教員の姿を鋭く受け止めることのできる深い感性を有している。成城大学法学部は、奇を衒わないアカデミックな雰囲気を醸し出すことにより、社会に稀有な人材を輩出してきたと自負している。

本論文集は、研究の場としての大学の基本に立ち返り、教員の研究成果を社会に問うことにより、成城大学法学部三〇周年を記念しようとするものである。本論文集の企画に対し成城学園当局が絶大なる支援を与えられたことに感謝するとともに、ご多忙中にもかかわらず、幅広い学問分野から玉稿をお寄せ下さった成城大学法学部のスタッフにもお礼申し上げる。

最後に、出版事情が厳しい折にもかかわらず、出版をお引き受け下さった信山社・袖山貴氏と今井守氏に謝意を表したい。

二〇〇九年一月

成城大学法学部長　今野裕之

目　次

目次

1

憲法学における社会システム理論の位置
――プロセス的法理論についての覚書――

西土彰一郎

一　はじめに

近年、日本でも、社会システム理論を参照することにより、従来の憲法学の規範理論に反省を加える業績が散見されるようになった。(1) それらの問題関心は当然多岐にわたるものの、その背景の一つとして、憲法学における普遍理論へのあくなき追求があるように思われる。このことは、「普遍性」を求めて、隣接学問分野の様々な潮流を参考にしつつ、その基礎づけを試みてきた人権理論に強く妥当するといえよう。

もっとも、その際、はたしてシステム理論上の社会モデルは憲法の規範命題とストレートに連結できるのか、という素朴な疑問が常につきまとう。したがって、自然法および精神科学的考察による人権の基礎づけの不十分さを社会学という外部の視点から観察するルーマン・システム理論を援用しながら[2]、実体的に人権の意義を根拠づけるためには、自覚的な方法論が必要となる。

本稿は、社会システム理論による人権の実体的基礎づけという関心のもと、その手前の、まさに以上の方法論上の問題を整理しようとするものである。その意味で、文字通り、今後の研究の予備的考察にとどまる。ただ、結論から言えば、憲法学における社会システム理論の第一の位置価は、実はこの方法論上のレベルにあるのではないかと考えられる。そして、この次元を表現しているように思われるのが、最近のドイツのシステム理論法学者により提唱されつつある、いわゆる「プロセス的法理論」であろう。そこで、以下では、このプロセス的法理論をめぐるドイツでの議論を素材とすることにより、前述の目的を果たすことにしたい。

二　社会システム理論による実体的人権論

1　制度としての基本権

まず、本稿により最終的に架橋されるべき、社会システム理論による人権の実体的把握の位相を明らかにするため、ルーマンの「制度としての基本権」論を瞥見しておく。

(1)　周知の通り、ルーマンは現代社会を多様な部分システムへと機能分化した進化形態として考察する。この部分システムは、情報・理解・伝達という意味での「コミュニケーション」からなり、コミュニケーションは自らを常に新たに生成させるために、それにより区別されたもの――システムの環境――を必要とする。したがって、コミュニケーションは再帰的に接続されたネットワークとして把握され、それがシステムの根本要素をなす。その限りでシステムはパラドックスであり、また、厳密に考えると、操作のアクチャルなコミュニケーション上の接続の契機において存立するにすぎない。システムは静態的には把握されず、操作的に閉じたものとして観念されているのである。そして、この操作的閉鎖性のために、システムは専ら特殊なコードを通して操作するということが想定されている。例えば、法システムにとっては、このコードは「法」と「不法」の区別となって顕れ、システムによる独自の言語と処理技術の展開のための基盤を形成する。すなわち、あるシステムが独自のコードと言語・処理技術を備えた自律的システムとして存立する場合、このようにして存在する操作的閉鎖性は、システム内部のコミュニケーションのディスプリン化と精緻化を可能にするといえよう。システム理論によれば、社会は以上にように構想された部分システムから構成されている。(3)

このように、コミュニケーションがシステムの根本要素であるならば、そのためのメディアの差異（貨幣、権力、愛、組織の構成資格など）により、社会システムの機能分化が進展すると考えられる。ルーマンによれば、基本権の機能とは、メディアの相違に着目しつつ、各コミュニケーションの機能性を保護し、ひいては現代社会の機能分化それ自体を保障する、逆に言えば、（とりわけ政治システムからの）社会秩序の退化的脱分化を制度として食い止める点にある。(4) したがって、それぞれの社会的文脈（コミュニケーション）に応じて、表現の自由、経済的自由などと基本権それ自体が細分化していくことになる。「コミュニケーションの自由」（表現の自由）は「期待（予期）の一般化」のための「役割」保障として、財産権は「貨幣取引への個人的参加者としての役割」の保護（貨幣コミュニケーションの機会の保障）(5)、および「コミュニケーションシステムとしての貨幣制度を、社会のそれ以外のコミュニケーションによる介入から保護すること」[6]として分化していく。

(2) かくして、ルーマンからすれば、基本権という制度は、現代社会の機能分化の「帰結問題」として見なされる。しかし、このことは同時に、財産権は個人の保障ではなく、貨幣というコミュニケーションへの参加の「役割」の保障として構成されていることからも分かるように、「人間」が消えてしまうことをも意味する。ルーマンは他の文献において、人権（Menschenrechte）は「システムごとに異なるオートポイエーシス的再生産のために未来を開放的にすることに奉仕する」[7]とか、「人権は主観的権利として把握され得ない」[8]と述べているが、その真意は、認知主体を人間からシステムへと移管させようとする点にあるといえよう。

現代社会の多元化に伴い、人間は多様な社会的文脈、つまり複数の部分システムに同時に帰属することができる。しかし、このシステム帰属の複数性により、社会は人間の意図からではなく、社会的作用（コミュニケーション）から考察せざるをえない。各コミュニケーションが初めて社会の現実を構築する。確かに、コミュニケーションは、社会的作用として、人間の行為や意図を胚胎にしているとも考えられる。ただし、その場合、人間はシステムを形成する要素として機能するにすぎない。自らを再生産するオートポイエーシスとしてのシステムでは、要素は断続的に、この要素からなるシステムにより生み出されなければならないところ（システムの自己言及性）、人間も、システムの要素として維持されつつ、こうしたシステムの動態的な構築物として見なされることになる。人間は、システム理論的にはコミュニケーション上の構築物、つまり「意味論上の人為物」である。[9]このことが、認知主体が人間から操作的に閉じた部分システムへ移ったことを意味しているのである。

以上は、ルーマンの「人間の尊厳」（基本法第一条一項）の捉え方において顕在化している。[10] ルーマンは、人間の尊厳を、人間が「個人的人格」として自己表現するための根本条件として把握している。およそ人間が客体から自意識を持った「個人」へとなるためには、自らを相互行為パートナーとして表現する必要がある。そして、自己表現のためには、社会における多様な「役割」を自ら取捨選択し、独自の「個性」を築き上げる必要がある。逆に言えば、人間が個性を一貫して表現できるときに、相互行為パートナーとしてコミュニケーションに参加でき、その結果として個人が構築されることになる。人間の尊厳という基本権の機能は、相互行為パートナーとして自己表現するための条件整備、すなわち、多様な「役割」の不当結合の防止にある。そして、実際に、この自己表現が成功し、個人となることができるのかどうかは、それぞれのコミュニケーションに委ねられる。ここでも、コミュニケーション・プロセスに主体の資格があると考えられる。「システム理論上の人間の尊厳は、人間の主体資格と同義ではなく、むしろコミュニケーション・プロセスの結果である」。「尊厳は、人間の主体資格ではなく、その個別性のみを調達するにすぎない」[11]。

2　部分システムの相互作用の制御としての基本権機能

さて、以上のようなルーマンの基本権理解は、『制度としての基本権』の副題「政治的社会学への寄与」が示しているように、社会理論の一つとして位置づけられる（また、政治介入のみを考えていることも副題から察することができる）。もとより、それが社会理論の範疇にとどまるのであれば、任意の人間像および尊厳の構想を打ち立てることができる。問題は、この理論は、社会理論の域を超えて、基本法下での法学的帰結を導くことが可能であるのか、である。

ルーマンに対するこのような外在的批判の可能性については、後にレプジウスの所説を紹介・分析する中で触れるが、ここでは、ヴィルケによる次のような若干の指摘を言及するにとどめる。

(1) ルーマンは、同じ人間が自己表現の諸前提を個人的に形成する可能性を有していると想定している。しかし、この前提選択の自由は、システムにより既に「役割」が規定されているという社会的強制の下で、どこで根拠づけられるのか、彼は沈黙したままである。[12] むしろ、端的に「個々の基本権は、意見形成、資本形成、権力形成に係る部分システムに入り込んで作用し、そうして、そこでの個人の自己表現の機会を、しばしば対立する構造要求にもかかわらず保障」すべきなのではないか。[13] また、既存の多数の「役割」を担わせ、自己の中で統合させるのは、人格の分裂を強いることになる。[14] そのような中で、「役割」の一貫性の保持に失敗し、その意味で十分に自己表現を行うことができないのであれば、この人間は相互行為パートナーとして排除されることとなり、システム要求に対する理解力の欠如を理由として、精神病院行きになる、とのルーマンの言及は、とりつくしまがないようなものである。[15] 詰まるところ、ルーマンにおける基本権の機能は「社会分化というそれぞれ達成された進化状態の意味での Status quo を、複雑性の減少に向かう退化から保護する」[16] 点にある。

もとより、以上のヴィルケの批判は、人間を排除するのではなく、それを主体とした基本権論の必要性を唱えるものである。ただし、部分システムの分離により社会の差異を維持すること、つまり Status quo の保障というルーマン説における基本権の現状維持的機能の指摘は、システム進化それ自体を阻害してしまうのではないかとの内在的批判にも繋がりうる。つまり、システム社会の進化は部分システムの複雑な相互作用によりもたらされるのであり、したがって、基本権はこうした部分システムの相互作用の制御に向けられる必要がある[17]。そして、基本権が法に対してこうした制御を要請し、システム全体の（自生的な）変革・進化を可能にするということは、「個人の自己表現の機会を、しばしば対立する構造要求にもかかわらず保障する」ことでもある。

ヴィルケによれば、こうした多様な部分システムの間のコミュニケーションの流れを構造化するのが、それぞれの基本権の中で規定されている「価値」決定である。「この価値決定は、基準の用意により、例えば、経済と政治の間の交換プロセスを制御する。この基準の助けを借りて、正当、不当な影響力行使が識別されうるのである。かくして、基本法第一二条と第一四条の基本権は、国家が企業に特定の公任務を補償なく課すことを許す。（中略）他方で、基本法第五条一項は、経済界が新聞広告などを通して立法プロセスに巨大な影響力を行使することを正当化する」[18]。

この価値決定は、高度に抽象的な次元にあり、包括的な性格を有する。ただし、それが「制度」に組み込まれることを通して、方向付けとして社会変革・制御を可能にする。逆に言えば、社会制御は個別具体的な法規範だけでもたらされるのではない。ルーマンは価値を等閑視することにより、基本権に現状維持的機能しか見出すことができなかったのである[19]。

(2)　それでは、ヴィルケの考える基本権の具体的形態はどのようなものであろうか。この点、彼は、「機能的に細分化した社会では、それぞれの部分社会が多様な機能を充たすので、基本権は――そもそも効力を発揮するためには――かかる多様な諸機能に志向されなければならない、つまり基本権それ自体が多機能化しなければならない」との観点から、団体の基本権享有主体性等について分析を進める[20]。しかし、ここでは彼の所説の特徴が明確に顕れている、部分社会の「民主化」という視点からの基本権機能について瞥見してみる。それは、部分社会、社会的文脈ごとに分化した基本権、そして、その中に組み込まれている価値決定が、それぞれの社会の実態を睨みつつ構築されるべき制度、とりわけ手続を通して実現されるプロセスでもある。その意味で、手続による基本権保護とも言えよう。

ヴィルケによれば、まず前提におかれるべきは、人間の欲求がシステムの合理性基準を提供することを要求する「個人の尊厳」である。一方で、人間は個人でありたいと思い、自由を行使しようとする。他方で、人間は社会の中で生活し、それゆえに他のすべての社会構成員の同等の自由が個々人の自由の条件になる。自由と平等があらゆる人間組織の両義的な基礎を特徴づけている。[21] したがって、こうした自由と平等という基本的価値がともに実現されるようなメカニズム（制度）を社会の中に用意しておく必要がある。その一つとして、こうした基本的価値が最適に実現されているのか、そのために必要な前提はいかなるものかを自省させるための民主化手続が考えられる。

ただし、ここでのポイントは、先述の通り、部分社会ごとに民主化手続を構築すべきであるという点にある。「国家と社会、とりわけ経済、学問そして政治の絡み合いの増大に基づき、経済的、教育的不均等は政治的プロセスにも波及効果を及ぼす。社会的不均等や不自由を縮減させるためには、一般的で平等な選挙権だけでは不十分である。平等な選挙権の持つ潜在的な作用が、既に政治の事前領域の中で、構造抵抗的メカニズムにより吸い取られてしまうのである」[22]。部分社会において民主的構造・手続が確立して初めて、社会全体の自省を可能にする政治システムが機能するといえよう。[23]

かくして、部分社会、社会的文脈ごとに分化した基本権、その中に組み込まれている自由と平等という基本的価値決定、そして部分社会の特殊性に応じてそれらをアレンジさせた価値が、それぞれの実態に適合した民主化手続を、それらの実現状況や諸前提を反照させるために、立法者に対して要請していることになる。民主化手続が、その背後に控えている基本権価値を実践的にさせるのである。また、この手続自体が自由、平等であることにより、それぞれの社会的権力を統制することになり、ひいては、この手続への平等な参与権として、配分請求権、給付権などといった実体的基本権が基礎づけられもする[24]。さらには、民主化手続を媒介にして政治システムを含む多様な部分システムの相互作用が制御されることにより、自由と平等という観点からの社会の進化が展開することになる。そこに、ルーマンのように部分システムの分離により社会の差異を維持するのではなく、部分システムの相互作用の制御に基本権の機能を見出そうとするヴィルケの洞察が端的に顕れていることは、もはや論を俟たないであろう[25]。

3　プロセス的基本権・法理論

以上、社会システム全体の進化論的視点から基本権を再構成する所説を見てきた。ルーマンとヴィルケの間には「人間の尊厳」あるいは「個人の尊厳」の理解をめぐり相当の径庭が存在するものの、社会システムの進化プロセスそれ自体を展開させるために基本権が機能化させられている点では共通している。ただ、ヴィルケ説においては、価値に立脚したうえで、各部分社会（システム）内部およびそれら相互の複雑な作用を自省させる点に基本権の機能があるとし、当然のことながら、その背後には、ルーマンとは異なる規範的な社会システム理論が控えている。

この規範的な社会システム理論は、部分社会による自己制御・学習（自省）を積極的に促進し、同時にその消極的外部効果を補完的修正により排除する点に、基本権および法の合理性を見出すものといえよう。したがって、この理論は、法や基本権により社会に特定の変動がもたらされることを期待してはしない。むしろ、社会の循環的・再帰的プロセスに沿いつつ、その自己修正能力（自省・学習・試行錯誤能力）を高める点に基本権の「価値」を見て取り、その限りでは民主的手続や法律制御と異なるところはない。それは、一言でいうと、多くの可能性・オルタナティブを用意することである。そして、基本権それ自体も各部分システム特有の自己制御プロセスに組み込まれることにより、多元化・柔軟化することになる。

このように、基本権や法の価値をそれぞれの社会システムの自己組織化プロセスに沿いつつ、それを支える点に見出す規範的理論を、狭義の「プロセス的基本権・法理論」と呼ぶことができる。

三　プロセス的基本権・法理論への批判

1　外在的批判

ただ、以上のような理論に対しては、ドイツでも様々な批判が存在している。とりわけ近時、レプジウスは基本権や法の「プロセス化」、そしてその基礎にあり、ルーマンはもちろんのことヴィルケの基本権理解において顕在化しているシステム理論に対して犀利な批判を加えている。そこでは、システム理論は規範的な法観念の基礎として機能するのに適しているのか、特に基本法の根本言明と両立しうるのかどうかが問題にされている。(26)やや基本権理論と離れるものの、その理論的前提を把握するため、レプジウスの批判を瞥見しておく。

(1)　まずレプジウスは、システム理論が規範的観念に及ぼす影響を「法律」に即して析出している。それによると、自己言及的に閉じた部分システムに対して法律はその制御能力を展開することができない。社会における因果関係を前提にした法律制御は、循環的に進化する社会連関の想定のもとでは、挫折せざるをえないからである。このような連関は制御されえず、むしろ部分社会の自己言及の中でのみ強化ないしは阻止されうるにすぎない。他方で、この点とも関わり、システム理論からすれば法律により人間の行為に影響を与えることができるという構想も無効となる。そもそも社会はシステムから構成され、人間、国民から構成されるものではないからである[27]。

もっとも、以上のような洞察から、法律制御に関していかなる帰結が引き出されなければならないかは、システム理論の影響下にある法学者の間でも意見が分かれる問題であるという。一方は、そもそもシステムは外部からの制御に耐えることができないという点を素直に受け止めて、法的にはオートポイエーシスを理由としてシステムの自己規制に信頼するしかないとする。このような見解は、法律制御の可能性に原理的な批判を提供するものと言えよう。他方で、このような徹底した過酷な見方を緩めて、法律はシステムの自己言及を支えなければならないとする考えもある。これが前述の規範的な社会システム理論、ひいてはプロセス的法理論に対応するものである。つまり法律制御の目的は、より良い情報調達・処理により（オルタナティブの豊かさの調達により）、システムの学習能力を増大させることにある。このようにしてシステム理論的にアレンジされた法規律は、「プロセス化された法」として特徴づけられる。それは、最初から規定されている実体的基準を押し付けたり、事後的な包摂の形式で実情の変化に向けて適用されたりはせず、むしろコミュニケーション的な適応プロセスにおいて初めてその内容上の基準を事例ごとに展開することができるような法である。したがって、法律それ自体が、実際に事例ごとに適応してみないと分からない、将来に開かれた試行錯誤・学習プロセスに組み込まれた柔軟なものである。[28]

以上のように考えると、システム理論の社会像は法律制御と矛盾する。そこでレプジウスは、第二に、この理論は法律の背後に控えている議会制民主主義にも影響を及ぼさざるをえないことを指摘する。レプジウスの眼からすれば、システム理論が議会制民主主義についてあまり語っていないのは、法律と外的制御を放棄しようとする者は、このような措置の民主的正当性をもはや必要としないからである。つまり、民主主義、代表理念、支配正当性といった伝統的な法概念は無効となり、多様な部分システム内部での個人の参加の機会を保障し、場合によっては高めるという「コミュニケーション」および「参加」の概念が機能的に重要となる。このことは、社会は国民ではなく、独自の合理性を追求する多くの部分システムから構成されているがゆえに、基本法第二〇条二項の基礎である国民に関連づけられた民主主義構想が、システム理論では存在しえないこととも関係する。結局のところ、システム理論は、法的制御に対する批判のみならず、民主的正当性構造全体を掘り崩してしまう。[29]

システム理論が規範的観念に及ぼす影響の第三として、レプジウスは、先述の通り、認知主体が人間からシステムに移管し、さらに人間はシステムの構築物であるようになった点を挙げる。人間はシステム要素として確かに維持されたままであるが、にもかかわらず認知主体としての資格を失った。[30]

最後に、やや意外なようではあるが、システム理論は国家を存在論的に正当化できることが指摘されている。レプジウスによれば、システム理論法学者が社会の多元化にもかかわらず国家概念を維持しようとしているのは、人間の失われた主体資格を補完し、こうして人間を不可譲な主体性において知覚しようと試みることに関わる。個々の人間が不可譲な主体性において知覚されうるのは、個々の人間に、唯一のアクターたる国家が対置し、そして個々の人間がもはや必然的に多様な社会的権力連関に組み込まれていないときのみだからである。国家の概念こそが社会の機能分化の前で人間を救済する。それゆえに、細分化した社会の彼方で、統一体としての国家の存立が想定されていることになる。このことは、同時に、一方で部分システムへの社会の分化と社会的人格への人間の細分化に大きな価値を置いてきたシステム理論が、存在論的なものを正当化するのに適しているというパラドックスへと至る。

結局のところ、社会的細分化の裏面は、全体的な構想、存在論が無批判に受け入れられている、あるいは喚起されているということである。その呼水は、「差異の中で考えなければならない一体性」のみならず、人間までをも構築の対象にするという（システム理論法学者からすれば）度を越えて高められた構築をザインの次元へと再帰的に結合せざるをえないという事情であろう。もっとも、この再帰的結合は非常に抽象的なものになったため、そのザインの資格は十分な分析および分節化に耐えないものである(31)。

(2)　さて、以上四点を指摘した上で、レプジウスは、システム理論の社会モデルは基本法の規範的命題と両立しえないことを示そうとする。例えば、「人間の尊厳の不可侵」を規定している基本法第一条一項は、彼によれば、個人としての人間をあらゆる法定立の問われえない出発点として設定している。その際、基本法は、孤立した個人ではなく、共同体の関係の中に存在し、そこに人格の核心を有しているような人間を前提にしているという。つまり、基本法の人間は抽象的なものではなく、むしろ人格としての具体的な個人であり、その独自の価値は不可侵である。そこから法が考えなければならないのは、人間の存立に関しては、遺伝子的、データ把握的、さらにはシステム理論上の構築という形で、法的構築の対象とされてはならないということである。したがって、法秩序の起源としての人間の主体資格が、基本法第一条一項の決定的な言明なのであり、この価値決定が認識の唯一の主体としての人間という認知理論上の決定を含む、逆に言えば、人間を認知理論上の法構築の対象とすることを禁止するものである。(32)

そうであれば、人間をシステムの構築の対象とし、コミュニケーションとともに「人間の尊厳」を危険に晒すことを前提にするルーマンの所説は、基本法が想定する人間の尊厳の不可侵とはまったく異なる立脚点に立つ。それゆえに、システム理論上の人間の尊厳の解釈を基本法第一条一項の規範テクストにおいて背負い込ませるのは、完全に不当である。システム理論の寄与は、まさしくそれとは逆方向で考えなければならない。すなわち、システム理論は、人間の尊厳に関するその解釈と基本法第一条一項の想定するそれとの差異を生み出し、コミュニケーション的機能としての人間の尊厳と認知理論上の根本規範としての人間の尊厳との識別の必要性を強調した。この差異は、消極的な対照型として、基本法上の人間の尊厳の精緻化に寄与し、基本法第一条一項のインフレーション的利用を排除することにより、その規範内容の明確化に奉仕するのである。(33)

このように、個人としての人間が憲法の出発点および帰属点であり、彼にのみ主体資格が存するのであれば、統治構造にとっても、代表正当化構想という帰結が導き出されなければならないと言えよう。このような視点から、レプジウスは、基本法第二〇条二項の民主主義原則と基本法の議会主義の正当性を、人間の認識能力があらゆる憲法上の権力の出発点であることから引き出す。代表機関は、そこにおいて主観的な知覚の多様性が媒介され、個人的利益が明確化されることにより展開され、そして間主観的な意思形成が結実するような性格を有していなければならない。これに対して、システム理論は、すでに個人としての人間を前提にしていないことから、このような代表・正当化装置を放棄しうると批判されることになる。[34]

他方で、本稿にとっても関心のある、システム理論を多かれ少なかれ下敷きにしている基本権理論に対して、レプジウスは以下のような批判を展開している。システム理論の参照により、ある論者によっては、各システム内でのコミュニケーション機会の改善という目的のために、基本権から配分請求権の拡大を導き出す一方で、別の論者においては、細分化したシステムの維持のために、配分請求権あるいは保護義務の排除が、これもまた基本権により根拠づけられている。このように「参加」あるいは「差異化」といういずれの契機を重視するかにより基本権の展開は相反する。観察者が内システム的視点、あるいは間システム的視点のどちらを選択するかに応じて基本権理論の方向性が決定されることになるのである。しかし、観察者による視点の選択により理論的に基本権機能が彷徨うのであれば、一体そこから何が得られるのであろうか。[35]

2　内在的批判の試み

以上、簡単にレプジウスによる批判を見てきた。彼に対しては、しかし、同じくシステム理論法学者の見解に批判的であるペッカー／ヴィルケンスからの難詰が存在している。

(1)　ペッカー／ヴィルケンスによれば、レプジウスの洞察は「特定の国家理論に依拠してシステム理論を測定する」という外在的批判にとどまるものである。例えば、先述の通り、システム理論の概念は、基本法第二〇条の議会制民主主義原則に一致しないとの批判がレプジウスにより提示されている。しかし、この見方は、システム理論の単なる記述的概念を規範的基準に即して測定し、それゆえに次元の混線に陥っているというプロセス的法理論と同じ過ちを犯していることからして既に価値がない。仮にこの点を度外視するとしても、レプジウスの批判は規範的次元において基本法第二〇条の意味での国民が議会制と絡み連邦国民のみであるという決して問題のないわけではない想定を無批判に前提にしているという負い目がある。支配的であるとはいえ、民主主義原則の一つの解釈が詳細な根拠づけなく基本法第二〇条に読み込まれているのである。この種の批評は安易であるし、互いに交わらない形で対峙する陣営の硬直した戦線設定という非生産性へと至る[36]。

私見ではあるが、レプジウスに対するこのような辛辣な批判は、基本法第一条の人間の尊厳の解釈についても妥当するところがあるように思われる。「基本法は、孤立した個人ではなく、共同体の関係の中に存在し、そこに人格の核心を有しているような人間を前提にしている」とのレプジウスの言明は、議会主義的に民主主義を解釈するのと同様、一つの見方であるにすぎない。それを前提にしてシステム理論上の人間の尊厳が批判されるのであれば、規範的次元でのその詳細な根拠づけが必要となろう。そうしなければ、不当前提の誹りを免れなくなる。他方で、人間の尊厳に関する記述的、規範的把握という両次元を睨んだ上で、前者は消極的な対照型として後者の精緻化に寄与するとのレプジウスの洞察はさすがに犀利であるといえよう。フェスティングも指摘するように、人間を基本権理論から排斥するルーマンの所見を採用することはできない[37]。ただし、ここで注意すべきなのは、このフェスティングがそうであるように、システム理論法学者がシステム理論を下敷きにするのは、「人間を最終的に基本権理論から排除するためではなく、むしろ、社会独自の複雑性が次第に個人の自由がそもそも展開される可能性の条件となりつつある世界に、理論とドグマーティクを合わせようとするためにすぎない」からであった[38]。彼らはいわば反省的にシステム理論を用いて、人間の尊厳も含む基本権理論を構築しようと試みているのである。したがって、人間の尊厳をコミュニケーション的機能として把握するシステム理論は「消極的な対照型」たる役割を担っているにすぎないというレプジウスの洞察を、少なくともシステム理論法学者は共有しているのであり、このことはレプジウスにあっても公正に評価しなければならないであろう(39)。

(2) それでは、当のペッカー／ヴィルケンスは、プロセス的法理論に対していかなる批判を展開しているのであろうか。彼らは、レプジウスのような外在的批判から離れて、「法のプロセス化の理論とその帰結を、その独自の要求および与件に即して測定しなければならない」という「内在的批判」へと進もうとする(40)。その際には、かなりの抽象性を誇るプロセス的法理論は特定の生活実態においていかなる具体的帰結を導くかを検討しなければ、内在的批判は不可能であると考えられる。そこで、彼らは、基本法第八七e条の「鉄道交通行政」についてのフェスティングのコンメンタールを素材としつつ、プロセス的法理論それ自体の内在的批判を試みている。

この批判の詳細は措くとして、ここでの要点の第一は、鉄道行政に関する何らかの法的規律を根拠づけるにあたり、その唯一のトポスは「鉄道制度の特殊な合理性」に尽きているということである。それは「事物の自然」(„Natur der Sache") という全く目新しさのない根拠づけの言い回しを強く想起させ、その意味でも議論としての説得性に欠ける(41)。これと関連して批判の要点の第二は、かかる根拠づけは恣意的であるように見えるということである。社会の一断面を特殊な合理性を内在させる部分システムと同定することは、何らかの方法で経験論的に検証されない場合には、単なる主張であるにすぎない。「規範的言明は、確証された(システム理論的に述べるならば、法内部的に構成された、しかし単なる主張ではない)実態に基づいてのみ定式化可能である」(42)。しかし、プロセス的法理論は、まさにこの経験論的検証を怠り、鉄道制度を特殊な合理性を内在させる部分システムとして恣意的に想定しているのである。

畢竟、プロセス的法理論による根拠づけが非常に恣意的に作用するのは、「システム理論により規定された概念性（例えば、『接続強制・可能性』のようなもの）を法的議論のトポスとして投入することが不可能」であることに帰着する。[43] このような記述概念は、システム理論的に述べると、規範性に関わる法システムの言葉と両立しえず、規範的に見て、内容空虚である。「かくして、『接続強制・可能性』という専門用語から、いつ、そして、なぜ接続強制が存立し、いかなる諸前提のもとで接続可能性が成立するのかは導出されえない。ここでは、確かに、方向付けの基準として鉄道システムの『記憶』が挙げられている。つまり、到達されている意見水準が接続強制の対象として記述される。しかしながら、このことはあまり裨益するものではない。なぜなら、それにより『通説』のみが固定化され、革新はまさに広い範囲に亙って不可能となるであろうからである。対象の点で以上のように記述された接続強制は、内容上、現在の意見水準と矛盾する『接続可能性』を削ぎ落とし、いずれにせよ周辺的な修正しか許さない。（中略）法システムの中ではそのシステム言語においてコミュニケーションがなされなければならず、記述的システム理論の『メタ言語』によってではない」[44]。もっとも、だからと言って、規範的な議論の内在的な限界、そこでの合理性の仮像性を意識する必要がないわけではない。この反省のためには、「常に、自己記述のメタ・次元に『接続』させ、規範的な議論の適用の中で自らを疑問に晒し、そして検証することが必要であろう。このことは、規範的な議論の技術をシステム理論により豊かにすることができる、あるいは、そうしなければならないと考えるよりも、はるかに要求の高い営為である。その限りで、法方法論は規範相互の整合性を尊重し、実定法的に議論し、そして『現実の呪縛を控』えなければならないことに気付くとき、それは適切である」[45]。

四　プロセス的法理論自体のプロセス化

さて、プロセス的法理論に対する以上のようなペッカー／ヴィルケンスの批判については、その射程を見極める必要があるように思われる。「規範的な議論の技術」という語句が示唆しているように、彼らの難詰の重心は、法ドグマーティクの次元において、システム理論という法の世界の外部にある学問上の知見および記述概念（「概念」形成プロセスとその基礎にある基準は個々の学問分野により全く異なりうる）(46)を、翻案することなくそのまま導入する点にある。その副作用として、根拠づけの恣意性等が指摘されていたといえよう。しかし、他方で、「常に、自己記述のメタ・次元に『接続』させ、規範的な議論の適用の中で自らを疑問に晒し、そして検証することが必要」との見解に顕れているように、自己記述をシステム理論を初めとする多様な学問的傾向（メタ・次元）と接続させ、前者の限界を反省すること自体は、ドグマーティクの豊かさに繋がるものとして否定されてはいない。このようなドグマーティクとメタ・次元を媒介させる（ペッカー／ヴィルケンスの言葉を用いるならば、後者のメタ言語を法システム内のシステム言語へと転換させる）装置が反省理論としての法理論と言えよう(47)。ペッカー／ヴィルケンス自身は、「法システムの言語」といったシステム理論上の語句をしばしば用いて自説を強化しようと試みていることからも分かるように、システム理論を視野に入れつつ、しかしそれゆえに法の古典的な議論形式を保守すべきとの反省に至ったといえる。そうであれば、彼ら自身、少なくと「消極的な対照型」としてプロセス的法理論を意識している一方、反省理論としての法理論という方法論的自覚を有している。

このペッカー／ヴィルケンスの所説でもそうであるかもしれないが、「ドグマーティク-法理論-学問」という反省の連関の中で、仮に「学問」のレベルでシステム理論を採用するとしても、反省の結果、「法理論」は多様な形態を帯びうる。また、この「学問」のレベルにおけるシステム理論やディスクルス理論といった多様な知は、時代や状況の変化に応じて自己変化する可能性を内包しており、それを反省するのが個別の「法理論」の機能である。加えて、この反省の結果、領域の特殊性に応じて「法理論」自体多元化し、ひいては「ドグマーティク」も細分化することが考えられる。このような「ドグマーティク-法理論-学問」という連関の多元化や細分化自体を積極的に目指す、つまり個別の「法理論」に対してその都度反省することを求めるのが、方法論としてのプロセス的法理論であるといえよう。それは、社会システム理論の想定する学問システムと法システムの相互作用の局面を法方法論の視点から翻案したものである。したがって、①個別の「法理論」（その中には狭義のプロセス的法理論も含まれる）と、②それに対して「反省理論」であることを求める方法論としてのプロセス的法理論はさしあたり異なる次元に属している。

そうであれば、「プロセス的法理論」への批判と言うとき、②がその対象になっているのか、あるいはそれ自体は前提にされつつ、①の個別の法理論のあり方が念頭に置かれているのか（つまり学問レベルのシステム理論を反省せずにそのままプロセス的法理論という名の下でドグマーティクに持ち込むことが非難されているのか）、を識別しなければならない[48]。ペッカー／ヴィルケンスの批判は、無論、後者の文脈に位置づけられる。そして①、②は次元が異なるのであるから、①でのプロセス的法理論批判が②への難詰には当然繋がらない。

このように考えると、「観察者による視点の選択により理論的に基本権機能が彷徨うのであれば、一体そこから何が得られるのであろうか」というレプジウスによるシステム理論法学者の基本権理論への批判は、正鵠を射ていない。むしろ、学問におけるルーマン流の社会システム理論をそのまま翻訳せずに、反省して法理論化していることの証左として、積極的に評価されなければならない[49]。「ディスカッションにおける高度の実質性と言語・理解喪失の欠如は歓迎されるべきであるが、それだけ一層、明確にコンセンサスの過剰が警戒されなければならず、そして学問たりうることの要求を伴ったあらゆるディスクルスにとって根本的な論争が果たす機能が指摘されなければならない。まさにそれゆえに、隠れた不同意を顕在化させることと同じくらい、抽象的な次元でディスカッションを継続させることが有益たりうる。自己の見解をできる限り多くの他の立場と接続させるという正当な要求から生じる、さらには学問の営みに伴う強制から明らかにされるかもしれない、調和化の欲求は、以上のような開放性にとって邪魔となる」[50]。

五　おわりに

憲法学における社会システム理論の第一の位置価は法システムと学問システムの相互作用に焦点を合わせた方法論の次元にあり、それは反省理論としてのプロセス的法理論として結実する。本稿の結論は、このようなささやかなものであった。このことを自覚しつつ、最後に人権の実体的基礎づけに向けての見取り図を示すと以下のようになるであろう。

前述のように、方法論としてのプロセス的法理論による反省の結果、領域の特殊性に応じて法理論自体多元化し、ドグマーティクも細分化する。したがって、まず重要となるのは、問題となっているそれぞれの分野の特性を社会科学的に分析することである。そうして、例えば、個人の表現の自由については、自由主義的基本権理論が妥当し、防禦権ドグマーティクが適用されると結論づけられうる一方、あらゆる社会領域の相互作用に関係し、複雑なネットワークを独自の論理とするマスメディアについては、狭義のプロセス的基本権理論が当てはまり、柔軟な衡量ドグマーティクなどが考案される。逆に言えば、社会の多元化に対しては領域特殊的な（基本権）ドグマーティクにより対応することが求められているのであり、防禦権等一つのドグマーティクによって憲法の一体性を創出することではない[51]。このようにして、社会の多元化・進化プロセスの保障が図られるべきであり、それは、どの社会的文脈に帰属するかは個々人の自由に委ねるという意味での「個人の自律」の前提をなす。

（1） 毛利透『民主政の規範理論』（勁草書房、二〇〇二年）五九頁以下、小林直樹『憲法学の基本問題』（有斐閣、二〇〇二年）三五二頁以下、高田篤「議会制についての憲法理論的・憲法科学的省察」憲法問題一七号（二〇〇六年）一〇九頁以下。なお参照、福井康太『法理論のルーマン』（勁草書房、二〇〇二年）。

（2） 蛇足ながら、本稿でも以下瞥見するように、「システム理論」といってもその捉え方は論者によって千差万別であることに留意すべきなのは、言うまでもない。

（3） ルーマンのシステム理論に関する著作の多くは邦訳されており、その概要を把握するには困難を伴うが、ここでは毛利透教授が推奨している、ニクラス・ルーマン（土方昭訳）『エコロジーの社会理論』（一九八七年、新泉社）を挙げるにとどめる。なお参照、毛利透「国家における個人の位置」駒井洋編『社会知のフロンティア』（新曜社、一九九七年）一〇七頁以下。法システムの観点からルーマンのシステム理論を明晰に論ずる文献として、Vgl. Thomas Vesting, Kein Anfang und kein Ende, in JURA 2001, 299ff.; Markus Pöcker/Sarah Willkens, Die systemtheoretische Eisenbahn, KritV, 2002, 334, 340.

（4）　Niklas Luhmann, Grundrechte als Institution, 1965, S.23., 39. 邦語訳として、Ｎ・ルーマン『制度としての基本権』（今井弘道／大野達司訳）（木鐸社、一九八九年）。

（5）　N. Luhmann (FN 4), S. 84ff.

（6）　N. Luhmann (FN 4), S. 108ff.

（7）　Niklas Luhmann, Das Recht der Gesellschaft, 1993, S.116. 邦語訳として、Ｎ・ルーマン『社会の法１・２』（馬場靖雄／上村隆広／江口厚仁訳）（法政大学出版局、二〇〇三年）。

（8）　N. Luhmann (FN 7), S. 570.; ders., Ausdifferenzierung des Rechts, 1981, S. 360ff.

（9）　Vgl. Gunther Teubner, Die Episteme des Rechts, in : Dieter Grimm (Hrsg.), Wachsende Staatsaufgaben, 1990, S.117, 125.

（10）　N. Luhmann (FN 4), S. 61ff.

（11）　Oliver Lepsius, Steuerungsdiskussion, Systemtheorie und Parlamentarismuskritik, 1999, S. 57.

（12）　Helmut Willke, Stand und Kritik der neueren Grundrechtstheorie, 1975, S. 165.

（13）　H.Willke (FN 12), S. 167.

（14）　H.Willke (FN 12), S. 174.

（15）　H.Willke (FN 12), S. 166.

（16）　H.Willke (FN 12), S. 182.

（17）　H.Willke (FN 12), S. 183. 部分システムの分離により社会の差異を維持することに基本権の機能を認めるルーマンの見解は、政治システムとそれ以外の部分システムとの間のコミュニケーションの遮断にもつながり、それは、自由主義的基本権理解に対応することになろう。

（18）　H.Willke (FN 12), S. 183f.

（19） H.Willke (FN 12), S. 185.

（20） H.Willke (FN 12), S. 204f. ヴィルケによれば、ルーマンの基本権理論もかかる方向性を示していた。「ルーマンはこの必要性を基本権の『多機能性』という概念で把握し、それゆえに私の見るところ、基本権理論のさらなる発展に重要な寄与をなした。もっとも、ルーマン理論におけるこのような貢献はむしろ副次的なもののように思われ、そして力点が一貫して、そして一方的に基本権の構造維持的な社会全体的機能に置かれていることにより、彼自らかかる貢献を曖昧にしている」。

（21） H.Willke (FN 12), S. 209.

（22） H.Willke (FN 12), S. 213.

（23） H.Willke (FN 12), S. 207, 209, 211, 213, 214, 216.

（24） H.Willke (FN 12), S. 216ff.

（25） ヴィルケは、この点について、「学問の自由」に即しつつ以下のような説明を行っている。「学問・研究・教授の自由のようなエリート的基本権は、以下の事態にかんがみて、その個人主義的色彩を失っている。まずは、学問と、それ以外のすべての社会領域との結合の増大に照らしてである。次に、一方で、学問が社会全体にとって重要な生産力へと、他方で、厳密な意味での政治に作用を及ぼす制御審級へと学問が発展したことをふまえてである。以上から帰結される学問の社会的責任は、研究対象についての研究者の個人的決定の正当性よりも幅広いそれへの再帰的拘束を要求する」。H.Willke (FN 12), S. 210.

（26） O.Lepsius (FN 11), S. 35, 52.

（27） O.Lepsius (FN 11), S. 36f.

（28） O.Lepsius (FN 11), S. 38f.「かくして、法の実体と手続は、構成的に互いに結びつけられており、法的議論の事例合理性として特徴づけられる。つまり、実体的規律の根拠は、もはやその適用から区別されえない。かかる根拠は、自己言及的に細分化した、システムに特有な知的適用から初めて生じるからである」。そしてこの「手続」が法の試行錯誤・学習プロセスを「実際」に稼動させるためのメタ規律（法に対してオルタナティブの豊かさを提供すること）と言えよう。

(29)　O. Lepsius (FN 11), S. 40f. したがって、レプジウスの眼からすれば、手続参加、聴聞権、団体訴訟そして当事者民主主義モデルは、否定的に評価されることになる。「正当性問題は国民に関連づけられた民主主義から部分システムへの特殊な参加へと移った。切替地点としての法律は、正当性および制御機能の調達にとって不要となったのである」。

(30)　O.Lepsius (FN 11), S. 42ff., 45. もっとも、後述するように、この批判はルーマンにのみ妥当し、ヴィルケ説には当てはまらないことは論を俟たない。

(31)　O.Lepsius (FN 11), S. 48ff.

(32)　O.Lepsius (FN 11), S. 52ff.

(33)　O.Lepsius (FN 11), S. 48ff.57f.

(34)　O.Lepsius (FN 11), S. 61f.

(35)　O.Lepsius (FN 11), S. 68ff.

(36)　M.Pöcker／S.Willkens (FN 3), 340ff.

(37)　Thomas Vesting, Prozedurales Rundfunkrecht, 1997, S.111.

(38)　T. Vesting (FN 37), S.111. レプジウスは、「人間の失われた主体資格のため、基本権・人権は、システム理論においては、もはや主観的権利として把握されえない」、すなわち客観的法原則として考えられることになる、と批判している（O.Lepsius (FN 11), S. 69.）。しかしこの批判はルーマン説に妥当し、人間（個人）という主体に定位した基本権の客観法的側面を力説するフェスティングなどに向けられるべきものではない。

（39） この注意喚起は、「システム理論の単なる記述的概念を規範的基準に即して測定し、それゆえに次元の混線に陥っているという『プロセス化理論』と同じ過ちを犯している」とするペッカー／ヴィルケンスに対しても当てはまる。

（40） M.Pöcker/S.Willkens (FN 3), 342. なお、ペッカー／ヴィルケンスは、法のプロセス化の構想に対する今までの批判の多くは、その与件と帰結に即してではなく、むしろ方法論的な問題に向けられていたという。この種の批判の力点は、包摂という機械的な法律適用の観念でもってブルジョワ的法パラダイムとするナイーブ性、そしてそれによりほとんど存在していなかったような「敵」をでっちあげているということにある。「規範『適用』はそれ自体法設定でもありうる、その限りで生産的プロセスとして把握される必要があるという考えは、社会の断片化と複雑化の増大という歴史的経緯からくる帰結ではない。むしろ、法の言語・テクスト依存性を理由とするにすぎない。それは、一九世紀における体系的法典化と国家中心的立法モデルが頂点を極めて時代においてすらそうである」。歴史的・進化論的立場を採りながら、不適切な歴史化を孕んでいるというフェスティングなどに対する極めて重い痛言を、さらにペッカー／ヴィルケンスは条件・目的プログラムに関する以下のような指摘を行うことにより先鋭化させていく。「厳密で形式的に考えられた条件プログラムと柔らかな目的プログラムとの対置は、ブルジョワ的法形式から社会国家的法形式への移行という、法秩序の変化に関するシステム理論上の分析にとって本質的なものである。しかし、この対置は、規範理論上維持されえない。計画法上のいわゆる『目的プログラム』はその規範構造の点でまさに条件的に構造化された規範から区別されえないという証明は、既に八〇年代中葉に提示されているものの、この点は、プロセス化理論の抽象性においで明らかに気付かれていない」。M.Pöcker/S.Willkens (FN 3), 340f.

（41） M.Pöcker/S.Willkens (FN 3), 343f.

（42） M.Pöcker／S.Willkens (FN 3), 344.

(43)　M.Pöcker／S.Willkens (FN 3), 344.
(44)　M.Pöcker／S.Willkens (FN 3), 344f.
(45)　M.Pöcker／S.Willkens (FN 3), 346.
(46)　Vgl. O.Lepsius (FN 11), S. 43.
(47)　ドグマーティク、法理論、学問のそれぞれの関係については、二〇〇二年度日本公法学会における高田篤教授のコメントに多くを負っている。参照、『公法研究』（二〇〇三年）一五二頁以下。それによると、法解釈学（ドグマーティク）は「法システムにおいて個々の法適用関係を関連付けるためのものであり、個々の法適用とは異なるレベル、より抽象的なレベルに位置づけられる」。「これに対して法理論は、法解釈学とは異なって、個々の法適用とは直接関わらず、法システム全体に関連する。それは法システム全体が、環境に適合しつつその首尾一貫性を保つことができているかということについての、法システム内部における法の『反省理論』である。したがって法理論は、法解釈学よりもさらに抽象度の高いレベル、抽象の抽象に位置づけられる」。このような法解釈学や法理論は、もとより憲法の分野でもそれぞれ憲法解釈学や憲法理論へと結実する。そして、とりわけこの憲法理論と「憲法科学・科学としての憲法学・学（Wissenschaft）としての憲法学」（学問）との違いを押さえて、高田教授は次のように述べる。「憲法理論は、憲法システムの中にあって、憲法システムの首尾一貫性と環境適合性とを検討する。これに対し憲法科学は、憲法システムの外側から、憲法システムを『学的に』、すなわち学的コミュニケーションとして分析する。憲法理論は、憲法システムの開放性と閉鎖性とのバランスを求める知であるため、知の方向がある程度収束していく。これに対し、憲法科学は、あらゆる学的メソッドを使用して憲法システムを外から分析するものであるため、次々に拡大、発展していく。それは例えば、憲法社会学、憲法政策学、公共経済学的憲法学、憲法哲学というように」。
(48)　その前提として学問レベルでシステム理論それ自体を採用することの是非もありうるであろう。しかし、それはもはや法「学」のレベルを超えている。

（49） 部分システム独自の高度の複雑性を法的規律により制御する際に、かかる内部的複雑性を直接規制するのではなく、部分システム間の関係の規律（コンテクスト制御）を用いてその「自省」を踏まえた部分システムの自己組織化に作用を及ぼそうとする、トイヴナー／ヴィルケなどにより唱えられた「自省法」構想も、システム理論を「反省」した法理論の一つと言えよう。「自省法」につき、Gunther Teubner/Helmut Willke, Kontext und Autonomie: Gesellschaftliche Selbststeuerung durch reflexives Recht, ZfRSoz 1984, 4ff. モラースが正当に指摘しているように、「自省的コンテクスト制御モデルは、明らかに学際的な法の現実認識として構想されているのではなく、むしろ法システムの自己記述という戦略的技術を提供しているということが、法学的議論の文脈の中でほとんど気付かれていない」（Christoph Möllers, Braucht das öffentliche Recht einen neuen Methoden-und Richtungsstreit ? VerwArch.90, 1999, 187, 204.）。したがって、社会の部分システムは「自省法」の策に載せられるのかどうかという争点につき、ルーマンはこれに否定的に応えているが、しかし、それはせいぜいのところ「憲法科学」からの反応であって、「自省法」の関心とは最初からレベルがずれていると言うべきであろう。Vgl. Niklas Luhmann, Einige Probleme mit "reflexivem Recht", ZfRSoz 1985, 1ff.

（50） C. Möllers (FN 49), 206.

（51） T. Vesting (FN 37), S.103, 113.

2　個人情報の訂正請求権に関する一考察
――京都市個人情報保護条例に基づくレセプト訂正請求事件を素材として――

大橋真由美

一　はじめに

京都市個人情報保護条例に基づくレセプト訂正請求事件（以下「本件」という）について下された最高裁第二小法廷平成一八年三月一〇日判決[1]は、個人情報保護法・条例の定める自己に関する個人情報の訂正請求権に関する初の最高裁判決である。この最高裁判決は、後述するとおり、本件の解決に必要とされる範囲での判断が行われた事例判決であると位置づけられる一方で、わが国の個人情報保護法制における個人情報の訂正請求権の本質に関わる重要論点を複数提示している。

そこで、以下、個人情報の訂正請求権をめぐる状況について概観したうえで、本件を素材として各種論点について検討を行い、わが国における個人情報の訂正請求制度のあり方について考察することとしたい。

二　個人情報の訂正請求権とは

1　個人情報の「訂正請求権」概念の確立

(1)　プライバシー権と自己情報コントロール権

プライバシーという用語が「権利」の一種として初めて用いられたのは、一般に、一八九〇年に米国人サミュエル・D・ウォーレンおよびルイス・D・ブランダイスが共著でハーバード・ローレビュー誌に発表した論文（"The Right to Privacy"）であるとされている。(2) そこにおいては、プライバシー権は「一人にしておいてもらう権利」と定義され、この定義がプライバシー権の定義として広く用いられるようになった。

しかし、その後一九六〇年代半ば頃からのコンピューター性能の飛躍的発達と通信技術の発展により、膨大な量の個人情報を高速で処理し、蓄積・検索・転送することが可能になると、場合によってはそれぞれ別々のところで蓄積された保有目的の異なる個人情報ファイルを突き合わせて、より完成された個人情報の実像ファイルを作り上げるということが可能となった。そのため、個人に関する情報がコンピューターを管理する側に握られ、個々人のプライバシーは失われるというおそれが生じることになり、社会の情報化に伴うこのような事態に対して、新しい観点からプライバシー権に関する研究が展開されるようになった。そうしたなか、米国の論者アラン・F・ウェスティンやアーサー・R・ミラーなどによって唱えられたのが、プライバシー権を従来の受動的な権利（私的情報を公開させない権利）としてではなく、能動的な権利（自己に関する情報がどのように利用されているかを知る、また間違っていれば訂正することができる権利）として捉えること、すなわちプライバシー権を「自己に関する情報の流れをコントロールする個人の権利」として捉えることである[(3)]。

(2)　「自己情報コントロール権」と個人情報の「訂正請求権」

わが国においても、伝統的な「プライバシー権」に関する理解は、これを「一人にしておいてもらう権利」とするものであった。たとえば、元外務大臣の有田八郎が三島由紀夫の著作である小説「宴のあと」によって自身のプライバシーが侵害されたとして三島氏と出版元の新潮社を訴えた事案である昭和三九年九月二八日東京地裁判決[(4)]においては、「いわゆるプライバシー権は私生活をみだりに公開されないという法的保障ないし権利として理解される」との判示がなされている。もっとも、今日においては、わが国においても、先に紹介したウェスティンやミラーの採用した見解同様、「プライバシー権」を「自己情報コントロール権」、すなわち「自己に関する情報を、いつ、どのように、どの程度まで、他者に伝達するかを自ら決定する権利」として理解する見解が有力である。

そして、このような「自己情報コントロール権」の具体的内容を構成する要素の一つが、自己に関する個人情報記録に誤りがあった場合に、その記録を保有する機関に対して訂正を請求することができる権利、すなわち個人情報の訂正請求権である。

2　個人情報の訂正請求権の制度化の過程

(1)　OECD勧告

経済がグローバル化し、個人情報のコンピューター処理が広まると、個人情報は一国内にとどまらず、国際的なネットワークを通じて地球規模で流通するようになった。このような情報の国際的なネットワークの発展とともに、自国籍人に関わる情報が容易に国外に流出し、他国のコンピューターに貯蔵される傾向が現れ、その結果、時として重要な国家機密やプライバシー等を含む情報に対して、自国の主権が有効に及ぶことが困難になるおそれが生じることとなった。そこで、このような事態を防止するために、一九六〇年代後半ごろから、個人情報の無制限な国外流出を規制するための法制度がヨーロッパ諸国を中心に検討されるようになり、国レベルでは一九七三年にスウェーデンが初めてデータ保護法を制定し、その後、たとえば米国においては一九七四年にプライバシー法、旧西ドイツでは一九七七年に連邦データ保護法、フランスでは一九七八年にデータ処理・データファイルおよび個人の自由に関する法律などが相次いで制定される運びとなった。(5)

各国においてまちまちに法整備が行われるようになった一方で、このような情報の国外流出規制は、個人情報の自由な国際流通を阻害するという懸念が出されるようになった。そこで、情報の自由な流通の確保とプライバシーの保護への配慮とをどのように調和させるかという問題が国際的な関心を集めるようになり、これに対応するための取組みとして、一九八〇年九月二三日、OECD（Organisation for Economic Co-operation and Development、経済協力開発機構）の理事会がOECD勧告（条約のように法的拘束力はないが、道義的拘束力はあるとされる）として、「プライバシー保護と個人データの国際流通についてのガイドライン」

（以下「ＯＥＣＤガイドライン」という）を採択した。

このＯＥＣＤガイドラインは全二二条から成り、これらの条文は五つの章に分かれているが、わが国の法制にとって重要となるのは、当該ガイドラインの内容を各国が国内的に実施するうえで尊重されるべき八つの基本原則（ＯＥＣＤ八原則）を掲げる第二章である。その八つの基本原則とは、①収集制限の原則（七条）、②データ内容の原則（八条）、③目的明確化の原則（九条）、④利用制限の原則（一〇条）、⑤安全保護の原則（一一条）、⑥公開の原則（一二条）、⑦個人参加の原則（一三条）、⑧責任の原則（一四条）、である。これらのうち、個人情報の訂正請求権と関係があるのは、七つ目の基本原則（個人参加の原則）である。すなわち、これについて規定するＯＥＣＤガイドライン一三条は、個人が自己に関する個人情報に対して有する権利の一つとして、「自己に関するデータに対して異議を申し立てること、およびその異議が認められた場合には、そのデータを消去、修正、完全化、補正させること」を挙げており、これが、今日のわが国における個人情報の訂正請求権確立の最初の具体的きっかけとなった。

このＯＥＣＤ理事会による勧告は、条約のような法的拘束力を有さない性質のものである。したがって、ＯＥＣＤガイドラインも、ＯＥＣＤ加盟国間でその具体的取扱いに差異が生じることを認めており、いかにその内容を国内的に実施するかは加盟国の裁量に委ねている[6]。わが国もＯＥＣＤ加盟国であるため、何らかのかたちでＯＥＣＤガイドラインの内容を現実化させる必要性が生じることとなった。

(2)　わが国の動き[7]

(a)　わが国においては、住民基本台帳の電算化に伴う市町村の電算条例から個人情報保護法制は出発し、春日部市や川崎市の条例等、市町村による条例制定の動きが国に先行することとなった。そして、川崎市の条例などにおいては、個人情報の訂正請求権を明示する条文が設けられていた(もっとも、同条例の適用対象は行政機関の保有する情報に限定)。

一方、国レベルでも、先述したOECDガイドラインが加盟国に対して国内法の中でOECD八原則を考慮することを求めていたことや情報化が急速に進展していたことを背景として、個人情報保護対策に関する検討が開始した。行政管理庁は一九八一年から加藤一郎東京大学教授(当時)を座長とするプライバシー保護研究会を設置し、同研究会が一九八二年に発表した報告書は、公的部門と民間部門の双方で個人データ処理に伴う個人情報処理に伴うプライバシー保護政策について新たな制度的対応が必要であることを明確にし、また、プライバシー保護の基本原則を五つ提示した。その五つの基本原則の中には、OECD八原則と同様に「個人参加の原則」が掲げられ、個人が自己に関するデータの存在および内容を知ることができ、かつ、必要な場合には、そのデータを訂正させることができるなどの手段を保障すべきであるとされた。この報告書は、国における立法化の動きに直結することはなかったが、地方公共団体における個人情報保護条例のあり方に大きな影響を与えることとなったほか、自己情報コントロール権、さらには個人情報の訂正請求権を法制度的に確立するための総合的なガイドラインを示すこととなった。

一九八三年に発表された第二次臨時行政調査会の最終答申においては、行政改革の四つの柱の一つとして行政に対する国民の信頼確保を挙げ、そのための方策として、情報公開、行政手続、オンブズマンの問題と並んで「行政情報システムの推進、国民意識の動向を踏まえつつ、諸外国の制度運営の実態等を十分把握の上、法的措置も含め個人データに係る制度的方策についても積極的に対応する」ことが提言された。これが、わが国における行政機関を対象とした個人情報保護法制定の直接の契機となり、その後、各種動きを経て、一九八七年末に閣議決定された行政改革大綱においては、「法的措置を講ずる方向で、そのための具体的検討を行う」とされた。この段階で、行政機関の保有する個人情報の保護対策の法制化についての政府全体としてのコンセンサスが明確に形成されることとなった。

そして一九八八年、「行政機関の保有する電子計算機処理に係る個人情報の保護に関する法律」（以下「行政機関電算機個人情報保護法」という）が成立した。もっとも、同法は、その法律名からもわかるように、適用対象となるのは行政機関が保有する情報の、さらに電算機処理にかかる情報のみであり（すなわち行政機関が保有する情報であってもマニュアル処理情報は含まれない）、また、個人情報の訂正請求権については権利として保障されることはなかった。すなわち、同法一七条は個人情報の訂正について、「保有機関の長は、第一三条第三項の規定による開示を受けた者から、書面により、開示に係る処理情報の訂正等の申出があつたときは、申出に係る処理情報の内容の訂正等に関して他の法律又はこれに基づく命令の規定により特別の手続が定められている場合を除き、ファイル保有目的の達成に必要な範囲内において遅滞なく調査を行い、その結果を申出をした者に対し、書面で通知するものとする」として訂正の「申出」の制度を設けるに留まり、個人情報の訂正を行政機関に義務付ける「権利」を保障することはしなかったのである。

一方、民間部門における個人情報保護については、地方自治体レベルでは条例において強制力のない一定の措置が定められている場合は存在したものの、国レベルでは、個人情報の取扱いについては事業者の自主規制に委ねられていた。もっとも、その後一九九〇年代に入ると、まずＥＵにおいて一九九五年に「個人データ処理に係る個人の保護および当該データの自由な移動に関する欧州議会および理事会の指令」が出され、その二五条が、加盟国の個人データの第三国への移転は、その第三国が十分なレベルの保護措置を確保している場合でなければ行うことができないと規定したことから、日本も、ＥＵ加盟国から必要な個人情報を入手できるようにするために、国際情勢を参酌して個人情報保護制度の改善を図ることが促されることとなった。また、対内的にも高度情報通信社会の進展に伴って個人情報保護の必要性の認識が一層高まったことから、民間部門を含めた個人情報保護法制に関する検討が政府において開始されることとなった。

(b)　ここまで述べたような動きの結果、二〇〇二年、とうとうわが国においても総合的な個人情報保護法制がスタートすることとなった。個人情報保護法制のタイプとしては、公的部門と民間部門の双方を一つの法律で規律する「オムニバス方式」や、公的部門と民間部門とを別の法律で規律する「セグメント方式」が存在するが、わが国においては、基本法の部分については両部門共通で一つの法律において規定する一方で、一般法の部分は公的部門と民間部門をそれぞれ別の法律で定める方式（オムニバス方式とセグメント方式の折衷的方式であるとされる[8]）が採用された。その結果、基本法制および民間部門に関する「個人情報の保護に関する法律」（以下「個人情報保護法」という）と、公的部門に関する「行政機関の保有する個人情報の保護に関する法律」（以下「行政機関個人情報保護法」という）および「独立行政法人等の保有する個人情報の保護に関する法律」（以下「独法等個人情報保護法」という）が制定されることとなった。

これらの法律の制定過程においては、自己情報コントロール権を目的規定に明記すべきという意見が提出されたりなどしたが、最終的には、「プライバシー権」や「自己情報コントロール権」といった用語の内容に関して共通の理解があるわけではないこと等を理由として、法律中で自己情報コントロール権を明示しない方針が採用された。その一方で、自己に関する個人情報の訂正請求権に関しては、従前の行政機関電算機個人情報保護法における取扱いとは異なり、民間部門・公的部門のいずれにおいてもこれに関する規定が置かれることとなった。たとえば、個人情報保護法二六条一項は、「個人情報取扱事業者は、本人から、当該本人が識別される保有個人データの内容が事実でないという理由によって当該保有個人データの内容の訂正、追加又は削除（以下この条において「訂正等」という）を求められた場合には、その内容の訂正等に関して他の法令の規定により特別の手続が定められている場合を除き、利用目的の達成に必要な範囲内において、遅滞なく必要な調査を行い、その結果に基づき、当該保有個人データの内容の訂正等を行わなければならない」と規定することによって訂正請求権を保障しており、行政機関個人情報保護法および独法等個人情報保護法においても訂正請求権は明文で規定されている(9)。

こうした国レベルの動きによる影響もあり、地方公共団体においても、ほぼすべての団体において個人情報保護条例を制定しており、さらに、大方の個人情報保護条例においては、訂正請求制度を用意しているとされている(10)。

三　京都市個人情報保護条例に基づくレセプト訂正請求事件最高裁判決

1　個人情報の訂正請求権をめぐる本件以前の判例の動向

本件判決が下される以前には、個人情報の訂正請求権をめぐってどのような事例が存在したのだろうか。まず、個人情報の訂正請求権が、条例レベルもしくは各種個人情報保護法において権利として明記される以前の判例において主として論点となったのは、個人情報の訂正請求がいかなる権利に基づいて認められるかという点であり、判例の大方の傾向は、一定の場合には人格権に基づき訂正請求は認められ得るとするものであった。たとえば東京地判昭和五九年一〇月三〇日判決（在日台湾人調査票訴訟第一審）[11]においては、個人情報の訂正・抹消請求は、①個人情報が当該個人の前科前歴、病歴、信用状態等の極めて重大なる事項に関するもので、②当該情報が明らかに事実に反するものと認められ、③これを放置することによりそれが第三者に提供されることなどを通じて当該個人が社会生活上不利益ないし損害を被る蓋然性の認められる場合には、人格権に基づき認められ得ると判示している[12]。

個人情報保護条例および各種個人情報保護法に規定された個人情報の訂正請求権をめぐる判例としては、本件について下された各判決のほかには、公刊されたものとしては、小金井市の職員（ケースワーカー）の勤務状況に関する情報の訂正請求がなされた東京地裁平成一六年六月二五日判決[13]が見受けられる程度である。ちなみに、この東京地裁平成一六年判決においては、原告の勤務状況に関する資料（①原告の上司が、関係職員から、原告の勤務状況に問題がある旨の指摘があったため、関係職員と協議した内容をメモし、これを後に個人の備忘用ノートに転記したものおよび②ケースワーカーとしての原告の行為に関連する市民からの苦情と、市の関連部局職員のこれに対応する動きに関する記録）の訂正が求められた。この訂正請求の許否について、東京地裁は、訂正の請求が認められる「誤り」とは、個人情報に関する客観的事実の誤りをいうと解するのが相当であるとしたうえで、①「誤り」に該当するか否かは、原告の不行状が存在するか否かという観点ではなく、そのような苦情等があったのか否かという点から判断されるべきであり、また、②個人名を黒塗りしたり、記号等で表記したとしても客観的事実の誤りがあるわけではないとして、訂正請求を認めなかった。

2　本件の事実の概要および本件に関わる各種制度の概要

(1)　事実の概要

X（原告・被控訴人・被上告人）は、京都市個人情報保護条例（平成五年京都市条例第一号。ただし、平成一六年京都市条例第二四号による改正前のもの。以下「本件条例」という）に基づき、本件条例所定の実施機関であるY（京都市長、被告・控訴人・上告人）に対し、平成五年一〇月から同八年二月までの間にXが受けた歯科診療に係る国民健康保険診療報酬明細書（以下「本件レセプト」という）の開示請求を行った。本件レセプトの開示を受けたXは、本件レセプトに記録された情報の内容に事実についての誤りがあるとして、Yに対し、平成九年四月三〇日、本件条例二一条一項に基づき本件レセプトの訂正請求（以下「本件訂正請求」という）を行った。これを受けたYは、同年五月三〇日、京都市には本件レセプトを訂正する権限がなく、Yには本件訂正請求について調査する権限がないことを理由として、訂正を拒否する処分（以下「本件処分」という）を行った。そこで、Xは、本件処分の取消しを求めて出訴した。

第一審（京都地判平成一二年一二月一五日判例集未搭載）および控訴審（大阪高判平成一三年七月一三日判タ一一〇一号九二頁）はXの請求を認容した。これを受け、Yが上告受理を申し立てた。

(2)　本件条例の規定する個人情報訂正請求の仕組み

本件条例は、「個人に関する情報で、個人が識別され、又は識別され得るもの」を個人情報としている（二条一号）。本件条例は、自己の個人情報の訂正請求に先だって自己の個人情報の開示を経ることを求めている。まず自己の個人情報の開示について、一五条一項は、「何人も、実施機関に対し、公文書に記録された自己の個人情報の開示…を請求することができる」と規定し、一八条一項は、「実施機関は…個人情報の開示をする旨の決定をしたときは、遅滞なく、開示請求者に対し、当該決定に係る個人情報の開示をしなければならない」としている。そして、自己の個人情報の訂正請求については、二二条一項が、「第一八条第一項の規定による開示を受けた自己の個人情報の内容に事実についての誤りがあると認める者は、実施機関に対し、その訂正を請求することができる」とし、二三条一項が、「実施機関は、訂正請求があったときは、必要な調査をしたうえ、当該請求があった日の翌日から三〇日以内に、当該請求に係る個人情報の訂正をする旨又はしない旨の決定をしなければならない」としている。

(3) レセプトをめぐる国民健康保険の仕組み(14)

市町村は国民健康保険の保険者としての地位に立ち（国民健康保険法（以下「法」という）五条）、被保険者の疾病や負傷に対して診察等の療養給付を行うこととされている（法三六条一項）。もっとも、保険者である市町村が実際に医療サービスを提供するのではなく、健康保険法六三条三項一号の指定を受けた保険医療機関が、保険者に代わって療養の給付を行うことになっている（法三六条三項）。療養の給付を実施した保険医療機関は、これに要した費用および報酬の合計額から保険者の支払った自己負担金を除いた額を、保険者に請求する（法四五条一項）。レセプトは、保険医療機関が保険者である市町村に対して右記の額を請求する際に提出される書類である。

保険者は、保険医療機関等から療養の給付に関する費用の請求があったときは、レセプトを審査したうえで、支払うものとされている（法四五条四項）。ここで、レセプトの審査および診療報酬の支払い事務は、本来は保険者が直接行うべき業務であるが、わが国の医療保険においては、保険者が行うべき診療報酬の審査支払業務を一括して別の機関に委託する仕組みが採用されており、法四五条五項は、保険者は都道府県ごとに設置される国民健康保険団体連合会もしくは社会保険診療報酬支払基金に委託することができる旨定めている。本件の場合、京都市は京都府国民健康保険団体連合会（以下「連合会」という）に委託している。そして、本件レセプトは、Xが受診した各保健医療機関において作成され、既に連合会に提出され、連合会における審査を経て、連合会から保険者である京都市に提出され、京都市において保管されていたものであった。

3　第一審および控訴審

(1)　第一審：京都地判平成一二年一二月一五日（判例集未搭載）

第一審は、まず国民健康保険法の解釈を行い、Yが本件レセプトの訂正権限を有するか否かについて、次のように検討する。

すなわち、レセプトは、その性質上、個々の医療機関が作成するものである一方で、審査を経た後に保険者である市町村（京都市）が支払う国民健康保険の療養の給付に関する費用の基礎となるものであるから、審査権限を有する者によって訂正されることが当然に予定されたものであり、その意味で、少なくとも京都市から委託を受けて実際に審査を行う連合会や審査委員会がその訂正権限を有することは明らかである。保険者である京都市は法四五条五項に基づいて連合会に審査および支払の事務を委託しているけれども、保険者が委託によってその審査権限まで喪失すると解することはできない。また、実際の取扱としても、京都市においても、連合会から提出されたレセプトを点検し、疑義のあるレセプトについては連合会にサイドの審査をさせるべき返還することが従来から行われていることや、法の解釈として、保険者は、連合会との委託関係の性質上、必要があると認めるときは、いつでも、審査委員会に対し知事の許可を得て法八九条一項の調査権を行使することを命ずることができると解されること等を考慮すると、京都市は、法の解釈としても、レセプトの審査権限を有するものであり、それを前提として、保険者としての訂正権限をも有すると解される、とした。

そして、本件条例においては、第三者作成の公文書の訂正権限について明確な規定は存在しないが、少なくとも、法律上実施機関またはその地方自治体においてその文書の訂正権限を有する文書については、実施機関は申立てどおりに訂正すべきものか否かを審査し、それに従って決定をすべきであるとし、結論として本件処分は違法であると判断した。

(2) 控訴審：大阪高判平成一三年七月一三日（判タ一一〇一号九二頁）

控訴審は、本件条例が規定する訂正請求の目的とするところは、個人情報の内容たる事実の誤り部分を明らかにすることにあり、実施機関は、個人情報の内容たる事実についての誤りがある場合、当該文書そのものの訂正権限の有無に関わらず、当該文書の誤り部分を明らかにするために、本件条例に基づき訂正の措置をとることができるとした。そして、本件条例は、個人情報の開示、訂正および削除を求める具体的請求権を創設的に認めたものであるから、本件条例二三条一項により、実施機関に対して訂正請求に関する必要な調査権及び調査義務を認めたものと解されるとした。そのうえで、結論として、実施機関は、訂正請求に係る決定を行うに当たり、国民健康保険法に基づくレセプトの審査権限、調査権限および訂正権限の有無と関係なく、本件条例に基づく調査権を行使すべきであり、国民健康保険法において保険者である京都市に審査権限および調査権限が認められていないからとの理由だけで訂正請求を拒否することは許されず、本件処分は違法であると判断した。

4　最高裁判決（破棄自判）

(1)　最高裁第二小法廷は、下級審判決を破棄し、次の通り判示した。

〔1〕　本件条例の定める訂正請求の制度は、基本的に、本件条例に基づいて開示を受けた自己の個人情報の内容に事実についての誤りがあると認める者に対し、その訂正を請求する権利を保障することにより、市の管理する誤りのある個人情報が利用されることによる個人の権利利益の侵害を防止することを趣旨目的として設けられたものと解される。そして、本件条例は、訂正請求があったときは、実施機関が必要な調査をした上、当該請求に係る個人情報の訂正をする旨又はしない旨の決定をしなければならないとしているものの、実施機関に対してそのために必要な調査権限を付与する特段の規定を置いておらず、実施機関の有する対外的な調査権限におのずから限界があることは明らかである。

〔2〕　前記事実関係等によれば、①本件レセプトは、国民健康保険法に基づく療養の給付に関する費用を請求するために、診療報酬請求書に添付される明細書として、保険医療機関が自ら行ったとする診療の内容を記載して作成し、連合会に提出したものであること、②連合会による審査の後に本件レセプトを取得した市は、これに基づき、連合会を通して保険医療機関に対して診療報酬の支払をしていること、③市においては、その支払の明細に係る歳入歳出の証拠書類として本件レセプトを保管しているものであること、が認められる。

〔3〕　上記の事情を踏まえると、保険医療機関が自ら行った診療として本件レセプトに記載した内容が実

際のものと異なることを理由として、実施機関が本件レセプトに記録された被上告人の診療に関する情報を誤りのある個人情報であるとして訂正することは、保険医療機関が請求した療養の給付に関する費用の内容等を明らかにするという本件レセプトの文書としての性格に適さないものというべきである。

また、市において、実施機関の収集した個人情報が、当該実施機関内で個人情報を取り扱う事務の目的を達成するために必要な範囲内で利用されるものとして管理されることは、本件条例八条一項の規定に照らして明らかであるところ、本件レセプトについての上記保管目的からすると、本件レセプトに記録された被上告人の診療に関する情報は、本件訂正請求がされた当時、市において被上告人の実際に受けた診療内容を直接明らかにするために管理されていたものとは認められず、被上告人の権利利益に直接係るものということは困難であると考えられる。そして、実施機関が有する個人情報の訂正を行うための対外的な調査権限の内容にもかんがみれば、本件条例は、このような場合にまで、被上告人の実際に受けた診療内容について必要な調査を遂げた上で本件レセプトにおける被上告人の診療に関する情報を訂正することを要請しているとはいい難いと考えられる。

〔4〕以上の諸点に照らすと、本件レセプトの被上告人の診療に関する記載を訂正することは、本件条例の定める訂正請求の制度において予定されていないものということができるから、上告人が本件処分をしたことが違法であるということはできない。」

(2) 本件最高裁判決には、滝井繁男裁判官による補足意見が付されている。補足意見は、本件レセプトの保管目的やこれに記載されている情報の意味、本件条例の定める訂正請求の制度の趣旨を確認したうえで、次のように述べる。

「ところで、記録によれば、本件レセプトは保険者から審査等の委託を受けた国民健康保険団体連合会において所要の確認を行いこれを点検し、記載漏れや誤記を発見したときは審査委員会の確認を経て返戻及び増減点通知書に所要事項を記入した後、当該保険医療機関に送付するものとされているにとどまり、保険者は連合会に再度の考案を求め得るものの、その診療内容の記載自体に誤りがあることを理由に当該記載に追加若しくは削除することを予定されていないものである。

また、このようなレセプトの性格に照らせば、その文書に記載された情報に個人について誤った事実を推認させることとなるものが記載されていることを理由に、本件条例が実施機関において文書自体の当該部分を訂正することができることを窺わせる根拠を見いだすことはできないのである。

もっとも、ある文書に個人に関する誤った情報が記載されている場合に、これに付記をするなどその部分を文書自体の訂正をすることなく、それ以外の方法で補正することも考えられないではない。しかしながら、本件文書のように、その記載自体誤りがあるとはいえない文書について、それに含まれている個人情報に誤りを含んでいることを理由に実施機関にその補正を求めるには格別の根拠を要すると解すべきところ、本件条例にはこれができることを窺わせる根拠も見いだし得ないのである。

したがって、本件レセプトに記載された被上告人の診療に関する記載を訂正することを本件条例によって請求することはできず、上告人が本件処分をしたことは違法ということはできない。

しかしながら、前記のとおり、被上告人がレセプトに記載された医療行為を受けていないとすれば、実施機関は個人に関し誤った事実を強く推認させる情報を保有していることになる。そのような個人に関する情報が存在し、またそれが利用される可能性がないとはいえない以上、個人の権利利益の保護及び市政の公平かつ適正な運営という観点からも実施機関はそのことがもたらす弊害をできるだけ除去すべきものである。したがって、実施機関は、個人情報の保護に関し必要な措置を講じる責務を負っている（本件条例三条一項）ことに照らせば、このような情報について被上告人の診療に関する部分の情報の誤りがあることを理由にその訂正を求める請求のあったときは、そのことを当該保有個人情報が記録されている文書に注記するなどしてその後においてその情報が利用されることがあるときには、そのことが分かるように適切な措置をとるなどの運用がなされることが求められるものと考える」。

四　本件を素材とした検討

1　個人情報の訂正請求権と実施機関の訂正権限の有無

自己に関する個人情報の訂正請求と実施機関の訂正権限の関係について、各自治体の個人情報保護条例には、①実施機関が訂正権限を有する場合にのみ訂正が認められることが明文で規定されているケース（大阪府個人情報保護条例二三条二項、三重県個人情報保護条例三二条二号、熊本県個人情報保護条例二三条三項など）と、②そのような規定が存在しないケース（本件条例や東京都個人情報の保護に関する条例など）の二パターンが存在する（なお、国レベルの行政機関個人情報保護法および独法等個人情報保護法は本件条例と同様に②のパターンに該当する）[15]。上記①のパターンでは、たとえば大阪府個人情報保護条例二三条二項は、「実施機関は、前項の規定による請求…があったときは、訂正につき法令又は条例に特別の定めがあるとき、実施機関に訂正の権限がないときその他訂正しないことにつき正当な理由があるときを除き、当該誤りを訂正しなければならない」と規定しており、実施機関が訂正権限を有していない場合における訂正請求の取扱いのあり方が明確に定まっている。

一方、本件条例が該当する②パターンでは、第三者作成文書を実施機関が取得し、その後公文書として保管していた場合に、当該文書を実施機関は訂正することができるのか否かが問題となる。この点について言及する先行業績は、本件の評釈を除いてほとんど存在せず、一つの文献に「実施機関が請求に応じて訂正できる個人情報記録は、実施機関になんらかの訂正権限があるものに限られる」との記述があることが見受けられる程度である。(16) そして、本件においては、この点に関し、第一審・控訴審・最高裁がそれぞれ異なる解釈を採用することとなった。

第一審は、国民健康保険法等の解釈に基づき、国民健康保険の保険者である市にはレセプトの訂正権限があるとして、Xの請求を認容した。控訴審は、結論自体は第一審と同様であったものの、その理由付けは第一審と異なり、訂正権限を本件条例から直接導き出す解釈を採用した。すなわち、本件条例は、個人情報の内容に事実についての誤りがある場合には、文書の訂正権限の有無に関わらず実施機関は訂正の措置をとるべきことを定めているのだとして、本件訂正請求を認容したのである。

一方、訂正請求を拒否した京都市の決定を是認した最高裁判決は、この点について正面から回答するのではなく、①保険医療機関が請求した療養の給付に関する費用の内容等を明らかにするという本件レセプトの文書としての性格、②本件レセプトの保管目的（すなわち市は本件レセプトを診療報酬の明細に係る歳入歳出の証拠書類として保管していること）、③本件条例は、実施機関に対して第三者作成文書掲載の個人情報の訂正のために必要な調査権限を付与する特段の規定を置いていないため、実施機関の対外的な調査権限には限界があること、の三点を勘案すると、本件条例は、本件のような場合にまで、Xの実際に受けた診療内容について必要な調査を実施したうえで本件レセプト掲載のXに関する情報を訂正することは要請していないため、本件処分は違法とはいえないとの判断を下した。

たしかに、本件条例に実施機関の訂正権限に関する明文の規定がないにもかかわらず、本件条例のみを根拠として第三者作成文書の訂正を認める控訴審判決の論理は必ずしも説得的ではないと思われる。第三者作成文書の訂正について明文の規定を欠く条例に基づいて、第三者作成文書の訂正請求がなされた場合には、問題となった文書の性質や目的を考慮して、個別の事案毎に訂正権限の有無および訂正請求認諾の是非を決する必要があるものと思われる。

この点、第一審は、本件条例の条文だけでなく、個別法の仕組み解釈を通じて、京都市さらに実施機関であるYには、法によってレセプトの審査権限さらには訂正権限が付与されているとの結論を下すこととなったわけであるが、最高裁は、法に基づく京都市の訂正権限の有無については明言しないまま、訂正権限がない本件条例のもとでは「本件のような場合にまで、Xの実際に受けた診療内容について必要な調査を実施したうえで本件レセプト掲載のXに関する情報を訂正することは要請していない」とするに留めた。

レセプトが、最高裁が指摘するとおり、保険医療機関が自ら行ったとする診療内容を記載するものである場合には、現実問題として、実施機関が独自の判断でレセプトの内容に訂正を施すことは困難であっただろうと推察される(17)。もっとも、一般論としては、第一審の判示内容にもあるように、各個別分野において実施機関に文書の訂正権限が付与されている場合には、たとえ条例（もしくは法律）において訂正権限に関する明文の規定が存在していない場合でも訂正請求に応じるべきであると思われ(18)、本件において最高裁が事例判断として必要な説明のみを行うに留め、この点に関する一般的判断枠組みを提示しなかったことは残念である。

2 訂正請求が認められる「事実に誤りがある場合」とは

本件においては、レセプトにおける「事実の誤り」とは、Xの主張するとおり、Xが実際に受けた診療内容を忠実に反映していることを意味するのかどうかという点も争点の一つとなった。この、個人情報の訂正請求が認められる「事実に誤りがある場合」の「事実」とは何を意味するのかという問題は、行政機関の保有する個人情報の訂正請求だけでなく、民間機関の保有する個人情報を含む、個人情報の訂正請求制度一般に関わる問題である。しかし、個人情報保護法・行政機関個人情報保護法等に関する各種コンメンタールにおいては、「事実」の内容に関し、訂正がなされ得る「事実」には評価・判断にかかる情報は含まれないと解説されるに留められており、それ以上の説明は、筆者がみた限りではなされていないようである[19]。「何をもって『事実』とみるかは、ケース・バイ・ケースで異なる[20]」とする指摘があるとおり、訂正請求の対象となる「事実」とは何かという問題について考察するに当たっては、各事案で問題となった情報毎に、当該情報の性質を踏まえて個別的な検討を行う必要があると思われる。そして、そのような検討を行うに当たっての具体的なメルクマールの一つとして、当該情報の作成目的があるのではないかと考える。すなわち、当該情報がどのような目的をもって作成されたかという、当該文書の作成目的が確定すれば、それに伴って、当該情報における「事実」とは何かという点も具体的に決されるということになるのではないかと思われるのである。

このように考えると、本件において問題となったレセプトについては、そこにおける「事実」とは何かという問いに対する回答は、レセプトの作成目的をどう解するかによって異なることになる。この点につき、たとえば最高裁のように、レセプトの作成目的を「診療報酬請求書に添付される明細書として、保険医療機関が自ら行ったとする診療の内容を記載して作成し」たものと解する場合には、レセプト記載情報における「事実」は「患者が実際に受けた診療内容」ではないということになる。(21)

3 「利用目的の達成に必要な範囲内において」

最高裁は、本件訂正請求の目的を「被上告人の実際に受けた診療内容を直接明らかにすること」であるとする一方で、本件レセプトの実施機関による利用目的を、「(連合会を通して保険医療機関に対して行った)支払の明細に係る歳入歳出の証拠書類」として保管することであると判断し、本件訂正請求と本件レセプトの実施機関による利用目的との関連性の薄さも考慮要素の一つとした。(22)

個人情報の訂正請求と実施機関による当該個人情報の利用目的との関係について、個人情報保護法・行政機関個人情報保護法・独法等個人情報保護法の三法は、個人情報の訂正請求は当該請求に係る個人情報の「利用目的の達成に必要な範囲内において」認められると明文をもって規定している(個人情報保護法二六条一項、行政機関個人情報保護法二九条、独法等個人情報保護法二九条)。したがって、これら三法に基づく請求については、たとえ対象となる情報掲載の事実に何らかの誤りがある場合においても、利用目的の達成に必要でない場合には訂正義務は生じない。

一方、本件当時の本件条例の定める個人情報訂正請求制度にはこのような利用目的による縛りは存在していなかったが、その後の改正により、本件条例においても、行政機関個人情報保護法同様、訂正請求は利用目的の達成に必要な範囲内で認められることとされた（現行の本件条例二六条）。

今後、個人情報保護法・行政機関個人情報保護法・独法等個人情報保護法の三法に基づく訂正請求のほか、本件条例のように、三法同様の「利用目的」規定を有する自治体の条例に基づく訂正請求については特に、訂正請求と問題となった文書の利用目的との関係が重要な考慮点となるものと思われる(23)。

4　医療機関（民間機関）に対する個人情報の訂正請求

本件において、最高裁はXの訂正請求を認めなかった。一方、Xは、個人情報保護法に基づいて、文書の作成者である医療機関自身に対してレセプト情報、さらにはその基となった診療情報の開示や訂正を求めていくことは可能である。もっとも、このような診療関連情報の訂正のあり方については、たとえばカルテ掲載情報の訂正について、「難しいのは（情報の）開示だけではありません。個人情報保護法は訂正権まで認めています。患者がカルテについて訂正を要求してきたとき、どのように対応するのか、そのあたりも、未経験の領域です(24)」と指摘されるように、現実にどのような取扱いがなされることになるかについては、今後の実務の積み重ねによるところが大きいものと思われる(25)。

なお、本件に限っていえば、Xの真の目的は、医療機関による不正請求の事実を自治体に知らしめることにあったのではないかとも推察されるため、医療機関自身に対する開示・訂正請求をすることが最適な目的達成手段であるとはいえないようにも思われる。

五　むすび

以上、本件で問題となった論点を中心に個人情報の訂正請求権に関する検討を行ってきた。個人情報保護法・行政機関個人情報保護法・独法等個人情報保護法の三法や、各地の条例が規定する訂正請求制度のあり方をめぐる問題を取り扱った具体的事例に関しては、未だ数が少ない状況にあり、実務における取扱いにおいても手探りの状況が続いているようである。今後の判例および各自治体・国レベルの個人情報保護審査会における各種案件の蓄積に期待したい。

（1）　判例時報一九三二号七一頁。

（2）　ウォーレンとブランダイスの論文は 4 Harv. L. Rev. 193 (1890) に掲載されている。

（3）　Alan F. Westin, Privacy and Freedom (1967); Arthur R. Miller, The Assault on Privacy (1971). たとえば、ミラーは、「最近、法律家や社会科学者は、効果的なプライバシー権の基本的属性は、自己に関する情報の流れをコントロールする個人の能力 ― 社会関係や個人の自由を維持するのにしばしば不可欠な力 ― であるという結論に到達するようになった。これと相関的に、個人が自己に関する情報の流れを統御する栓のコントロールを奪われたときには、その者は栓を操作することのできる人々や機関に対して一定程度屈従することになる」と述べる。Miller, ibid at 25.

（4）　判例時報三八五号一二頁。

（5）　小沢美治夫「個人データの国際流通とプライバシー保護ガイドライン」ジュリスト七四二号（一九八一

年）二六四頁。

（6）　このような取扱いの背景には、「プライバシー」に対する理解・感覚の各国間の相違の存在があるとされる。すなわち、「プライバシー」に対する理解・感覚は、その国の文化や社会状況などの影響を大きく受けるものであり、各国間において大きく状況が異なり得るものであるということである。たとえば、前出ウェスティンは、「現代的民主主義国家それぞれの異なった歴史的および政治的な伝統が、プライバシーに関して異なったタイプの社会的バランスを創りあげてきたことを認識することが重要である」と指摘したうえで、イギリス・ドイツ・アメリカを例に挙げつつ、各国間におけるプライバシーをめぐる社会的状況の違いを紹介している。See Westin, supra note 3, at 26.

（7）　以下のわが国の動向については、堀部政男・プライバシーと高度情報化社会（岩波新書、一九八八年）八三頁以下、宇賀克也・個人情報保護法の逐条解説〔第二版〕（有斐閣、二〇〇五年）一頁以下を参照。

（8）　北沢義博＝小早川光郎＝藤井昭夫＝藤原静雄＝棟居快行〔座談会〕「個人情報保護基本法制大綱をめぐって」ジュリスト一一九〇号（二〇〇〇年）五頁〔小早川光郎発言〕。

（9）　ちなみに、個人情報保護法・行政機関個人情報保護法・独法等個人情報保護法の三法においては、訂正請求権だけでなく、開示請求権なども明示で認めている。このことから、これらの法律は、各種請求権の認定を通じて実質的に自己情報コントロール権を肯定していると解釈することは可能であると指摘されている。藤原静雄・逐条個人情報保護法（弘文堂、二〇〇三年）二三頁。三二頁。

（10）　下井康史「本件判批」季報情報公開・個人情報保護二号（二〇〇六）三二頁。

（11）　判時一一三七号二九頁。

（12）　この判決に対しては、訂正請求が認容されるための上記要件が相当に厳しいものであるため、訂正請求権については、これを人格権を根拠とせずに、法律で個人情報訂正・抹消請求権を明示すべきであるとして立法的解決を求める指摘がなされていた。堀部政男「不正確個人情報の訂正等請求権」判例時報一一五四号（判例評論三一八号）（一九八五年）一八一頁。

(13) 判タ一二〇三号一二二頁。

(14) 参照、加藤智章ほか・社会保障法〔第二版〕（有斐閣、二〇〇三年）一四一頁以下。

(15) 民間機関を対象とする個人情報保護法においては、訂正請求の対象となるのは「保有個人データ」であるとされており、この「保有個人データ」に該当するのは、個人情報取扱事業者が訂正権限を有する情報のみであるとされているため（個人情報保護法二条五項）、本件で争点となったような、訂正権限の有無による問題は生じない。

(16) 兼子仁ほか編著・情報公開・個人情報条例運用事典（悠々社、一九九一年）二五六頁。なお、個人情報保護審査会の答申例としては、東京都個人情報保護審査会平成八年七月一五日答申（兼子仁ほか編・情報公開等審査会答申事例集（ぎょうせい、一九九八年）二〇〇七頁）。

(17) レセプトの第三者による訂正可能性につき、「調査の結果、保険医療機関の不正請求が明らかになれば、本件レセプトは、当該不正の証拠として機能するから、むしろ現状のまま保管すべきともいえる」とする指摘もある（下井・前出注10）三四頁）。

なお、訂正自体が現実には無理である場合においても、本件最高裁判決の補足意見が指摘するとおり、別途何らかの運用上の対応をするといった配慮は必要になるものと思われる。このような運用上の工夫の可能性の余地については、行政機関個人情報保護法に関する各種コメンタールにおいても、たとえば適切な調査等を行ったにもかかわらず、事実関係が明らかにならなかったケースについて、訂正自体はできないものの、運用上、訂正請求がなされた旨を付記する等の適切な措置を講じておくことが適当な場合もあるとの解説がなされている（総務省行政管理局・行政機関等個人情報保護法の解説〔増補版〕（ぎょうせい、二〇〇五年）一四九頁や宇賀・前出注7）三六三頁など）。

(18)　本件における最高裁の判断も、個別法によって付与された訂正権限による第三者作成文書の訂正を否定しているわけではない。

(19)　たとえば、個人情報保護法における訂正請求ついて、訂正請求が認められる場合を同法が「内容が事実でないという理由」による場合に限っているのは、「判断や意見に係る見解の相違について是正することまでを本法の趣旨に含める必要がないことによる」とする説明（園部逸夫編・個人情報保護法の解説〔改訂版〕（ぎょうせい、二〇〇五年）一七四頁）や、行政機関個人情報保護法における訂正請求について、「訂正は、保有個人情報の『内容が事実でない』場合に行われるものであり、本条に基づく訂正請求の対象は『事実』であって、評価・判断には及ばない。…本法における訂正請求権制度のねらいは、保有個人情報の内容の正確性を向上させることにより、誤った個人情報の利用に基づき誤った評価・判断が行われることを防止しようとするものであるが、評価・判断は個人情報の内容だけでなく、様々な要素を勘案してなされるものであるから、訂正請求は行政機関等の判断を直接的に是正することにまで及ぶものではない。ただし、評価した行為の有無、評価に用いられたデータ等は事実に当たる」とする説明（総務省行政管理局・前出注17）一四三頁）など。

(20)　堀部・前出注12）一八二頁。

(21)　先述の東京地裁平成一六年六月二五日判決において訂正請求の対象とされたのは、小金井市職員の職務怠慢を前提として、当該職員の上司が、職務怠慢に関する話し合いや市民からの苦情を記録するという目的で作成した文書であった。したがって、この文書において「事実」に誤りがあるか否かという点は、その作成目的に照らすと、当該文書に記された情報が、会議内容もしくは市民の苦情内容を正確に反映しているか否かによって決されることになる。

(22)　本件レセプトの京都市による本件レセプトの利用目的（保管目的）が、本当に最高裁のいうとおり、「診療報酬の支払証拠書類」としてこれを保管することに限られていたのかという点については、疑問の余地がある。それというのも、判例上、審査支払機関への委託は、保険者の事務処理上の便宜を図るための仕組みであるため、保険医療機関はこの委託関係に拘束されず、保険医療機関は保険者に対して直接診療報酬を請求することができるとされており（神戸地判昭和五六年六月三〇日判時一〇一一号二〇頁）、それゆえに、保険者には、審査支払機関の審査結果を保険者独自の立場から再審査する余地が存在するとの指摘があるからである（加藤ほか・前出注14）一四二頁）。

(23) なお、高橋信行「本件判批」平成一八年度重要判例解説（ジュリスト臨時増刊）四二頁も指摘するとおり、本件時点の本件条例においては「利用目的」規定は存在していなかったにもかかわらず、本件最高裁判決では、利用目的についても考慮がなされた。したがって、最高裁の枠組みに従えば、「利用目的」規定の存在しない条例に関わるケースについても、「利用目的」への支障が考慮されることになるものと考えられる。

(24) 開原成允「医療分野における自己情報コントロール権の意味」法律文化一六巻八号（二〇〇四年）二二頁。

(25) なお、厚生労働省による「医療・介護関係事業者における個人情報の適切な取扱いのためのガイドライン」（二〇〇四年一二月二四日制定、二〇〇六年四月二一日改正。厚生労働省インターネット・ホームページより参照可能）は、医療機関の保有個人データの訂正につき、「医療・介護関係事業者は、（個人情報保護）法第二六条、第二七条第一項又は第二項の規定に基づき、本人から、保有個人データの訂正等、利用停止等、第三者への提供の停止を求められた場合で、それらの求めが適正であると認められるときは、これらの措置を行わなければならない」としたうえで、「訂正等の求めがあった場合であっても、(ア)利用目的から見て訂正等が必要でない場合、(イ)誤りである指摘が正しくない場合又は(ウ)訂正等の対象が事実でなく評価に関する情報である場合」には、訂正等を行う必要はないとしている。

3　広義の再転相続における最高裁決定と遺産の帰属形式
――最決平成一七年一〇月一一日民集五九巻八号二二四三頁に寄せて――

川　淳　一

一　本稿の目的
二　原決定
三　平成一七年決定の「判例の準則」
四　まとめ

一　本稿の目的

P、Q夫婦の間に子A、B、Cの三人があったとする。ここで、まず、Pについて相続の開始があり（以下、第一次相続と称する）、Q、A、B及びCのいずれもが単純承認をした。ところが、この第一次相続について遺産分割がされない時点でQについて相続の開始が生じ（以下、第二次相続と称する）、この第二次相続についてもA、B、Cのいずれもが単純承認をした（いわゆる広義の再転相続の発生）。A、BおよびCについては、第一次相続についても第二次相続についても特別受益にあたる生前処分があり、また、いずれについても「持戻し免除」の意思表示はなかった。遺産の内容は、第一次相続については、すべて不動産である。他方、第二次相続については、第一次相続における未分割の遺産に対する権利以外には、遺産が存在しなかった。このとき、第一次相続と第二次相続についての遺産分割はどのようにして行われるか（以下、P、Q、A、B、Cの記号を用いる）。

周知のように、最高裁は、最決平成一七年（二〇〇五年）一〇月一一日（民集五九巻八号二二四三頁）（以下、平成一七年決定と称する）において、この問題に対して、第一次相続と第二次相続のいずれについても民法九〇三条による特別受益の存在に基づく操作をして具体的相続分を算定し、その上で遺産分割をすべきである旨を示し、原審決定（以下、原決定と称する）、すなわち、第二次相続については民法九〇三条に基づく操作を否定し、民法九〇〇条の割合で承継が生じるとした決定を破棄した。(1)

筆者は、ここに要約した範囲では、最高裁の判断にはまったく異論の余地はなく、最高裁はきわめて適切な判断を示したという立場に立つ。(2) しかし、同時に、その結論に連なる法律論全体を視野にいれて「判例の準則」を構築する際には慎重な配慮が必要であり、原決定の法律論――それは特異であるのみならず、筆者のみるところ結論の正当化としても適切であるか疑わしいものであるが――に引きずられて不用意な読み込みをしないように注意すべきであると考える。結論を先取りしていえば、最高裁は、第一次相続における未分割の遺産に対して第二次相続においてQが持分による共有という形で実体的な権利を有する（した）ということ、および、そのことのゆえに第二次相続における遺産分割請求においても民法九〇三条による操作が不可欠であるということを確認したにとどまると解すべきと考える。もっといえば、そのような内容である遺産分割請求権の法構造的基礎付けについてはさしあたり白紙と評価すべきであり、また、共同相続人が未分割の遺産に対して有する実体的権利も法定相続分の割合によるものと明言したわけではないと解すべきだ、と思うのである。

以下、まず、原決定の法律論を検討して、それが結論の正当化として適切でないことを明らかにし、そのことによって平成一七年決定における「判例の準則」構築に際しては、原決定はこれを棚上げにすべきであることを述べる。ついで、最高裁の決定理由を検討し、それを原決定から切り離して読むならば、前段落に筆者が述べた読み方が十分成立可能であること、すなわち、最高裁決定は、第一次相続における未分割の遺産に対してQが実体的な権利を有する（した）ということ、および、そのことのゆえに第二次相続における遺産分割請求においても民法九〇三条による操作が不可欠であるということを確認したにとどまるという読み方が可能であることを明らかにする。そして、最後に、それでは、遺産分割請求権の法構造的基礎付けという点および共同相続人が未分割の遺産に対して有する実体的権利がどのような割合によるものであるかという点について、平成一七年決定を基礎にしつつどのような解釈が可能であるかということの展望に議論をつなげることにする。

二　原決定

(1)　原決定の依拠する命題

平成一七年決定における原決定は、おおきくいうと、二つの命題に依拠している。一つは、共同相続人が有するものは「相続分」であるが、それは未分割の遺産たる客体に対する具体的な権利（財産権）ではなく、「遺産分割において相続財産を取得することができる地位（いわば抽象的な法的地位）」[3]である、というものである。そしてもう一つは、その結果、広義の再転相続のときの第二次相続において、被相続人Qが第一次相続によって得た「相続分」なるものについては、それは財産権ではないから、「遺産分割によらない承継関係が生じる」[5]、すなわち、民法九〇〇条の割合によるA、BおよびCへの承継が生じる[6]、というものである。最初の問題は、この二つの命題のみによって未分割の遺産に対する権利構造を相続法秩序の一般的前提と矛盾なく説明できるのかどうか、ということである。筆者は、この二つの命題だけでは説明できず、いわば隠された命題があるというほかかない、と考える。それは、こういうことである。

そもそも、相続なる法制度のミニマムはなにかと問われたときに、それは自然人たる法主体の消滅によって無主の財産が生じることを防ぐことである、ということに異論はないように思われる。すなわち、ある財産を客体とする権利は常になんらかの法主体に帰属しているべきである、という自明の原則を維持することが相続制度のミニマムである、ということである。そして、このことは、相続による財産の再分配が完了した後にそうであるだけでなく、日本法の下でも、再分配の過程においても貫徹を予定されているというべきである。もっとも浮動的な状態である承認放棄が確定していない状態においても、必ず誰かが権利の帰属主体であるという前提で条文は構成されているというべきだからである(7)。また、相続人が不存在の場合においても、相続財産法人が構成されることによって、権利の帰属主体が確保されているからである(8)。これらを踏まえて考えれば、共同相続人が単純承認をした後、最終的な権利の再分配が確定するまでの間の未分割遺産について、日本民法が、権利の帰属主体はどうなるのかということを曖昧にしていると考えることには、かなりの無理があるというべきである。ことばを付け加えていいかえれば、未分割の遺産を客体とする権利がどのような形で共同相続人に帰属するのかということ、そして、そのいわば特殊な帰属関係がどのような手順を経て通常の権利の帰属関係に置き換えられるのかということを、日本民法が曖昧にしていると考えることには、かなりの無理があるというべきである。

このような観点から原決定が依拠している二つの命題を確認すると、いずれの命題も未分割の遺産たる財産を客体とする権利の帰属主体がどうなっているかについて、少なくとも直接にはなにも述べていないことがわかる。まず、第二の命題、すなわち、広義の再転相続においてQが第一次相続によって取得した「相続分」は民法九〇〇条の割合によってA、BおよびCに承継されるという命題は、財産の再分配過程が完結した段階において、すなわち、未分割という状態が解消された段階において、誰がどういう割合でかつて未分割遺産であった客体に対して権利主体となるかを、かろうじて間接的には示している。しかし、肝心の未分割状態の遺産を客体とする権利が誰にどのようにして帰属していたかについてはなんら述べるところがない。つぎに、第一の命題、すなわち、共同相続人が有するものは「相続分」であるが、それは遺産たる客体に対する具体的な財産権ではなく、遺産分割において相続財産を取得することができる地位（いわば抽象的な法的地位）であるという命題は、なるほど、後者の命題とは異なって、遺産が分割される前の状態を射程に収めている。しかし、その命題は、その命題がいうところの「相続分」は抽象的な法的地位であって、未分割の遺産たる客体に対する具体的な財産権ではないといっているに尽きるのであるから、やはり、未分割の遺産たる客体に対する権利の帰属主体はどうなっているのかについてはなにも述べていない、と評価するほかないように思われるのである。(9) 結局、原決定は、誰がどのようにして未分割の遺産たる財産に対する権利の帰属主体であるかという部分を補った上で、その是非を評価するほかないというべきである。そうすると、次の問題は、その部分について、どのような仕方で補うことができるか、ということと、そのようにして補った上で原決定を評価するとどうなるか、ということである。筆者は、補い方はさしあたりは三つありうると考えるが、そのいずれの補い方をしても、結局のところ、原決定の法律論は、原決定の結論を正当化するための要というべき部分について沈黙していると評価するほかなく、したがって、法律論として不適切というほかないと考える。以下、敷衍する。

(2) 「相続分」の二重化構成

補充の仕方の第一は、いわば、未分割の遺産の構造をどう構成すべきかということとは切り離して、原決定のいう「相続分」自体を二重化し、遺産分割において相続財産を取得することができるという漠然とした抽象的地位としての「相続分」の外側に、その地位を包み込むガワとしての「相続分」を措定して、そのガワの部分が権利の客体たる財産と権利主体たる共同相続人をつなぐ、とするものである。これは、原決定をした法廷を構成する裁判官の一人であった橋詰均判事が、[10]「共同相続人の死亡と相続分の承継」[11]において提示している比喩を、筆者にできるかぎり、法的なタームに置き換えたものである。[12][13]

仮に、このような構成が十分な説得力を持つとするならば、これはこれで、原決定が明示していない部分、すなわち、未分割の遺産を構成する財産を客体とする権利が誰にどのようにして帰属するのか、という部分を補っているということはできる。しかし、このような構成は、法律学の伝統的な手法からはかなり離れているといわざるをえない。法律学に伝統的な手法にしたがうかぎり、ある客体に主体が二重に関わり合うことを承認する場合には、客体にかかる法構造も、なんらかの形でその二重性に対応するように構成するのが普通であるように、筆者には思われるからである。しかし、いずれにせよ、この点は、原決定の法律論を評価するという目的のためには、あまり重要ではない。このような補充をしてみても、原決定の法律論は、原決定の結論、すなわち、広義の再転相続における第2次相続においてA、BおよびCがするQからの取得がもっぱら民法九〇〇条の割合によるものであるということを説明できないからである。それはこういうことである。

この構成の下では、Qを被相続人とする第二次相続について、A、BおよびCは、なるほど、QがPの未分割の遺産に対して有していたガワとしての「相続分」を、さらに重ねてガワとしての「相続分」として承継した、ということは確かである。したがって、これのみに着目すれば、第二次相続における承継は民法九〇〇条の割合によって生じ、民法九〇三条は適用の余地がない、という解釈もありえそうではある。「相続分」の承継は、未分割の遺産たる客体に対する権利そのものの承継とは異なるともいえるからである。しかし、この構成の下では、なにか特別なルールが付加されないかぎり、A、BおよびCは、そのガワの他に、原判決がいうように、QがPの未分割遺産に対して生前有していた抽象的な地位も承継する。そして、その抽象的地位の中には、実は、当然、QがPの未分割遺産を構成する客体を対象として有していた遺産分割請求権、すなわち、Pの未分割遺産を構成する客体について、民法九〇三条によって九〇〇条の割合を修正した割合に基づいて、未分割状態を解消し、その分割帰属を求める権利が含まれているはずである。またさらに、その抽象的地位の中には、A、BまたはCが、Pの未分割遺産を構成する客体を対象として有している固有の遺産分割請求権を行使した場合に、その行使によって未分割状態が解消されることの帰結として、その客体が、民法九〇三条によって九〇〇条の割合を修正した割合に基づいて分割帰属せしめられる地位も含まれているはずである。他方、その分割帰属を求める権利と分割帰属を受け入れる地位が承継されることを排除する特別なルールないしはそのルールの法的根拠はなんら提示されていない。そうすると、結局、A、BおよびCは、①第二次相続によって、Qがその生前、Pの未分割遺産を構成する客体に対して有していたガワとしての「相続分」を承継するが、そのままでは、いずれにせよ、そのガワとしての「相続分」によってA、BおよびCに結びつけられている財産は、第一次相続についても第二次相続についても未分割である、

②ここで、A、BおよびCは、第一次相続における遺産を構成する客体について未分割状態を解消し、それを分配して各人に分割済として帰属させるために、観念的には、まず、第一次相続に関する固有の、ないしは、Qから承継した遺産分割請求権を行使して　第一次相続についての遺産分割を行い、A、BおよびCが取得する部分と並んで、Qが取得するべきであった部分を第一次相続について分割済として確定し、③ついで、第二次相続に関する固有の遺産分割請求権を行使して、第二次相続について未分割の状態でA、BおよびC間で共有されるに至っている、第一次相続における遺産分割よってQに属するべきであった財産の帰属を、A、BおよびC間で第二次相続について分割済として終局的に確定する、ということにならざるをえないのである。

要するに、①いくら原決定のいう「相続分」なるものが、「遺産分割において相続財産を取得することができる地位（いわば抽象的な法的地位）」であるということを強調しても、そのことは、原決定の結論を導くためには意味を有しない、②原決定の結論を導くために必要なことは、そうではなくて、その抽象的地位に当然に含まれるはずの権利と地位が、第二次相続によってはA、BおよびCに少なくともそのままの形では承継されないということの根拠を示すことである。すなわち、第一次相続についてのQの遺産分割請求権が、第二次相続によってA、BおよびCに少なくともそのままの形で承継されることはないし、また、A、BまたはCによるそれぞれの固有の遺産分割請求権の行使の結果として生じる財産の分割帰属を受け入れるQの地位が、第二次相続によって、A、BおよびCに、やはり少なくともそのままの形で承継されることはない、ということの根拠を示すことである、③しかし、その根拠は、これまで確認したかぎりではなんら示されていない、ということなのである。ちなみに、こうであるにもかかわらず、一見すると、原決定はその結論を支える論拠を提示できているように見える鍵は、未分割の遺産を構成する客体に対する権利の帰属がどうなっているのか、という問題を、まさに、隠したないしは曖昧にしたまま議論を展開したという点にあるように思われる。言い換えれば、第一次相続が開始した時点で未分割の遺産を客体とする権利についてどのような帰属関係が生じ、ついで、第二次相続が開始した時点でその帰属関係がどのように変化するのか、そして、その未分割遺産を客体とする権利の帰属関係が、どのような手順によって、分割を経た通常の帰属関係に置き換えられるのか、という問題を隠して議論した、ないしは、その問題を論じる必要がないという、一般的とはいいがたい前提を採って議論した、という点にあるように思えるのである。

もっとも、このような結論になってしまったのは、あるいは筆者による命題の補充の仕方の問題である可能性もある。そこで、念のため、同工異曲の誹りを覚悟のうえで、筆者が考えついた残りの構成についても検討を続けることにする。

(3)　二重の共有論構成

補充の仕方の第二は、遺産の構造自体を二重化することによって、共同相続人が遺産に対して有する立場を二重化するという仕方である。これは、林良平博士の萌芽的な示唆を受けて[14]、右近健男教授が展開した考え方である[15][16]。この構成においては、共同相続人は、まず、法定相続分によって未分割の遺産を構成する個々の客体に対する権利を保持し、さらに、未分割の遺産全体に対して具体的相続分の割合による権利を保持する。そうして、未分割の遺産に対して権利を取得した第三者との関係では、共同相続人が法定相続分の割合によって個々の客体に対して有する権利が意味を持つ一方で、共同相続人間での遺産分割の場面では、未分割の遺産全体に対して共同相続人が具体的相続分の割合によって有する権利が意味を持つ、とするのである。

このように考えるならば、なるほど、共同相続人が遺産全体に対して有する権利は、遺産分割に直面して初めてその具体的内容が明らかになるという意味で、抽象的な法的地位であると表現できなくはない。そして、その一方で、共同相続人は、法定相続分の割合によって、未分割の遺産を構成する各客体に対する権利の帰属主体となるという形で、遺産の帰属形式をを明確に提示することになる。

仮に原決定の法律論をこのように読み替えることが許されるとするならば、原決定の具体的な帰結、すなわち、第一次相続によってQが取得したものが、民法九〇〇条の割合によってA、BおよびCに承継されるということの説明は、比較的容易になるようにも思われる。広義の再転相続における第二次相続については、このような二重の共有関係のうちの個々の財産に対する共有関係のみが成立すると考えれば、原決定の提示する結論と結果的に同じ結論が得られるからである。しかし、もはやいわずもがなであるが、ここで決め手になるのは、なぜ、広義の再転相続の下での第二次相続においては、未分割の遺産を構成する個々の財産に対する共有関係のみが成立し、未分割遺産全体に対する共同相続人の地位は生じないのかということの理由であり、しかも、本来の二重の共有論というものは、なんらそのような主張を伴ってはいないのである。

結局、原決定における法律論を二重の共有論に読み替えることによって、未分割の遺産を構成する個々の客体に対する権利の帰属主体に関する命題を補足することを試みたとしても、結論は、「相続分」の二重化構成による補足を試みた場合とまったく同じに帰することになる。

(4) 合手的共同体構成

補充の仕方の第三は、遺産を構成する個々の客体と個々の共同相続人の間に遺産分割という財産処分を目的とする合手的共同体を措定し、遺産を構成する個々の客体に対する権利はその合手的共同体に帰属するとする一方で、個々の共同相続人は、その合手的共同体を通じて遺産を構成する個々の客体との関わりを持つ、とする仕方である。これは、もっとも純粋に近い形の遺産合有論であり、比較的最近では鷹巣信孝教授が展開している。(17) この構成においては、「共同相続人は、遺産を構成する個々の財産に対して共有持分権を有しておらず、遺産全体を管理・処分する共同体の構成員として持分を有する」(18) ことになる。そして、その意味での持分（権）は、遺産分割との関係では、二重の共有論におけると同じく、遺産分割に直面して初めてその具体的内容が明らかになるという意味で、抽象的な法的地位であると表現できなくはない。そして、やはりその一方で、財産処分を目的とする合手的共同体が未分割の遺産を構成する権利の帰属主体となるという形で、誰がどういう仕方で未分割遺産を構成する客体に対する権利の帰属主体となっているかを、この構成もまた明確に提示することになる。

しかし、仮に原決定の法律論をこのように読み替えてみても、やはり、原決定の結論、すなわち、広義の再転相続における第二次相続においてA、BおよびCがするQからの取得がもっぱら民法九〇〇条の割合によるものであるということは、これを説明できない。すなわち、この構成においては、A、BおよびCは、①第二次相続によって、Qがその生前有していた、Pの未分割遺産のための合手的共同体の構成員たる地位を承継する、②その結果、Pの未分割遺産のための合手的共同体の構成員たる地位については、A、BおよびCは、固有のそれと第二次相続によって承継したもともとQに属していた地位の二つの地位を有することになる、③ここで、A、BおよびCは、第一次相続における遺産を構成する客体を分配して各人に帰属させるために、観念的には、まず、第一次相続に関する固有の、ないしは、Qから承継した合手的共同体の構成員たる地位に基づく遺産分割請求権を行使して　第一次相続についての遺産分割を行い、A、BおよびCが取得する部分と並んで、Qが取得するべきであった部分を確定し、③ついで、第二次相続のための合手的共同体の構成員たる地位に基づく固有の遺産分割請求権を行使して、第二次相続について未分割の状態でA、BおよびCからなる合手的共同体に帰属するに至っている、第一次相続によってQに属するべきであった財産の帰属を、A、BおよびC間で終局的に確定する、ということにならざるをえないのである。結局、結果的には（1）に提示した構成におけると基本的には同じことになるというほかない。

かくして、いずれにしても、原決定における法律論は、原決定における結論を支えるものとしては不適切というほかなく、したがって、原決定は、平成一七年決定の「判例の準則」を抽出する際には、棚上げすべきものというほかなくなる。このことを踏まえて、次に、平成一七年決定自体を検討することにする。

三　平成一七年決定の「判例の準則」

まず、文章の体裁としてはやや冗長になるが、平成一七年決定の要旨というべき部分を、文章番号を付加しながら引用する（なお、記号は本稿冒頭の設例に合わせて修正している）。曰く、「遺産は、相続人が数人ある場合において、それが当然に分割されるものでないときは、相続開始から遺産分割までの間、共同相続人の共有に属し、この共有の性質は、基本的には民法二四九条以下に規定する共有と性質を異にするものではない（最高裁昭和二八年(オ)第一六三号同三〇年五月三一日第三小法廷判決・民集九巻六号七九三頁、最高裁昭和四七年(オ)第一二一号同五〇年一一月七日第二小法廷判決・民集二九巻一〇号一五二五頁、最高裁昭和五七年(オ)第一八四号同六一年三月一三日第一小法廷判決・民集四〇巻二号三八九頁参照）（第一文）。そうすると、共同相続人が取得する遺産の共有持分権は、実体上の権利であって遺産分割の対象となるというべきである（第二文）。（改行）本件におけるP及びQの各相続の経緯は、Pが死亡してその相続が開始し、次いで、Pの遺産の分割が未了の間にPの相続人でもあるQが死亡してその相続が開始したというものである（第三文）。そうすると、Qは、Pの相続の開始と同時に、Pの遺産について相続分に応じた共有持分権を取得しており、これはQの遺産を構成するものであるから、これをQの共同相続人である抗告人及び相手方らに分属させるには、遺産分割手続を経る必要があり、共同相続人の中にQから特別受益に当たる贈与を受けた者があるときは、その持戻しをして各共同相続人の具体的相続分を算定しなければならない（第四文）。（改行）以上と異なり、審判によって分割すべきQの遺産はなく、Qとの関係における特別受益を考慮する場面はないとした原審の判断には、裁判に影響を及ぼすことが明らかな法令の違反があるというべきである。論旨は理由があり、原決定は破棄を免れない（第五文）。そして、更に審理を尽くさせるため、本件を原審に差し戻すこととする（第六文）」[19]。

こうしてみると、なるほど、平成一七年決定は相続分について言及している。したがって、原決定との関連で平成一七年決定を読めば、平成一七年決定は、相続分の性質を宣言していると理解することも十分に可能である。しかし、原決定を棚上げにして平成一七年決定それ自体のみを検討すると、平成一七年決定は、相続分に関する議論に深入りすることを周到に避けており、その結論、すなわち、第一次相続と第二次相続のいずれについても民法九〇三条による特別受益の存在に基づく操作をして遺産分割の前提になる率分を算定し、その上で遺産分割をすべきであるという結論を導くために必要最小限の法律論のみを提示している、と評価できるのである。それは、こういうことである。

原決定におけるように、相続分を特異な形で概念規定する、すなわち、相続分は、未分割の遺産を分割する際の率分でもなければ、未分割の遺産を構成する個々の客体に対する権利でもなく、「遺産分割において相続財産を取得することができる地位（いわば抽象的な法的地位）」であり、しかも、広義の再転相続における第二次相続においては、民法九〇三条による修正が生じない、と規定する場合には、その議論が説得力を持つためには、未分割の遺産を構成する客体に対する権利のどのような帰属形式がその特異な相続分に関する概念規定と調和するのか、ということを明示することが必要になる。しかし、実をいえば、遺産分割の前提になる率分を民法九〇三条によって算定しなければならないという結論に至るということそれ自体に即していうと、そこまで完璧に概念構成することは必要ではない。その結論に到達するために必要なことは、当該相続において、遺産を構成する個々の客体が未分割の状態で共同相続人間に帰属しているということを示すことであり、かつ、さしあたりはそれで十分なのである。遺産分割の客体が存在する以上、その客体を分割するための率分を計算すべきなのは当たり前のことだからである。このような観点から平成一七年決定を読んでみると、同決定は、法律論をまさにこの必要十分のレベルで展開していることがわかる。すなわち、同決定は、まず、第一文において、共同相続の場合には、遺産について、それを客体とする持分による共有が成立することを宣言し、ついで、第二文において、その持分による共有権が遺産分割の対象になるという言い方で、持分による共有の客体が、遺産分割を予定した未分割の客体として共同相続人に帰属することを宣言している。平成一七年決定が法律論として提示しているものは、実はこれだけである。そして、これは、先に述べた、「必要十分」の法律論そのものなのである。なるほどたしかに、平成一七年決定は、第四文において、「相続分に応じた共有持分権」が存在するという言い方で相続分に言及している。しかし、これは、共同相続人を権利の帰属主体とする未分割の遺産が存在するということの言い換えにすぎず、相続分ということばは、平成一七年決定においては、原決定におけると異なり、他のことばによって代替不能な特別の意味を与えられてはいないのである。結局、平成一七年決定は、きわめて周到な手堅い法律論を展開した、というべきである[20]。

もっとも、このような仕方で平成一七年決定を積極的に評価することに対しては、原決定への評価の仕方と比較して、不公平であるという批判はありそうに思われる。原決定を評価するに際しては、原決定が明示している法律論と整合する未分割遺産の帰属形式はどういうものかということを重視しているのに対して、平成一七年決定を評価する際には、未分割遺産の帰属形式を厳密に詰めることをしていないからである。しかし、この批判はあたらない。原決定については、その特異な相続分論のゆえに、その議論が一体どのような未分割遺産の帰属形式を前提にしているのかを探求することが必要になり、しかも、筆者の見るところ、その議論と完全に整合する未分割遺産の帰属形式は見当たらないのに対して、平成一七年決定については、そもそもそのような事情は存在しないからである。というのは、平成一七年決定は、筆者のみるところ、未分割遺産の帰属形式に関する少なくとも二つの見解と接合可能だからである。それは、こういうことである。

なるほど、平成一七年決定は、未分割遺産についての共有を、基本的には、民法二四九条以下にいう持分による共有であるとしている。したがって、平成一七年決定は、原決定を検討した際に取り上げた財産帰属形式のうち、合手的共同体構成とは接合しがたいのは確かである。

しかし、平成一七年決定は、まず、原決定を検討する中で提示した財産帰属の形式のうち、二重の共有論と接合可能である。既に示したように、二重の共有論とは、遺産を構成する個々の客体に対しては法定相続分の割合にもとづく持分による共有が成立する一方で、遺産全体に対しては具体的相続分の割合に基づく共有が成立するとすることによって、遺産たる客体に対する権利の法定相続分の割合による共同相続人への帰属と具体的相続分の割合による遺産分割とを両立させることを企図した見解である。平成一七年決定をこの見解と接合する場合には、平成一七年決定の第二文にいう「共有持分権」は、法定相続分の割合に応じたものということになり、第四文にいう「相続分」とは割合としての法定相続分ということになる。そして、その一方で、遺産分割の割合が具体的相続分の割合であることの根拠、および、そのような内容の遺産分割請求権の根拠として、平成一七年判決が明示的には肯定も否定もしていない遺産全体に対する具体的相続分の割合による共有というものが持ち込まれることになる。(21)

つぎに、平成一七年決定は、同決定に対する評釈の中で伊藤昌司教授が提示した見解とも接合可能である。(22)その見解は、遺産を構成する個々の客体に対して具体的相続分の割合に基づく共有が成立するとする一方で、共同相続人であるという地位それ自体から未分割の遺産に対する管理占有の権限を導き出すことによって、具体的相続分の割合が零であるかもしれない共同相続人が未分割遺産の管理主体であり、かつ、未分割遺産の管理を解消する権利、すなわち、遺産分割請求権を有することを正当化するものである。平成一七年決定をこの見解と接合する際には、平成一七年決定の第二文にいう「共有持分権」は、具体的相続分の割合に応じたものということになり、第四文にいう「相続分」とは割合としての具体的相続分ということになる。このとき、遺産分割請求権は、共同相続人であるという地位それ自体から生じる未分割の遺産に対する管理占有の権限から導かれるのであるが、他方で、共同相続人に帰属している個々の客体を分割するための割合が具体的相続分であるということは、相続開始によって成立している持分による共有それ自体から導かれることになる。

結局、平成一七年決定は、原決定とは異なって、権利の帰属形式と遺産分割請求権の基礎付けという問題については、複数の十分に成立可能な見解と完全に接合可能であり、それゆえに、原決定とは異なる仕方で評価することが可能となり、しかも、それらの問題についてのこれからの議論の出発点となりうる資質を備えている、ということになるのである。

四　ま　と　め

最後に本稿で筆者が述べたことをもう一度整理しておく。それは、こうである。第一、広義の再転相続に即して原決定が展開した相続分論は、特異であるだけでなく、未分割遺産の帰属形式のどのようなものとも接合が難しいという点で適切な法律論たりえていない。第二、そうであるがゆえに、平成一七年決定の「判例の準則」を抽出する際には、原決定は、全体として棚上げされるべきものである。第三、原決定を棚上げした上で平成一七年決定の「判例の準則」を抽出すると、それは、広義の再転相続における第二次相続についても、少なくとも観念的には、民法九〇三条によって修正された割合による遺産分割がされるべきである、ということに尽きる。第四、平成一七年決定は、第三で述べたルールを導き出すために必要最小限の法律論、すなわち、未分割遺産を構成する個々の客体はなんらかの形式で共同相続人に帰属するということのみを周到に展開したことのゆえに、遺産の帰属形式と遺産分割請求権の法構造的基礎付けに関する複数の見解と接合可能なものになっている。第五、その結果、平成一七年決定は、すくなくとも、それらの問題についてのこれからの議論の出発点となりうる資質を備えていると評価されるべきものとなっている。

このようにまとめると、それでは、筆者は、この決定を出発点として、遺産の帰属形式と遺産分割請求権の法構造的基礎付けについてどのように考えるのか、ということが当然問われることになろう。本決定とは必ずしも整合しないようにもみえる帰属形式をも視野に入れつつ、なお検討を積み重ねていきたい。

(1) 平成一七年決定についての調査官による解説として、青野洋士「時の判例」ジュリ一三四三号九九頁(二〇〇七年)、同「判解」曹時五九巻一〇号三五二八頁(二〇〇七年)がある。また、同決定に対する判例研究として、伊藤昌司「判批」民商一三四巻三号四二九頁(二〇〇六年)、奥山恭子「判批」判評五七一号(判時一九三四号)二七頁(二〇〇六年)、川淳一「判批」ジュリ臨増一三一三号(平成一七年重判解)九二頁(二〇〇六年)、中川淳「判批」リマークス三四号六六頁(二〇〇七年)、同「判批」戸時六一三号五五頁(二〇〇七年)、升田純「判批」Lexis判例速報二巻一号三八頁(二〇〇六年)、本山敦「判批」ひろば五九巻三号六二頁(二〇〇六年)、良永和隆「判批」ハイローヤー二四八号七〇頁(二〇〇六年)等がある。

(2) なお、筆者は、拙稿前掲注(1)九三頁において、原決定が「ひとつの常識論に裏打ちされたものであるように思われるが」という言い方をすることによって、原決定を一定の範囲で積極に評価している。一見すると、その記述と本稿本文の記述は整合しないようにも見えるが、そうではない。というのは、こういうことである。本稿本文の記述は、第二次相続における被相続人には固有の財産がまったく存在しなかったということを前提にしている。この前提をとるかぎり、筆者は、平成一七年決定にまったく異論を有しない。しかし、平成一七年決定の事案は、実は、そういう事案ではない。それは、第二次相続における被相続人にも固有の財産はあったものの、その固有の財産は、「相続させる」旨の遺言によってすべて共同相続人の中の一人に割り付けられていたため、判例の準則(最判平成三年(一九九一年)四月一九日民集四五巻四号四七七頁および最判平成七年（一九九五年）一月二四日判時一五二三号八一頁）によれば、遺産分割の対象たる財産が存在しないことになった、というものなのである。筆者は、平成一七年決定それ自体への評価という場面では、この事情はもっと注目されるべきものであると考える。遺言によるそのような財産処分の中に持戻し免除の意思表示を見いだすことは――もとより事案の事実関係に依存するのは確かであるが――まったく不可能であるとまではいえないと思うからである。そして、仮に、持戻し免除の意思表示が実際に存在したということになれば、第一次相続によって第二次相続における被相続人が取得している遺産を第二次相続において分割する際には、持戻しの操作が行われないことになり、その結果、第二次相続において寄与分が認められないかぎり（原決定は事実認めていないのであるが）、第二次相続における遺産分割の割合は民法九〇〇条の規定する割合となり、結局、結論において原決定と同じになるからである。これが、筆者が、拙稿前掲注(1)九三頁において、原決定を一定の限度で積極に評価した理由である。

(3)　民集五九巻八号二二五八頁。

(4)　なお、原決定は、「相続分それ自体は、遺産分割の対象となる具体的な財産権ではないことは前記のとおりであるから、相続分については、遺産分割によらない承継関係（いわゆる再転相続）が生ずるものと解される」（民集五九巻八号二二六三頁）としていることから判断して、広義の再転相続というタームに、第一次相続に関する「相続分」についての第二次相続における遺産分割によらない承継関係という定義を与えているようにも見える。しかし、いずれにせよ、広義の再転相続というものの一般的な定義は、そういうものではない。一般的には、広義の再転相続というタームは、相続承認の効果が既に生じていて未分割の遺産がある状態で共同相続人のうちの誰かが死亡して相続（第二次相続）が開始している状態を指すものである。この点については、松田亨「再転相続と遺産分割手続」梶村太市＝雨宮則夫編『遺産分割』〔現代裁判法体系⑾〕二二三頁（一九九八年）を参照。

（5） 民集五九巻八号二二六三頁。

（6） 原決定は特に言及してはいないが、遺言による相続分指定がある場合には、おそらくは民法九〇二条の割合による承継になるのだろうと思われる。原決定の趣旨は、実際上遺産分割の場面において初めて明らかになる特別受益寄与分による修正をしないという趣旨だろうからである。

（7） 民法九三九条および九四〇条参照。

（8） 九五一条以下参照。

（9） この点では、原決定の議論は、相続分をめぐる従来の議論とは大きく異なることに注意すべきである。なるほど、これまでも、具体的相続分については、それを、「実在の権利ではなく遺産分割の過程で設定される一種の分割基準であり、観念的に想定しうるにすぎない」（奥山前掲注（1）二九頁の整理による。奥山教授は、この見解の主唱者として、田中恒朗教授と山名学判事を挙げている）ものとする見解は学説上も有力に存在したし、その見解を前提にしたと評価すべき判例があることも周知である（最判平成一二年二月二四日民集五四巻四号一三七頁。同判決は、具体的相続分を「遺産分割における分配の前提となるべき計算上の価額又はその価額の遺産総額に対する割合を意味するものであって、それ自体を実体法上の権利関係であるということはできない」と判示する）。しかし、従来から存在する、具体的相続分を抽象的法的地位であるとする見解の多くは、未分割の遺産を構成する客体に対して共同相続人が有する権利の問題を議論の外に置こうとはしていない、というべきである（たとえば、田中『遺産分割の理論と実務』二二九頁以下（判例タイムズ社、一九九三年）参照）。これに対して、原決定の議論は、本文で明らかにしたように「相続分」が抽象的法的地位であるということを宣言するのみであって、未分割の遺産を構成する個々の客体に対する権利の帰属形式がどうなっているかについては、これを明確に述べるところがない。筆者のみるところ、この点が、原決定における議論と従来から存在する具体的相続分に関する議論とを分かつ重要なポイントである。なお、本山前掲注（1）六四頁は、原決定を今述べた平成一二年判決に連なるものとし、さらに平成一二年判決に連なる見解の主唱者として鈴木禄弥博士を引用している。筆者も、原決定の系譜論的な理解としては、本山教授の指摘は適切であると考える。しかし、そのことと、遺産を構成する個々の客体の権利主体への帰属の問題を鈴木博士がどう考えていたのかということは、別の問題である。確かに、こと鈴木博士の議論に関していえば、その帰属形式が法律論的にどのようなものであるかについては、ややはっきりしないところがあるようにも思われる。しかし、鈴木博士は、遺産分割前の段階では、遺産を構成する個々の客体に対する権利が「未分割」という属性を備えた状態で権利主体たる共同相続人に帰属しているということは、これを、当然の前提としていたというべきであり、しかも、「未分割」であるということが問題の最も重要な規定要因であると考えていたというべきである。この点で、鈴木博士の論理は、原決定の論理とは異なる。ちなみに、筆者は、この問題への検討を含んだ別稿を準備中である。

(10)　前掲注(1)「判解」曹時五九巻一〇号三五三七頁(注5)参照。

(11)　橋詰均「共同相続人の死亡と相続分の承継」判タ一一七九号四二頁以下（二〇〇五）。もっとも同論文は、筆者にとってきわめて難解であり、その意図するところを把握することは容易ではない。本文の記述は、橋詰判事自身の見解というのでなく、むしろ、橋詰判事の記述をヒントにして筆者が仮に考えた構成というべきものである。

(12)　念のため、問題の比喩を引用する。曰く、「非常に安直な比喩で申し訳ないが、私は、相続分を「遺産引換券」に喩えることが、理解の一助になるのではないかと感じている。（改行）各共同相続人には、（相続放棄をしない限り）もれなく遺産引換券が付与される、これには、遺産引換え度数が磁気的に記録されており、最初から残度数が「零」の場合もある、裁判所の役割は、その残度数を読み取り（相続分の額の認定）、その残度数に応じて遺産を分配する、と考えるのである。この比喩を用いた場合、遺産分割のルールは、次のような単純なものとなる。（改行）⑴遺産引換え度数は、遺産分割の対象財産の相続開始時の価額に対応している。（改行）⑵遺産引換え度数は、遺産分割の対象財産を先行取得すれば、その相続開始時の価額に対する度数が自動的に消滅する。（改行）⑶遺産引換券は、譲渡が可能である。裁判所は、遺産引換券の現在の所持者を遺産分割の当事者とする。」（前掲注(11)四七頁）。本稿本文は、この「遺産引換え度数が磁気的に記録され」た遺産引換え券という言い回しに、「相続分」の二重化という発想を読み取ったものである。

(13) なお、橋詰判事自身の見解というレベルで問題を検討すると、橋詰・前掲注(11)四四―四五頁における、「被相続人が保有していた財産権は、相続開始と同時に、共同相続人に承継される。共同相続人が承継取得した個々の遺産に対する持分（又は準共有持分）は、もちろん具体的な財産権である。しかし、「遺産持分の総体＝相続分」という図式が成り立つわけではないのである。（改行）甲の共同相続人の一人が死亡すると、その者に帰属していた遺産持分の総体は、その者の遺族に移転する（あるいは移転するように見える）。これは、実体上の権利義務の変動の問題である。」という記述が重要である。ここでは、橋詰判事は、「遺産持分の総体」なる独特のタームを用いてはいるものの、共同相続における未分割の遺産を構成する個々の客体に対する権利の帰属の仕方を明示しているからである（もっとも、括弧書きで「（あるいは移転するように見える）」という付加があることには、重要な含意があるようにも思われる）。いずれにせよ、仮にこのまま記述が展開されたならば、筆者には、橋詰説は、後述の伊藤説に接近したであろうようにも思われる。しかし、議論はそのようには展開されない。橋詰判事は、この議論に続けて、「相続分」は「遺産持分の総体」とは違うのだから、「遺産持分の総体」が共同相続人に帰属するということは、「相続分」が共同相続人に帰属するということを導かないと述べて、いわば、「遺産持分の総体」に関する議論、すなわち、未分割の遺産の帰属に関する議論を問題の検討にとって決め手にならないものとして捨象し、以降の議論を、次のように述べて、橋詰判事が結論を規定すると考える「相続分」なるものに集中させていくのである。曰く、「しかし、相続分は、「遺産持分の総体」とイコールでも表裏一体でもなく、実体上の権利義務とは別の次元に位置する概念であるから、早計に「遺産持分の総体に随伴して移転する」と考えてはいけないのである（前記第一の三）。もし、そうかんがえてしまうと、どういう割合で遺産持分の総体が移転するのかに答えることができない。話は逆なのであり、本当は、「相続分の限度で、遺産持分の総体も移転する」のである。（改行）4　私は、かつて、遺産分割事件を担当したことがない裁判官に「相続分は、財産権ではない」と説明したことがあり、その際「そういわれても納得できない」という応答に接した。おそらく、その反応は、「相続分」と「遺産持分の総体」とを混同したことによるのではないかと推測される。」（橋詰・前掲注(11)四五頁）。仮に、橋詰判事が、遺産を構成する個々の客体への権利が未分割の段階でどのように共同相続人に帰属するのかという問題を、このように、独立の規定要素ではなく、単に「相続分」に従属するものであるとして、切り捨ててしまわなければ、結論はまったく違ったものになったように筆者には思われる。

(14)　林良平「遺産共有と遺産分割」明山和夫編『太田武男先生還暦記念・現代家族法の課題と展望』二五五頁（有斐閣、一九八二年）（『近代法における物権と債権の交錯』（有信堂、一九八九年）に収録）。なお、林説と右近説の関係理解は、鷹巣信孝「共同相続財産の「二重の共有」論について（上）」佐賀大学経済論集二八巻四号一九頁、同「同（中）」同二八巻五号八一頁、および、同「同（下）」同二八巻六号六七頁にしたがうものである。

(15)　右近健男「判批」判評三七三号三六頁（一九九〇年）。右近教授自身は、二重の共有のうち、個々の財産を客体とするものについての共有を観念する必要性については、それは、「九〇九条但し書きの存在から生じる。すなわち、遺産分割以前に特定の財産が処分され、その結果、第三者が出現した場合に、右第三者の利益を害することができない範囲に限って、問題となる」（三七頁）とする。他方、遺産全体を客体とするもう一つの共有は、遺産分割に関して意味を持つとする。曰く、「共有物分割の他に、遺産分割が民法上定められている。個々の財産上の共有のみが肯定されるのであれば、共有分割手続きと交換契約のみによって対応することで十分なはずであって、遺産分割手続きは不要であるといわねばならない。遺産分割手続が規定されている以上は、共有分割手続きとは別個の内容が予定されているはずである。（改行）それは何か。取りも直さず、相続財産全体の上の共有持分権を個々の相続財産の帰属を明らかにすることによって具体化する手続きと解することができる。いうまでもなく、その際には、特別受益と寄与分を考慮した、いわゆる具体的相続分に従った割合によって具体化する手続きである。そのような相続分を基礎にして、個々の相続財産を各相続人に帰属させることによって、各相続人が具体的相続分に満つるまで、共同相続人の合意に基づいて、個々の相続財産を取得して行く、相続財産全体に対する共有持分権を具体化する手続きである。遺産分割手続きは、決して、個々の財産の上にある共有持分権に基づいて当該相続財産をいかに分割するかという手続きではない。」（三七頁）。

(16) 二重の共有論全体への概観と評価については、批判的見地からされたものではあるが、鷹巣・前掲注(14)「(上)」「(中)」「(下)」、特に「上」一二五頁以下を参照。

(17) 鷹巣・前掲注(14)「(上)」「(中)」「(下)」参照。

(18) 鷹巣・前掲注(14)「(中)」一〇三頁。

(19) 民集五九巻八号二二四六頁。

(20) ただ、この見解に立つと、広義の再転相続における実務上の扱いを法律論的に説明しにくくなるのは確かである。第二次相続と第一次相続両方について一挙に遺産分割をする際には、観念的には、A、BおよびCについては、第一次相続の遺産分割が一旦確定的に終了した後に、第二次相続における遺産分割がそれに平仄を合わせる形で行われる、ということにならざるをえないからである。この点については、青野・前掲注(1)「判解」三五三五頁がするように、遺産分割において具体的な分割方法の選択等について裁判所に認められる広範な裁量権を強調するほかないように思われる。

(21)　もっとも、二重の共有説をこのように解するときには――おそらくは、これが右近説の素直な理解であるとは思われるが――、次に紹介する伊藤説におけるとは異なり、結果として具体的相続分零でありうる共同相続人がなぜ遺産分割請求権を有するのか、という点は、これを適切に説明できないようにも思われる。この点をクリアするためには、遺産分割請求権自体は、個々の客体に対して法定相続分の割合にもとづいて成立している持分による共有から生じるものとし、ただ、遺産分割の割合が具体的相続分の割合であることの根拠として、遺産全体に対する共有を持ち出す方が適切であるようにも思われる。

(22)　伊藤・前掲注(1)四四八頁は、「具体的相続分ゼロの相続人は、遺産に所有権は有しないが、占有者である点では他の共同相続人と同様であり、相続債権者からの追及や受遺者からの遺贈義務履行請求を受ける可能性がある点でも同様だからである。所有権のレヴェルだけで相続問題を論ずべきではないこと一般については、拙稿「民法解釈学と相続法」同志社法学三〇四号二三頁以下を参照されたい」と述べる。この指摘自体は、筆者が拙稿・前掲注(1)九三頁において提示した問いに対する応答である。しかし、遺産の管理占有を共同相続を巡る法律関係の中核に据えようとする指向自体は、伊藤教授にあっては、かなり早い時期から顕れていたというべきである。それは、たとえば、伊藤教授が、相続回復請求権を、一貫して、遺産占有を回復するための特殊の訴権と位置付けてきたことからも明らかである。

4　ＥＣにおける会社の開業の自由と属人法の決定基準
――近時のＥＣ司法裁判所判決を中心として――

今野裕之

一　序

ＥＣ条約第四三条および第四八条によって保障される会社の開業の自由は、ＥＣの基本的自由の一つである。それは、ＥＣ加盟国において設立された会社に、他の加盟国において開業する自由を保障するものである。

開業の自由のもと、会社が国境を越えてその本拠を移転する場合に、法の適用関係はどのように定められるのか。会社のかかる法律関係を定める法秩序、いわゆる属人法秩序については、ＥＣにおいて、従来、本拠地法説と設立準拠法説が対立している[1]。本拠地法説によれば、経営管理の中心が会社の属人法の決定基準（いわゆる「連結点」）とされ、他方、設立準拠法説によれば、定款上の本拠が属人法の決定基準として用いられる。会社がその事実上の経営管理の中心を外国に移転する場合には、それは、その属人法を変更することになるというのが、本拠地法説の立場である。これに対し、設立準拠法説によれば、会社がその事実上の経営管理の中心を外国に移転する場合でも、属人法は維持される。

この属人法秩序について、ＥＣ条約第四三条および第四八条は何も定めていない。すなわち、これらの規定は、ＥＣの基本的自由である開業の自由に適合するのは本拠地法説なのか、設立準拠法説なのか、それともその他の説、例えば重層化説や個別化説なのかということについては、(2) 直接にも間接にも何ら規定していないのである。ＥＣ条約は、この点で中立といえる。換言すれば、同条約は、加盟各国がその固有の国際会社法の規定を設けることを容認しているのである。

こうしたなか、近時、ＥＣ司法裁判所は、ＥＣ条約第四三条および第四八条によって保障される開業の自由の具体的な内容について、相次いで判断を下した。そして、これらの判決から、従来必ずしも明らかでなかった属人法の決定基準に関するＥＣ司法裁判所の立場も明らかになってきた。

そこで、本稿においては、開業の自由に関する近時のＥＣ司法裁判所の三つの判決――セントロス事件判決・イーバーゼーリング事件判決・インスパイア・アート事件判決――を中心に、ＥＣにおける会社の属人法の決定基準について考えてみたい。

二　三判決の概要と考察

(一)　セントロス事件判決（一九九九年）(3)

1　事実の概要

デンマーク国籍を有し、同国に居住するＡ等は、イギリスにおいてＸ社を設立し、登記を行った。同社の定款上の本拠は、イギリスに置かれたが、Ａ等にはイギリスにおいて営業を行う意図はなく、それはデンマークにおいて行うつもりであった。

しかし、デンマークにおいてＸ社が支店の登記を申請したところ、同社は、事実上、デンマークに支店を設置するのではなく、経営管理の中心を置こうとしており、これは、会社設立の最低資本金に関するデンマークの国内法の規制を潜脱するものであるとして、登記当局はこの申請を却下した。

これに対してＸ社から抗告がなされたが、原審は登記当局の判断を支持した。

この決定に対して、Ｘ社が再抗告したところ、デンマークの国内裁判所は、次の問題について、先行判決を求めて、ＥＣ司法裁判所に付託した。すなわち、他の加盟国に定款上の本拠を有し、当該加盟国において一〇〇ポンド（約一〇〇〇クローネ）の資本金で適法に設立され、当該加盟国の法律に準拠して存立している会社について、当該会社が、当該加盟国においては何ら営業を行わず、支店を設置した国において営業のすべてを行うために支店の設置を企図した場合、そして、支店を設置しようとする加盟国において会社を設立しないで支店を設置するという方策が、二〇〇〇〇〇クローネ（現在は、一二五〇〇〇クローネに引き下げられている）以上の資本金の払込みを回避するためにとられたものであることが明らかである場合に、かかる会社の支店の登記申請を却下することは、ＥＣ条約第四三条、第四六条および第四八条と適合するのか。

2 判旨

たとえ、それが、加盟国において、新たに会社を設立することを回避し、それゆえ、当該加盟国における会社の設立に際して払込みが必要とされる最低資本金に関するより厳格な規制の適用を免れるものであったとしても、他の加盟国の法律に基づいて設立された会社の支店の登記を当該加盟国が拒絶することは、EC条約第四三条および第四八条に違反する。

3 考察

EC条約第四八条は、加盟国の法律に基づいて設立され、その定款上の本拠、経営管理の中心、もしくは営業の中心を共同体内に有する会社は、加盟国の国籍を有する自然人と同様に取り扱われるものとし、ECにおける移動の自由の一環として同条約第四三条の定める開業の自由について、これを会社にも保障している。

もっとも、自然人と会社とでは、その開業権の内容に相違がある。開業権には、一次的開業と二次的開業があり、一次的開業とは、加盟国国民が他の加盟国に移動して新たに開業することをいい（EC条約第四三条第一項第一文）、二次的開業とは、加盟国ですでに開業している加盟国国民が、その営業を維持しながら、他の加盟国においても開業することをいう（EC条約第四三条第一項第二文）。従来、自然人には、一次的開業と二次的開業の双方の権利が認められるのに対し、会社は、二次的開業のみが保障されるものとされてきた。したがって、会社は、代理店、支店または子会社を通して開業の自由を享受することができるにすぎない。

本判決は、他の加盟国において設立されたペーパーカンパニーの支店の登記について、これが開業権の濫用にあたるのか、また、かかる登記を拒絶することは開業の自由を制限する正当な事由といえるのかという二つの点から検討し、いずれも否定した。

一点目の開業の自由の濫用が許されないことは、既に多くの先例の示すところである(4)。本判決において、ＥＣ司法裁判所は、濫用にあたるかどうかは、共同体法の当該の規定によって求められている目的に照らして評価されなければならないとして、次のように判示した。すなわち、ＥＣ条約第四八条に列挙されている会社と加盟国とを結び付ける三つの連結要素――定款上の本拠・経営管理の中心・営業の中心――は、いずれも対等の関係にあり、会社の設立者に、会社法の規制のもっとも緩やかな法制を選択することを可能にしているとし、そして、ＥＣ条約第四八条は、連結要素として定款上の本拠を挙げるにあたり、それ以上の条件は何ら付していないのであるから、開業の自由は、会社が加盟国に定款上の本拠を置くことを保障しているのであって、それは、たとえ、その会社が、当該加盟国においてはなんら営業を行わず、支店を設置した他の加盟国においてのみそれを行うものであったとしても変わらないのであり、したがって、かかる行為は濫用とはいえないとした(5)。

二点目の開業の自由の制限について、デンマーク当局は、外国会社の支店の登記について、会社設立における最低資本金制の適用の潜脱を理由にこれを拒絶することは、一般的に債権者の保護に資するのであるから、正当化されうるものであると主張した(6)。

これに対し、本判決におけるＥＣ司法裁判所の答えは明快である。同裁判所は、デンマーク当局の措置は、債権者保護の目的を達成するものとして一貫したものとはなっていないとする。なぜなら、会社がイギリスにおいて何らかの営業を行っていたならば、その支店はデンマークにおいて登記されざるをえないが、その場合にデンマークの債権者がさらされるリスクは、会社がイギリスにおいて何ら営業をしていない場合と変わりはないからである。したがって、債権者保護という目的は、イギリスにおいてまったく営業が行われていない場合について異なった取り扱いをすることの十分な説明とはならないとした(7)。

もちろん、詐欺的行為に対処するために、加盟国は、会社との関係においても、あるいはその社員との関係においても、あらゆる適切な措置をとることを妨げられているわけではない。この点について、EC司法裁判所は、開業の自由の制限が正当化されうる事由について、クラウス事件判決およびゲプハルト事件判決において示された四条件を挙げている(8)。すなわち、かかる加盟国の措置は、第一に、非差別的に適用されることを要し、第二に、公益的観点からの不可欠の要請によって正当化されなければならず、第三に、その目的の達成に適切なものでなければならず、第四に、その目的の達成に必要な範囲を越えてはならないものとされている。本判決において、EC司法裁判所は、この四条件に照らし、他の加盟国に定款上の本拠を置く会社の支店についてその登記を拒絶するという措置は、過度に制限的で、正当化されえないとした(9)。

かかるEC司法裁判所の立場は、一九八六年のセゲルス事件判決(10)において既にとられていた。同事件は、オランダの健康保険制度が、他の加盟国に定款上の本拠を置く会社の取締役を差別的に取り扱っている問題に関するものであった。この判決において、EC司法裁判所は、EC条約第四三条の定める開業の自由は自然人のみならず会社に対しても等しく直接に適用されるべきであるとし、会社の場合、定款上の本拠が特定の加盟国と会社を結び付ける要素であり、自然人における国籍としての機能を果たすのであって、したがって、会社の定款上の本拠が他の加盟国にあることのみを理由としてその会社について異なる取り扱いをすることは、自然人の場合の直接的差別に相当するとした。そして、同判決は、ＥＣ条約第四八条が定款上の本拠を置く加盟国において営業を行うことを要件とはしていないということを挙げ、同条約第四八条の要件が満たされるのであれば、「会社がその営業を代理店、支店もしくは子会社によって他の加盟国でのみ行っているという事実は取るに足りないことである」とした[11]。すなわち、同判決によれば、会社は、ある加盟国で設立されれば、そこで何ら営業を行わず、代理店、支店あるいは子会社を通して他の加盟国でのみ営業していても、設立国で開業しているものと認められることになる。この結果、いわゆる擬似外国会社も、それが加盟国の法律に従って設立され、共同体内に定款上の本拠をもつならば、開業の自由を享受するものとされることになった。

本判決は、本質的には、セゲルス事件判決を踏襲したものである。ただ、セゲルス事件判決が単純な差別的取り扱いに関するものであったのに対し、本判決では、支店の登記に際して債権者の保護のために特定の規定を適用するという加盟国の権限が問題となっている。本判決において、ＥＣ司法裁判所が、クラウス事件判決をはじめとする先例において示された「四条件」を適用して、加盟国の措置が正当なものといえるかどうかを慎重に吟味したのは、このためであり、妥当なものといえよう。

ところで、本判決は、会社の属人法の決定基準と開業の自由に関するＥＣの長年の議論を再燃させた。本判決の評者の中には、本判決によって本拠地法説は開業の自由の前にもはや維持されえないとする者や[12]、さらには、本判決を会社法の分野におけるカシス・ド・ディジョン事件判決であるという者さえ見られる[13]。

この会社の属人法の決定基準と開業の自由に関する問題については、セゲルス事件判決の二年後に下されたＥＣ司法裁判所のデイリー・メイル事件判決[14]が詳細に論じていた。

デイリー・メイル事件判決は、会社の定款上の本拠をある加盟国から他の加盟国に移転することは開業の自由の対象かどうかという問題を取り扱ったものである。同判決において、EC司法裁判所は、加盟国の法律の下で会社を設立する際に求められるその領土との結び付きを決定する要素についても、また、加盟国の法律の下で設立された会社がその後この連結の要素を変更することができるかどうかについても、加盟各国の抵触法上の規範は大きく異なっているということに着目し、EC条約第四八条について、これを、開業の自由の人的範囲を決定する規定であるだけでなく、加盟各国の国内法のこうした連結要素の相違を考慮に入れており、しかも、それらを対等の地位に置くものであるとした。そのうえで、EC司法裁判所は、EC条約は、必要な連結要素に関する加盟国の国内法の相違については、開業権に関する規範によっては解決されえない問題であるとしているとした[15]。

デイリー・メイル事件判決の主旨は、明らかであろう。EC司法裁判所は、会社の属人法の決定基準という伝統的な抵触法上の規範と開業の自由の関係に関する困難な問題にかかわることは望んでいないのである。それゆえ、この問題は、指令による調和や加盟国間の協定締結の努力にゆだねるとしたのである。このための指令の公布や協定の締結は現在にいたるもなされていないが、結局のところ、デイリー・メイル事件判決において、EC司法裁判所は、EC条約第四三条も第四八条も、共同体法の現状では、加盟国の国内法に基づいて設立され、当該加盟国にその定款上の本拠を置く会社に、その経営管理の中心を他の加盟国に移転する権利を与えていないとしたのである[16]。

本判決は、明示的にも黙示的にも、デイリー・メイル事件判決にはまったく触れていない。本判決は、そもそも抵触法上の問題にはいっさい言及していないのである。

してみれば、本判決においても、人の移動の自由を自然人のみならず会社についても実現することは、ＥＣ条約上、共同体立法の任務であるとするＥＣ司法裁判所の姿勢に変わりはないものと見るべきであり、この意味では、本判決は、デイリー・メイル事件判決を当然の前提としているともいえよう(17)。

なお、本判決において、ＥＣ司法裁判所は、定款上の本拠のある加盟国以外の加盟国において二次的開業をすることは、たとえその会社が設立された加盟国において一次的開業をしていないとしても、ＥＣ条約第四三条および第四八条によって保障されるとしたが、会社を設立した加盟国において一次的開業をしていないというような場合において、他の加盟国における開業は、二次的開業とみなされるべきであるのか、それとも、一次的開業とみなされるべきであるのかということについては議論のあるところではないかと思われる。しかし、本判決においては、この点はまったく触れられていない。ＥＣ司法裁判所は、加盟国において適法に設立され、定款上の本拠を加盟国に置く会社が、一次的であれ二次的であれ、他の加盟国において開業することができるのは当然のこととしているのである(18)。

㈡　イーバーゼーリング事件判決（二〇〇二年）(19)

1　事実の概要

オランダにおいて設立されたX社は、ドイツのY社との間で、建物の建設契約を締結したが、その建物に瑕疵があったことから、Y社の瑕疵担保責任を追及してドイツで訴えを提起した。X社は、この建設契約締結後、そして訴えの提起前に、その事実上の経営管理の中心をドイツに移転していた。

ドイツの国内裁判所は、一審、二審とも、経営管理の中心を移転したドイツにおいてはX社にはドイツ法に基づく権利能力および当事者能力がないとして、訴えを却下した。

X社からの上告を受けたドイツ連邦通常裁判所は、本件はEC条約第四三条および第四八条の解釈にかかわるとして、訴訟手続きを中断し、次の二点について先行判決を求めてEC司法裁判所に付託した[20]。

① ある加盟国の法律に基づいて有効に設立された会社がその事実上の経営管理の中心を他の加盟国に移転した場合に、当該会社の権利能力および当事者能力は移転先の加盟国の法律によって決定されるとすること、そして、移転先の加盟国の法律によれば同国において当該会社が契約上の責任を追及して訴えを提起することはできないという事態が生じることは、会社の開業の自由の原則に反するものとEC条約第四三条および第四八条は解釈されねばならないのか。

② このことが肯定されるのであれば、会社の開業の自由の原則（EC条約第四三条および第四八条）は、会社の権利能力および当事者能力は設立国の法律によって決定されるべきことを要請するのか。

2 判旨

① 加盟国の法律に従って設立され、当該加盟国にその定款上の本拠を置く会社が、その事実上の経営管理の中心を当該加盟国から他の加盟国に移転することを移転先の加盟国の法律によって認められるにもかかわらず、移転先の加盟国に存在する会社に対する契約上の責任を追及して移転先の加盟国の裁判所に提訴する権利能力と当事者能力を奪われることは、EC条約第四三条および第四八条に違反する。

② 加盟国の法律に従って設立され、当該加盟国にその定款上の本拠を置く会社が、他の加盟国において開業の自由に関する権利を行使する場合に、移転先の加盟国は、EC条約第四三条および第四八条に従

い、当該の会社がその設立された加盟国において享有する権利能力および当事者能力を承認する義務を負う。

３ 考 察

本件について、ドイツの国内裁判所は、一審、二審とも、Ｘ社は、その事実上の経営管理の中心をドイツに移転したが、ドイツでは登記されていないことから権利能力を有さず、その結果、当事者能力も有しないものとした。

これに対し、本判決において、ＥＣ司法裁判所は、オランダにおいて設立された会社はドイツにおいても権利能力を認められなければならないとした。つまり、本拠地法説に基づいて経営管理の中心の移転と権利能力および当事者能力を結び付けることは、今や共同体法に違反することとなった。

本判決において、ＥＣ司法裁判所は、デイリー・メイル事件判決について詳細な検討を行い、これとの対比において、本件における開業の自由の原則の適用を肯定している(21)。デイリー・メイル事件判決において、ＥＣ司法裁判所は、定款上の本拠のみならず、真の本拠や事実上の本拠といった会社の経営管理の中心を加盟国の領土内に置くことを当然に必要としている国においては、その領土外に会社の経営管理の中心を移転することは、つまるところ、当該会社の解散を前提とするのであって、会社は、会社法上ならびに税法上の清算の手続に入ることになるとした(22)。

こうした立場は、本判決においても、依然として維持されている。しかし、ＥＣ司法裁判所は、デイリー・メイル事件判決の事案はイギリスの会社がその法人格の同一性を保ったままオランダに定款上の本拠を移転することを企図したというものであったのに対し、本件の事案は、事実上の経営管理の中心がたまたまオランダからドイツに移転したというものであり、両者は事案をまったく異にするとして、本件における開業の自由の原則の適用を肯定した[23]。

続いて、本判決において、ＥＣ司法裁判所は、開業の自由が制限される根拠について検討を進めている。その際、ＥＣ司法裁判所が持ち出しているのは、加盟国の会社法とそれに基づいて設立された会社の関係である。すなわち、会社はそれを作り出した法制度と無縁ではありえないのであって、文字通り「法的所産」であるというのであり、法的所産としての会社は、それを作り出した制度のもとにおいてのみその存在を認められるのであって、この限りで開業の自由は保障されるとＥＣ司法裁判所はいう。そのうえで、オランダ法に基づいて設立された会社が、ドイツ法によってその権利能力ならびに当事者能力を否定されることは許されないとした。なぜなら、それは開業の自由を否定するも同然であるからである。結論として、本件の会社は、ドイツにおいてもオランダの会社として扱われなければならないとされた[24]。してみれば、本件の会社の権利能力および当事者能力を認めるために、それをドイツの会社、たとえばドイツの人的会社として扱うということも認められないということになろう。

ところで、本判決において、ＥＣ司法裁判所は、開業の自由の制限を正当化する論拠について、従来の所説はすべて十分ではないとしている。しかし、それは、この問題に対するＥＣ司法裁判所の積極的な姿勢を意味するものではなく、本判決に窺えるのは、むしろ反対に、国内法による開業の自由に対する制限は将来にわたって正当化され続けるとの立場である[25]。そして、本判決においても、国境を越える会社の本拠の移転をめぐる問題の核心については明言を避けるという従来のＥＣ司法裁判所の立場は踏襲されている[26]。

㈢　インスパイア・アート事件判決(27)

1　**事実の概要**

Ｙ社は、二〇〇〇年七月二八日にイギリスにおいて株式有限責任私会社(28)として設立され、その登記簿上の本店はイギリスのフォルクストンに置かれていた。同社は、二〇〇〇年八月一七日に、オランダのアムステルダムに支店を開設し、同所を事実上の本拠として営業を開始した。

Ｙ社がオランダにおいて支店の登記を申請したところ、登記当局は、同社がオランダの「擬似外国会社に関する法律（Wet op de Formeel Buitenlandse Vennootschappen）」第一条の意味における「擬似外国会社」である事実を何ら記載していないとして、二〇〇〇年一〇月三〇日にその旨の記載を登記にあたり加えるよう求めてアムステルダム地方裁判所に申立てを行った。

これに対し、Ｙ社は、同社が「擬似外国会社に関する法律」第一条の定める要件に該当するものではないとして登記申請の不備を争い、さらに、同社が同法の定める要件に該当するとしても、「擬似外国会社に関する法律」自体がＥＣ法、とりわけ開業の自由を定めたＥＣ条約第四三条およびその会社への保障を定めた第四八条に違反する、と主張した。

アムステルダム地方裁判所は、二〇〇一年二月五日の決定において、Ｙ社は「擬似外国会社に関する法律」第一条の意味における「擬似外国会社」であるとしたが、他方で、同裁判所は、「擬似外国会社に関する法律」とＥＣ法との適合性に関して、以下の問題についてＥＣ司法裁判所に先行判決を求めて付託した。

①　ＥＣ条約第四三条および第四八条は、会社の設立および資本金の払込みに関しイギリス法より厳格な条件を課しているオランダ法の下で設立されることに比してより有利な条件を享受することを唯一の目

的としてイギリスで設立された会社の支店をオランダで開設することに対し、オランダが、「擬似外国会社に関する法律」に基づき、同法第二条ないし第五条に定める付加的な諸条件に服せしめることを禁じていると解釈されるべきであるのか。

② 「擬似外国会社に関する法律」の諸規定がEC条約第四三条および第四八条に違反するとしたら、一定の場合に外国会社に対する特別な取り扱いを認める同条約第四六条は「擬似外国会社に関する法律」に定められたオランダの規制の適用に何の影響も与えないものと解されるべきであるのか。

EC司法裁判所は、次のように判示して、オランダの「擬似外国会社に関する法律」は、EC指令およびEC条約に違反するとした。

2 判旨

① 「他国の法律に服せしめられる一定の法律形態の会社によって加盟国において開設された支店の公示の規制に関する一九八九年一二月二一日の会社法第一一指令（89/666/EEC）」[29]第二条の定めていない公示義務を他の加盟国の法律に基づいて設立された会社の支店に課すことを定めるオランダの「擬似外国会社に関する法律」のような国内法は、同指令に違反する。

② 他の加盟国の法律に基づいて設立された会社が当該加盟国において二次的開業の自由を行使するに際して、オランダの「擬似外国会社に関する法律」のような当該加盟国の国内法が最低資本金および取締役の責任に関し国内法の定める一定の条件を課すことは、EC条約第四三条および第四八条に違反する。

3　考　察

本件の事案は、セントロス事件の事案に似ている。すなわち、イギリスで会社を設立し、イギリス以外の加盟国において当該会社の支店の登記を行い、会社の事実上の営業活動の中心はイギリス以外の加盟国に置くというものである。

ただ、法的な面では、本件とセントロス事件はやや異なっている。すなわち、本件においては、セントロス事件のように、支店の登記の申請が単純に却下されたというのではなく、オランダの「擬似外国会社に関する法律」第二条に基づき、オランダ以外の国の法律に基づいて設立され、法人格を取得した会社が、主たる営業をオランダで行い、設立国とは事実上の関係をまったく有しない場合には、その会社は「擬似外国会社」の旨を登記することが求められたというものであった。そして、その場合、「擬似外国会社に関する法律」第三条によれば、会社は、その業務用箋においても「擬似外国会社」である旨を明示しなければならず、同法第四条第一項によれば、オランダ法の定める最低資本金の要請を満たすことが求められる。これらの規制に従わない場合は、当該会社の取締役は、会社債権者に対して会社と連帯して責任を負うものとされている（同法第四条第四項）。

本判決において、ＥＣ司法裁判所は、オランダの「擬似外国会社に関する法律」第二条の求める「擬似外国会社」である旨の登記について、ＥＣの会社法第一一指令の規制の観点から検討している。

同指令の目的は、他の加盟国において支店を通じて活動する会社を、子会社を通じて活動する会社と公示義務の点で同等に取り扱うべく、公示に関する指令（会社法第一指令）および会社の計算書類に関する指令（会社法第四指令および第七指令）において定められている資本会社の公示義務を支店にまで拡げることである。そして、同指令によれば、加盟国の法律に基づいて設立された特定の会社は、その支店を開設した他の加盟国において一定の事項を公示しなければならないものとされている。

本判決において、EC司法裁判所は、会社法第一一指令は、問題となる会社に対する開示規制についてこれを排他的に定めているとして、オランダの国内法が、他の加盟国の法律に基づいて設立された会社に同指令の定める公示事項以上の事項の公示を求めることは、EC法に違反するとした(30)。

かかる支店の公示に関する規制とは異なり、有限責任私会社に対する最低資本金の規制については、EC法の一般的な規制はない。加盟国レベルでは、Y社はイギリスの株式有限責任私会社として設立されたが、イギリス法に最低資本金の定めはなく、他方、他の加盟国の多くの会社法は、最低資本金の定めを置いている。

最低資本金に関するECの二次法がないことから、本判決において、EC司法裁判所は、オランダの国内法の規定をECの一次法との関係で検討している。そして、EC司法裁判所は、セントロス事件判決およびイーバーゼーリング事件判決で示されたところに従って、オランダの国内法の規定はEC条約によって保障されている開業の自由と抵触するという結論に達した。すなわち、他の加盟国の法律に基づいて設立された会社の支店に対して、最低資本金および取締役の責任に関する当該加盟国の規制に従うことを求めることは、EC条約によって保障された開業の自由をこれらの会社が享受することを妨げる効果を有するとされたのである(31)。

ところで、既に述べたように、セントロス事件判決において、EC司法裁判所は、定款上の本拠のある加盟国以外の加盟国において二次的開業をすることは、たとえその会社が設立された加盟国において一次的開業をしていないとしても、ＥＣ条約第四三条および第四八条によって保障されるとしたが、かかるＥＣ司法裁判所の立場は、一九八六年のセゲルス事件判決[32]において既にとられていたところである。同判決によれば、会社は、ある加盟国で設立されれば、そこで何ら営業を行わず、代理店、支店あるいは子会社を通して他の加盟国でのみ営業していても、設立国で開業しているものと認められることになる。この結果、いわゆる擬似外国会社も、それが加盟国の法律に従って設立され、共同体内に定款上の本拠をもつならば、開業の自由を享受するものとされることになる。本判決は、かかるセゲルス事件判決の立場を踏襲したものといえよう。

ただ、セゲルス事件判決が単純な差別的取り扱いに関するものであったのに対し、本判決では、セントロス事件と同様、支店の登記に際して債権者の保護のために国内法の特定の規定を適用するという加盟国の権限が問題となっている。

従来すでにクラウス事件判決[33]、ゲプハルト事件判決[34]およびセントロス事件判決において示されたように、開業の自由に対する制限は以下の四条件を満たす場合にのみ正当化される。すなわち、それが、①非差別的に適用されること、②公益的観点から不可欠の要請によって正当化されること、③その目的の達成に適切であること、④その目的の達成のために必要な範囲を越えていないことである。

本判決において、ＥＣ司法裁判所は、クラウス事件判決をはじめとする先例において示されたこの四条件を適用して、最低資本金および取締役の責任に関するオランダの国内法の規制について吟味し、それが債権者の保護に資するとのオランダ政府の主張に対しては、債権者の保護はそうした規制によらずとも会社法第四指令および第一一指令によって可能であるとし、それが詐欺行為の防止や権利濫用の防止に資するとの主張に対しては、より厳格なオランダ法の適用を回避するためにイギリスで会社の設立を行っただけでは詐欺行為ないし権利濫用とはいえないとし、さらに商取引の公正さの確保と徴税効率に資するとの主張に対しては、オランダの国内法の規制が上記四条件を満たすことを立証していないとして、結論として、最低資本金および取締役の責任に関するオランダの国内法の規制は、これらの条件に合致しないとした(35)。

三　結びに代えて

ＥＣ司法裁判所は、一九九九年のセントロス事件判決において、いわゆるペーパーカンパニーの二次的開業権を認め、続いて二〇〇二年のイーバーゼーリング事件判決において、経営管理の中心と会社の権利能力および当事者能力を結び付けることはＥＣ条約に違反するとし、さらに二〇〇三年のインスパイア・アート事件判決において、擬似外国会社に対してＥＣ法の規制以上の厳格な規制を課す国内法はＥＣ法に違反するとした。

これらの判決から明らかなことは、今や、ＥＣ司法裁判所は、ＥＣ条約第四三条および第四八条の定める開業の自由のもと、加盟国の国内法が、抵触法上であれ実体法上であれ、自国以外のＥＣ加盟国において設立された会社の開業の自由を不当に妨げることは許さないということである。

こうしたＥＣ司法裁判所の立場は、少なくとも、本拠地法説をとっているとはいえず、設立準拠法説に近いものがある。

では、ＥＣ司法裁判所は、設立準拠法説を全面的に採用したといえるのであろうか。換言すれば、開業の自由は、これに反するあらゆる国内法の規制に対して破棄的効果を有するものなのであろうか。

この点については、以上のＥＣ司法裁判所の三判決を注意深く見る必要がある。それらに共通しているのは、会社の設立国以外の加盟国が国内法で開業の自由を制限している場合に、それを正当化する事由を求め、正当化されない場合には当該国内法の規制は排除され、会社の設立準拠法が適用されるということである。会社に設立準拠法が適用されるのは、当該会社の移動先である設立国以外の加盟国の法律が正当な事由なく開業の自由を制限している場合なのである。すなわち、ＥＣ司法裁判所は、設立準拠法の優越を前提としながらもなお一定の場合に本拠地法の規定を適用することは、開業の自由と適合するとしているのである。

そして、ＥＣ司法裁判所によれば、本拠地法が、設立準拠法の個々の規定に重層化され、結果として開業の自由を制限することが認められるためには、次の四条件を満たすことが必要とされる。

① それが公益的観点から不可欠の要請によって正当化されること

② それが被差別的に適用されること

③ それが目的の達成にとり適切であること

④ それが目的の達成のために必要な範囲を越えていないこと

もっとも、自由移動の原則が適用される領域の問題について、その不適用を正当化する事由の立証はきわめて難しいといえよう。なぜなら、会社の開業の自由については、商品移動の自由の制限に関するケック事件判決のような定式化はなされていないからである。(36)

ともあれ、ＥＣ司法裁判所は、その適用範囲はさておき、設立準拠法優越の立場をとりながら、本拠地以外の加盟国において設立された会社に本拠地法が例外的に適用されうるとし、そして、これによって開業の自由が妨げられることはないとした。してみれば、開業の自由は、会社の設立国であれ本拠地国であれ、すべてのＥＣ加盟国において原則として保障されなければならないものだということになる。すなわち、かかる意味での開業の自由の保障は、会社の設立国と本拠地国では貫徹されるものではなく、単に会社の営業活動にかかわりを有する国、すなわち会社がその領土において単に営業を行っているだけの国（営業地国）においてのみ何の制限もなく貫徹されるということになろう。[37] こうしたＥＣ司法裁判所の立場は、結局のところ、「ＥＣ法的設立準拠法説」とでもいうことになるのであろうか。[38][39]

（1）詳しくは、B.Großfeld, in: J.Staudinger, Kommentar zum BGB mit Einführungsgesetz und Nebengesetzen, Band : EGBGB, internationales Privatrecht, Internationales Gesellschaftsrecht, Rdnr. 16ff.(1998) 参照。邦語文献としては、とりあえず、Ｂ・グロスフェルト（山内惟介訳）『国際企業法』（一九八九年）三七頁以下およびオットー・ザントロック＝今野裕之編『ＥＣ市場統合と企業法』（一九九三年）六五頁以下参照。

（2）設立準拠法説の短所を一定の範囲で回避しようとするものとして、二つの修正説がある。その一は、ザントロックの唱える「重層化説（Überlagerungstheorie）」であり、これは、一定の条件のもとで、設立国法が本拠地国法によって排除されるとするものである。同説について、詳しくは、オットー・ザントロック＝今野裕之編・注(1)前掲六五頁以下および山内惟介「西ドイツ国際私法における法人の属人法について――いわゆる『重層化説』を中心として」法学新報（中央大）第八九巻七／八号（一九八三年）一六七頁以下参照。その二は、グラスマンの唱える「個別化説（Differenzierungstheorie）」であり、これは、設立の自由と第三者の利益の保護を結び付けようとするものである。同説について、詳しくは、山内惟介「西ドイツ国際私法における法人の属人法について――いわゆる『個別化説』を中心として」法学新報（中央大）第九〇巻第七／八号（一九八四年）一一三頁以下参照。

（3）　Case C-212/97, Centros Ltd. v. Erhvervs-og Selskabsstyrelsen, [1999] ECR I-1459. この評釈はドイツのものだけでも五〇件を超えるが、とりあえず以下のものを挙げておく。Hausmann, Niederlassungsfreiheit contra Sitztheorie – Abscheid von Daily Mail?, BB 1999, 809; Geyrhalter, Niederlassungs-freiheit contra Sitztheorie – Good Bye “Daily Mail , EWS 1999, 201; Görk,Das EuGH-Urteil in Sachen “Centros” vom 9. März 1999: Kein Freibrief für Briefkasten-gesellschaften ! , GmbHR 1999, 793; Werlauff, Ausländische Gesellschaft für inländische Aktivität, ZIP 1999, 867; Ebke, Das Schicksal der Sitztheorie nach dem Centros-Urteil des EuGH, JZ 1999, 656; Kindler, Niederlassungsfreiheit für Scheinauslandsgesellschaften?, NJW 1999, 1993; Fock, Sitztheorie im deutschen internationalen Steuerrecht nach der Centros-Entscheidung, RIW 2000, 42; Höfling, Die Sitztheorie, Centros und der österreichische OHG, EuZW 2000, 145; Luttermann, Mit dem Europäischen Gerichitshof (Centros) zum Internationalen Unternehmens- und Kapitalmarktrecht –Kollisionsrecht in den Zeiten des Internet, ZEuP 2000, 907; Roth, CML Rev. 2000, 147; Buxbaum, Back to the Future ? From “Centros” to the “Überlagerungstheorie”, in: Festschrift für Otto Sandrock zum 70.Geburtstag, 2000, 149ff. わが国における紹介として、由布節子「ＥＵ法の最前線（第七回）セントロス社事件」貿易と関税第四八巻第四号（二〇〇〇年）一五九頁以下および今野裕之「ＥＣにおける移動の自由の原則とペーパーカンパニーの二次的開業権」国際商事法務第二九巻第六号（二〇〇一年）七四一頁以下がある。また、本稿で取り上げる三判決を含む判例の変遷を詳細に検討するものとして、上田廣美「ＥＵにおける『開業の自由』の原則に関する判例の変遷――インスパイア・アート事件を中心に」倉澤康一郎先生古稀記念『商法の歴史と論理』（二〇〇五年）五九頁以下がある。

（4）　サービス提供の自由に関するものとして、Case 33/74, Van Binsbergen v. Bedrijfsvereniging Metaalnijverheid, [1974] ECR 1299, para. 13; Case C-148/91, Veronica Omroep Organisatie v. Commissariaat voor de Media, [1993] ECR I- 487, para. 12; Case C-23/93, TV 10 v. Commissariaat voor de Media, [1994] ECR I- 4795, para. 21;

開業の自由に関するものとして、Case 115/78, Knoors, [1979] ECR 399, para. 25; Case C-61/89, Bouchoucha [1990] ECR I-3551, para. 14; 商品移動の自由に関するものとして、Case 229/83, Leclerc and Others v. 'Au Ble'Vert and Others, [1985] ECR 1, para. 27; 社会保障に関するものとして、Case C-206/94, Brennet v. Paletta, [1996] ECR I- 2357, para. 24; 労働者の移動の自由に関するものとして、Case 39/86, Lair v. Universität Hannover, [1988] ECR 3161, para.43; 共通農業政策に関するものとして、Case C-8/92, General Milk Products v. Hauptzol-lamt Hamburg- Jonas, [1993] ECR I-779, para.21; 会社法に関するものとして、Case C-367/96, Kefalas and Others v. Greece, [1988] ECR I-2843, para.20 がある。

（5） [1999] ECR I-1459, paras. 24-29.

（6） [1999] ECR I-1459, para. 32.

（7） [1999] ECR I-1459, paras. 35-36.

（8） Case C-19/92, Kraus v. Land Baden-Wüttemberg, [1993] ECR I-1663, para.32; Case C-55/94, Gebhard v. Consiglo dell'Ordine degli Avvocati e Procuratori di Milano, [1995] ECR I-4165, para.37.

（9） [1999] ECR I-1459, para. 38.

（10） Case 79/85, D.H.M.Segers v. Bestuur van de Bedrijfsverenging voor Bank- en Verzekeringswezen, Groothandel en Vrije Beroepen, [1986] ECR 2375.

（11） [1986] ECR 2375, para.16.

（12） Freitag, EuZW 1999, 267; Meilicke, DB 1999, 627; Liebe, Neue Zeitschrift für Gesellschaftsrecht 10 (1999), 300. こうした見方に反対するものとして、Ebke(N.3), 656; Kindler(N.3), 1993.

（13） Werlauff(N.3), 867. なお、カシス・ド・ディジョン事件判決については、とりあえず、オットー・ザントロック＝今野裕之編・注（1）前掲三四頁以下参照。

(14)　Case 81/87, The Queen v. H. M. Treasury and Commissioners of Inland Revenue, ex parte Daily Mail and General Trust plc., [1988] ECR 5483. この判決について、詳しくは、山内惟介「ヨーロッパ共同体法と会社属人法の決定基準――共同体裁判所のデイリー・メイル判決について」中央大学社会科学研究所研究報告第一〇号（『現代社会の諸位相』）（一九九〇年）二一頁以下、鳥山恭一「Daily Mail事件の欧州裁判所判決――ＥＵの市場統合と国内会社法」長濱洋一教授還暦記念『現代英米会社法の諸相』（一九九六年）六一頁以下、山根裕子『ケースブックＥＣ法』（一九九六年）二三〇頁以下および今野裕之「ＥＣにおける移動の自由の原則と会社の本拠の移転」国際商事法務第二七巻第八号（一九九九年）九六〇頁以下参照。

(15)　[1988] ECR 5483, paras. 20-23.

(16)　[1988] ECR 5483, para. 24. 一九六八年二月二九日に、加盟国は、「会社および法人の相互承認に関する協定」に調印したが、同協定は、設立準拠法によりながらも、本拠地法に大幅な留保を認めていることから、とくに設立準拠法説の立場をとる加盟国が同協定を批准しておらず、同協定は未だ発効していない。その発効の見込みは、ほとんどないといわれている。この点について、詳しくは、今野裕之「ＥＣ会社法序説――調和と統一の理論と実際」久保欣哉先生退官記念『多国籍企業の法規制』（一九九三年）四三頁以下、五七頁参照。

(17)　ＥＣ委員会は、一九九七年四月に、会社の定款上の本拠および事実上の本拠を他の加盟国に移転することを可能とするために必要な措置をとることを加盟国に求める「会社の本拠の移転に関する第一四指令草案」をＥＣ理事会ならびにＥＣ議会に提出した。しかし、この指令草案は、抵触法上の規範にはまったく触れていない。また、未だ正式に公表されてもいない。同指令草案は、ZIP 1997, 1721-1724 および ZGR 1999, 157-164 に掲載されている。同指令草案の解説として、Marco, Der Vorschlag der Kommission für eine 14 Richtlinie, ZGR 1999, 3; Meilicke, Zum Vorschlag der Europäischen Kommission für die 14. EU-Richtlinie zur Koordinierung des Gesellschaftsrecht-Sitzverlegungs-Richtlinie, GmbHR 1998, 1053がある。

（18）　この点に関し、デイリー・メイル事件についても、それが一次的開業であったのかどうかを疑問とするものがある（LABARDE, JOURNAL DU DROIT INTERNATIONAL 116（1989), 428, 429)。

（19）　Case C-208/00, Überseering BV v. Nordic Construction Company Baumanagement GmbH (NCC), [2002] ECR I-9919. この評釈として、Wernicke, EuZW 24 (2002), 758ff. がある。また、わが国における紹介として、今野裕之「ＥＣにおける移動の自由の原則と会社の権利能力の承認」国際商事法務第三一巻第一〇号（二〇〇三年）一四六二頁以下がある。

（20）　Bundesgerichtshof, Beschluss v. 30. 3. 2000 – VII ZR 370/98, EWS 2000, 278 = DB 2000, 1114. この決定について、詳しくは、今野裕之「会社の本拠の移転と権利能力」国際商事法務第二九巻第九号（二〇〇一年）一一一五頁以下参照。

（21）　他方で、本判決がセントロス事件判決にはほとんど言及していないのは、同判決においては開業の自由の原則の濫用が問題になっており、たまたま経営管理の中心を移転した本件の場合とは事案が大きく異なるからであろう。

（22）　[1988] ECR 5483.

（23）　[2002] ECR I-9919, paras. 80 et seq.

（24）　[2002] ECR I-9919, para. 81.

（25）　[2002] ECR I-9919, para. 92.

（26）　ルッターは、これはＥＣ会社法の「泣き所」なのだという（Lutter, Perspektiven eines europäischen Unternehmensrechtes – Versuch einer Summe, ZGR 1992, 435, 438ff.)。

（27）　Case C-167/01, Kamer van Koophandel en Fabrieken voor Amsterdam v. Inspire Art Ltd., [2003] ECR I-10115. この評釈として、Zimmer, CML Rev. 2004, 1127 がある。また、わが国における紹介として、上田廣美

「ペーパーカンパニーの『支店開設の自由』――インスパイア・アート事件」貿易と関税第五三巻第五号（二〇〇五年）七五頁以下および今野裕之「ＥＣにおける移動の自由の原則と擬似外国会社の規制」国際商事法務第三三巻第八号（二〇〇五年）一一二六頁以下がある。その他、本判決を取り上げるわが国の文献として、Ｍ・マンジュク（上田廣美訳）「インスパイア・アート判決後における共同体法上の開業の権利と国際会社法」国際商事法務第三三巻第一〇号（二〇〇五年）一三四二頁以下、池田良一「ＥＵ会社法領域における『営業地選択の自由の原則』と『実質的管理機能所在地理論』――欧州裁判所『インスパイヤーアート判決』の内容とそのＥＵ会社法における意義を中心に」国際商事法務第三四巻第二号（二〇〇六年）一七一頁以下、早川勝「国際競争と会社法立法――ドイツにおける有限会社法の現代化および濫用に対処するための政府草案（MoMiG）を中心に」同志社法学（同志社大）第五九巻第六号（二〇〇八年）一頁以下がある。

(28)　私会社（private company）とは、公募会社（public company）以外の会社をいう（イギリス一九八〇年会社法第一条）。公募会社は、基本定款をもって会社が公募会社である旨を定め、かつ、指定の期日またはそれ以後に会社を公募会社として登記もしくは再登記することに関する会社法の諸規定に服する株式有限責任会社または保証有限責任会社をいい、これについては、最低資本金の定めがあり（同第八五条第一項）、その商号の末尾に「公募有限責任会社（public limited company）」の文字を付さねばならず、さらに、各発行済み株式について券面額の四分の一およびプレミアムがある場合にはその全額が払い込まれていない限り営業を開始しまたは金銭を借り入れることができないものとされている（同第四条）。これに対し、公募会社の要件を満たさない限り会社はすべて私会社とされ、それは、基本定款において私会社である旨を定める必要はなく、その商号には従来通り「有限責任（limited）」の文字を付すだけで足り、最低資本金額の定めも、営業開始の要件たる株式払い込みに関する制限もない。ただし、私会社は、株式および社債の公募は禁止される（同第一五条）。詳しくは、今野裕之「イギリス小規模閉鎖会社法の新展開」喜多了祐先生退官記念『商事法の現代的課題』（一九八五年）一五五頁以下参照。

(29) 同指令については、とりあえず、今野・注(16)前掲五五頁参照。

(30) [2003] ECR I-10115, paras. 70-72.

(31) [2003] ECR I-10115, para. 101.

(32) Case 79/85, D.H.M.Segers v. Bestuur van de Bedrijfsverenging voor Bank-en Verzekeringswezen, Groothandel en Vrije Beroepen, [1986] ECR 2375.

(33) Case C-19/92, Kraus v. Land Baden-Wüttemberg, [1993] ECR I-1663.

(34) Case C-55/94, Gebhard v. Consiglo dell'Ordine degli Avvocati e Procuratori di Milano, [1995] ECR I-4165.

(35) [2003] ECR I-10115, paras. 135-142.

(36) Joined cases C-267/91 and C-268/91, Criminal proceedings against Bernard Keck and Daniel Mithouard, [1994] ECR I-6097. ＥＣ条約第二八条は、「輸入に関する数量制限と同等の効果を有する措置」を禁止しているが、同判決において、ＥＣ司法裁判所は、「数量制限と同等の効果を有する措置」を製品自体に関するもの（具体的には、名称、形態、大きさ、重量、組成、表示、包装など）と販売方法（具体的には、販売の場所、営業時間、販売品目、広告など）に関するものに区別し、後者については、ＥＣ条約第二八条との抵触の程度は小さいとして、当該措置が、国内で活動するすべての関係事業者に適用され、法律上も事実上も国産品と他の加盟国の産品の流通に同じように影響するものである場合は、「数量制限と同等の効果を有する措置」にあたらないとした。ただし、ケック事件判決に対しては、製品自体と販売方法との二分法は形式的にすぎること、そして、輸入品に対する差別的要素のない国内措置についてもＥＣ条約第二八条を適用すべき場合があることなどの批判がある。詳しくは、今野裕之「ＥＣにおける商品移動の自由の原則と医薬品のインターネット販売の規制」国際商事法務第三三巻第一〇号（二〇〇五年）一四四〇頁以下参照。

(37)　Sandrock, Niederlassungsfreiheit und Internationales Gesellschaftsrecht, EWS 2005, 529, 531.

(38)　Eidenmüller, NJW 2005, 1618. こうした立場は、本拠地法説と設立準拠法説を折衷するものといえ、注(2)で述べたザントロックの唱える「重層化説」と重なるものがあるが、ザントロック自身は、ＥＣ司法裁判所が未だ設立以外の会社の法律関係に対する設立準拠法の適用範囲について必ずしも明確にしていないことから、このような見方には慎重なようである（Sandrock (N.37), 530)。

(39)　その後、ＥＣ司法裁判所は、二〇〇五年のセヴィック事件判決（Case C - 411/03, SEVIC Systems Aktiengesellschaft, ECRI - 10805）において、他の加盟国において設立された会社をドイツの会社が吸収合併した場合にその登記申請は認められないとするドイツの組織変更法第一条の規定はＥＣ条約第四三条および第四八条に違反するとして、会社の開業の自由を国際合併（厳密には、あくまでもＥＣ域内での国境を越えた合併ではあるが）の事例にも適用した。詳しくは、今野裕之「ＥＣにおける移動の自由の原則と国際合併」国際商事法務第三六巻第一一号（二〇〇八年）一五〇四頁以下参照。

5　因果関係の判断構造について

鋤本豊博

一　本稿の目的

行為の終了と結果の発生との間に時間的間隔のある結果犯の場合、当該行為が特定の構成要件を充足するには、当該構成要件的結果との間に因果関係が必要である。例えば、被告人が殺意をもって被害者に毒薬を飲ませ、その被害者が死亡したとしても、毒殺の結果に至るまでに第三者が被害者を射殺していたならば、被害者の死亡結果は被告人の行為には帰責し得ず、被告人の毒薬投与は、殺人罪（刑一九九条）の構成要件を充足しないことになるからである。

かかる因果関係の判断について、従来、多くの学説は、①行為と結果との事実的な繋がりを意味する条件関係につき、「あれなければこれなし」という conditio sine qua non 公式（以下、c.s.q.n. 公式と略す）を用いて判断したうえで、②客観的な帰責範囲を限定するため、「当該行為から当該結果の発生を経験則上予測し得るか」（広義の相当性）、「当該行為から当該結果に至る因果経過が経験則上通常といえるか」（狭義の相当性）を問う形で相当性判断を加味するという二段階構造を採っていたが、今日、重大な変革を迫られている。その理由は、次のような批判を契機として相当因果関係説の限界が強く意識されたからである。即ち、「実務においては、因果関係に関する証拠を吟味し、被告人の行為と結果との結びつきを具体的に探究することにより、結果への寄与の有無・態様等を認定し、これに基づいて因果関係を判断してきたように思われるところ、介入行為の異常性の有無を強調する相当因果関係説は、条件関係の認定、相当性の判断の双方において、右の実務における思考方法とマッチしない面があることを否定できないのではなかろうか」と。(1)

その後の学説は、「相当因果関係説の判断枠組みはなおこれを維持しうるとする見地から、相当因果関係の構造と相当性判断の方法とを明らかにすることによって、相当説に対する疑問や批判にこたえ」ようとする立場(2)と、そのような相当性判断の実質化・類型化は「相当因果関係説の本来の理解と一致せず、しかも、理論的にも明確なものではなく、また、実行行為概念や条件関係論との関係、さらに、そこで用いられる『危険概念』についても、明らかに定義されていないため、理解が著しく困難になっている」と批判し、客観的帰属論への移行によって、「明確かつ妥当な実質的基準が、刑法体系の中の適切な理論的枠組みの中で求めうる」とする立場(3)とに、大きく二分されている。

一方、現在の判例法理は、行為時に行為者が認識し得なかった特殊な事情が存在したために結果が発生した事案（広義の相当性が問題となる事案）では、行為時に存在した事情をすべて考慮するが、行為後に特殊な事情が介入して結果が発生した事案（狭義の相当性が問題となる事案）では、行為の有する危険の結果への現実化が判断基準となり、介在事情の予測可能性はその判断に意味を持ち得る限りで考慮する立場と考えられる。これを受けて、学説の中には、「実行行為（構成要件的行為）の危険性の結果への現実化の判断には行為と結果との事実的なつながりの判断も当然含まれるから、因果関係を①事実的なつながりと②規範的な限定という二段階に分けて考える必要はなく、端的に、危険性の現実化の有無を問うことで足りる」とする主張も見られる(4)。しかし、「行為の有する危険の結果への現実化」は結果の帰責根拠にはなり得ても、因果関係の有無を決する基準として用いることは過度の単純化・規範化であり、多くの者の判断能力を超えるように思われる。数学的法則や科学実験のような証明手段をもたない法律学は、その解決に至るプロセスの正当化を図らねばならず、そのためには、客観的帰責範囲を確定するうえで直面する問題を抽出するとともに、体系的・論理的な理由付けのための分析道具を設定し、合理的な議論を重ねていく必要があるであろう。

そこで、本稿では、因果関係の判断構造を、因果性、相当性、帰属性という三つの観点から分析し、その理論的意味と相互関係を明確にしながら、既存の問題点をできる限り簡潔に処理するとともに、現在の判例法理を検証することにしたい。

二　因果性

(1)　侵害結果が発生したとき、初めに因果性を問題にするのは、結果と事実的な繫がりをもつ行為（原因）を特定したいためである。例えば、ある人が交通事故に遭遇し死亡した場合、時系列を過去に遡って当該結果の原因となり得る人の行為を辿っていくと、医師の不適切な治療、救急隊員の迅速ならざる行動、直接その事故を引き起こしたドライバーの飲酒運転、このドライバーの運転に影響を与えた他のドライバーの無謀運転、あるいは、被害者自身の不適切な道路横断など種々の原因に結び付くことがある。このとき、「当該行為がなければ、当該結果は発生しなかったか」を問い、肯定的に答えられれば、当該行為は当該結果の原因と判断することになるが、この判断を行うことは見かけほど単純ではない。

まず、c.s.q.n. 公式による判断を行う前提として、ア・プリオリに当該行為と当該結果の事実的な繫がり（条件関係）を認識させる自然法則ないし経験法則を知悉している必要がある。例えば、「AがBの飲み物に五〇ミリグラムの亜砒酸を盛り、Bが三日後に心筋梗塞で死亡したとする。Aの行為なければBの死がこのようにこの時点で同様に生じたか否か……をいうを可能にするのは、……c.s.q.n. 公式ではなく、専ら医師の鑑定人、しかもその一般的な経験的知見によるか、特に行われた死体解剖に基づいてのことでしかない」(5)。

この点は、薬害事件や公害事件における因果関係の立証の段階で問題となるところであるが、証明の対象となるのは事実的な繫がりの有無だけであって、そのメカニズムでないことに注意を要する。条件関係は、行為や結果と異なり、厳密には事実そのものではないからである。その認定は、「間接事実から要証事実を推認する過程に似ている」(6)といえよう。

(2)　次に、c.s.q.n. 公式による判断を行うに際して、当該結果を構成する事実をどのように捉えるかが問題となる。「被害者の死」というような抽象的な結果として規定すると、人はいずれ必ず死すものである以上、常に条件関係が否定される一方、「被害者の当該時点と当該場所及び当該態様による死」というように、事案特有の事情を含めた個別的な結果として規定すれば、結果と繋がりのある行為は結果の発生に何らの影響も及ぼさないものはあり得ないから、常に条件関係は肯定されることになるからである。

どの程度の具体化が行われるべきかは、基本的には構成要件解釈の問題であるが、処罰の対象となるのは、侵害結果そのものでもなければ、結果に対する意味で用いられる「狭義の行為」でもなく、侵害結果を含めた意味で用いられる「広義の行為」(所為)であると考える立場からは、構成要件的行為を特定するうえで有意味な法益状態の悪化として記述すべきことになる。その際、何に対する悪化であるかという比較対象の問題が生じるが、条件関係の判断において仮定的因果経過を考慮すべきでないとする従来の立場からでも、当該行為の介入前後の法益状態の格差(7)ではなく、現実の法益状態と当該行為がなければ生じていたであろう法益状態との格差(8)と解することは可能である。許されないのは、現実的な事実の繋がりを仮定的な事実の繋がりと取り替えることであり(9)、必ずしも条件関係の判断にいかなる意味においても仮定的事情を考慮してはならないと主張するものではないからである。従って、いかに第三者の侵害行為によって被害者は既に死期が迫っている状態にあったとしても、被告人の侵害行為によって新たな死因が形成され死亡したといえる限り、その法益状態の悪化は、殺人罪（ないし傷害致死罪または過失致死罪）の構成要件的結果といえるだけでなく、心筋梗塞の発作が生じ危機的状況に陥った被害者に薬を渡さず死に至らしめた場合でも、当該不作為がなければ死因の形成を阻止し得た以上、同様に解することができるのである。

ここで、「殺害と傷害とを区別する意味でも、死因を結果そのものの属性と考え、その形成と関係のない『健康状態の悪化』はせいぜい傷害結果であると捉えていく方向[10]」について、言及しておこう。本稿も、故意的な死因の形成はそれだけで殺害結果といってよく、故意的な生命の時間的短縮自体を殺害結果と解すべきでないと考えている。当該事案においてもたらされた生命短縮が、その原因となる行為に殺害行為という社会的意味を帯びさせるか否かが決定的なのであって、瀕死の患者にすがりつき身体を揺れ動かすことで数分間生命を短縮したとしても、直ちに殺害行為ということはできないからである。もっとも、逆は必ずしも真ではなく、上記不作為のほか、危篤患者の点滴のチューブを摘んで薬の流入を阻止することにより死期を早めたような場合など、死因形成には至らずとも、当該被害者における症状の悪化が殺害結果という社会的意味を帯びる場合のあることも否定できない。「死亡結果への寄与の程度が減少すればするほど、いわば傷害に近づくということにすぎない[11]」といってよいであろう。

(3)　さらに、c.s.q.n. 公式による判断を行うに際しては、仮定的因果経過（「結果」と「現実化されていないが原因となり得る行為」との繋がり）を考慮してはならない。確かに、不作為犯の場合、条件関係の判断において「期待された行為がなされていれば」という仮定的な経過の考慮を要するが、それは、期待される作為と結合しなければ社会的な意味を有し得ない存在である「不作為の性質」に基づいて、当該不作為と当該結果との現実的な事実の繋がりを正確に推認するためであって、他の原因となり得る行為と当該結果との事実の繋がりを考慮するものではないから、許容することができるのである。

これに対し、わが国の学説においては、条件関係の存在意義を問い直し、c.s.q.n. 公式に帰責限定機能を担わせる立場が有力である。この「条件関係とは、『当該行為がなかったなら当該結果は発生しなかったであろう』という論理的結合関係である」とする見解（以下、論理的結合説と称す）によれば、「条件関係が存在するという判断によって、実行行為が結果に対して必須条件であること、すなわち、その行為が差し控えられることによって結果が回避しえたということが肯定され」、c.s.q.n. 公式は、「右のような意味で行為の結果に対する支配力の有無を確認するという、実質的判断のための枠組み」であって、「条件関係が事実関係に対して独立の存在意義を有するがゆえに」、「結果と条件関係にない行為には刑事責任が課せられないという刑法上の原則を確保する役割を果たすべきもの」になる(12)。

条件関係があれば、何故結果を行為に帰責させ、行為者に刑罰を科し得るという判断が可能になるのかを問い、行為者がその行為によって結果を左右した点に根拠を求めるならば、このような理論構成も理解し得ないではない。しかしながら、「事実的条件関係の確定により刑法上の因果関係の存否判断の対象となる行為が選別され、当該判断の事実的基盤が獲得されること、また逆に、事実的条件関係が認められない場合、そのことだけを理由に、当該行為と当該結果との間の刑法上の因果関係を否定しうることに鑑みれば、事実的条件関係の存否を『帰責限定の第一段階としての条件関係論』として独自に論じる意義ある(13)」と捉えることも可能である。かえって、条件関係を存在論から切り離し、結果回避可能性の判断と結び付けたが故に、いくつかの理論的難点を抱え込むことになるのである。

まず第一に、必要的競合事例、例えば、共犯関係にないXとYが双方独立に致死量の半分の毒薬を誤ってAの飲み物に入れてしまい、それを飲んだAの毒死という結果を招いたような場合、論理的結合説で捉えられた条件判断によれば、XとYの双方がAの毒死に対して支配力を有していたことになる（従って共に過失致死罪が成立し得る）のに対し、択一的競合事例、例えば、同事例で双方が誤って致死量の毒薬を入れていたような場合、いずれも支配力を有していなかったことになる（従って共に無罪となる）。しかし、個々の行為における支配力の有無の事実関係は逆であろう。町野教授は、「死体の心臓にピストルの弾丸をいくら打ち込んでも既遂にならないが、心臓病の人間にちょっとした暴行を加えて死亡させたとき、条件関係が否定しえないのと同様である」と反論されたこともあったが[14]、前者は、ピストルの発砲が殺害に何らの影響も及ぼし得ない事例であるから、択一的競合事例とは同列には論じ得ず、後者は、Ｘの入れてしまった致死量の半分がＡに作用を及ぼした後、Ｙの入れてしまった致死量の半分でＡが死に至ったという、必要的競合事例の一部にのみ妥当する議論に過ぎない。

　第二に、論理的結合説における結果回避可能性の判断においては、行為者の結果回避行為としてどのような行為を仮定するのか、行為者以外の第三者の行為をどこまで考慮するのかという新たな問題が生じ、同説に立つ論者間においても意見の一致が見られない[15]。即ち、①行為者の行為が作為の場合、単なる不作為で足りるとするのか「法が期待する性質の行為」を想定するのか。前者だとした場合、必要的競合事例を除く作為犯事例において、c.s.q.n 公式が限定機能を果たすことがあるのか。論者は、過失作為犯の場合は結果回避義務に合致した行為を仮定するとされるが[16]、合理的な帰責限定を先取りしているのではないかとの疑念を払拭できない。他方、②後者だとすると、いかにして「法が期待する性質の行為」を特定するのかが決定的に重要となるが、複数想定できる場合[17]における基準としての有効性や、「違法な行為を一切考慮すべきではないというわけでもない」[18]となると、「法が期待する違法行為」というジレンマに陥るところに難点がある。加えて、③第三者の行為については現実化したものだけが考慮されているが、仮定的判断である結果回避可能性判断において、現実化の有無による取扱いの区別に十分な根拠があるのかが問われるほか[19]、現実化の有無の判断を行為時に求めるのか結果発生時に求めるのかについても争いがある[20]。

かかる問題が生じるのは、結果回避可能性概念を処罰の合理性に係わる規範的概念として理解するところに存するが、より根本的には、結果の帰責根拠を「行為の危険の結果への実現」ではなく「結果回避可能性」に求めた点に起因しているのであって、「結果回避可能性を欠く場合に結果帰属を肯定し、処罰を認めるのは、結果が惹起された以上処罰の対象とすべきであるとする、悪しき応報主義以外の何ものでもないと考える[21]」ことに理由はないように思われる。当該結果の発生が不可避であったとき、結果回避可能性を結果帰責の要件として考慮すべきでないとする立場も、その行為の仕業でないとはいえないというに止まり、それをもたらした行為に対し、違法性ないし有責性がないとして不可罰にすることに異論はないからである。

第三に、この結果回避可能性判断を c.s.q.n 公式に結合させたが故に、今日一般に合義務的代替行為と称せられる問題を、仮定的因果経過の問題として処理できるかのような印象を与え、問題解決の進展を妨げているように思われる。確かに、大審院は、列車運転手の前方不注視のため踏切上にいた幼児が轢死した事案で、前方を注視して被害者を認識し得た時点で警笛を鳴らし非常制動措置をとっていたとしても、轢死の結果は防止し得なかったことを理由に、被告人の注意義務の懈怠は轢死の原因ではないとした（京踏切事件大判昭和四・四・一一新聞三〇〇六―一五）。しかし、近時の最高裁は、徐行義務を怠って黄色点滅信号の交差点に進入した被告人が、赤点滅信号を無視し暴走してきた車両と衝突し、同乗者を死亡させたという事案で、徐行義務を遵守して交差道路の安全を確認していれば衝突が回避可能であったという事実には、合理的な疑いを容れる余地があるとして無罪を言い渡した（黄色点滅信号事件最判平成一五・一・二四判時一八〇六―一五七）。論理的結合説によれば、この判例も因果関係を否定したものと捉えることができるが、そうなると、現実には存在しなかった事態の仮定的な推移の存否についても「疑わしきは被告人の利益に」の原則が適用されることを判例が認めたことになり、妥当性を欠く事態がもたらされる。元来、同原則は、過去に存在した歴史的事実の認定に係わるものであり、当該状況下において存在しなかった思考上の産物に過ぎない合義務的代替行為によって生じる事態の推移は、その適用領域には属さず、あえて適用させると、とりわけ医療過誤事件において「合義務的行為であっても当該結果は回避できなかった可能性がある」と抗弁されたとき、確実性に境を接する蓋然性でもって当該結果を回避できたと立証することは至難であり、不必要な無罪判決を生み出す虞があるからである。ここでは論じる余裕はないが、この問題は、因果関係論ではなく「許された危険の実現」として違法論に位置づけるべきものと考えられる[22]。

(4)　最後に、c.s.q.n. 公式による判断を行い否定的な回答に至ったとしても、常に条件関係が否定されると考えてはならない。先に触れた択一的競合事例のように、他に結果に対し十分条件といい得る原因たる行為があると、c.s.q.n. 公式では、存在する行為と結果との事実的な繋がりを写し出すことができなくなるからである。そこで、修正公式、即ち「複数の条件のうち、いずれかではなく共にないものと考えれば、結果が欠落するような条件は、いずれもその結果の原因である」[23]と捉え直して、条件関係を肯定することも考えられるが、本来、条件関係は、結果と行為との事実的な繋がりを意味するだけであり、c.s.q.n. 公式はかかる意味での条件関係を判断するための手段に過ぎないから、既に行為から結果への事実的な繋がりを判断できるならば、c.s.q.n. 公式に固執する必要はない。その場合、合法則的条件公式、即ち、ある行為が「特定の刑法上の構成要件により限定された具体的（現実的）な結果の原因であると判明するのは、当該行為と時間的に後続して接続している外界の変化が、その行為としかも互いに連続して（自然）法則的に結合し、刑法上結果として限定されている具体的事態の何らかの構成要素に行きつく場合である」[24]という公式を用いて判断すれば足りるであろう。ただし、当該行為と当該結果を結合させる自然法則も、条件関係を推認させる手段に過ぎないから、具体的事案がその法則に包摂されることを吟味しなければならない。例えば、XがAにフグを調理して食べさせAが中毒死したという事例で、Xの調理とAの中毒死との条件関係を肯定するには、フグは一定の条件の下で中毒死を招くという自然法則を援用するとともに、Aが中毒死に至る摂取量を取ったことやフグの毒がAに実際に作用したことを立証することで初めて、「当該行為があれば当該結果がある」という条件関係を肯定することができるのである。

もっとも、c.s.q.n. 公式は、結果から原因となり得る行為に繫がるかを判断するためのものであるから、この公式により肯定されると、その原因たる行為は結果発生の必要条件であることを意味するのに対し、合法則的条件公式は、行為から結果に繫がり得るかを判断するためのものだけでなく、価値中立的な言明に過ぎないということもできるから、両者は異質である。異質であるなら相容れないと考える方が論理的かもしれないが、結果発生の十分条件を示すものだと捉えれば[25]、少なくとも相矛盾するものではないから、併用してもよいように思われる。ただし、このような合法則的条件関係公式を用いた因果関係の判断においては、次に論じる「（広義の）相当性」の検討はもはや無用となるであろう[26]。

三　相当性

(1)　因果関係の判断を因果性の有無の検討だけで終えることができないのは、先行事実である行為と後行事実である結果との事実的な繋がりだけでは、結果の帰責を根拠づけられないだけでなく、原因は先行事実の結果であり、結果は後行事実の原因であるという「因果性の悪しき無限性」が存在するからである。後者の観点からは、殺人犯が引き起こした被害者の死という結果に対し、その原因を殺人犯の母親の出産行為に求めることも可能となる。主観的帰責の否定によって母親の出産行為を処罰の対象から除くことができるとはいえ、同行為に対する違法評価に、いかなる理論的根拠も見出し得ないであろう。かかる因果連鎖を断ち切るには、因果経過の意思支配に帰属根拠を求めること（目的的行為論）も有効な方法論の一つである。だが、シューネマン教授によると、目的的行為論は、次の三つの点で終始反対され、衰退したという。「第一に、刑法的に重要な行為という概念と人間行為の理念型とを同一視せよという要求に対して、第二に、（法発見に関しても拘束的な）事物論理構造の『規範的射程範囲』を、繰り返し試みられたように過度に拡張することに対して、そして、第三に、不法概念から結果無価値を同時に除去して、行為無価値を絶対化し、それどころか最後には、現代の刑法的思考の始まりから存在した、基本的な不法と責任の区別を崩壊させようとする目的主義の最新の傾向に対してである」[27]。

因果性が原因を特定できないのは、個々の原因が何ら理論負荷的なものを担っていないからである。我々がある結果からその原因を推論できるのは、その原因となる存在が当該結果を惹起させる法則性を負荷している場合に限られる。後に殺人犯となる者を出産したことは、被害者の死という結果にとって必要条件とはいえるが、刑法上の原因というに値しないのは、出産行為は第三者の殺害結果を推論させるものを負荷していないからにほかならない。従って、因果連鎖を断ち切るには、経験法則ないし蓋然性法則によって裏付けられる「行為時点における結果発生の予測可能性」（相当性）を原因に負荷させ、相当性のある原因だけを刑法上の原因と解すればよいことになる。

(2)　我が国の因果関係論における伝統的な見解も、構成要件的結果と条件関係の認められる原因たる行為のうち、行為時点において結果を惹起することが「相当」と判断される行為のみを法的な原因と考えてきた（相当因果関係説）。しかし、相当性の判断構造をめぐって、これまで解決困難な問題点が指摘されてきただけでなく、解釈論的な修正も施されてきたため、かなり複雑な様相を呈しており、単純化の作業を要するように思われる。

最初の問題として、相当性判断の対象となる行為は、当該犯罪の実行行為でなければならないのかを問い直さければならない。従来、念頭に置かれていたのは、妻が夫を殺そうと思い、毒物を戸棚に入れて機会を狙っていたところ、夫が薬と見間違えて飲んだため死亡したという事例である。確かに、この場合、妻は未だ殺人予備行為しか行っていないから、予備行為から結果が発生しても殺人既遂にはならない(28)。しかし、同事例で、慌て者で視力の悪い夫が薬と見間違えて飲むことを予測しつつ、ひたすら夫の見間違いを待ち続けるという犯行計画であったならば、結論を異にしてもよいのではなかろうか。もしここで殺人既遂罪の成立を肯定しようとすれば、双方の事例処理をどのように考えるかが問題となるが、相当性判断の対象となる行為を（未遂の成否が問題となる）実行行為ではなく、構成要件的結果に対して用いられる狭義の行為（構成要件的行為）に求めるとともに、たとえ未遂の処罰根拠である具体的危険を有しなくとも、殺人行為という社会的意味を持たせるだけの相当な危険のある行為を殺人罪の構成要件的行為と解すれば、双方の事例とも殺人罪の構成要件的行為の客観面は充足しているものの、当初の事例では同行為の主観面（殺人の行為意思）が認められないが故に殺人予備罪の成立に止まるのに対し、修正事例では主観面も充足するので殺人既遂罪が成立すると考えることができる。

また、このように解すると、雷事例（雷に当たって死ねばよいと思って森に行かせたところ、実際に雷に当たって死亡したという事例）において、「森に行かせる行為は殺人行為ではない」と言い切り、殺人罪の射程外に置く理由がなくなる。学説の中にも、因果関係論における実行行為概念を無用視する立場から、同じく被害者を森に行かせる行為であっても、そこに狼や野犬が非常に多く生息しているのであれば、殺人罪の成立を認めるべきだとする見解がある。[29]「広義の相当性」を実行行為の問題と捉える論者の立場には賛成し難いが、結論に異論はない。森に行かせる行為は、殺人罪の実行行為たり得る程の具体的な危険を有していないが、行為当時、狼や野犬の襲来という介在事情を予測できる場合には、殺人行為という社会的意味を与えるだけの相当な危険を有するといえるが故に殺人罪の構成要件的行為に当たり、その後、実際に襲われそうになった時点で、行為の有していた危険が顕在化して実行行為になり、殺人罪の成立する余地が生じると解することもできるからである。[30]

(3) 第二の問題として、相当性概念の不明確さが指摘されている。相当因果関係説は、元来、偶然との区別を、現に発生した結果と同種の結果が発生する客観的な蓋然性の有無によって決するという考え方であったが、その後、相当性概念は「広義の相当性」（構成要件的結果発生の行為の危険性）と「狭義の相当性」（構成要件的結果に至る因果経過の相当性）に区別されるようになり、さらに近時においては、「狭義の相当性」だけを問題にすれば足りるとの立場（ただし、その概念内容は論者によって異なる）も有力である。

古典的な相当性概念を用いて判断する場合には、判断基底にどの範囲の事情を考慮すべきかが問われることになるが、その際には、判断基準と区別しなければならない。同一人が判断する場合でも情報量の如何によって結論を異にする可能性がある一方、同じ情報量を与えても経験則のレベル如何で結論が異なることもあるからである。この点を軽視し、行為者の認識していた事情を、客観的事実としてではなく、行為者の経験則では相当性が肯定されるというように相当性の判断基準と直結させると、それは因果関係論における責任の先取りであり、「知らなかったから因果関係がないというのは、目をつぶれば世界はなくなるというのに似ている」[31]といった無用の批判を受けることになる。

と同時に、客観的相当因果関係説といっても、「行為当時存在したすべての事情」と「行為後に生じた客観的に予見可能な事情」を判断基底に入れるという立場ではなく、行為当時と行為後を区別することなく、「注意深い一般人」「科学的一般人」が認識し得る事情だけを判断基底に入れる立場（新客観説と称することができる）[32]に立つ必要がある。①行為当時の事情と行為後の事情を理論的に区別することは不可能であるだけでなく[33]、②事後的にしか判明し得なかったものを含め、行為当時に存在した事情をすべて考慮に入れるならば、結果の発生が必然性を帯びるため、必ずしも刑法上の原因として適格性を有しないものまで処罰の対象にしてしまうことになるからである。

このように考えるならば、相当性の判断は、行為当時と行為後を区別することなく、最高の科学的一般人が認識し得る事情と行為者が特に認識している事情を判断基底に入れ、最高の科学的一般人の経験則を判断基準として用いるべきことになる。判断基底に行為者の認識している事情を加えるのは、最高の科学的一般人でも認識し得ない客観的な事実に関する情報（例えば、母親しか分らない子どもの習癖）の存在性を否定し切れないからであり、判断基準を最高の科学的一般人の経験則に求めるのは、相当因果関係は結果の行為への客観的帰責関係を構成するものである以上、判断者の経験則のレベル如何によって結論が左右されてはならないからである。

では、どの程度の可能性があれば「相当」といえるのであろうか。相当因果関係説の意図が、「偶然」には法規範の抑止しようとする危険を含まないという理由で因果関係を否定するところにあるとすれば、「ある行為がある特定した結果の相当な原因であるのは、その行為とともに判断基底をなすところの存在事情の下で、その結果をあり得ないではない結果として予期せしめる場合である」[34]ということになろう。しかし、生命・身体に対する危険を有する行為が日常的に満ち満ちている現代社会において、偶然を排除し切れるか疑問なしとしない。「あり得ないではない」程度というのも確率論でないとすれば、「その行為はその結果発生の手段たり得ないではない」という意味内容として捉え直す必要があるように思われる。即ち、危険性を否定できない行為から当該結果が発生したとしても、その行為を利用すれば当該結果を発生させられると具体的に予測できなければ、構成要件的行為としての適格性を有するだけの危険はないとして、「偶然」と同視できると考えられるのである。

(4)　最後に「行為後の介在事情」という問題があり、相当因果関係の判断構造に変革を迫るものとして、今日最も争いのあるところである。刑法上、相当因果関係の有無が争われるのは、行為時に行為者が認識し得なかった特殊の事情が存在したことで結果が発生した場合と、行為後に特殊な事情が介入して結果が発生した場合とに類別されるが、後者の場合について、当該行為から当該構成要件的結果の発生が相当といえるかを問うことの意味が疑問視されるようになった(35)。例えば、救急車事故事例（殺意をもって発砲したものの致命傷を与えることができず、被害者は救急車で運ばれて行ったが、病院に向かう途上で交通事故に遭い、被害者が死亡したという事例）において、発砲による負傷の状態や交通事故による負傷の程度が重要な意味を有するところ、相当因果関係説によれば、発砲行為時点における交通事故の予測可能性の有無を問い、否定されれば判断基底に置かず、あたかも交通事故がなかったものとして相当性判断を行うことになるとすれば、当初の発砲行為に被害者の死亡結果は帰責されることになるが、「発砲行為によって被害者は死んだ」とはいえない以上、この帰結は不合理である。

そこで、エンギッシュ博士の分析に従い、「構成要件的結果に関する相当性（広義の相当性）」のほかに、「帰責の前提としての、因果経過の個々の流れに関する相当性（狭義の相当性）」が問われることになり、今日では、広義の相当性が危険判断（行為の違法性）であるのに対し、狭義の相当性は危険実現（違法性連関）であると理解されている。同博士によれば、「違法性と結果とを関連づけるに過ぎない危険実現というこのメルクマールは、……個々の事例の特殊な中間原因を介した構成要件的結果に関する相当性のメルクマールにほかならない。［つまり］ある行為がその構成要件的結果に関して相当であるのは、その行為及びその他の予測にとって重要な事情に基づき、その構成要件的結果に至るところの……一定の性質をもつ因果経過が予期される場合である」。そして、両判断の関係につき、「構成要件的結果に関係する相当性判断は、一連の（その他の点ではもとより同じ諸原則に従って下される）特有の因果経過に関する相当性判断に基づいている」が、「それ自体危険な行為が、――あり得ない展開として――構成要件的結果に関する相当性判断の構造で考慮されなかった因果系列に向かって進展するならば、この特有の因果経過の点で欠ける行為の相当性が同時に意味するところは、この経過は構成要件的結果に関する相当性判断によってカバーされていないこと、つまり、後者の相当性判断が下されない限り、そこで想定された危険が『現実化』しないということ」だとされている(36)。

要するに、立法者がある行為類型を禁止するのは、その行為類型から生ずることが経験的に予測される範囲の結果を好ましくないと評価したからであり、発生した結果が、その可能性を考慮して行為を禁止したところの結果といえるためには、当該行為が行為類型に属するとの判断（広義の相当性）と同時に、発生した結果への現実の因果経過が、行為類型から予測される因果系列の一つであるという判断（狭義の相当性）を下す必要があり、「危険の実現」とは、構成要件的行為の危険と発生した結果との規範的な繋がりを意味するものと考えられる。そうだとすると、かかる観点から救急車事故事例をみれば、発砲行為時点で事故死という現実の因果系列は経験則上予測し得ないから、狭義の相当性に欠けるとして、因果関係を否定することができるのである。こうして、エンギッシュ博士によって洗練化された相当因果関係説は、あり得ないではない程度の危険をもった構成要件的行為から、予測不可能な事情が介在したため偶然的に構成要件的結果が発生した事例について、適切な処理を可能にさせたのである。

しかしながら、その反面、既に実行行為たり得る程の高度の危険を有し、そのままでも当該結果が発生していたであろうと認められるものの、その過程において予測不可能な事情が介在した事例（例えば、当初の暴行により死因となった傷害が形成されたが、その後、予期し得ぬ第三者による暴行が付け加わり、死亡時期が若干早まった事案）のような場合には、介在事情が予測不可能であるというだけで「狭義の相当性」が否定され、既遂責任を問い得なくなるという問題が浮上するようになった。ここに、再度の洗練化ないし新しい観点(帰属性)の注入が求められる理由がある。

四 帰属性

(1) 現在、我が国における「狭義の相当性」の再度の洗練化は、この相当性判断が、介在事情の予測可能性や因果経過の通常性といった事実的判断ではなく、行為者の実行行為に結果を帰属せしめ得るかという規範的判断であり、実際に生じた因果経過につき、実行行為と結果、及び介在事情という三つの観点から具体的に分析する手法で行われている。既に触れたように、エンギッシュ博士の「狭義の相当性」は、「広義の相当性」とは判断対象を異にするだけで(ただし、因果経過を対象とするに際し、事後判断が入るのは当然である)、その他の判断構造は同じであったが、再度の洗練化は、二種類の相当性を異質のものとして捉えるところから始まったといってよい。

まず、因果経過の相当性について、①実行行為及びそれにより直接惹き起こされた事態の有する結果発生の確率の大小(広義の相当性)、②介在事情の異常性の大小、③介在事情の結果への寄与の大小という三つの視点で事後的に総合判断しようとする見解が主張された。(37) 即ち、結果発生の確率(実行行為の危険性)が大きく、介在事情の異常性は小さくかつ結果への寄与度も小さい場合には、相当性が肯定される一方、結果発生の確率が小さく、介在事情の異常性は大きくかつ寄与度も大きい場合には、相当性は否定されるということをモデルケースとして設定したうえで、各視点における大小の相関関係によって相当性の有無を決しようというのである。

しかし、かかる判断を司る帰責根拠が不明であったため、「完全なカズイスティック」であり、「『経験上通常である』かどうかが判断基準だとされるのであれば、三つのモメントは、実際上、どの程度の確率、どの程度の異常性、どの程度の寄与の度合いが必要なのかを明示されていないのであるから、その判断の際に留意すべきモメントという役割を果たすにすぎないものとなり、基準ではない」という批判[38]に晒されることになった。ただ、判例の下した判断を検証する分析道具として用いることは可能であり、判例の立場を説明する手だてにはなり得るであろう。

(2) 他方、「狭義の相当性」の理論的根拠を問い直す立場からは、今日有力な「利用可能性」説のほか、近時では「行為者コントロール性」説が唱えられている。

利用可能性説は、狭義の相当性がない場合に結果の帰属を否定する根拠を一般予防の必要性の限界に求め、「刑法が結果を抑止しようとするなら、利用されるであろうような通常の因果経過の設定を禁止・処罰することだけで充分であ」り、「通常人が利用しないような因果経過をたどって例外的に結果が発生したとき、あえてそれを理由として処罰しなくても、このような手段によって結果を招致しようとする人が出てくるわけではない」から、「通常人がそれを利用して結果を招致するであろうような因果経過が相当因果関係である」という[39]。この見解の特徴は、経験的にはあり得る因果経過であっても、人がそれを利用する可能性のあるものでなければ相当でないとすることで、相当因果関係説の枠組みを維持しながら、「行為後の介在事情」の問題を最もシンプルに処理することを可能にさせるところにある。即ち、行為後の介在事情が、行為者の意思的行為や第三者の故意行為であるときは、利用可能性に乏しい事態であることを理由に因果関係を否定し、被害者の行為である場合には、それが行為者の行為によって誘引されたものであっても、必然性が認められない限り、因果関係は否定されるのである。

しかしながら、利用可能性の有無は「相当性の程度」に関する基準としては的確であるが、狭義の相当性を決する基準としては、その理論的根拠と有用性に疑問がある。元来、一般予防の観点は、行為時に将来に向けて機能するものであり、「処罰による抑止機能が働くのは、結果を発生させる危険のある行為に対してであって、特定の因果経過をたどった結果に対してではない」[40]。犯行後に取締りが強化されたため、事後的に見れば当該因果経過の利用が著しく困難になったからといって、現に結果を発生させた行為を罰してはならないとする理由はない。また、反復可能性が低いとして一般予防上処罰の必要性がないというのであれば、因果関係を否定するだけでなく、未遂処罰も否定すべきことになるはずである。さらに、利用可能性の基準によれば、相当性の有無が介在事情の主体となる者の主観に大きく影響されるように思われる。例えば、「交通事故で重傷を受けた被害者が宗教上の理由から輸血を拒否して死亡したような場合には、死亡結果との間の因果関係は肯定することはできない」とされるが[41]、ドライバーが被害者の宗教のことを知りつつ故意に事故を起こしたのであれば、因果関係を肯定すべきではなかろうか。もしそうだとすると、相当性の有無が行為者の主観によって左右されることを認めることになるし、事後に介在した第三者の行為が（結果発生に対する影響力が同じだとしても）故意行為か過失行為かによって相当性の有無が異なるというのは、行為者とは全く無関係な第三者の主観によって客観的帰責の有無が決せられることであるから、因果関係の判断構造としての適性に欠けるように思われる。

これに対し、相当因果関係は、「結果を発生させたことに対する回顧的な非難として責任を行為者に帰するために不可欠の要件であり、帰責の限定というより、結果を行為者に結びつけ、責任を基礎づけるために要求されるものである」と捉え直すことで、因果関係の判断構造において行為者の主観を考慮するのは当然とする立場も存在する。(42) 即ち、「偶然的な結果招致を処罰すべきでないのは、一般予防の必要性がないからではなく、それが行為者のコントロールが及ばない事象だからであ」り、刑法上の因果関係が、行為者の責任を基礎づける関係である以上、「それは行為者が自らの意思に基づいて結果を左右したという関係を正しく表すものでなければならない」というのである。(43) かかる行為者コントロール性説によれば、行為者が被害者に重傷を負わせたところ、治療にあたった医師の単純ミスで被害者の死を招いた場合にも因果関係が肯定されるのは、傷害行為と直接結びついた、いわば傷害行為によって支配された行為とみることができるからであり、(介在事情に対する予見可能性の点では同じである)救急車の運転手の単純ミスで起こった交通事故で被害者の死を招いた場合に因果関係が否定されるのは、傷害行為とは別個の行為だからと説明されることになる。(44)

しかし、傷害行為後の医師の医療過誤を「支配された行為」とみることに、かなりの違和感を覚える。コントロールないし支配という概念が、行為者にとって認識可能な因果経過であれば、行為者自らそれに沿って発生した結果を回避できるということを意味するものだとしても、行為後の因果の流れは誰にも最後まで分らないのであるから、その前提には無理があるのではなかろうか。また、行為者コントロール性説は、狭義の相当性を因果関係論に位置づけているが、むしろ、その主張は、現代私法領域において客観的帰属と主観的帰属という新たな分類を基礎づけたラレンツ博士の主張を想起させるものである。(45)

(3) ラレンツ博士は、まず、帰属概念を次のように規定された。「帰属は、所為を偶然的事象から区別する試みを意味するにほかならない。私がある者をある事象の原因者だと看做す場合に言わんとすることは、この事象は……その者にとって、偶然の仕業ではなく、その者自身の意思であるということである」。[46] そのうえで、「所為に関する判断である帰属は、因果的な判断ではなく目的論的な判断である。ただ、その目的概念を……客観的に把握せねばならない、即ち、意識され意欲されたものを帰属するに止まってはならず、……意思の対象として可能であったものも帰属せねばならない」と論じられ、[47] その際に問題となるのは、特定の因果経過の可能性ではなく意思によるその支配であるとして、『相当な原因論』は因果関係論としてではなく、帰属論として基礎づけられる」と結論づけられたのである。[48] そして、この思考を客観的合目的性という概念を用いて刑法の領域に導入されたのが、ホーニッヒ博士であった。同博士は、「命令は立法者には望ましい結果を、禁止は立法者には望ましくない結果の回避を……立法者が前提とする状況に立つ人に可能である……限りにおいてのみ求める」という法原則から、「結果に対して因果的な人の態度は、結果の惹起ないし回避を考慮に入れて合目的的に設定されたと考えることができる場合にのみ、法的に重要である。それ故、因果関係にさらに加わる客観的合目的性でもって初めて人の態度の法的意味が与えられる」とされたのである。[49]

もっとも、両博士にとって、帰属論の実践的意義は「偶然の排除」に限定されていたため、帰属論と称するか相当因果関係論と称するかは言葉の問題といえなくもないが、行為当時には予測ないしコントロールし得ない介在事情が、行為後の因果経過に介入し結果発生に影響を及ぼすという事例群に直面したとき、現段階においては、存在論的な因果関係論そのものを捨て、論理的結合説を介して利用可能性説への流れに向かうか、それとも、そこから切り離された帰属論にその解決の糸口を求めて行くほかないように思われる。

(4) 周知の通り、ロクシン教授は、偶然ではない結果の帰属も否定できるようにするため、「損害をもたらす因果経過の客観的合目的性は、問題になっている人の態度が構成要件的な法益侵害の法的に重要な危険を惹起したか否かにかかっている」として、ホーニッヒ博士の客観的合目的性概念を危険原理に還元することにより、①危険減少、②法的に重要な危険の不創出、③許された危険の無増加といった結果帰属の排斥基準を具体化されただけでなく、刑事政策的観点から、④規範の保護範囲という帰責限定の一般的基準を設定され、[50] その後も、「規範の保護目的」と称する指導的観点が、許されざる危険実現の有無の問題の背後にあって刑法の過失責任をさらに限定するのに有益であることを示すことで、[51] 現在の客観的帰属論を確立された。その基本となる構想は、「許されざる危険の創出」と「許されざる危険の実現」、及び「構成要件の射程」という三つの基本的な帰属原理の下に、各種の帰属排斥基準を設けるが、それらは、「その全体において、行為と結果の間の連関はどのような性質をもたなければならないのか……を述べるものであ」って、「刑法がそのために存在するところの法治国家的に限界づけられた法益保護という刑事政策的諸原理に依拠する」というものである。[52] 本稿では、その性格上、相当因果関係説と結果の帰属を異にする箇所にスポットをあて、批判的検討を試みるに止めることにする。

(a) まず、「許されざる危険の創出」論では、危険減少基準が設定されている。例えば、他者の頭をめがけて飛んでくる石を、より危険でない身体部分にそらせた場合は、傷害行為と評価し得ないし、「被害者から一〇〇〇マルクではなく一〇〇マルクだけを盗むよう窃盗犯人に唆した者は、窃盗に対する幇助として可罰的とならない」。[53] 法益状態を悪化させるのではなく改善させる行為を禁止することは、刑法規範の目的たり得ないからだという。もっとも、ある者が存在する危険を弱めるのではなく、他の危険と入れ替え、その結果における実現が行為者にとって元の危険よりも有害でなかった場合、例えば、燃えている家の窓から子どもを投げて重傷を負わせるが、焼死から救い出した場合は、推定的同意ないし緊急避難で正当化されることになる。

しかし、投石事例の場合、相当因果関係説に従って傷害結果を帰属させても、他人のための緊急避難として正当化できるから何らの不都合も生じないし、減額事例の場合には、むしろ結果を帰属させるべきではなかろうか。被害減少をもたらす行為を当初から処罰の対象から外してしまうと、例えば、ある舞台女優の殺害計画を打ち明けられ協力を求められた者が、その計画の実現には障害が多いと判断し、顔全体に塩酸をかけ二目と見れない顔にして自殺に追い込む計画に変更するよう助言して塩酸を手渡した結果、首尾よく計画通りに実現したという場合でも、殺人から傷害に被害を減少させたことを理由に、傷害幇助の可罰性さえも否定されかねないからである。

(b)　次に、「許されざる危険の実現」論では、帰属排斥基準として危険増加論と規範の保護目的論が予定されている。つまり、危険が許された程度を超えて高められていない場合、あるいは、侵害結果が規範の保護目的によってカバーされていない場合は、危険の実現を欠くというのである。前者が想定しているのは、既に触れた合義務的代替行為の問題事例であるが、難点は、危険増加の有無の判断の仕方に存する。かつては、「どのように正しく決定されるべきなのか、知らされた事実関係では最終的な確信をもって言えない」(54)とされていたトレーラー事件（トレーラー運転手が、規則に反して75センチの側面間隔で自転車を追い越そうとした際、アルコールによる衝動反応によって自転車が左によろめいたため、右後輪に巻き込み即死させたが、事後、鑑定人によって、運転手が一般に必要とされる間隔を遵守していたとしても、高度の蓋然性をもって転倒していたであろうという事案）について、今日では、「正しい運転行為であれば、確かに確実ではないが可能的に自転車走行者の生命を救えたであろう。それ故、側面間隔の不遵守による許された危険の超過は、致命的な事故の機会を法的に重要な態様で増加させたのであるから、帰属は命ぜられる」とされている[55]。事実的な危険判断ではなく、規範的な危険判断を事後に行うことによって、結論を出すことが可能になったからだと思われるが、自転車走行者の酩酊状態をも考慮に入れてよいのであれば、正しい側面間隔は、通常の場合を想定した一・五メートルどころか、急に転倒しても安全を確保できる間隔になるはずであって、常に危険増加が認められることにはならないのであろうか。合義務的な行為であっても「確実に」同じ結果が生じたと言えるような極めて例外的な事例を除けば、この基準の有用性に疑問を抱かざるを得ない。のみならず、危険増加の有無と結果帰属の有無を連動させる論理が明らかでない。危険増加をもたらさない規範違反は、過失責任を根拠づけられないとしても、過失犯の実行行為性ないし構成要件的過失を否定することも理論的には可能であり、結果の帰属が否定されることになるという根拠を見出し難いのである。さらに、結果の発生は行為が危険であったことを意味するから、許されざる危険が実現しなかったとしても、許された危険の実現は肯定せざるを得ないが、その場合、誰の仕業でこの危険が実現したことになるのであろうか。

他方、許された危険を限界づける注意規範（例えば、灯火命令や専門医の診察義務）の保護目的論は、危険増加論では帰属が認められても、なおそれを阻止するものとして捉えられている。「例えば、Aが運転免許なく運転し、そのとき安全運転にもかかわらず事故に巻き込まれる場合、禁じられた運転は事故の危険を増加（ないしおよそ初めて創出）させた。だが、運転禁止の目的は、規則通りの運転からの結末を阻止することではないので、危険増加にもかかわらず、帰属は生じない」というのである[56]。確かに、本事例の注意規範のように、その目的が直観的に正しく判断できる場合には、このような説明も可能であろうが、例えば、先のトレーラー事件で問題となった追い越す際の一～一・五メートルの側面間隔の保護目的となると、「すべての自転車走行者（若者と老人、素面の人と酩酊者、健康な人と病人、慎重な人と臆病な人、信頼を寄せてよい人とそうでない人）に係わる衝突の危険を最小限に抑えること」[57]というように、異論の余地のある目的設定を行わなければ、被害者の酩酊による反応も保護目的に含ませることができなくなるのである。加えて、注意規範違反だけで危険増加を認める前提から離れると、かつてロクシン教授が、先の無免許運転事例について評されていたように、「その免責特有の根拠は、因果経過の危険が、……行為者に帰せられる禁止違反によって増加されなかったこと、規範違反に内在している危険が何ら実現しなかったという点にある」のであって、この問題を『規範の保護目的』の観点で扱っても、思考の厳密な枠組みを一般的な定式と取り替えているに過ぎない」ことになるであろう[58]。

(c) 最後に、「構成要件の射程」論では、「故意の自己危殆化への関与」（例えば、AがBに割れやすい氷のときに湖を横断するように勧め、軽率だが危険を全く顧みないBがそこで死ぬ場合）、「合意に基づく他者の危殆化」（例えば、ある者がエイズの危険を伴う性行為を受け入れる場合）、及び、「他人の責任領域への配分」（例えば、消火活動の際に消防士が死に至るときの失火者の責任）が取り上げられ、いずれも因果性、相当性、及び危険の実現が認められるものの、結果の帰属を否定することによって、死の結果について刑事責任を負わないことが帰結される。ここで展開され、洗練化の途上にある個々の解釈論については積極的に評価し、示唆を得ることに努めなければならないが、問題は、これらを客観的帰属論として位置づけなければならない必然性が認められないところにある。上記の諸基準は、問題の特性を示すものではあっても、結果帰属を排斥する根拠にはなり得ず、次のような解釈論の展開を俟たなければならないからである。「たとえば、救命可能な傷害の被害者が、死に至る危険性を十分に知りつつ、治療を拒絶し、その結果死亡したときは、死の結果の帰属が否定され、傷害行為者は死の結果について刑事責任を負わないとすることができる。なぜなら、現行刑法上、被害者の自由な意思決定に基づく自己加害行為を生じさせることは、自殺関与罪としてのみ可罰的であり、それ以外は不可罰だからである（すなわち、他人に自殺をそそのかすのは、（同意）殺人ではなく、自殺関与としてのみ可罰的である）」(59)。

(d) 近時、我が国においても、市民権を得た客観的帰属論は、さながらオールラウンドプレイヤーの観を呈している。帰責感覚に適った望ましい結論を得やすいからであるが、その反面、刑法学上の既存の原理からの帰結に比し、結論に至るまでの論理的な説得性に乏しい側面を有している。極論すれば、一般的にそこから刑事政策上望ましい帰結が得られるような目的論的思考を帰属論体系に忍ばせ、ある帰属基準を作り上げたうえで、当該問題において妥当な結論を論理的に帰結したかのように見せかけているのではないかという危惧を払拭し切れない。その原因は、客観的帰属論の有用性を示す議論に比べ、その限界や破綻するケースはどのような場合かについて吟味されることがあまり行われていないところにある。特に、理論的射程を明確にしておかないと、例えば、危険減少が禁止規範の目的たり得ないならば、優越的な利益の創出は勿論解釈として禁止規範の目的たり得ないから、正当防衛行為は、そもそも殺人罪の構成要件に該当しないという解釈論を可能にさせ、違法阻却事由が構成要件論になだれ込む事態を阻止できないようにさえ思われるのである。

もっとも、以上の問題性が認められたとしても、①帰属性を行為者の行為能力から切り離し、危険の問題に還元したこと、②広義の相当性と狭義の相当性の異質性を「危険創出」と「危険実現」という形で明確に認識させたこと、及び、③結果に実現した危険が実際に行為者の行為に由来するかという理論的視角を提供した点において、ロクシン教授の客観的帰属論の有用性は何ら否定し得るものではない。特に、純事後的な判断を行うことになる③の視点なくして、行為当時には予測し得ない介在事情が被告人の行為後に因果経過に介入し、結果発生に影響を及ぼすという事例群において、刑法上の因果関係を適正に判断することはできないであろう。

(5)　では、いかなる根拠に基づいて、「相当性」があるにもかかわらず「帰属性」がなければ、刑法上の因果関係が否定されることになるのであろうか。これを探求するには、結果犯において因果関係が肯定されることで成立する「既遂の正犯」という観点、具体的には、結果犯において侵害結果の発生が既遂処罰の要件とされる理由と、共犯と区別される正犯の実質的根拠を考察する必要がある。

(a)　まず、前者の理由について、学説の中には、相当因果関係説の判断枠組みを維持する立場(以下、相当因果関係維持説と称す)から、既遂が未遂に比し重い違法評価が加えられるところに求める見解[60]がある。即ち、刑法規範は、単なる規範違反と危険の発生だけで既遂不法を認めるものではなく、結果の発生によって行為の現実的危険が確証され、行為無価値性に結果無価値性が付け加わる場合に既遂不法を限定する趣旨だというのである。

確かに、違法性はあくまでも行為の属性であるから、違法評価の対象は構成要件的行為そのものであるが、その無価値判断の基準は、侵害結果の程度(ないし保全法益との比較考量)に求めなければならない[61]。換言すれば、構成要件的行為に起因する危険が結果という形で現実化されたときに初めて、当該行為に構成要件該当性が肯定されると考えられるのである。そうだとすると、例えば、構成要件的行為によって死因となった傷害が形成されれば、予測不可能な介在事情により死期が早められた場合はもとより、介在事情がなければ同種の結果が確実に発生していた場合（例えば、先の救急車事故事例において、交通事故がなかったとしても、病院に着くまでに死亡していたことが確実であった場合）にも、結果の帰属を認めてよいように思われる。(62)

ところが、論者は、後者の場合に「結果の発生が確実だという判断は、しょせん推測でしかあり得ず、単なる危険の発生を根拠に結果犯として処罰することを認めるもの」であり、「因果関係の断絶」事例との区別も、「偶然的な介入事実がなければ確実に結果は発生していたという点で、両者の間に実質的な相違はないから」、その理由がなくなると批判されている。(63) しかし、「推測」に止まるのは、行為時に刑法上の因果関係を判断する相当因果関係維持説に立つからであって、裁判時において合理的な疑いを容れる余地なく「結果の発生が必然的であった」という心証が得られれば、物理的な危険の実現を「確信」せざるを得ないであろう。また、因果関係の断絶は条件関係（因果性）そのものがない場合であり、既遂処罰が否定されるという明白な違いが、そこには存在する。因果性がなければ帰属性はあり得ないが、帰属性があれば因果性はあるというものではないのである。この意味で、「危険の実現」は、規範的な判断に尽きるのではなく事実認定において立証の対象となるものであり、事前判断である「相当性」の段階ではなく事後判断である「帰属性」の段階で、結果帰属の根拠として位置付けられるべきものと考えられる。

もっとも、行為者が病院に着くまでに死亡することが確実である原因を与えたとしても、被害者が死亡したのはあくまでも交通事故が原因だというのであれば、瀕死の患者が死ぬ直前に射殺された場合と同様、当初の結果発生に至る因果の流れは、第三者の行為による因果の流れに凌駕されたといえるから、殺人既遂の

「正犯」にはなり得ない。

(b)　このような正犯性の問題を因果関係論の枠内で論じたものが、山口教授の遡及禁止論であった。その内容は、共犯規定の射程との関係から、「条件関係及び相当因果関係をさらに限定する一般的な結果帰属の基準として、構成要件的結果を認識して惹起する自由な行為（構成要件的結果について完全な故意のある行為）の背後の行為については、構成要件的結果は帰属されないとする考え方」（この遡及禁止の例外をなすものが共犯規定）であって、「遡及禁止の適用がないことが、構成要件に該当する結果惹起を肯定するために必要となる」と説かれたのである(64)。従前、第三者の故意行為が介在した場合には、介在事情の異常性という観点から「狭義の相当性」が否定されていたが、このような事情の介在を予測できることもあり得るのであるから、両者は別個の問題であり、この点を明らかにしたところに学理上の意義が認められる(65)。ただし、「遡及禁止の法理」そのものについては、正犯の因果性と狭義の共犯の因果性を区別していることに対する批判(66)や、背任罪等の義務犯には妥当しないとの指摘(67)もあり、独自に考察を加える必要があるが、本稿の文脈からは、次の二つの批判の検討が重要である。

第一の批判は、山口教授が、「第三者の故意行為の介入がたとえ異常とまではいえない」事例において、「結果惹起に向けた因果経過を進行させた行為の後の介入行為が、単なる不作為など、事実的な法益侵害惹起にとって無視しうるものである場合には、介入がなかったものとして扱われることになるが、さらに、それを越えて、介入行為の結果惹起の寄与度を問題とし、それが軽微な場合には、遡及禁止の遮断効が働かないと解することもできる(68)」とされたことに対し、被告人の行為自体の「結果に対する寄与度（影響力の大きさ）」が正犯性肯定の実質的根拠になっており、介入行為の有無・程度の検討だけで正犯性を否定する判断

形式に意味はないというものである。(69)

確かに、自律的な意思決定に基づく介入があった場合、その者の領域において結果が発生した以上、寄与度の如何を問わず当初の行為者の正犯性を否定しないと理論的一貫性に欠けるし、被告人が設定した物理的危険がそのまま当該結果に実現すれば正犯性を獲得するというのであれば、負傷させられた血友病患者を医師が意図的に病院内で放置したため死亡させたような場合にまで、負傷させた者に死亡結果が帰属することになるが、この帰結は妥当性に欠けるであろう。もっとも、その後、「遡及禁止の観点は、構成要件的結果惹起支配を意味する正犯性を判断する重要な判断基準ではあるが、厳密にいえば、正犯性の判断基準それ自体ではない」とされ、「結果を物理的に惹起する他人の行為が介在する場合には、結果原因としての当該行為を介した結果惹起に対する支配の有無が問題となる」ところ、「当該結果惹起についての他人の答責性（自律性といってもよい）……を備えた行為による結果惹起は、『他人の支配下でなした結果惹起』ではなく、『自己の責任においてなした結果惹起』と評価されるべきことになる」から、正犯性を限界づける意義があるというように捉え直された。(70) しかし、先に挙げたような故意の不作為犯が介在した場合や、容易に治癒できるのに重大な医療過誤が主たる原因となって被害者が死亡した場合に、行為者の正犯性を肯定されるのだとすれば疑問が残る。やはり被告人の正犯性の有無にとって決定的なのは、介在者の行為の（物理的なものに限らない）寄与度であり、その心理状態とは切り離すべきものと考える。

もう一つの批判は、遡及禁止の観点を因果関係論の中で扱ったことに向けられている。即ち、遡及禁止の法理が、最終的にその法益の運命を手中にしている者（正犯）だけを処罰すれば足りるとする考え方だとすると、例えば、医師が情を知らない看護師を介して患者を毒殺する事案で、看護師にも過失があったような場合、処罰されるのは看護師であり、（一般に間接正犯とされる）医師ではないことになってしまうというのである[71]。そこで、因果関係論とは別個に、正犯性の問題として考慮すべきだとされるのであるが、「正犯性と相当性とは別の要件と考えるべき」ではないであろう。

ここで、正犯とは基本的構成要件に該当する行為を自ら行う者をいうとする、形式的な観点を見直す必要がある。その意味するところは、各構成要件は、その行為をすれば単独で構成要件的結果を惹起させる原因力をもつ行為だけを構成要件的行為として規定しているといえることから、いわば当該構成要件的結果発生に対し一〇〇％の原因力をもつ行為をする者だけが正犯たり得るのであり、この点で共犯と区別できるということではなかったかと思われる。ただし、必ずしもそれ自体に一〇〇％の原因力が内在していなくても、介在事情の原因力を具体的に予測していた場合、つまり（介在事情を判断基底に入れて考慮される）「広義の相当性」が認められる場合には、後行行為の原因力を自己の行為の原因力として取り込めるから、なお構成要件的行為ということができる。例えば、別個独立に相前後して致死量の半分の毒を井戸水に入れ、それを飲んだ被害者が死亡したという場合、先行行為と当該結果との間に因果性が肯定され、かつ、先行行為の危険が当該結果に実現したということで帰属性も認められるが、先行行為だけで当該結果を発生させることができない以上、先行行為は殺人罪の構成要件的行為とはいえず、従って、先行行為者は殺人既遂罪の正犯としては処罰し得ないことになるものの、後行行為を具体的に予測していた場合には、結果発生の相当な原因ある行為と評価できるから、殺人罪の構成要件的行為といえ、先行行為者には殺人既遂罪が成立すると考えられるのである。なお、このことは、「相当性」は「帰属性」とは別の要件であることを示していることにもなるであろう。

五　判例法理の検証

(1)　では、以上のような本稿の判断方式から、現在の因果関係の判断構造に係る判例法理を検証してみたらどうなるか、考察してみることにしょう。

まず、行為当時の事情は、最高の科学的一般人が認識し得る事情、および行為者が特に認識している事情を考慮に入れて因果関係が判断されるので、被害者に特殊な病的素因や既往症が存在していたため、単独では当該結果を惹起させる原因力を有しない行為によって当該結果が発生したような場合でも、因果関係を認めることは可能である。例えば、行為者が被害者を布団蒸しにして、その上から口付近を押さえつけたところ、極めて軽微な暴行によって急性の心臓麻痺を引き起こす重篤な心臓疾患があったため死亡したという事案で、「被告人の本件暴行が、被害者の重篤な心臓疾患という特殊の事情さえなかったならば致死の結果を生じなかったであろうと認められ、しかも、被告人が行為当時その特殊事情のあることを知らず、また、致死の結果を予見することもできなかったものとしても、その暴行がその特殊事情とあいまって致死の結果を生ぜしめたものと認められる以上、その暴行と致死の結果との間に因果関係を認める余地がある」と判示している（布団蒸し事件最判昭和四六・六・一七刑集二五―四―五六七）。心臓の専門医であれば被害者の心臓疾患を認識できる限り、当該被害者に対する当該暴行は心臓死の相当な原因といえるので、この判断を是認することができる。

これに対し、暴行を受け入院した被害者に、生体のままでは確知することのできない結核性の病巣があったため、相当の注意を払って投与されたステロイド剤の作用により、病巣が悪化し死亡したという事案において、被害者の特殊事情と相まって死亡結果を生ぜしめたとして、被告人の暴行による致死罪の成立を認めること（未知の結核病巣事件最決昭和四九・七・五刑集二八—五—一九四）は、妥当性に欠ける。本事案は、傷害致死という結果的加重犯事例であるため、その問題性を顕在化させにくいが、仮に被告人が殺意をもって当該暴行に及んでいたとした場合、当該特殊事情を見込めない被告人の暴行に対し、殺害行為という評価を下すことはできないであろう。同様に、犯行当時における当該暴行に傷害結果発生の危険を想定できなければ、傷害罪の構成要件的行為も存在しないといわなければならないはずである。さらに、この最高裁決定の論理によれば、犯行当時には未だ人類がその存在さえも知る術がなかった病原体と相まって被害者を死亡させた場合でも、被告人の暴行による致死罪は肯定されることになってしまうが、これは赤裸々な応報思想そのものではなかろうか。

(2)　次に、被告人の行為後に介在事情が介入した場合（これには、自然現象のほか、被害者の行為、被告人の行為、及び、第三者の行為の介入がある）には、行為時におけるその予測可能性の有無が問われ、これがあれば因果関係は肯定される。大審院が、殺意を持ってAの首を絞め、死んだと思って砂浜に放置したところ、砂を吸引して窒息死したという事案で、「社会生活上の普通観念に照し被告の殺害の目的を以て為したる行為とAの死との間に原因結果の関係あることを認むるを正当とすべく被告の誤認に因り死体遺棄の目的に出てたる行為は毫も前期の因果関係を遮断するものに非さる」としたのも（砂末吸引事件大判大正一二・四・三〇刑集二—三七八）、相当性の観点からは容易に是認することができる。

もっとも、介在事情の介入を予測し難いからといって、直ちに因果関係が否定されるわけではない。まず、介在事情自体が、当該結果発生に対する原因力の点で軽微なため構成要件的行為（当該構成要件が規定されるとき、念頭に置かれていた社会的に意味のある行為）の適格性に欠ければ、具体的な死因等を手掛かりに「当該結果」を規定するだけでその影響力を捨象し得るから、因果関係は肯定される[72]。次に、たとえ相当な原因力のある介在事情であっても、被告人の行為そのものが「原因力一〇〇%」と評価でき、かつ、介在事情との間に相当な因果性があって「危険の承継」が認められれば、被告人の行為の危険が介在事情を経由して完全に実現したといえるから、因果関係を肯定することは可能である。例えば、夜間潜水訓練中の指導者が、受講生を監視せずに移動したため、初心者である被害者が指導補助者の指示に従って海中移動したものの、ボンベの空気を使い果たして溺死したという事案で、被告人が受講生を「見失うに至った行為は、それ自体が、……でき死させる結果を引き起こしかねない危険性を持つものであり、被告人を見失った後の指導補助者及び被害者に適切さを欠く行動があったことは否定できないが、それは被告人の右行為から誘発されたものであって、被告人の行為と被害者の死亡との間の因果関係を肯定するに妨げない」と判示されたこと（夜間潜水訓練事件最決平成四・一二・一七刑集四六―九―六八三）も、かかる文脈においてよく理解することができる。

近時の柔道整復師事件（被告人の指示した不適切な治療方法に被害者が従い、症状が悪化しても医師の治療を受けなかったため、死亡したという事案）における最高裁決定（最決昭和六三・五・一一刑集四二―五―八〇七）や高速道路停車事件（夜明け前の高速道路上でトレーラーを停車させ、喧嘩した後に走り去ったが、トレーラー運転手が発進をもたついている間に、後続車による追突事故が発生したという事案）における最高裁決定（最決平成一六・一〇・一九刑集五八―七―六四五）も同旨といえるが、高速道路進入事件最高裁決定（最決平成一五・七・

一六刑集五七―七―九五〇）は、これとニュアンスを異にする。事案は、長時間にわたる断続的な暴行から逃げ出した被害者が、追跡から逃れるため高速道路に進入し、疾走してきた車に轢かれ死亡したというものであるが、最高裁は、被害者の高速道路進入は「それ自体極めて危険な行為である」ものの、被害者は「被告人に対し極度の恐怖感を抱き、必死に逃走を図る過程で、とっさにそのような行動を選択したものと認められ、その行動が、被告人らの暴行から逃れる方法として、著しく不自然、不相当であったとはいえ」ず、「高速道路に進入して死亡したのは、被告人らの暴行に起因するものと評価できる」として、被告人の暴行と被害者の轢死との因果関係を肯定した原判決を是認した。確かに、被害者の置かれた状況を踏まえれば、介在事情（ここでは被害者の危険行為）の予測可能性を肯定できる（従って、相当性の判断基底に入れられる）が、相当性の程度（利用可能性）に欠けるだけでなく、被告人の暴行に轢死の危険を想定することができない（従って、原因力一〇〇％が否定される）以上、本稿の立場からは否定的に解することになる。

(3) では、介在事情の介入が予測できない場合には、どのように判断されることになるのであろうか。これを解く鍵が帰属性の観点、即ち、他の原因力を圧倒的に凌駕する形で当該結果に実現したのは被告人の行為なのか介在事情なのかを、事後的に判断するというものにほかならない。

(a) このような思考過程への導入は、既に米兵ひき逃げ事件最高裁決定（最決昭和四二・一〇・二四刑集二一―八―一一一六）にみられる。即ち、自転車と衝突した被告人が、自車の屋根にはね上げられた被害者に気づかずに走行中、これに気づいた同乗者が屋根から引きずり降ろして路上に転落させたところ、被害者は死亡したが、その死因は最初の衝突によるのか走行中の転落によるのか確定できないという事案において、最高裁は、同乗者の行為は「経験上、普通、予想しえられるところではな」いとするとともに、被害者の死因がいずれの行為によるものか確定し難い場合に「被告人の前記過失行為から被害者の前記死の結果の発生することが、われわれの経験則上当然予想しえられるところであるとは到底いえない」として、因果関係を否定したが、当初の相当因果関係説によれば、むしろ結論は逆になるはずである。予測できない介在事情は判断基底に入れず、存在しなかったものとして相当性を判断するのだとすれば、自動車にはね上げられた被害者が、同乗者に引きずり降ろされなくても転落死する可能性が相当程度ある以上、被害者の死という結果を予測できるからである(73)。

これに対し、因果経過の相当性を独自に問う立場からは、予測できない介在事情の介入があればそれだけで「狭義の相当性」が否定されるが、原因となる行為が当該結果の発生に実際に及ぼした影響（寄与度）を考慮して相当性の有無を決する相当因果関係維持説からは、帰属性の観点からのアプローチと同様、「疑わしきは被告人の利益に」の原則が適用され、否定的に解されることになる。

(b)　ここにいう帰属性の観点からのアプローチとは、次の五つの類型に分けて判断することを意味する。

第一に、凌駕的競合類型（五〇プラス一〇〇型）。その意味するところは、被告人の行為により当該結果発生の危険は生じたが、これとは無関係に介在事情によって新たに当該結果発生の危険が生じ、後者の危険が主たる原因となって当該結果が発生したという場合（簡単化のため、被告人の行為の寄与度五〇%と介在事情の寄与度一〇〇%とする。以下同様）である。この類型に属する事例では、被告人の行為による因果性は、介在事情による因果性によって凌駕されたことになるから、当該結果との因果関係は否定されなければならない。かかる意味で、熊撃ち事件最高裁決定（最決昭和五三・三・二二刑集三二―二―三八一）が、被害者を熊と誤認して猟銃を発射し瀕死の重傷を負わせたものの、苦悶する被害者を早く楽にさせて逃走しようと、さらに発射して即死させたという事案で、業務上過失傷害罪と殺人罪の併合罪処理をした（従って、当初の過失行為と被害者の即死との因果関係を否定した）原判決の結論を是認したのは、正当と思われる。

しかし、最近のトランク監禁事件最高裁決定（最決平成一八・三・二七刑集六〇―三―三八二）には疑問がある。即ち、自動車のトランク内に被害者を監禁した状態で、夜間、市街地の片側一車線の路上に停車していたところ、後方から来た前方不注視の車両に追突され、被害者が死亡したという事案で、最高裁は、判断の根拠を示すことなく、「被害者の死亡原因が直接的には追突事故を起こした第三者の甚だしい過失行為にあるとしても、道路上で停車中の普通乗用自動車後部のトランク内に被害者を監禁した本件監禁行為と被害者の死亡との間の因果関係を肯定することができる」としたが、本件監禁行為による因果性が追突行為による因果性に凌駕されている以上、因果関係を肯定することはできないからである。これら二つの判例に整合性を見い出そうとすれば、介在事情が故意行為の場合は因果関係が切断され、過失行為の場合は切断されないと受け止めればよいようにも思えるが、ここには何ら理論的な根拠は存しない。仮にトランク監禁事件において、追突車両の運転手が自殺するつもりで追突していたことが後に判明したならば、因果関係は否定されることになるとすれば不可解であろう。

第二に、非凌駕的競合類型（一〇〇プラス五〇型）。凌駕的競合類型とは逆のパターンであり、被告人の暴行行為により死因が形成され、その後介入した第三者の暴行は幾分かその死期を早める影響を与えるに止まったとされる大阪南港事件が、これに当たる。本事件における最高裁は、「犯人の暴行により被害者の死因となった傷害が形成された場合には、仮にその後第三者により加えられた暴行によって死期が早められたとしても、犯人の暴行と被害者の死亡との間の因果関係を肯定することができ」ると判示した（最決平成二・一一・二〇刑集四四―八―八三七)。ここでは、被告人の行為は原因力だけでなく死因形成に対する寄与度も一〇〇%であったことが認められるから、第三者の行為に一〇〇%の原因力が備わっていたとしても、因果関係は切断されないとした結論を是認することができる。

第三に、同時的競合事例(一〇〇プラス一〇〇型)。講学上「択一的競合」と称せられるもので、被告人の行為だけでなく介在事情についても寄与度が一〇〇%であった場合である。その例としては、大阪南港事件において、第三者が被害者を射殺していたケースを考えればよいであろう。前記した通り、最高裁は「仮にその後第三者により加えられた暴行によって死期が早められたとしても」因果関係は肯定できるとしているのであるから、この場合、被告人と第三者の双方に殺人既遂罪の成立を認めるものと推察される。

これに対し、学説の中には、刑法六〇条の反対解釈(二人以上が共同して犯罪を実行したのでなければ、複数の者を正犯とすべきではない)を根拠に、一つの結果についての正犯性は原則一個と考えるべきだとして、右の帰結に反対する見解[74]もある。しかし、刑法六〇条からは、「二人以上の者が共同することなく犯罪を実行した場合には、かならずしもすべての者が正犯となるわけではない」という命題[75]も導き出せるから、その反対解釈は論理必然的なものではないし、択一的競合事例において誰も正犯たり得ないという不合理な帰結が生じる点で妥当性に欠ける。のみならず、例えば、瀕死の重傷を負った被害者の生命維持装置の取り外しが行われ、それが尊厳死として正当化されるような場合についても、被害者の死の結果に対する傷害行為の正犯性を否定すべきでない[76]とすれば、一つの結果を二つの行為に帰属させることを認めなければならない(なお、二つの行為に死という結果を帰属させたとしても、死因が二つある以上、同一の死を二重に評価したことにはならないであろう)。

第四に、必要的競合事例（五〇プラス五〇型）。これは、被告人の行為と介在事情とが重畳し合って初めて死因が形成されたような場合であり、かかる類型に属する事案についても判例は因果関係を肯定してきた。古くは、脳震盪事件大審院判決（大判昭和五・一〇・二五刑集九―七六一）を挙げることができる。事案は、被告人が被害者を殴打して重症の脳震盪を負わせたが、その後、第三者が被害者を浅瀬に投げ込んだところ、脳震盪のため反射能力が喪失していて溺死したというもので、同判決は、被告人の傷害行為は「致死なる結果の共同原因の一に外なら」ないから、「縦令其の脳震盪か未た死の直接の原因とは為らさりしとするも更に事後に於て第三者の其の被害者に与へたる暴行に因る致死の結果の発生を助成する関係ありたる以上は」傷害致死の罪責を負うとした。しかし、当該結果の発生に対し他の原因力を圧倒するだけの寄与度がない限り帰属性は認められないとする本稿の立場からは、因果関係は否定すべきことになる。

同様の問題性は、最近の治療回避事件最高裁決定（最決平成一六・二・一七刑集五八―二―一六九）にも存する。即ち、被告人は被害者に緊急手術を要する程の傷害を負わせたが、一旦は容態の安定した被害者が、医師の指示に従わず安静に努めなかったこともあって容態が急変し死亡したという事案において、最高裁は、被害者の受けた「傷害は、それ自体死亡の結果をもたらし得る身体の損傷であって、仮に被害者の死亡の結果発生までの間に……被害者が医師の指示に従わず安静に努めなかったために治療の効果が上がらなかったという事情が介在していたとしても、被告人らの暴行による傷害と被害者の死亡との間には因果関係がある」とした。これは、原因力一〇〇％の被告人の行為に内在する危険が、そのまま結果に実現したと認められることから、因果関係を肯定したものと思われるが、医師の治療により被害者の容態が安定したというのであれば、被告人の行為の原因力逓減も認められるから、当然に因果関係を肯定することに疑問を覚える。

もし被害者が安静に努めていたならば容易に治癒が見込まれるような状況であったならば、被告人の行為に被害者の治療回避を圧倒する寄与度は認められないから、因果関係は否定すべきではなかろうか。

第五に、不特定競合事例（寄与度不明型）。前記した米兵ひき逃げ事件のように、被告人の行為によって死因が形成されたのか、介在事情によって死因が形成されたのか、あるいは両者が重畳し合って死因が形成されたのか不明の場合を意味する。この類型において因果関係を肯定するような判例事案は存在しないし、今後も存在することはないものと思われる。

六　結　語

(1)　近時の因果関係論に対しては、「新たな見解が公表されるたびに混迷を深め、また、内容が拡散していくように思われ」、「その原因は、おそらく、それぞれの見解がみずから問題の核心だと考える部分にのみ焦点をあてて議論を展開してしまうために、先行する諸業績との理論的関係が十分には明確にされない、という点にある」との評価[77]がみられる。

本稿も、このもっともな評価から脱し切れずに閉じることになるが、ここで示そうとした「因果関係の判断構造」に関する基本構想を簡単に振り返っておくことにする。

(2)　一方に構成要件的行為が存在し、他方に構成要件的結果が発生している場合、この両者の連関の有無を直観的に判断することは恣意なくして不可能であるから、①因果性、②相当性、③帰属性という三つの観点から、しかもこの順序で検討する必要がある。

①　因果性とは、行為と結果との事実的連関のことであるが、結果はどこに繋がっているかと、結果から遡ってその原因となる行為を探求して行くものである。実際の犯罪現象では、行為があって結果が生じるが、因果性の認定では、結果から一つ一つ因果系列を遡り、「当該行為がなければ当該結果もない」といえるかを自然法則や経験則を用い証明することになる。かかる事実的な連関は、規範的評価の土台を形成するものとして確定されなければならず、事実的な存在から乖離した連関は、法律家の描く価値的な産物に過ぎないのである。

②　相当性とは、行為時点における当該結果発生の一般的・類型的な予測可能性のことである。因果性だけでは特定できない原因につき、構成要件の観点から、当該構成要件的行為としての適格性の有無という理論負荷的なものを課すことにより、刑罰権の対象としてよい行為か否かを選定するのである。本来、当該行為から当該結果の発生を一般的・類型的に予測せしめることができなければ、構成要件的行為の適格性に欠けるといえるが、事後に介入する介在事情を予測できる場合には、これを見込んだ原因力として評価することにより、なお当該行為に構成要件的行為としての適格性を認めることは可能と考える。しかし、その反面、介在事情の予測可能性を因果経過の相当性として捉えられてきた「狭義の相当性」の考慮は無用である。この限度では、古典的な相当因果関係説に回帰することになる（但し、新客観説でなければならない）。

③　帰属性とは、当該構成要件的行為の有する危険が当該結果に実現したということである。被告人の行為時点では予測できない介在事情が介入して結果が発生した場合、当該結果に実現したのは被告人の行為に内在する危険なのか、それとも介在事情の危険なのかは事後的に判断するほかない。その際には、五つの類型的考察を用いて判断することになる。要するに、「相当性」の内容は従前の「広義の相当性」に特化し、

ようになる。

(3) 最後に、判例法理の検証のところで加味した観点を含め、因果関係の判断構造を定式化すれば下記のようになる。

「因果性」のあることを前提にして、まず「相当性」の有無を問い、なければ直ちに因果関係は否定される。次に、相当性があれば「危険の承継」の有無を問い[78]、あれば帰属性の有無にかかわらず、因果関係は肯定される。そして、連結性がなければ「帰属性」が問われ、その有無によって因果関係の肯否が決せられる。

「狭義の相当性」を「帰属性」として再構成しただけのことである。

(1) 大谷直人「時の判例」ジュリスト九七四号(一九九一年)五九頁。
(2) 曽根威彦「相当因果関係の構造と判断方法」司法研修所論集九九号(一九九七年)二頁。
(3) 山中敬一『刑法における客観的帰属の理論』(一九九七年)一八—一九頁。
(4) 山口厚『刑法総論[第二版]』(平成一九年)六〇—六一頁。
(5) Arthur Kaufmann, Die Bedeutung hypothetischer Erfolgsursachen im Strafrecht, in Eb. Schmidt-Festschrift (1961) S.210.
(6) 田宮裕「公害犯罪と証拠法」藤木英雄編『公害犯罪と企業責任』(昭和五〇年)一三四頁。
(7) 鈴木左斗志「刑法における結果帰責判断の構造」学習院大学法学会雑誌三八巻一号(平成一四年)一四二頁。
(8) 小林憲太郎『因果関係と客観的帰属』(平成一五年)三二—三三頁。
(9) 例えば、Xの発砲した弾丸がAに命中しなかったときは、Xの隣にいたYがバズーカー砲で確実にAを殺害することになっていたとしても、現実化しなかったYの発砲とA殺害の繋がりを代替させて、Xの発砲とA

殺害との条件関係を否定してはならないのである。

(10)　髙山佳奈子「死因と因果関係」成城法学六三号（二〇〇〇年）一七九頁。

(11)　井田良『刑法総論の理論構造』（二〇〇五年）五〇頁注(6)。

(12)　町野朔『犯罪論の展開Ⅰ』（平成元年）九八頁、一一四頁、一一六頁。

(13)　成瀬幸典「条件関係について」『大野眞義先生古稀祝賀・刑事法学の潮流と展望』（二〇〇〇年）一二〇頁。

(14)　町野朔「討論の要旨」刑法雑誌二二巻一号（昭和五三年）一三八頁。

(15)　佐伯仁志「因果関係(1)」法学教室二八六号（二〇〇四年）四六頁―四八頁参照。

(16)　山口・前掲書(注4)五六頁。

(17)　歩行者事件（連邦通常裁判所一九五七・七・一一判決 BGHSt 一〇―三六九)。若い女性と規則に違反して完全に暗くなった国道の右側を歩いていた被告人は、その背後から突如時速六〇～七〇キロでオートバイが接近しその間に割り込んだため負傷したが、オートバイのライダーは頭蓋骨折と脳挫傷で数時間後に死亡したという事案において、反対方向に歩いていた場合や事故現場に立っていた場合であっても同一結果になっていたであろうから、規則違反と事故との因果関係はないという上告理由に対し、連邦通常裁判所は、事実関係の法的評価に際しては常に現実の事実または被告人の行為から出発されねばならず、他の道路側にいれば衝突がなかったことは明白だとして上告を棄却した。

(18)　町野朔『刑法総論講義案Ⅰ〔第二版〕』（一九九五年）一五九頁。なお、ここで論じられている「法が期待する性質の行為」とは、許された危険行為に帰着するように思われる。

(19)　山口厚『問題探究刑法総論』（一九九八年）一四頁。

(20)　小林・前掲書(注8)四六頁。

(21)　山口厚「コメント」山口厚ほか『理論刑法学の最前線』（二〇〇一年）三二頁。

(22) さしあたり、拙稿「刑法における『合法的行為との代替性』について」刑法雑誌三八巻二号（平成一一年）一一五頁以下参照。
(23) Welzel, Das Deutsches Strafrecht, 11. Aufl. (1969) S. 45.
(24) Engisch, Die Kausalität als Merkmal der strafrechtlichen Tatbestände (1931) S.21.
(25) 結果の帰責根拠として十分条件性を要求し、その関係を合法則的条件公式に見出す見解として、林陽一『刑法における因果関係理論』（二〇〇〇年）六九頁参照。
(26) 伊東研祐「『相当因果関係説の危機』の意味と『客観的帰属論』試論」現代刑事法四号（一九九九年）一九、二一―二二頁。
(27) シューネマン『現代刑法体系の基本問題』（中山＝浅田監訳・一九九〇年）四二頁。
(28) 平野龍一『刑法総論Ｉ』（昭和四七年）一三四頁。
(29) 髙山佳奈子「相当因果関係」山口厚編著『クローズアップ刑法総論』（二〇〇三年）一三頁。
(30) 逆にいえば、構成要件的行為が具体的な危険性を有するに至ったとき、以後「実行行為」と称すれば足りるのではなかろうか。既に構成要件的行為と未遂の成立時期を分けて考えていると思われる事例として、傷害の故意で出生前に有害なミルクを贈り、出生後それを飲んだ赤ん坊が病気になるというような離隔犯を挙げることができる。
(31) 平野・前掲書（注28）一四一頁。
(32) 平野龍一『犯罪論の諸問題（上）』（昭和五六年）四一頁。
(33) 佐伯仁志「因果関係論」山口厚ほか『理論刑法学の最前線』（二〇〇一年）一一―一二頁参照。
(34) Engisch, a. a. O., S. 46.
(35) 井上祐司『行為無価値と過失犯論』（昭和四八年）一九〇―一九一頁。

(36)　Engisch, a. a. O., S. 62f.

(37)　前田雅英『刑法の基礎総論』（一九九三年）一一〇―一一二頁。もっとも、同『刑法総論講義〔第四版〕』（二〇〇六年）一八五頁では、①実行行為の有する危険性（結果発生力）の大小（広義の相当性）、②介在事情の異常性（及び実行行為との結びつき）の大小、③介在事情の結果への寄与の大小とされ、若干の修正が見られる。

(38)　山中・前掲書（注3）八五頁。

(39)　町野・前掲書（注18）一六四―一六五頁。

(40)　佐伯・前掲論文（注33）九頁。

(41)　町野・前掲書（注18）一七三頁。

(42)　辰井聡子『因果関係論』（二〇〇六年）一一三頁以下。

(43)　辰井聡子「結果的加重犯と因果関係」『刑法判例百選Ⅰ総論〔第五版〕』（平成一五年）二一頁。

(44)　佐伯・前掲論文（注33）二〇―二一頁。

(45)　客観的帰属論の学説史については、山中・前掲書（注3）二八〇頁以下に詳しい。

(46)　Larenz, Hegels Zurechnungslehre und der Begriff der objektiven Zurechnung, (1970), S. 61.

(47)　Larenz, a. a. O., S. 68.

(48)　Larenz, a. a. O., S. 84.

(49)　Honig, Kausalität und objektive Zurechnung, in: Frank - Festgabe, Bd. I (1930) S.187f.

(50)　Roxin, Gedanken zur Problematik der Zurechnung im Strafrecht, in: Honig - Festschrift (1970), S. 135ff.

(51)　Roxin, Zum Schutzzweck der Norm bei Fahrlässigen Delikten, in: Gallas - Festschrift (1973) S. 258.〔紹介、山中敬一・龍谷法学九巻三・四号（昭和五二年）一七四頁〕。

(52) クラウス・ロクシン（山中敬一訳）「客観的帰属論」法学論集四四巻三号（平成六年）二八二頁。
(53) ロクシン（山中訳）・前掲論文(注52)二七〇頁。
(54) Roxin, Pflichtwidrigkeit und Erfolg bei fahlässigen Delikten, ZStW Bd 74 (1962) S.434.
(55) Roxin, Strafrecht Allgemeiner Teil, Bd. I, 3.Aufl. (1997), S.327, Rdn.76.［翻訳、平野龍一監修『ロクシン刑法総論第一巻』（二〇〇三年）］。
(56) Roxin, a.a.O. (55) S. 334, Rdn. 89.
(57) Roxin, a.a.O. (55) S. 334, Rdn. 89.
(58) Roxin, Zum Schutzzweck der Norm bei Fahlässigen Delikten, in: Gallas - Festschrift (1973), S.242f.［紹介、山中敬一・龍谷法学九巻三・四号（昭和五二年）一七四頁］。
(59) 山口・前掲書(注19)二九頁。
(60) 井田良『犯罪論の現在と目的的行為論』（一九九五年）九三―九五頁。
(61) 中野次雄『刑法総論概要第三版補訂版』（平成九年）三二頁注(2)。
(62) これを肯定する見解として、平野・前掲書(注32)四二頁。
(63) 井田・前掲書(注60)九五―九六頁。
(64) 山口厚『刑法総論［補訂版］』（平成一七年）六四頁。
(65) 髙山・前掲論文(注29)七頁。
(66) 町野朔「BOOKSHELF 山口厚著・刑法総論」法学教室二五七号（二〇〇二年）一〇三頁。
(67) 松宮孝明『プチゼミ⑧刑法総論』（二〇〇六年）九三頁。
(68) 山口・前掲書(注64)六五頁。
(69) 鈴木・前掲論文(注7)二五一―二五五頁。

(70)　山口・前掲書(注4)六八―六九頁。
(71)　髙山・前掲論文(注29)七―九頁。
(72)　下級審の判例ではあるが、被告人の暴行により脳死状態になった被害者から人工呼吸器が取り外されて心臓死に至った事案で、「心臓死が確実に切迫してこれを回避することが全く不可能な状態に立ち至っているのであるから、人工呼吸器の取り外し措置によって被害者の心臓死の時期が多少なりとも早められたとしても、被告人の眉間部打撲と被害者の心臓死との間の因果関係を肯定することができる」とされている（大阪地判平成五・七・九判時一四七三―一五六）。
(73)　平野・前掲書(注28)一四六頁。
(74)　髙山・前掲論文（注29）九頁。
(75)　鈴木左斗志「因果関係（下）」法学教室二六二号（二〇〇二年）七一頁注47。
(76)　佐伯・前掲論文（注33）二四頁。
(77)　鈴木左斗志「因果関係（上）」法学教室二六一号（二〇〇二年）五三頁。
(78)　「危険の承継」の有無は、広い意味では帰属性の問題ということもできるが、帰属性判断の特質である「寄与度の比較検討」をなすことなく直観的に正しい「危険の完全実現」の認定ができるという意味で、このような定式になると考えただけであり、あえて独自のものとして帰属性に位置付ける必要はないように思われる。

6

武器輸出解禁の政治過程
――ナチス・ドイツと対中国武器輸出問題　一九三三―一九三六年――

田嶋信雄

はじめに

1　問題の設定

第一次世界大戦における敗北の結果、ドイツはヴェルサイユ講和条約を受諾し、さまざまな軍事主権の制限を受け入れた。しかもヴェルサイユ条約は、たんにドイツ国内での軍備制限を規定するに留まらなかった。すなわち同条約は、その第一七〇条で、あらゆる種類の武器の輸入および輸出をドイツに禁じていたのである。(1) さらにドイツは、一九二七年七月二七日に「武器輸出入禁止法」(Gesetz über Kriegsgerät, 以下「一九二七年法」と略)を制定し、こうしたヴェルサイユ条約の一般規定を遵守する姿勢を国内法的にも示したのである。(2)

しかし、一九三三年一月に権力を掌握したナチス政権は、ドイツ各軍需会社の武器輸出を支持する姿勢を徐々に明確にし、一九三五年一一月六日には武器輸出入法(Gesetz über Aus- und Einfuhr von Kriegsgerät, 以下「一九三五年法」と略)を新たに制定して一九二七年法を撤廃することとなった。(3) これによりナチス・ドイツの下では、許可制がとられたとはいえ、武器輸出が原則的に解禁されることとなったのである。

こうした武器輸出解禁への動きの突破口は、以下に分析するように、ドイツの武器会社ラインメタル社(Rheinische Metallwaren- und Maschinenfabrik AG)の対中国武器輸出計画にあった。しかもこの問題は、複雑な利害とさまざまな対外(経済)政策構想が密接に関連するがゆえに、「第三帝国」内において少なからぬ政治過程の混乱をもたらしたのである。

本稿の課題は、以上のような観点から、ラインメタル社の対中国武器輸出問題をめぐるナチス「第三帝国」内の政府内政治過程を分析し、いかなる動因によりナチス・ドイツが対中国武器輸出を解禁したか、さらにそのことがドイツの一般的武器輸出政策――具体的には一九三五年法の公布――にいかに影響したかを明らかにすることにある。(4)

なお、その際、分析枠組としては、筆者がかつて設計した「ナチズム期ドイツ外交の分析枠組」を用いることとしたい。(5)

2　研究史および史料状況

戦間期におけるドイツの対中国武器輸出問題については、ラーテンホーフ（Udo Ratenhof）がその著書（一九八七年）の一部で概括的な考察を行っている(6)。さらにナチズム期におけるラインメタル重榴弾砲の対中国輸出問題については、イギリスの歴史家フォックス（John P. Fox）がドイツ極東政策に関する包括的な著作（一九八二年）の一部で簡単なスケッチを行っており、本稿の直接の先行研究となっている(7)。ただし、当然のことながら、これらの著作では対中国武器輸出問題のみが考察の対象とされており、ナチス・ドイツの武器輸出政策全般に話が及んでいる訳ではない。

ナチス・ドイツの武器輸出政策全般に関しては、とりわけフォルクマン（Hans-Erich Volkmann）の論文（一九八一年）(8)が今日においても重要である。さらに各論としては、クルップ（Fried. Krupp）社の武器輸出を中心としたライツ（C. M. Leitz）の論文(9)（一九九八年）が参照されるべきであろう。しかしながら、これらの論文では主としてヨーロッパ圏への武器輸出が考察の対象とされており、当時のドイツにとって最重要の武器輸出国であった中国への言及は、残念ながら極めてわずかである。しかもこうしたヨーロッパ中心主義的なアプローチは、いくつかの事実認識上の誤りを生み出す原因ともなっている。

ナチス政権成立後におけるラインメタル社の対中国武器輸出問題に関する文書史料は、ドイツ外務省外交史料館（ベルリン）の中の中国関係文書の中に見出されるほか(10)、刊行ドイツ外交文書集にもその主要な文書が収録されており(11)、刊行内閣官房文書集にも若干の関連文書を見出すことができる(12)。さらに、ドイツ連邦軍事文書館（フライブルク）に所蔵されている国防省国防経済幕僚部文書(13)、在華ドイツ軍事顧問団文書(14)の中にも関係文書が見出される(15)。

3　政治的利害関係の配置

対中国武器輸出問題に関わるドイツ政府内部の主要なアクターとして措定すべきは、外務省、財務省、経済省、国防省および首相ヒトラーの五者である。そこで、本論での分析の前に、その前提として、一九三三年におけるこの五者の政治的利害関係の配置について概括的に述べておきたい。

外務省、財務省の二者は、ヴァイマール共和制末期からヒトラー政権初期にかけて、基本的には工業界の支持を背景としつつ、自由貿易主義に基づく輸出志向の通商政策を展開していた。当時、ユンカーを始めとする農業利益を代表していたフーゲンベルク（Alfred Hugenberg, 国家人民党党首、ヒトラー政権成立時の農業相兼経済相）は、外国からの農産物輸入に対する自主（高率）関税の設定および輸入割当制（Einfuhrkontingent）の導入等の要求を掲げてドイツ経済のアウタルキー化を志向していたが、これに対し伝統的保守派官僚である外務大臣ノイラート（Constantin Freiherr von Neurath）および財務大臣クロージク（Lutz Graf Schwerin von Krosigk）は、農産物輸出国との協調による関税の引き下げを求め、フーゲンベルクと激しく政策的に対立していたのである。

こうしたヒトラー政権初期の対立は、一九三三年六月—七月のロンドン世界経済会議で決着がつけられた。すなわち、会議の席で唐突に「アウタルキー演説」を行ったフーゲンベルクは、国際的にも閣内においても孤立し、辞任せざるを得なかったのである。フーゲンベルクの後任となったのは、アリアンツ（Allianz）保険会社社長でベルリン商工会議所副会長でもあったシュミット（Kurt Schmidt）であった。かつて経済省内部では、関税・通商局長ポッセ（Hans Ernst Posse）がフーゲンベルクと対立しつつ自由貿易主義的な政策の保累を堅持していたが、フーゲンベルク辞職後、経済省は新大臣シュミットおよび次官に昇任したポッセの下で、国内産業の保護育成および輸出の促進という「本来の」政策に回帰していくこととなる(16)。

輸出促進という点では、国防省も同様の立場をとっていた。当時のドイツは深刻な外国為替不足に起因する外国からの原料・食糧輸入の困難に直面していた。このため、ドイツ国防省は、軍拡に必要な原料資源の輸入を確保するためにも、武器を含むドイツ工業製品の輸出促進に死活的な利害を有していたのである。その際、ドイツ国防省がとくに貿易促進を求めていた相手国はソ連であったが、ヒトラー政権下での対ソ貿易再建の困難性を見越し、国防省はその代替として、中国の市場に並々ならぬ関心を注いでいたのである(17)。

こうしてナチス政権初期には、外務省、財務省、経済省、国防省が、ドイツ工業製品の輸出促進政策という「総論」で基本的には轡を並べることとなる。

しかしながら、問題を武器輸出という「各論」に限定すると、この四者の間で大きな温度差が存在した。それは基本的には、国際政治の動向に配慮せざるを得ない外務省と、なによりも自国の軍拡を最優先する国防省の対立であった。

外務省の行動を拘束した要因は、第一に、一般的には、いうまでもなくヴェルサイユ講和条約の軍事主権制限、とりわけ武器輸出禁止規定であった。外務省は、立場上、なによりもヴェルサイユ条約違反を口実とした英仏など西側列強からの政治的・外交的圧力の回避を優先課題とせざるを得なかったのである。さらに第二に、中国への武器輸出についていえば、外務省は、以上のようなヴェルサイユ条約への一般的な配慮に加え、極東国際関係に特有の諸条件をも勘案せざるを得なかった。その諸条件については本論で詳細に分析するが、概括的にいえば、二つの大きな条件が存在した。一つは中国の潜在的な分裂状態であり、二つには、一九三一年九月一八日の柳条湖事件に端を発する日中間の政治的・外交的・軍事的対立である。こうした観点から、外務省は、対中国武器輸出に非常に慎重な姿勢を維持したのである。

これに対しドイツ国防省は、中国への武器輸出をもっとも強く主張する官庁であった。何よりも中国は、ドイツ軍需産業にとって非常に魅力のある武器市場であった。そもそもドイツ軍需産業は、一九二〇年代、ヴェルサイユ条約の禁止規定にもかかわらず、第三国などを通じて対中国武器輸出を継続しており、中国においてドイツは、つねに一、二を争う重要な武器輸出国としての地位を占めていたのである。しかも中国は、食糧や鉱業原料、とりわけ当時の非常に重要な戦略的軍事物資であったタングステンなどのレアメタルを大量に輸出しうる能力を有していた。ドイツ国防省にとって中国は、きわめて魅力ある武器貿易のパートナーだったといえよう。

最後に、ヒトラーは、対中国武器輸出問題では首尾一貫した政治指導を行わなかった。たしかにフーゲンベルクと外務省・財務省との対立の中でヒトラーは、「対外政策上の利害は国内経済の利害よりも優先する」と述べ、ノイラート外相らの議論に表面上賛成していた。[18] しかしそれは当時のヒトラーの「国際協調」的な路線の確固たる表明というよりは、むしろ彼の思考の中で一種の強迫観念としてある「外交政策の優位」という一般原則を吐露したものに過ぎなかったと思われる。さらに、そもそもヒトラーは、『我が闘争』でもいわゆる『第二の書』でも、中国に対してほとんど外交政策的な関心を向けていなかった。[19] こうした事情から、対中国武器輸出問題に対するヒトラーの見解は、その時々の「対外政策上の利害」に関する彼の主観的かつアドホックな判断に左右されることとなる。

一　中国の武器需要とドイツ各社の対中国武器輸出競争

1　宋子文の訪欧とラインメタルへの帝国欠損保障付与問題

一九三一年九月一八日の柳条湖事件に端を発する「満洲事変」は、一九三三年五月三一日の塘沽停戦協定で一応の終止符が打たれた。日本の侵略行動に対し有効な軍事的抵抗を行うことができず、国際的な支援を得ることにも失敗した中国国民政府は、その後「安内攘外」路線を再確認しつつ、政治的・軍事的には共産党への攻撃に勢力を集中し、他方で経済力・軍事力の着実な充実を図る路線に転換していくこととなった。[20]

一九三三年初夏、中国国民政府財政部長宋子文はロンドン世界経済会議に出席のため、当時滞在中であったアメリカ合衆国からイギリスに渡った。[21] 七月下旬に宋子文はさらにドイツを訪問、ヒトラーに面会を求めたが果たせず、その後太平洋を渡ってふたたびアメリカ合衆国へと向かった。

宋子文訪独の隠れた目的は、ドイツ製武器を大量に買い付けるため、ドイツ軍需産業の各社と接触することにあった。たとえば宋子文は、一千万ライヒスマルクの予算で機関銃を購入したいという希望をラインメタル社に伝えたのである。供給期間は三年、支払い期間は六年との条件であった。[22] さらに宋子文は、クルップ社にも五億ライヒスマルクおよび二六〇〇万ドルにのぼる予算で武器工場を中国に建設するプロジェクトについて打診していたのである。[23]

こうした中国国民政府の商談を受けたラインメタル社は、内部での検討の結果、リスクを回避するため、当時ドイツ政府が行っていた輸出奨励策の一つである「帝国欠損保障（Reichsausfallsbürgschaft）」を申請することとした[24]。さらにラインメタル社はドイツ国防省にも計画について打診したが、それに対し国防省は「国防政策的な理由」から、対中国武器輸出の実現に「大きな関心」を示したのである[25]。

しかしながら、ラインメタル社による帝国欠損保障申請の計画を察知したドイツ外務省は、いくつかの点で反対せざるを得なかった。第一に、「北伐」の終了および国民政府の統一後もなお継続している中国の内戦的な状態のもとでは、この計画へのドイツ政府の公的な支援は、中国内の一当事者への一方的な政治的肩入れを意味すると判断された。第二に、「満洲事変」以降日中関係が緊張している中で中国と武器取引を行うことは、対日政策の観点からも「遺憾なきにあらず」とされた。こうした観点から外務省は、六月下旬、ただちに関係各省庁の会議を招集し、「帝国欠損保障の付与に基づく軍事物資の対外輸出は、今日においてもなお許可されるべきではない」との意見で関係各省庁からの同意を得たのである[26]。

六月三〇日、ラインメタル社のエルツェ（Hans Eltze）とパープスト（Waldemar Papst）の二名が外務省第四部（東欧、スカンディナーヴィア、東アジア管轄）のミヒェルゼン（Erich Michelsen）部長代理を訪れ、同社の対中国機関銃輸出計画を伝えた。これに対しミヒェルゼンは、上述した外務省の立場および関係各省庁会議での合意を伝え、ラインメタル社の計画への支援を拒否したのである[27]。

ラインメタルはもちろん諦めなかった。彼らはつぎにドイツ経済省を訪問し、経済次官フェーダー（Gottfried Feder）に救いを求めたのである。この席でラインメタル社側とフェーダーは、ラインメタルが武器を「半製品」としてラインメタルのスイス支社であるゾーロターン（Solothurn）兵器製作所に販売し、ゾーロターンがそれを中国に輸出するという「抜け道」を見出したのである。帝国欠損保障はゾーロターンと中国国民政府との取引にではなく、ゾーロターンからラインメタルに支払われるべき約束手形に対して申請することとされた。[28]

七月六日、こうした新たな「抜け道」案を携えてパープストがふたたびドイツ外務省を訪れたとき、ミヒェルゼンはパープストに対し、一応「上司に決定を求めるつもりである」と約束したのである。しかしながらミヒェルゼンは、会談後、「この方法でもうまくいかないだろう」と判断せざるを得なかった。「現在のドイツ経済の困難な状況を考えれば、ドイツ工業界と商社が中国への武器輸出のため努力していることは良く理解できる」し、「それはたしかに一定程度国防経済上の利益に合致する」であろう。しかしながら、「中国側の買い手が誰であれ、中国における武器輸出取引は一般的に悪評」であり、「過去においても繰り返し政治的・経済的な困難をもたらしてきた」。ドイツ政府はこうした事業に対し明白に距離を置いてきたから、ドイツの民間会社が公的な支援を求めてきた場合でも「きっぱりと拒否」することができた。しかし、もしラインメタル事業でこうした立場を放棄すれば、情報が漏洩する可能性が高い。そうなれば、「政治的な紛糾」を覚悟しなければならないだけではなく、ドイツの別の軍需会社がこの例を引き合いに出しつつ、中国への武器輸出に帝国欠損保障の付与を求めてくる可能性もある。こうした考えからミヒェルゼンは、ラインメタルの申請を却下するよう外務次官代理ケプケ（Gerhard Köpke）に提案したのである。[29]

以上のようなミヒェルゼンの覚書に対しケプケは、一〇日後の七月一五日、「了解」とのサインを記し、外務省の基本的な立場が確定したのである。[30]

2　ドイツ各社の対中国武器輸出の進展

以上のようにドイツ外務省は中国への武器輸出に対する帝国欠損保障の付与を拒否したが、しかしその立場はドイツ各軍需会社の中国への武器輸出一般を拒否するものではなかったことに注意されなければならない。実際、ドイツ外務省は、「武器輸出入禁止法」（一九二七年法）の存在にもかかわらず、ドイツ各軍需会社の個別的な対中国武器輸出を黙認ないし場合によっては暗に支援する姿勢を取り始めていたのである。

たとえば、前述のように宋子文はクルップ社にも武器工場建設計画を打診していたが、それに対するドイツ外務省の態度は、必ずしも否定的なものではなかったのである。一九三三年九月二七日、クルップ社のクルップ・フォン・ボーレン（Gustav Georg Friedrich Krupp von Bohlen und Halbach）が外務省を訪問し、先に述べた宋子文の計画に関してビューロ（Bernhard W. von Bülow）外務次官と協議したが、その際ビューロは「日本の不快はもちろん考慮すべきだが、英米伊蘭その他の国も中国で活動しており、ドイツだけが孤立しているわけではない」、したがって「リスクは分散されており、日本が抵抗したり抗議を行ったりしても、静かに聞き流すことができるだろう」との立場を表明したのである。ビューロによれば、むしろ心配なのは「中国内政の急激な変動の可能性から派生する経済領域でのリスク」なのであった。こうした考慮からビューロは対中国武器貿易に関し、つぎのような準則を提示したのである。⑴個別の計画について、個別に交渉すること、⑵個々の計画の規模を限定すること、⑶交渉に当たっては安全確保の必要性について配慮すること。[31]そのうえでビューロは、将来クルップと中国政府が何らかの契約を締結する場合には、与信問題および為替問題のため、ドイツ政府も関与せざるを得ないだろうと述べていた。[32]

こうしてドイツ外務省は、対中国武器貿易問題に関しては、ドイツ政府が帝国欠損保障その他の形で公的に支援しない限り国際政治上問題はなく、個々の企業の経済的リスクを回避するためにはドイツ政府も与信上および為替問題上の協力を惜しまない、との姿勢を示したのである。

さて、すでに見たようにラインメタル社は外務省により帝国欠損保障の付与を拒否されていたため、同社はさしあたり帝国欠損保障抜きの民間ベースで中国への武器輸出を進めることとなった。しかもこのラインメタルの計画は、ドイツ国防省の支援を得ていたのである。三三年一一月一五日、国防省軍務局兵器部のグラール（de Grahl）参事官が外務省を訪問し、ラインメタルの対中武器輸出事業について説明した。それによればラインメタルは、ゾーロターンを通じて、(1)七五ミリ軽野戦砲、(2)軽榴弾砲、(3)三七ミリ対戦車砲、(4)一五センチ重榴弾砲を中国に輸出する計画であった。そのため一二月に南京で当該兵器のトライアルが開催される予定である。グラールによれば「こうした兵器に対する中国中央政府の関心はおそらくここ数年かなり大きなものとなる見込み」であり、他方「各国外交代表部に支援された他国企業との競争も非常に厳しい」。こうした判断からグラールは、中国駐在ドイツ外交官を通じて中国中央政府に働きかけ、ラインメタルの当該兵器は優秀であり、ドイツ国防軍の推薦を得ている旨を伝えて欲しいと要望したのである[33]。

外務省はこれを受け、一一月一七日、グラールの覚書を北京駐在ドイツ公使館に転送し、国防省の評価を「内密に口頭で」中国中央政府に伝えることに異存はない、との立場を伝えた[34]。一二月下旬、北京駐在ドイツ公使トラウトマン（Oskar Trautmann）は汪兆銘と会談し、ゾーロターンが大砲の試射を行うこと、ゾーロターンの兵器にはドイツ国防省の推薦があることを述べたのである[35]。さらに公使館参事官フィッシャー（Martin Fischer）も中国政府軍政部次長陳儀と会談し、ゾーロターンの事業にはドイツ国防省の推薦があることを伝えた。これに対し陳儀は、「その推薦は価値がある」との好意的態度を示した[36]。こうした中国での動きはベルリンにおいて外務省から国防省に報告された[37]。

3　国防省の対中国武器輸出強化論と外務省の慎重論

しかしながら国防省はこうした経緯に満足したわけではなく、逆に、帝国欠損保障を拒否する外務省の立場に反発を強めていた。一九三四年四月一六日、国防省軍務局兵器部のリーゼ（Kurt Liese）部長は、「外国為替状況に規定された原料問題と、それに関連するドイツ軍需産業の対外事業」について詳細に記した覚書を起草し、国防省の立場を鮮明にしたのである。リーゼはまず当時のドイツの原料状況に関しつぎのような認識を提示する。「原料状況の悪化により在庫が減少し、原料状況は日々悪化の一途をたどり、軍拡状況にとって非常に憂慮すべき事態となっている」。この状況の改善のため、リーゼが戦略的に重要と考えたドイツ軍需産業の在外事業の第一の対象はソ連であった。しかしリーゼは、ナチス政権下における独ソ関係の全面的再建の困難性を前提として、さらに中国に対して関心の対象を拡大し、つぎのように述べる。

広東〔陳済棠率いる広東地方政府〕における武器工場建設の目的意識的な進展に刺激されて、[38] 南京中央政府も今日軍備拡張の推進を欲しているかに見える。ドイツ製武器と武器製造機器への関心は大きく、当然にも一定の期待が持たれている。したがって、ドイツの側でも、帝国欠損保障、輸出奨励金その他の手段を用いて軍需会社に便宜を与え、そうした事業を通じて外国為替を獲得することが望ましい。外務大臣と経済大臣の関心をとくに中国事業に向けさせることが必要であり、また、中国においてドイツ産業を統一的に擁護することが望ましい。……あらゆる手段を通じて軍需産業の外国事業を促進することが緊急に求められている。

兵器部長リーゼは、こうした立場から、対中国武器輸出事業に帝国欠損保障の付与を拒否する外務省をつぎつぎのように痛烈に批判したのである。

ヴェルサイユ条約や武器輸出入禁止法〔一九二七年法〕をたてに取ってドイツ軍需産業の輸出事業をサボタージュないし妨害するような省庁がわが国にあってはならない[39]。

この間、こうした国防省兵器部の支援もあり、ラインメタル＝ゾーロターンの対中国武器輸出事業は着々と進展していた。ゾーロターンは、五年間の信用払いで約二千万マルクにのぼる大砲を中国軍に売却する計画を進めていたのである[40]。

しかしながら、外務省は相変わらず中国に対する大規模な武器輸出ないし武器工場の建設には否定的な考えを維持していた。それはとりわけ極東政策業務に直接関わる「現場の人間」に顕著であった。たとえば三四年四月二一日、ゾーロターン社の中国代表者が駐華公使トラウトマンを訪ねて同社の中国事業を説明し、スウェーデンの武器会社ボフォース（Bofers）社の代理店カルロヴィッツ（Carlowitz）社やシュナイダー（Schneider-Creusot）社の代理店クンスト＆アルバース（Kunst und Albers）社、さらにはアームストロング（Armstrong）社やシュコダ（Skoda）社も国民政府の事業に関心を持っているので、「司令官〔蔣介石〕」と財政部長〔宋子文〕に契約締結を積極的に働きかけて欲しい」と要望した時、トラウトマン公使は、以下のように述べてこれを拒否したのである。「事業の内容から見てもそのような契約を締結することはまったく誤りだし、さらに政治的に見ても、日本の脅威を考えれば、武器取引を支援しないというわが国の以前からの政策を維持すべきである[41]」。さらにこうしたトラウトマンの判断を受けて外務次官ビューロも、四月二七日、以下のようにトラウトマンに訓令を送ったのである。「貴官の判断を支持する。以前と同様、純粋な武器取

引では積極的な関与を避けられたし。ただし、ゾーロターンのプロジェクトへの明示的な反対は控えられたし」。(42)

二　ラインメタル重榴弾砲輸出事業と帝国欠損保障付与問題

1　重榴弾砲輸出をめぐる各社の競争激化

しかしこの間もラインメタル＝ゾーロターンの事業は進展していた。一九三四年五月一七日にゾーロターンの代表はつぎのようにトラウトマンに報告したのである。

(1)蔣介石は以下のように決定した。南京政府の軍当局は将来ドイツ製武器のみを購入すべきであり、在華ドイツ軍事顧問団長ゼークト（Hans von Seeckt）と兪大維〔国民政府軍政部兵工署長〕が購入すべき個々の武器の種類と数量を判断する。(2)ドイツ国防省が暫定的に一五センチ重榴弾砲二四門と砲弾一千発ずつを総額九百万ライヒスマルクで放出し、それを中国政府が購入する。(3)支払い条件は以下。総額を為替手形で支払う。四年の借款。契約締結時から割賦弁済。未償還額には七パーセントの利子。支払い条件の改善に向け現在交渉中。(4)一五センチ砲以外の大砲の購入については秋にファルケンハウゼン〔Alexander von Falkenhausen, ドイツ軍事顧問、一九三五年–三八年　軍事顧問団長〕による検討後に決定。(5)現在の事業の見込みは依然として良好。

加えてゾーロターンの代表者は、トラウトマンに対し、「競争が激しい」ので、「完全な秘密保持を厳重に要請」したのである。(43)

中国武器市場をめぐる競争は、もちろんたしかに激しいものであった。たとえばこの間、クルップ社と連合を組んだスウェーデンの武器会社ボフォースは、ドイツの在中国商社カルロヴィッツ社を通じて国民政府財政部長孔祥熙に食い込み、やはり一五センチ重榴弾砲の販売を策していたからである。上海総領事クリーベル（Hermann Kriebel）、ファルケンハウゼン、ゾーロターン代表者の間での三者協議によれば、孔祥熙は、「ドイツは内政的・外交的な制約により武器供給契約を締結することができない」との理由から、ラインメタルではなく、ボフォースの採用に傾いていたといわれる。さらにカルロヴィッツ＝ボフォースは、孔祥熙だけではなく蔣介石の関心を惹くことにも成功し、蔣介石は購入契約にサインする直前とまでいわれた(44)。

一方ラインメタルの側も諦めるそぶりをまったく見せなかった。その間ゾーロターンの中国代表者は、国民政府軍政部兵工署長兪大維と手を結び、ボフォースへの注文を押し戻し、国民政府との交渉を再開することに成功したといわれる(45)。

このようなドイツ企業二社の競争は、中国駐在ドイツ公使トラウトマンにとって憂慮すべきものと映った。トラウトマンによれば、クルップとラインメタルの競争は「販売条件の引き下げ合戦」を引き起こし、「ドイツの中国における事業全般を損ねる事態にまで立ち至っている」というのである。

こうした状況を前にして、クルップ＝ボフォースはドイツ国防省に両者の仲介を求めたのである。クルップ＝ボフォースによれば、以下のような条件が認められれば「クルップ＝ボフォースは重榴弾砲の事業から手を引く」というのであった。⑴クルップの軍用車両による中国砲兵隊の自動車化、⑵軽榴弾砲、⑶七、五センチ山砲および対空砲におけるクルップ＝ボフォースの現状維持、⑷中国における他の大規模工業事業におけるクルップ＝カルロヴィッツの優遇(46)。この提案はトラウトマンによって支持され、ただちにベルリンのドイツ外務省に送られた。外務省第四部のマイアー（Richard Meyer）部長はこれに賛成のコメントを付して国防省に転送したのである。(47)

2　ラインメタルの勝利と帝国欠損保障問題の再燃

しかしこの間中国ではラインメタルが中国国民政府の受注を取り付けることに成功していた。国民政府軍政部兵工署長兪大維は、ベルリン駐在中国公使館商務書記官（参賛）譚伯羽を通じてドイツ国防省軍務局兵器部長リーゼに対し、一九三四年九月一一日、ラインメタルと契約を締結するという中国国民政府の決定を正式に伝えたのである。(48) それは、八百万ライヒスマルクの予算でラインメタルの一五センチ重榴弾砲を購入するというものであった。兪大維はその際、「さまざまなサイドから提案がなされており、決定を下すのは非常に困難であった」と述べ、競争が激烈であったことを示唆していた。(49)

ドイツ国防省は、「雇用創出」と「為替管理」という二つの観点からラインメタルの契約成立を歓迎した。国防省によれば、ボフォースはクルップと提携関係にあるが、現状では外国企業と見なさなければならず、「ラインメタル社と同様に扱うことはできない」のであった。ただし、国防省兵器部としては、ラインメタルの契約が成立したあとにラインメタル、ボフォース、クルップの間で協議を行うことには「世界経済の上から」賛成する立場を取ったのである。しかしその際にも、「原料問題およびそれに関連するバーター貿易の問題、ドイツ国内における発注およびそれに関連する各工場の生産能力の問題」の観点から、国防省が「最終的決定権を留保する」という姿勢を打ち出した。(50)

それはともかく、ラインメタル社は、中国国民政府との合意を受け、前年秋と同じく、一五センチ重榴弾砲二四門および二万四千発の砲弾を中国に輸出するための帝国欠損保障を申請することとし、三四年九月二〇日、申請書を担当機関である政府系のドイツ監査信託会社（Deutsche Revisions- und Treuhand-Aktiengesellschaft AG）に提出したのである。(51)

このラインメタルの申請を受けて、ただちに九月二六日、ドイツ監査信託会社において、対応策をめぐる会議が開催され、外務省、国防省、経済省、ライヒスバンク、ラインメタルなどの代表者が出席した。しかしそこでは主として経過報告と情報交換のみが行われたようであり、この件に関し、外務省はさしあたり態度を留保したのである。(52)

案件を持ち帰った外務省第四部のエールトマンスドルフ（Otto von Erdmannsdorff）参事官は、早速同日、外務省の基本的な方針案の作成に取りかかり、以下のような覚書を起草して外務省の考えを要約した。

彼はまず「政治的な理由」としてつぎのように述べる。たしかにラインメタルの輸出は対外的にはゾーロターン兵器製作所の契約としてカモフラージュされているが、「ゾーロターンは一五センチ重榴弾砲を製造する能力がない」といわれているのであるから、「実際にはドイツから輸出されていることは秘密にしておくことはできない」。契約がヴェルサイユ条約や武器輸出入禁止法（一九二七年法）に抵触することはここでは措くとしても、帝国欠損保障を付与すれば、それは対中国事業にドイツ政府が関与することを意味しよう。「日本は例の今年四月一七日の声明（「天羽声明」）に基づきおそらく抗議してくるであろうが、そうなると厄介なことになるだろう」。さらに、中国の内政の観点から見ても武器輸出には問題がある。たとえ法的には正統な中央政府への供給だとしても、ふたたび内戦が勃発したあかつきには、中央政府の敵たちから敵対的な行為と見なされ、ボイコット運動などを誘発することになるだろう。

第二に、エールトマンスドルフによれば、ラインメタル事業は経済的および金融的にも「大きなリスク」を抱えていた。担保は何もない。中国では中央銀行は政府の機関であるから、「中央銀行の保証があっても、それは財政部長の署名以上の意味はない」。支払期間は五年以上とされているようであるが、「政府内の方針転換」の可能性も考慮に入れなければならない。もし現在の中央政府に代わって新しい政府が樹立されれば、旧政府の支払い義務を承認しないかもしれない。

以上のような考察からエールトマンスドルフは、ラインメタルの対中国重榴弾砲輸出事業に帝国欠損保障を付与することを拒否するよう提案したのである(53)。九月三〇日、外務次官代理ケプケは、このエールトマンスドルフ覚書を承認した(54)。

以上のような省内議論ののち、外務省は国防省、経済省、財務省、ライヒスバンクなど関係各省庁への働きかけを行うこととなった。まず、外務省第二部のフローヴァイン（Albert Eduard Frohwein）参事官（軍縮・軍事問題担当）は、一〇月三日、国防省軍務局のベックマン（Herbert von Böckmann）外国部長に面会し、ラインメタルへの帝国欠損保障に反対する外務省の立場を伝えたのである。ただしその時フローヴァインは、念のため、「外務省の反対は事業自身ではなく、帝国欠損保障の付与に向けられている」と付け加えていたのである(55)。

さらに外務省経済特別部（Sonderreferat W, 経済交渉、経済・賠償問題担当）のウルリヒ（Robert Ulrich）参事官（対外経済問題・財政問題・輸出促進政策担当）は、二日後の一〇月五日、経済省にも働きかけを行った。彼はエールトマンスドルフの草案をほぼ原案通り経済省のケーラー（Wilhelm Köhler）上級参事官に送付し、つぎのように述べたのである。「外務省は、政治的な懸念からも商業的な懸念からも、当該事業に帝国欠損保障を付与することに反対の意見を表明せざるを得ない」[56]。

ライヒスバンクには外務省第四部のフォス（Hans Georg Voss）参事官（極東経済問題担当）が働きかけを行った。彼は翌一〇月六日、ライヒスバンクのブレッシング（Karl Blessing）理事（外債問題担当）を訪問し、右のエールトマンスドルフ覚書に沿った外務省の反対論を述べたのである。それに加えてフォスは、以下のような「政治的反対意見」を新たに付け加えた。

当該重火器はかつて中国が所有したことのないものでる。たとえば上海事変では、それを唯一所有していた日本軍が中国軍に対して決定的な優位を得たという事情がある。したがって、それが中国に輸出されると、日本にとっては非常に痛いところを突かれることになる。……中国における日本の立場は非常に強力であり、もしわが国が日本の受忍限度を超えるようなことをすれば、日本は南京におけるドイツ軍事顧問団の活動や中国におけるわが国の一般的な活動に困難をもたらすことができる。国際政治的に見ても、またわが国の中国での活動の観点から見ても、わが国は日本との友好関係に依存している。それに加えてわが国は日本に対し出超であり、この理由からも日本は友好的に扱わなければならない。

つぎにフォスはいくつかの「経済的反対理由」をつけ加えた。

今まで武器貿易は現金で行われおり、実際この分野は支払いが遅滞なく行われてきた唯一の大きな分野であった。ドイツ企業にとって武器貿易は世界経済危機の時代に非常に大きな支えとなった。中国の権力者たちは武器を必要とし、そのための現金を必要としていた。しかるにクレジットで輸出すれば、武器を求める中国側の強い欲望が刺激され、将来武器を購入する際にもつねに支払猶予を要求する恐れがある。……もしわが国が南京政府にクレジットで武器を供給していることがわかれば、中国の他の権力者たちも同様のクレジットを要求するだろう。

しかし最後にフォスは、意外にもつぎのような腰の引けた面を垣間見せたのである。「しかしこうした反対意見にもかかわらず、経済大臣〔Hjalmar Schacht, 一九三四年八月にシュミットに代わり就任〕が自らの立場を固持したいと考えるなら、外務省はこれ以上とやかく言うつもりはない」(57)。外務省は、もはやヴェルサイユ条約や武器輸出入禁止法（一九二七年法）を根拠に武器輸出一般に反対することが不可能な状況に追い込まれていたのである。

3　ラインメタルのトルコ事業およびギリシア事業とドイツ外務省の後退

しかしながら、以上のような原則的な立場にもかかわらず、外務省の議論には決定的な弱点が存在していた。外務省は、同じ時期にラインメタル社によって進められていた中国以外の国、具体的にはギリシアおよびトルコに向けられた武器輸出事業に対し、主として経済的な理由から、それを容認する姿勢を示していたのである。

問題の発端はラインメタル社の対ギリシア武器輸出問題であった。一九三四年二月二八日、ラインメタルのパープストが外務省のフローヴァインを訪れ、ギリシアに対して総額四百-五百万ライヒスマルクで高射砲一四門を輸出するという計画を報告した。パープストによれば、交渉終了まではあと一年程度かかる見込みであった。さしあたりゾーロターンからの輸出を考えているが、法的に可能と判断された場合にはラインメタルから直接輸出することもありうるというのであった。しかもこの計画はすでに国防省の了解を得ているとされた。パープストはフローヴァインに「わが社がギリシア事業に関わることに外交政策上の反対意見は存在するか」と尋ねたのである。

こうしたラインメタルの問い合わせに対する外務省の内部的検討において、軍縮・軍事問題担当のフローヴァイン参事官はつぎのような意見を提出した。

近年における同種の事例において外務省は、軍縮交渉の現段階を踏まえれば、そのような武器輸出契約の締結に反対し得ないとの立場を取ってきた。われわれの力点はむしろ、そのような契約をできるだけ秘密に締結すること、しかも武器は目立たぬように輸出するべきことに置かれてきた。このラインメタルのケースでは、一年経たなければ契約が実行されないというし、さしあたりゾーロターンを経由した隠蔽が行われるというのであるから、軍備制限の観点からは反対する理由はほとんど存在しない。

以上から、フローヴァインは、つぎのように述べた。もしドイツ＝ギリシア二国間関係の観点からの反対理由が存在しないというのであれば、外務省はラインメタルに対し、ギリシア事業に反対する理由はないと伝えてもよいであろう、と。(58)

この問題に関する外務省内の議論では、第二部のブッセ（Arthur Busse）参事官（ルーマニア担当）が、「バルカン協商の一員かつブルガリアの敵国」であるギリシアへの武器輸出に反対する意見を表明したが、それ以外の担当者は全員が「ドイツ軍需産業の利益」の観点からラインメタルの事業に賛成した。さらに外務次官ビューロも三月六日に賛意を表明し、武器輸出事業の一般的な原則として以下のように記したのである。

私の考えでは、友好国のみに武器を輸出するのは誤りである。そうすればわが国はますます疑われるだけである。しかるべき隠蔽工作を暫定的に行うならば、〔ギリシアのような〕旧敵国への武器輸出は非常に魅力的であろう。さらに、「支払い能力があれば誰にでも武器を輸出する」という、あらゆる健全な軍需産業にとっての基本原則を考慮しなければならないだろう。

このような省内議論を踏まえた上で、三月六日、フローヴァインはパープストに電話で連絡し、ヴェルサイユ条約一七〇条および武器輸出入禁止法はたしかに「今なお形式的には効力を有する」が、にもかかわらず「しかるべき配慮さえあれば、外務省はラインメタルのギリシア事業に反対しない」と伝えたのである。(59)しかもこの外務省の了解に力を得たラインメタルは、その後も引き続き交渉を継続し、七千五百万―一億ライヒスマルク規模の契約を締結することでギリシア軍部との合意に達したのである。(60)ラインメタルはその上で、六月二五日、今度はギリシア事業に帝国欠損保障を申請したいとの希望を外務省に伝えてきた。(61)このラインメタルの提起により、外務省は、ドイツ政府として、帝国欠損保障を通じて外国への武器輸出に公式に関わるべきか否かの基本的な決断を迫られることとなったのである。

これに対し外務省経済特別部は、武器輸出を一般的に禁止する代わりの方策として、新しい歯止めを提案した。それは、経済界からの代表を含めた関係各省庁委員会を設置し、そこにおいて武器輸出の可否および可とされた場合の輸出形態を審議させる方式であった。当該委員会で武器輸出事業が認可された場合は、政府系の信用機関ヘルメス社（Hermes-AG）と当該武器輸出企業との間で欠損保障契約を締結する、という手続きが考えられた。その際、武器の発注国にはヘルメスによる帝国欠損保障の付与を秘密にしておくことが前提とされたのである。(62)

軍縮・軍事問題担当のフローヴァイン参事官は、このような方法をとっても、関係者の枠が大きいだけに、秘密漏洩により帝国欠損保障付与の事実が公になる危険性があるとの危惧を抱いた。にもかかわらず彼は、七千五百万―一億ライヒスマルクの輸出という「当該事業の経済的重要性の大きさ」を考慮すれば、ヴェルサイユ条約と武器輸出入禁止法を根拠にして存在している外交政策上の反対意見を撤回し、「外務省が帝国欠損保障の付与に同意することに賛成したい」と主張した。もちろんその際、関係各省庁委員会の参加者およびヘルメス社、ラインメタル社には「最大限の秘密保持」を強く要求することとされたのである。(63)

このフローヴァインの提案に対し、外務省首脳はつぎのように書き込んでいた。「私ならばこの事業を進める。七千五百万―一億ライヒスマルクは馬鹿にならない。それに比べれば危険要因はあまり大きくない。ケプケ」。「了解。七月二七日、ビューロ」。こうして外務省は、ギリシア事業の経済的規模の大きさを理由として、武器輸出に対する帝国欠損保障付与に対し、原則として容認する立場に転じたのである。

さらに、同じころ、ラインメタル社は、今度はトルコに二一センチ砲四八門および関連する装備・機器・パーツなどの輸出を計画し、九月二二日と一〇月五日の二度にわたってドイツ監査信託会社を通じて外務省に帝国欠損保障を申請してきた。これに対して外務省は、ヴェルサイユ条約を考慮して、「契約は姉妹会社ゾーロターン兵器製作所の名において締結されるべき」との確認を行ったのである。しかしながら、旧敵国への、しかも大量の武器移転であったギリシアへの輸出の場合と異なって、今回の事業は旧同盟国であるトルコへの、しかも少量の輸出であった。そのため、この対トルコ事業への帝国欠損保障付与に関しては、外務省内ではもはやほとんど議論らしい議論が起こらなかった。(64) こうして外務省は、武器輸出に対する帝国欠損保障への政治的歯止めを、内部的に、徐々に失っていったのである。

三　帝国欠損保障付与をめぐる政府内対立とヒトラーの決定

1　外務省と国防省＝経済省連合の対立の激化

しかしながら、こうしたギリシア事業およびトルコ事業への方針にもかかわらず、ドイツ外務省は、すでに見たように、対中国武器輸出問題に対してはあくまで帝国欠損保障を拒否するという態度を維持していた。こうした外務省の方針に対し、ラインメタル事業へのテコ入れを図る国防省と経済省はただちに政府内での政治的反撃を開始した。

国防省軍務局兵器部のリーゼ部長は、一九三四年一〇月初旬、経済大臣シャハトと面会してラインメタルの対中国事業への帝国欠損補償問題を議題とし、その際外務省の反対意見についても説明した。これに対しシャハトは、「帝国欠損保障の付与に同意する」と述べ、反対意見の取り下げを外務省に働きかけるようリーゼに慫慂したのである。さらにシャハトは、外務省に圧力をかける手段として「ヒトラー」の名前を持ち出し、「もし外務省が反対意見に固執するならば、この件について総統兼帝国宰相に決定を求める」との態度を表明したのである。リーゼは軍務局外国部長ベックマンに依頼し、一〇月五日、こうした経過を外務省のフローヴァイン参事官に伝えた。(65) こうして、中国に対する武器輸出問題、とりわけラインメタル事業へれたのである。
　一〇月一六日、さらに外務省と国防省の事実上のナンバー2同士であるケプケとライヒェナウ（Walther von Reichenau）軍務局長との会談が行われ、軍縮・軍事問題担当のフローヴァイン外務省参事官と軍務局外国部のベックマン部長がそれぞれ専門家として同席した。この席でライヒェナウは「中国への重榴弾砲輸出事業」について語り、「国防省と経済省はこの事業の実現に非常に大きな価値をおいている」と述べたのである。さらにライヒェナウは、中国の支払い能力および支払い意志の有無の問題は、「なによりも経済・金融各部局に任せるべき」であり、「責任は他の省庁が負うのだから、外務省はそれで満足すべきだ」と述べたのである。これは事実上、ラインメタルの対中国事業について、外務省は口を出すなと主張するに等しいものであった。さらにライヒェナウは、以下のように述べたのである。

　現在わが国が直面している外国為替の危機的状況を考えれば、日本が行ってくる抗議は、それほど心配する必要はない。……日本も単純とは言えない状況にあるのだから、中国への重榴弾砲輸出問題でわが国と重大な対立関係に入る場合でも、事前に熟慮せざるを得ないだろう。

　これに対しフローヴァインは、ギリシア事業およびトルコ事業の例を見ればわかるように、もしいま帝国欠損保障が認可されれば、将来ラインメタルを始めとするドイツ軍需産業が武器輸出事業のためさらにこの制度を用いようとするであろうが、それは「重大な外交政策上の問題」を惹起するであろうと述べた。これに対しライヒェナウは、「インフレーション後の破壊的な資金状況の下では、多かれ少なかれドイツ政府自身が外国へと飛び込んで行かざるを得なかったのだ」と反論したのである。

最後に外務省側が「もし対外的にまったく目立たない形で事業が行われるなら、あるいは反対すべきことはないかもしれない」と妥協の姿勢を垣間見せたが、ライヒェナウも「ドイツ政府がクレジット付与で武器貿易を支援する場合は、事後調査の対象となる」として厳格に手続きを処理するとの態度を示した。こうして国防省と外務省の両者は一定の歩み寄りを示したが、しかしそれにもかかわらずこの会議でも問題は決着しなかったのである。(66)

2 ヒトラーの決定と二つの解釈

このような状態に業を煮やしたライヒェナウは、一〇月一八日午前、ヒトラーを訪ね、「ラインメタル重榴弾砲の中国への輸出問題」についての決定を求めた。それに対しヒトラーは、以下のような態度を示したのである。これはおそらくライヒェナウにとってまったく予想外のことであった。

総統は、事業は実行されてはならないという立場に断固としてこだわった。

これに当惑したライヒェナウは、「さまざまな反対意見を述べた」が、「総統はその立場を動かさなかった」のである。

こうしてヒトラーの反対により事態が膠着したため、その日の午後、改めて首脳会議が開かれ、今度はヒトラー、ライヒェナウに加え、外務大臣ノイラートも協議に参加することとなった。その中でノイラートは、ヒトラーとライヒェナウの間での「仲介案」として、「一九三五年の一年間は重榴弾砲を輸出しないこととし、その期間の経過後に輸出を行うか否かについては総統が決定を留保する」との案を提出したのである[67]。

なぜヒトラーがこのようにラインメタル重榴弾砲の中国への輸出を「断固として」拒否したのかについては、史料はなにも語っておらず、不明である。ただ、当時のヒトラーが、一般的に工業製品の輸出を促進すべきだという立場に立っていたのは確実である。当時のドイツは外国為替状況の悪化に直面していたが、その打開の方策について、工業製品の輸出を可及的に促進すべきであるという経済大臣兼ライヒスバンク総裁シャハトと、家畜用飼料穀物の輸入のため外国為替の優先的配分を求める食糧農業大臣ダレー（Walter Darré）との間で深刻な政治的対立が惹起されていた。この問題をめぐり、上記の一〇月一八日に行われたヒトラーとライヒェナウとの午前・午後二回の会談の間に、外国為替割り当てに関する関係各省庁会議が開かれたが、その席でヒトラーは、「輸出拡大のためあらゆる努力をしなければならない」と主張するシャハトに同調し、飼料用穀物の必要な家畜は「缶詰にしてしまえ」と述べるとともに、「輸出で外国為替を獲得しうる工業製品の生産は、決して制限されてはならない」との立場を表明していたのである[68]。

したがって、ヒトラーがラインメタルの対中国武器輸出事業に反対する理由としては、国内市場優先のアウタルキー志向ではなく、(1)ドイツの武器輸出一般に対する国際的反発への配慮、(2)中国への武器輸出に対する極東国際関係の観点からする配慮、などが考えられよう[69]。一方、ヒトラーの決定は外務省の立場からみれば極めて好都合な決定であったにもかかわらず、二回目の会議に参加したノイラートが敢えて「仲裁案」を示した理由は明らかではない。ただ一つはっきりしていることは、ここでヒトラーは帝国欠損保障の可否について述べていなかったが、会議の全体の雰囲気からすれば、明らかにヒトラーは、帝国欠損保障の付与のみならず、ラインメタルの対中国事業そのものに反対していたという事実である。

しかしながらライヒェナウは、意図的か否かはともかく、このヒトラーの決定を「帝国欠損保障の付与に反対」という意味に限定的に解釈した。会議後にライヒェナウは、外務次官ビューロに会議の内容を記した書簡を送り、以下のようにヒトラー決定を解釈したのである。

　ラインメタルが帝国欠損保障を断念し、輸出の時期をできるだけ遅らせれば、ラインメタルは契約を実行することができる。ラインメタルは経過を書式で外務省に知らせる。事業の清算はシャハトにより監督される。輸出は早ければ九ヶ月後に開始され、一九三七年ごろに終了する。こうした方法によりノイラートの反対意見も取り入れられることになる。(70)

このライヒェナウの主張に接したノイラートは、一〇月二〇日、確認のため再度ヒトラーの意見を聴取したのち、つぎのように記した。

　総統はもう一度はっきりと、一九二《ママ》五年の間は輸出を禁止する、と述べた。(71)

こうして、ヒトラー決定に関する相矛盾する二つの解釈が成立したのである。外務次官ビューロは一〇月二五日、ライヒェナウに文書を送り、ヒトラーの決定についての――とりわけラインメタルが輸出を許される時期についての――二つの解釈の矛盾を指摘せざるを得なかったのである。(72)

その後ラインメタル社は、当然のことながら、ライヒェナウの「ヒトラー決定」解釈に則った方向で計画を進める姿勢を示した。一〇月二〇日、ラインメタル社は外務省に書簡を送り、「わが社はドイツ監査信託会社に宛てた帝国欠損保障付与に関する請求を取り下げ、この保障の確保を断念する」と伝えた。しかしその際「当該事業では契約締結の約一年後に輸出開始を見込んでおり、輸出は約六ヶ月延期されることになる」(73)。つまりラインメタル社は、帝国欠損保障を断念し、輸出開始時期を延期した上で、中国への重榴弾砲輸出を行う姿勢を示したのである。

3 武器輸出に関する政府内部での検討の進行

以上のような事態の混乱に直面し、外務省は、武器輸出に対する帝国欠損保障の付与問題一般について政府の見解を統一する必要を痛感するようになった。一九三四年一〇月一九日、フローヴァインは、「関係諸官庁と企業の代表者による協議を行い、武器輸出への保障に関する諸問題を検討する必要がある」との省内提起を行ったのである(74)。

このような外務省の方針を受け、一一月二三日、関係省庁の連絡会議が開催された。出席した顔ぶれから考えると大きな権限を持たない事務方の会議という性格を持つものであったが(75)、会談内容は詳細であった。

外務省からまずフローヴァイン参事官が武器貿易に関する国際状況を説明した。とくに最近アメリカ合衆国がジュネーヴ軍縮会議事務局に提出した条約案に言及し、ドイツの外国への武器輸出にドイツ各省庁が関与するための最終的な調整は、国際的に条約ができるか否か、またその内容がどのようなものかを見極めてからでなければならないとの考えを示した。しかしながら、現在、武器輸出事業に関し軍需工業界からしばしば政府の支援が求められているので、条約の正否に関わりなく、暫定的な調整を行うことが必要であろう。

以上のような一般的な状況を述べたあと、フローヴァインは外務省の立場を以下のように説明した。「国際法の状況をまったく考慮しないとしても」、いままでの経験からいって、政府が武器輸出のような「デリケートな事業」に関与するのは望ましいことではないので、ドイツ政府は（帝国欠損保障のようなやり方で）武器輸出に関与しない方がよいと考える。他方、「政治的な理由から必要な場合」は、一定の国への武器輸出を禁止し、または逆に優遇することにより、影響力を行使すべきである。

しかしながら、世界経済恐慌のもとではこうした「理想的な状況」を前提にはできず、「政府は一般的な輸出促進と外国為替獲得のために、政府の財政力により武器輸出のような事業を援助する方向で介入せざるを得ない」。その場合には少なくとも「政府の関与が公にならないよう最大限の保証が確保されなければならない」。

以上のような外務省の態度表明ののち、各参加者の間で審議が行われ、そこからつぎのような各省庁の立場が明確になった。

まず国防省兵器部は、軍需工業界の個々の生産物の輸出については、一般原則として、まず各会社が兵器部に当該生産物の在庫を確認し、兵器部が統制解除に同意した場合にのみ輸出しうるようにしなければならない、と述べた。その際、外交政策上望ましくない一定の国については統制解除の対象外とすることとされた。

統制解除された品目を、許可された国に輸出する場合でも、それが大規模な輸出の場合は、さらに兵器部に可否を問い合わせる必要がある。こうした問題は、ドイツ工業全国身分（Reichsstand der Deutschen Industrie, ドイツ工業全国連盟　Reichsverband der Dentschen Industrie の後身）の中にデューリング（Arbogast von Düring）退役少佐の下に設置された軍需産業委員会で扱われる。確認すべきは、すでに「決して少なくないドイツ軍需品の輸出」が行われていることである。

つぎに、武器輸出にクレジットを供与する問題について議論が行われ、以下のような現状認識が提示された。

武器貿易は、以前はほとんど現金で行われていたが、今日では世界のどこでもこうした貿易は長期に渡るクレジットの付与によってのみ可能となる状態であり、与信がなければドイツ軍需産業は外国企業との競争を勝ち抜くことができない。

しかしながら外務省は、参加各省庁代表に、外国との武器輸出契約に際しても「できる限り政府の保障や信用供与を求めないよう」企業に働きかけて欲しい、と要請したに過ぎなかった。

さらに、将来いかなる形態で帝国欠損保障を与えるか、という問題について審議された。この問題に関し財務省と経済省は、秘密保持の観点から政府系のヘルメス社を介在させるのは望ましくないとし、むしろドイツ監査信託会社のほうが望ましい、と主張した。ドイツ監査信託会社を介在させる場合でも、さらに秘密保持を強化するため、同社と協議する必要が確認されたのである(76)。

以上の会議内容からも明らかなように、外務省は、武器輸出に関し、ヴェルサイユ条約や武器輸出入禁止法（一九二七年法）を引照することがもはやできなくなっていた。さらに、悪化したドイツの経済状況および外国為替状況に直面し、武器輸出自体に反対することも不可能になってしまった。外務省は、こうして、武器輸出事業に関しては、ドイツ政府の関与を可能な限り隠蔽することで満足するという立場へと後退せざるを得なかったのである。

しかしながら、秘密保持を強化するためのドイツ監査信託会社との協議は、数ヶ月にわたってペンディングとなった。その理由は経済省内の人事異動にあったといわれている。ようやく翌三五年三月二日に財務省で関係各省庁連絡会議が開催されたが、その会議は、「武器輸出入禁止法撤廃にはなお機が熟していない」ので、「武器輸出入禁止法の諸規定を迂回する方法をとる方が望ましい」との確認のみで終わったのである。[77]

四　武器輸出組合（ＡＧＫ）の成立と武器輸出の解禁

1　ラインメタル重榴弾砲対中国輸出問題の再燃とヒトラー決定の換骨奪胎

武器輸出が経済的な観点から不可避であり、しかもヴェルサイユ条約や武器輸出入禁止法（一九二七年法）を事実上無視する政策に転換した以上、「対外的に隠蔽する」という方法はもはや一時しのぎでしかなく、この問題の根本的な解決は、当然のことながら、ヴェルサイユ条約と武器輸出入禁止法の破棄以外にはあり得なかった。

そのための大きな機会は、上記の関係各省庁会議の二週間後にやってきた。一九三五年三月一六日、ヒトラーは徴兵制度の復活と三六個師団（約五〇万人）の常備軍設置を発表し、ヴェルサイユ条約の軍備制限条項の撤廃を宣言したのである。[78]

このヒトラーの「再軍備宣言」は、ラインメタル社に対中国武器輸出に対する新たなインセンティヴをもたらした。ラインメタルは国防省と経済省・シャハトに働きかけ、六百万ライヒスマルクにのぼる中国向けの重榴弾砲輸出に対し、帝国欠損保障の付与をあらたに求めたのである。これに対し国防省軍務局兵器部と経済大臣シャハトは「確約」を与えた。

ラインメタルは、この「確約」に基づき、経済省次官ポッセに対し、中国向け重榴弾砲輸出計画への帝国欠損保障に関して関係各省庁で調整を行うよう要望したのである。ポッセはただちに経済省部長ゾルタウ（Fritz Soltau）に対し、「帝国欠損保障付与の準備を開始するよう」指示した。ゾルタウはこの問題を内部的に検討し、つぎのような「一般的にいえば慣例から外れた」方法を考案するに至った。すなわち政府の関与が明確な帝国欠損保障ではなく、「帝国信用会社」（Reichskreditgesellschaft）が必要な額の信用を供与し、政府はこれに対し「財務省の保証宣言という形で政府保証を与える」というのである。これによりドイツ監査信託会社やその他の監査委員会がこの問題を扱うことは必要なくなることになる(79)。

一九三五年四月二日、外務省のフローヴァイン参事官との電話会談でゾルタウはこうした計画を説明し、その実現のために財務大臣クロージクに連絡するつもりだと語った。さらにゾルタウは、ラインメタルの対中国武器輸出事業を政治的にもクレジットの面でも「非常に否定的に判断」している外務省の見解が「大きな障害になっている」と述べ、外務省の姿勢を強く批判したのである。さらにゾルタウは、「支払期間が短縮され、一定額の頭金が支払われる」ことにより、ラインメタルの対中国武器輸出事業は「いささか性格を変えた」という。こうした判断からゾルタウは、外務省に対し、「以前の否定的な態度を放棄するか、少なくとも緩和できないか」検討して欲しいと依頼したのである。これに対しフローヴァインは、外務省内部で検討すると約束した(80)。

外務省にとって何よりも問題であったのは、「一九三五年のうちは重榴弾砲二四門を中国に輸出してはならない」という一九三四年一〇月一八日にヒトラーが下した「決定」であった。したがって、外務省によれば、ラインメタルの対中国重榴弾砲輸出事業に対する帝国欠損保障の付与については、「国防政策的な情勢の変化を勘案してこの〔ヒトラーの〕決定を撤回できるか否か」を判断する必要があった。この点を検討した外務省は、帝国信用会社を介在させることにより、ドイツ監査信託会社を通じた「通常の保障」が回避されるのであれば、「保障に対する政治的反対理由はなくなるだろう」との譲歩を示した。さらに、経済的反対理由についても、支払期間が短縮され、頭金が支払われるのであれば、「撤回が可能である」と判断を変更するに至ったのである。(81)

しかし何よりも外務省の態度変化に影響を与えたのは、ちょうど同じ時期、ドイツ国防省の強力な支持の下で武器商人クライン（Hans Klein）が西南派（広東省の陳済棠、広西省の李宗仁、白崇禧らを中心とする「国民政府西南政務委員会」および「国民党中央執行委員会西南執行部」）との間で進めていたいわゆる「クライン・プロジェクト」であった。このプロジェクトは、中国中央政府と潜在的な内戦的対峙の関係にある西南派に大量の武器輸出を計画することで、中国中央政権にドイツへの重大な不快感をもたらしていたのである。(82)したがって、ドイツ外務省第四部のキュールボーン（Georg Kühlborn）書記官は、四月五日、つぎのように述べる。「クラインの広東政府との事業が進展している。その上帝国欠損保障を拒否すれば、中国中央政府への重榴弾砲輸出を阻止することになろう。そうした事態になれば、政治的にはむしろ不都合であろう」。(83)こうした判断から外務省のマイアー第四部長は、つぎのような見解に達したのである。

一九三四年一〇月の総統の決定から状況は変化したのであるから、ラインメタルの対中国武器輸出事業の実施について、今日ではもはや反対する理由は存在しないであろう。

これについて外務大臣ノイラートも、同日、「反対すべき理由はない」(kein Bedenken)と手書きのメモを記した[84]。こうして、「一九三五年内にはラインメタルの対中国重榴弾砲輸出を実施してはならない」という一九三四年一〇月のヒトラーの決定は、「情勢の変化」を理由に、国防省、経済省、外務省を中心としたドイツ政府内部の検討の過程で骨抜きにされてしまったのである[85]。

2　ヴェルサイユ条約軍備制限条項の撤廃と武器輸出入法(一九三五年法)の制定

一方、帝国欠損保障以外のもう一つの問題、すなわち武器輸出を隠蔽する方法については、一九三五年三月二日の関係各省庁会議の内容を受け、税関を管轄する財務省を中心に検討が重ねられた。五月二八日、財務相クロージクは、以下のような内容の書簡を外務大臣ノイラートに送付したのである。一般兵役義務の導入にもかかわらず、「武器輸出入禁止法(一九二七年法)が形式的にはまだ効力を有している」限り、外交政策上の観点からも、また法律の権威を保持する観点からも、「武器輸出はいままでのように隠蔽された形で行われなければならない」。今後は国防軍の拡大と軍需産業の建設に見合う形で武器輸出も拡大することになろう。他方、いままでの経験では、武器貿易の処理に当たり、関係各省庁による管轄権の分裂状態が認められる。こうしたことから、武器貿易に関しては政府内での新しい調整が必要である。武器の輸出入の申告、検査、許諾の判断などを一つの部局、すなわち国防省に統一するべきであろう。そして必要な場合には国防省が経済省と協議を行えばよいだろう。

以上のような考察からクロージクは、外務省に「武器輸出入に関する暫定措置（案）」を送付し、外務大臣ノイラートがこれに賛成するよう求めたのである。その内容は以下のようなものであった[86]。

武器輸出入に関する措置

一九二七年七月二七日の武器輸出入禁止法がなお効力を有する現状において、武器輸出はつぎのような手続きにより隠蔽された形でのみ行われなければならない。

武器の輸出入は国防大臣が財務大臣に申請する。輸出産業の利益ないし外国為替問題に関連し必要と認められる場合、国防大臣は事前に経済大臣と協議する。申請に際しては、以下の項目を明記する。

(1) 発送に際して用いられる架空の貨物名
(2) 貨物の実際の内容
(3) 梱包方法および標識
(4) 通関の場所および発送申請時期

武器の輸出入はシュテティーン特区、ハンブルク市マイアー通り北、ハンブルグ中央貨物駅集配所、ベントハイム、ジンゲン（駅）およびパッサウ（駅）の各税関でのみ扱う。

国防大臣ないしその指定した代理人が申請書に署名し、財務大臣に宛ててその指定した人物に送付する。財務大臣は申請書受領後、遅滞なく特任官に指示を発し、当該貨物の発送を手配する。その際、当該貨物は免税扱いとし、かつ関税記録ないし統計書類に記載しないこととする。発送の際の通関点検は、同一の運送取扱人ないし国防省の特任官がこれを行う。

この提案を財務相から受け取った外務省は、もはや一九二七年法の撤廃は不可避と判断するに至った。六月六日、外務次官ビューロは財務省に書簡を送り、右の臨時措置案に外務省として一応賛成すると伝えたが、しかし「臨時措置の発効後、武器輸出入禁止法〔一九二七年法〕の撤廃とそれに代わる新たな法的措置の問題をあらためて提起する」と述べていたのである。(87)

実際五月二八日に軍縮・軍事問題担当のフローヴァイン参事官は、ビューロの指示により、早速一九二七年法の撤廃と新法制定に関して関係各省庁への連絡を行った。フローヴァインはつぎのように述べる。

新法については、適切な時期を選択すべきであり、また武器に関する国際的な交渉における最近の傾向に当然考慮を払うべきである。外務省は、こうした観点から新法に関心を持っており、二、三週間後にこの問題を議事日程に乗せるつもりである。(88)

しかしながら、武器輸出の可及的速やかな解禁を望む国防大臣ブロムベルクは、こうした財務省の「暫定措置」論、外務省の「時期選択」論に対してついに不満を爆発させることとなった。しかも彼は、「政府内政治」の手段としてヒトラーを動員することを決意し、以下のようにヒトラーの説得を試みたのである。

ドイツ製兵器の輸出および武器・弾薬貿易の促進・簡易化は、経済上および国防上の理由から緊急に必要である。輸出のための武器製造は、長期的に見てわが国の軍需企業の業績向上および財政的自立化のために、もっとも価値ある、しかも唯一の手段である。

しかしながら、「輸出に向けた努力を妨害しているのが武器輸出入禁止法〔一九二七年法〕である」。財務省により提案された「暫定措置」でもなお「根本的な障害が広範囲にわたって存在している」。外国の政府はドイツからの武器購入が非合法であることを知っているし、外国の軍需産業は、ドイツ企業は武器輸出を禁止されていると主張してドイツの輸出努力を妨害している。ここからブロムベルクはつぎのように一九二七年法の即時廃止を主張する。

ドイツ軍需産業の大部分は戦後あらたに勃興してきたため、外国に優越する設備を備えている。しかも一般的にみて武器に対する外国の需要はなお大きい。そのため武器輸出入禁止法〔一九二七年法〕を廃止するためのタイミングは今が非常に良い。現在および近い将来に存在する重要な輸出チャンスを失うべきではない。したがって、もはや武器輸出入禁止法〔一九二七年法〕廃止にはいかなる延期も許されない。

しかもブロムベルクによれば、「総統もこうした考え方に耳を貸さざるを得なかった」という。こうしてヒトラーの支持を調達し得たと考えたブロムベルクは、六月二四日に外務大臣ノイラートに書簡を送り、こうした国防省の議論は「すでに総統の基本的な賛意を得ている」と主張してノイラートに屈服を迫ったのである(89)。

加えてブロムベルクは、一九二七年法廃止後の新たな武器輸出促進および武器貿易監視のための機関として、工業全国集団（Reichsgruppe Industrie, ドイツ工業全国身分の後身）の中に新たな武器輸出問題委員会を設立する提案を関係各省庁に行ったのである(90)。これは、民間武器輸出企業の相互調整による武器輸出の統制を目指したものであり、のちの「武器輸出組合」（Ausfuhrgemeinschaft für Kriegsgerät, AGK）の創設につながる考えであった。

しかしながら外務大臣ノイラートは、ヒトラーを動員したこのブロムベルクの一九二七年法即時廃止案に対し、六月二七日、「提案された手続きには賛成できない」旨の返答を行った。ノイラートはつぎのように述べる。

私はここ数ヶ月、関係各省庁に対し、新たな代替規制なしに武器輸出入禁止法〔一九二七年法〕を廃止することはできないと繰り返し主張してきた。その理由は、たんに外国で悪印象を呼び起こすというだけではなく、現に戦争行為に関わっている諸国（イタリアと日本）に対し、ドイツによる武器輸出の解禁は敵〔エチオピアおよび中国〕を支援することを目的としているとの疑いを引き起こす可能性があるからである。

したがってノイラートによれば、一九二七年法廃止の前に、「新しい法律の作成を可及的速やかに開始するべき」であり、しかも「いかなる事情があろうとも旧法〔一九二七年法〕と新法のあいだに法律の空白を作ってはならない」とされたのである。(91)

こうした外務省の抵抗に対し、ブロムベルクはふたたびヒトラーを動員することに成功した。七月九日、ブロムベルクはヒトラーと会談し、ヒトラーからつぎのような言質を引き出したのである。

武器輸出入禁止法〔一九二七年法〕はヴェルサイユ条約第五部にかかわるものであり、したがって、私の五月二一日演説〔「帝国国防法」制定に際する演説〕により廃止されたと考える。それゆえ、私は個別の公式声明を必要だとは考えない。(92)

このヒトラー決定を受け、七月一一日、国防省において関係各省庁連絡会議が開催された。この席で国防省の代表は、ヒトラーの決定を説明したのである。さらに国防省は八月一二日、新たに制定すべき武器輸出入法案を関係各省に送付し、意見を求めたのである。法案は、「武器（武器・弾薬その他の器具）の輸出入は、輸出入許認可監督官（Reichskommissar für Aus- und Einfuhrbewilligung）が国防大臣の合意のもとに交付する特別許可証により行われる」（第一条）、「この法律を以て一九二七年七月二七日の武器輸出入禁止法に代える」（第四条）など、わずか四条からなる簡単なものであった。四日後の一六日、外務省は法案に異議はないと国防省に伝えた。(93) さらに、他の省庁も、二九日までに、何らの異議もないと国防省に伝えたのである。(94)

こうした各省庁の同意を受け、ブロムベルクは法案に署名し、八月三〇日、外務大臣ノイラートにも持ち回りで署名を求めた。しかしその時外務次官ビューロは最後の抵抗を試みた。ビューロによれば、外務省が法案に最終的に賛成した八月一六日から二週間の間に「国際政治情勢は相当程度変動した」のである。具体的には「イタリアとエチオピアとの間で紛争が勃発直前」であり、「武器輸出に対する政府の責任を大幅に認める法律をいま公示するのは適切ではない」とされた。したがってビューロは、「少なくともジュネーブの国際連盟総会の終了まで法律の公示を延期するよう提案したい」との姿勢を示したのである。あるいは、別の方法として、イタリアとエチオピアの紛争が勃発したあとに、ドイツの中立宣言とともに新しい武器輸出入法を公示することが考えられたのである。[95] ブロムベルクから書簡を受け取った同じ八月三〇日、ビューロはこうした考え方をノイラートに伝えて了解を得たのち、ブロムベルクに書簡を送り、法律の公示を少なくとも一〇月上旬まで延期するよう求めた。[96]

九月五日、ヒトラーも新法公示の延期を支持した。一六日、国防省も止むなく延期に同意したのである。しかし国防省は、当面は先に見た財務省提案の「暫定措置」にとどまらざるを得ないものの、「暫定措置」はたんなる一時しのぎに過ぎず、「ドイツ経済は武器市場での世界景気に参入すべきだ」と述べ、「新法の公示に際し遅滞を回避するため」、法案への各大臣の署名を事前に求めたのである。[97] これを受け、ヒトラーは九月二四日にミュンヒェンで法案に署名した。[98] ただし、この時点でも公示はあくまで控えられたのである。

3　武器輸出組合の成立と武器輸出入法の公示

すでに見たように、国防大臣ブロムベルクは一九三五年六月二四日、武器輸出入禁止法廃止後に設置する武器輸出促進および武器貿易監視のためのあらたな機関として、工業全国集団のなかに武器輸出問題委員会を設立する提案を関係各省庁に行っていた。これを受け八月七日に経済省において関係各省庁会議が開催され、あらたに「武器輸出組合」を設立することが合意されたのである。

八月一六日、武器輸出組合の定款（案）が各省庁に提案された。それによれば、武器輸出組合はドイツ軍需産業各社の自発的な連合体であるとされ、その任務は、⑴武器輸出の促進、⑵値下げ競争の回避、⑶大規模契約の配分、などであった。また、武器輸出組合を発足させるための前提として、同日、それまで全国工業集団内に設置されていた「工業軍縮事務所」（Geschäftsstelle für Industrieabrüstung, GEFIA）がメンバー全員一致のもとに解散されることになった(99)。

その後、一〇月三〇日には全国工業集団、国防省、経済省、外務省の各代表者の会議が開催され、武器輸出組合が正式に発足した(100)。組合を対外的に隠蔽するため、特定の法人格を付与することは見送られた。名誉議長には経済省元次官トレンデレンブルク博士（Dr. Ernst Trendelenburg）が選任された。さらにあらたな定款案が審議された。それによれば、武器輸出組合は武器輸出に係わる法令の遵守を義務づけられたほか、加盟各社は武器輸出にあたって武器輸出組合により発行される許可証を提示することが義務づけられた。また、貿易業界、銀行業界には武器輸出組合の創設を通知することとされ、その通知の完了後、組合は直ちに活動を開始した。新しい武器輸出入法が公示されるまでは、武器輸出は組合により発行される許可証により規制されることとなった(101)。武器輸出組合発足から一年の間に七五社が加盟した(102)。

さて、すでに見たように、九月二四日にヒトラーが武器輸出入法に署名したが、法律自体は適切な時期が来るまで公示が控えられていた。しかし、一一月上旬、このようなドイツの態度を転換させるような事態が発生した。イタリアのエチオピア侵略が本格化し、ドイツは戦争当事者に武器を輸出する状態に陥ったのである。具体的には、一二〇〇万ライヒスマルク相当の武器・弾薬がエチオピアに向け発送されようとしていた(103)。

こうした危機的事態を受け、一一月六日、財務省のエルンスト（Willi Ernst）部長が外務省のフローヴァイン参事官と協議することとなった。エルンストによれば、将来は国防省の委託を受けた武器輸出組合の許可証で武器輸出ができるようになるが、それにもかかわらず、いま可及的速やかに新しい武器輸出入法を公示する必要がある。なぜなら、「旧い武器輸出入禁止法〔一九二七年法〕が正式に破棄されていない現在、官吏は法を厳格に遵守する義務があり、またそのように教育されているからである」。さらにエルンストは、ジュネーブの国際連盟における制裁議論をもにらみながら、「イタリアおよびエチオピアへの武器・軍需物資の禁輸を公表しつつ、それと絡めながら武器輸出入法を公示する」との考えを表明した。その際エルンストは、個人的な考えとして、ヒトラーの決定を得ておくべきであろうと述べたのである。(104)

これを受け、外務大臣ノイラートはただちにヒトラーと会談し、エチオピアをめぐる「経済制裁と禁輸」の問題について協議を行った。この会談ののち、一一月七日、外務大臣ノイラートは財務省のエルンスト部長に連絡し、「外務省は、武器輸出入禁止法〔一九二七年法〕に関して長い間懸案であった行動〔新法公示〕をいま行うことに同意する」と報告したのである。これに対しエルンストは、「外務省が反対したからいままで延期されてきた」との当てつけを行ったが、いずれにせよ「外務省がＯＫなら国防省と経済省にも必要な措置を求める」と約束したのである。(105)

国防大臣ブロムベルクは、一一月八日、案件をもう一度ヒトラーに提出することとし、ヒトラーが滞在するミュンヒェンへ向かうこととした。外務省のフローヴァイン参事官は、国防省の代表者に対し、「法律は報道においてできるだけ目立たないように扱って欲しい」と最後の哀願を行った。一一月六日付とされた武器輸出入法は、こうして、一一月一五日、『ドイツ法典』(Reichsgesetzblatt) に掲載され、それにより一九二七年七月二七日の武器輸出入禁止法が廃止された。さらに、三日後の一一月一八日、新しい武器輸出入法に関連する物資のリストが『ドイツ官報』(Reichsanzeiger) に掲載されたのである。(106) ドイツに武器輸出を禁止してきた法的な枠組みは、こうして、全廃されることとなった。

おわりに

一九三六年始め、ラインメタル社は武器輸出組合に対し、中国向けの武器輸出（二センチ高射砲、榴弾砲およびそれらに付属する弾薬等、二千七百万ライヒスマルク）のため、あらたに帝国欠損保障を申請した。[107]

しかしながら、いままであらゆる機会を捉えてラインメタルの対中国武器輸出事業を全力で支援してきた国防大臣ブロムベルクは、意外にも、この申請に異議を唱えた。この不可解なブロムベルクの反応には、しかし理由があった。当時ブロムベルクを先頭とするドイツ国防省は、中国に対して軍事物資および非軍事物資約二億五千万ライヒスマルクを輸出し、のちにはそれを年額一億ライヒスマルクのペースで継続する計画を立てていたのである。しかもその際、国防省は、個別の武器輸出事業への帝国欠損保障ではなく、国防省の基金に基づく中国政府へのクレジット付与を予定していたのである。[108]

こうした国防省の計画の背後には、広東プロジェクトから中国中央政権とのプロジェクトに軸足を移した武器商人クラインおよびいわゆる「ＨＡＰＲＯ」社の対中国事業の進展があった。一九三六年四月八日、クライン・ＨＡＰＲＯグループの計画を後援していた経済大臣シャハトと顧振を団長とする中国訪独団とのあいだで、一億ライヒスマルクの借款およびドイツの対中国武器輸出を規定した中独条約（「ＨＡＰＲＯ条約」）が締結された。[109]この条約の締結により、ドイツ国防省は、対中国武器輸出に全力を傾注することとなったのである。

一九三六年一〇月の武器輸出組合「第一回年次報告」によれば、一九三五年一〇月三〇日からの一年間において、ドイツの対外武器輸出の実に五七、五パーセントが中国に向けられていた。これは二位のブルガリア（一〇・五パーセント）、三位のトルコ（六・一パーセント）を大きく引き離す圧倒的な比率であった。まさしく武器輸出入禁止法撤廃の最大の受益国は中国であった[110]。

こうした対中国武器輸出の拡大には、本稿で分析した武器輸出入法の成立が大いに寄与したが、それ以外にも、一九三六年以降、前述のクライン・HAPROグループの枠内での武器輸出が重要な位置を占めることとなる。

クライン・HAPROグループの中国での行動およびそれがドイツの政治過程に持ち込んだ様々な混乱については、いずれ改めて別稿で検討することとしたい。

（1）「武器、弾薬およびあらゆる種類の軍事物資をドイツへ輸入することを厳禁する。武器、弾薬およびあらゆる種類の軍事物資を外国のために製造ないし輸出することも同様である」。斎藤孝編『ヨーロッパ外交史教材――英文資料選』東京・東京大学出版会　一九七一年、五一頁。

（2）*Reichsgesetzblatt* 1927, Teil 1, S.239-242.

（3）*Reichsgesetzblatt* 1935, Teil 1, S. 345.

（4）なお、こうした問題の分析にあたっては、一九二〇年代におけるドイツの対中国武器輸出の実態およびそれに対するドイツ政府の政策を分析する必要があるが、それは今後の課題としたい。

（5）田嶋信雄『ナチズム外交と「満洲国」』一九九二年、東京・千倉書房、第一部「ナチズム期ドイツ外交の分析枠組」三―一一〇頁、を参照されたい。

（6）Udo Ratenhof, *Die Chinapolitik des Deutschen Reiches 1871 bis 1945. Wirtschaft-Rüstung- Militär*, Boppard am Rhein: Harald Boldt Verlag 1987, S. 346.

（7） John P. Fox, *Germany and the Far Eastern Crisis 1931-1938. A Study in Diplomacy and Ideology*, Oxford: Clarendon Press 1982, pp. 65-69.

（8） Hans-Erich Volkmann, „Außenhandel und Aufrüstung in Deutschland 1933 bis 1939", in: Friedrich Forstmeier/Hans-Erich Volkmann (Hrsgg.), *Wirtschaft und Rüstung am Vorabend des Zweiten Weltkrieges*, Düsseldorf: Droste Verlag, 1981.

（9） Christian M. Leitz, "Arms exports from the Third Reich, 1933-1939: the example of Krupp", in: *Economic History Review*, LI, vol. 1 (1998), pp. 133-154.

（10） Politisches Archiv des Auswärtigen Amts (folgend zitiert als PAAA), OA, Allg. など。なお、筆者はドイツ統一前のボン時代の外務省外交史料館でラインメタルの対中国武器輸出問題に関する調査を行ったため、本稿で採用する文書表記は、現在のベルリンにある外務省外交史料館の文書管理システムとは一致していない。

（11） *Akten zur Deutschen Auswärtigen Politik 1919-1945*, folgend zitiert als *ADAP*.

（12） *Akten der Reichskanzlei. Regierung Hitler* (folgend zitiert als *AdR Hitler*).

（13） Bestand RW19, WiIF 5, in: Bundesarchiv-Militärarchiv, Freiburg im Breisgau (folgend zitiert als BA-MA).

（14） Bestand Msg. 160, Sammlung „Deutsche Beraterschaft in China", in: BA-MA.

（15） 筆者はラインメタル社にも関係文書の所在を問い合わせたが、申請した時には関係文書はまだ「整理中」ということで、本稿では利用し得ていない。Rheinmetall GmbH an Nobuo Tajima vom 18. Januar 1993.

（16） 以上外務省・財務省とフーゲンベルクの政策的対立について、熊野直樹『ナチス一党支配体制成立史序説――フーゲンベルクの入閣とその失脚をめぐって』、法律文化社　一九九六年、参照のこと。

（17） Entwurf Lieses vom 16. April 1934, in: BA-MA, WiIF5/383/Teil 2.

(18) 熊野前掲書、二二三頁。Ministerialbesprechung vom 7. April 1933, *AdR Hitler*, Bd. 1, Dok. Nr. 93, S. 325f.

(19) ヒトラーの外交政策上の「プログラム」と中国について、参照、田嶋信雄『ナチズム外交と「満洲国」』一二二頁。

(20) 鹿錫俊『中国国民政府の対日政策 一九三一―一九三三』東京大学出版会 二〇〇一年、参照。

(21) 宋子文の訪米について、参照、内田尚孝『華北事変の研究―塘沽停戦協定と華北危機下の日中関係 一九三二―一九三五年』汲古書院 二〇〇六年、とくに第三章第三節「宋子文の訪米」八三―八八頁。

(22) ラインメタル社の極東に対する輸出努力について、工藤章「日独商社の角逐―ラインメタル製高射砲をめぐるイリス商会と三菱商事」同『日独企業関係史』有斐閣 一九九二年、四五―七一頁、参照。ただし、対象国は日本、対象時期は一九三七年以降で、本稿と重なる部分はほとんどない。

(23) Aufzeichnung Bülows vom 18. September 1933, *ADAP*, Serie C, Bd. I, Dok. Nr. 435, S. 800-801 und Anmerkung 4 dazu.

(24) Reichsgarantie とも言う。世界経済恐慌後に制度化された帝国欠損保障などの輸出奨励策の詳細については、以下の文書を参照されたい。Wiehl an Döhle vom 8. August 1930 mit der Anlage, Aufzeichnung vom 7. August 1930, *ADAP*, Serie C, Bd. II, Anmerkung der Herausgeber, S. 22-24.

(25) Aufzeichnung des Vortragenden Legationsrats Michelsen vom 10. Juli 1933, *ADAP*, Serie C, Bd. I, Dok. Nr. 357, S. 636-638.

(26) Ebenda.

(27) Ebenda.

(28) Ebenda.

(29) Ebenda.

（30） Ebenda.
（31） Aufzeichnung Bülows vom 27. September 1933, *ADAP*, Serie C, Bd. I, Dok. Nr. 463, S. 853-854.
（32） Aufzeichnung Bülows vom 18. September 1933, *ADAP*, Serie C, Bd. I, Dok. Nr. 435, S. 800-801 und Anmerkung 4 dazu. なお当時のクルップ社の武器輸出活動について、C. M. Leitz, "Arms exports from the Third Reich 1933-1939", *Economic History Review* 51-1, 1998, 参照のこと。
（33） Aufzeichnung de Grahls vom 15. November 1933, in: PAAA, Geheimakten Abt. IV OA, Allgemeines, Bd. 211/1, H098168. 当時の国防省兵器部の軍拡計画および各軍需会社との関係について、大島通義『総力戦時代のドイツ再軍備』東京・同文館　一九九六年、に詳しい。横山啓一「ドイツ陸軍再軍備　一九三四―陸軍兵器局のヴィジョンとその作用」『駿台史学』第八六巻（一九九二年）をも参照。
（34） Das AA an die deutsche Gesandtschaft in Peipin vom 17. November 1933, ebenda, H098167.
（35） Trautmann an das AA vom 23. Dezember 1933, ebenda, H098169.
（36） Trautmann an das AA vom 20. Januar 1934, ebenda, H098170.
（37） Ministerialdirektor Mayer an das Heereswaffenamt vom 27. Januar 1934, ebenda, H098172.
（38） ドイツの支援を受けた広東地方政府および西南派による武器工場建設計画について、参照、田嶋信雄「ゼークトの中国訪問　一九三三年―ドイツ側の政治過程および中国政治への波紋」『成城法学』第七七号（二〇〇八年五月）。
（39） Entwurf Lieses vom 16. April 1934, in: BA-MA, WiIF5/383/Teil 2.
（40） Der Gesandte in Peiping Trautmann (z. Z. in Nanking) an das AA vom 21. April 1934, *ADAP*, Serie C, Bd. II, Dok. Nr. 412, S. 743.
（41） Ebenda.

(42) Ebenda, Ammerkung (4).

(43) Trautmann an das AA vom 17. Mai 1934, *ADAP*, Serie C, Bd. II, Dok. Nr. 454, S. 806-807.

(44) Trautmann an das AA vom 24. August 1934, PAAA, IV OA, Allgemeines Bd. 211/2, H098321.

(45) Ebenda.

(46) Trautmann an das AA vom 10. September 1934, ebenda, H098307.

(47) Ministerialdirektor Mayer an das Reichskriegsministerium vom 11. September 1934, ebenda, H098309.

(48) Ebenda, H098317; Liese an das AA vom 15. September 1934, ebenda, H098316.

(49) Handelsabteilung der Chinesischen Gesandtschaft Berlin an den Chef des Waffenamts Liese vom 10. September 1934, ebenda, H098317.

(50) Ebenda.

(51) Anmerkung der Herausgeber (1), *ADAP*, Serie C, Bd. III, S. 415.

(52) Ulrich an das Reichswirtschaftsministerium, z. H. von Koeler vom 5. Oktober 1934, PAAA, IV OA, Allgemeines Bd. 211/2, H098331-332.

(53) Aufzeichnung Erdmannsdorffs vom 26. September 1934, *ADAP*, Serie C-III, Dok. Nr. 220, S. 415-416.

(54) Anmerkung der Herausgeber (1), *ADAP*, Serie C, Bd. III, S. 416.

(55) Anmerkung der Herausgeber (1), *ADAP*, Serie C, Bd. III, S. 448.

(56) Ulrich an das Reichswirtschaftsministerium vom 5. Oktober 1934, a. a. O.

(57) Aufzeichnung Voß vom 6. Oktober 1934, PAAA, IV OA, Allgemeines Bd. 211/2, H098337-340.

(58) Aufzeichnung Frohweins vom 28. Februar 1934, *ADAP*, Serie C, Bd. II, Dok. Nr. 289, S. 530-531.

(59) Anmerkung der Herausgeber (3), *ADAP*, Serie C, Bd. II, S. 531; Aufzeichnung Frohwein vom 26. Juli 1934,

ADAP, Serie C, Bd. III, Dok. Nr. 124, S. 246-247.

(60) Aufzeichnung Frohwein vom 26. Juli 1934, ebenda.

(61) Anmerkung der Herausgeber (6), *ADAP*, Serie C, Bd. III, S. 246.

(62) Aufzeichnung Frohweins vom 26. Juli 1934. a. a. O.

(63) Ebenda.

(64) Anmerkung der Herausgeber (5), *ADAP*, Serie C, Bd. III, S. 477.

(65) Aufzeichnung Frohweins vom 5. Oktober 1934, *ADAP*, Serie C, Bd. III, Dok. Nr. 232, S. 448. 第三帝国における「政府内政治」の武器としての「ヒトラー」について、参照、田嶋信雄『ナチズム外交と「満洲国」』、九九—一〇〇頁。

(66) Vermerk Frohweins vom 17. Oktober 1934, *ADAP*, Serie C, Bd. III, Dok. Nr. 253, S. 476-477.

(67) Vermerk Frohweins vom 19. Oktober 1934, *ADAP*, Serie C, Bd. III, Dok. Nr. 258, S. 490-491.

(68) Chefbesprechung in der Reichskanzlei vom 18. Oktober 1934, 12, Uhr, *AdR Hitler*, Dok. Nr. 25, S. 104-107. 出席者はヒトラー、総統代理ヘス（Rudolf Heß）、財務相クロージク、外相ノイラート、食糧農業相ダレー、内閣官房長官ランマース（Hans Heinrich Lammers）、国民啓蒙宣伝省次官フンク（Walther Funk）、経済省次官ポッセ、食糧農業省次官バッケ（Herbert Backe）、国防省軍務局長ライヒェナウ、ライヒスバンク副総裁ドライゼ（Friedrich Wilhelm Dreyse）、内閣官房総統直属経済顧問ケプラー（Wilhelm Keppler）、外務省対外経済政策局長リッター（Karl Ritter）、食糧農業省第二部長モーリッツ（Alfons Moritz）、経済省上級参事官ケーラー、ライヒスバンク部長プール（Emil Puhl）、ライヒスバンク理事ブレッシング、内閣官房課長・議事録担当ヴィルーン（Franz Willuhn）。

(69) なお、武器を自国の再軍備のために優先的に配分するという政策的考慮がこの時期のヒトラーにあったとは考えられない。それについては以下の叙述で明らかとなろう。

（70）Anmerkung der Herausgeber (2), *ADAP*, Serie C, Bd. III, S. 490-491.

（71）Ebenda.

（72）Ebenda. 政府内政治の参加者による恣意的なヒトラー決定の解釈と、それに基づく政府内政治の混乱について、参照、田嶋信雄『ナチズム外交と「満洲国」』八九―九〇頁。

（73）Rheinmetall an das AA vom 20. Oktober 1934, PAAA, IV OA, Allgemeines Bd. 211/2, H098346.

（74）Anmerkung der Herausgeber (6) , *ADAP*, Serie C, Bd. III, S. 477.

（75）出席者は以下。外務省からフローヴァイン第二部参事官、ホルベルク（Friedrich Hollberg）経済特別部副領事、エッカルト（Walther Africanus Eckhardt）第二部秘書長。国防省軍務局兵器部からヘデリッヒ（Leo Hederich）大佐、メリンクロート（Mellinckrodt）博士、ノルダ（Mark August Nolda）海軍少佐・博士。財務省から第一部参事官ヘルティッヒ（Härtig）博士、税関部長ジーゲルト（Ernst Siegert）博士。経済省から上級参事官ケーラー博士。Aufzeichnung Frohweins vom 23. November 1934, *ADAP*, Serie C, Bd. III, Dok. Nr. 351, S. 649-652.

（76）Ebenda.

（77）Anmerkung der Herausgeber (5), *ADAP*, Serie C, Bd. IV, S. 223.

（78）Neurath an die Botschaften in Rom, London, Paris und Warschau vom 16. März 1935, *ADAP*, Serie C, Bd. III, Dok. Nr. 532, S. 984-985; *Reichsgesetzblatt* 1935, Teil I, S. 375. さらに帝国議会は五月二一日、「帝国国防法」を制定した。Nürngerger Dokumet 2261-PS, in: *Der Prozeß gegen die Hauptkriegsverbrecher vor dem Internationalen Militürgerichtshof Nürnberg*, Bd. XXX, S. 59-65. 同日、ヒトラーは帝国議会で長い演説を行い、こうしたドイツの行動を正当化した。Anmerkung der Herausgeber, *ADAP*, Serie C, Bd. IV, S. 170-177.

（79）Vermerk Voß vom 3. April 1935, PAAA, Abt. IV OA, Allg. Bd. 211-4, H098424.
（80）Ebenda.
（81）Aufzeichnung Kühlborns vom 4. April 1935, PAAA, Abt. IV OA, Allg. Bd. 211-4, H098423.
（82）クライン・プロジェクトの展開および一九三六年四月の中独条約（ＨＡＰＲＯ条約）の成立過程について、筆者は別稿を用意しているが、さしあたり、参照、田嶋信雄「ゼークトの中国訪問　一九三三年――ドイツ側の政治過程および中国政治への波紋」『成城法学』第七七号、二〇〇八年五月。
（83）Aufzeichnung Kühlborns vom 5. April 1935, PAAA, Abt. IV OA, Allg. Bd. 211-4, H098419-20.
（84）Aufzeichnung Meyers vom 5. April 1935, PAAA, Abt. IV OA, Allg. Bd. 211-4, H0984122.
（85）執行過程における「ヒトラー決定」の換骨奪胎について、田嶋信雄『ナチズム外交と「満洲国」』一〇六頁を参照のこと。
（86）Krosigk an Neurath vom 28. Mai 1935, *ADAP*, Serie C, Bd. IV, Dok. Nr. 116, S. 222-223.
（87）Anmerkung der Herausgeber (6), *ADAP*, Serie C, Bd. IV, S. 223-224.
（88）Ebenda.
（89）Blomberg an Neurath vom 24. Juni 1935, *ADAP*, Serie C, Bd. IV, Dok. Nr. 168, S. 344-345.
（90）Anmerkung der Herausgeber (4), *ADAP*, Serie C, Bd. IV, S. 345.
（91）Anmerkung der Herausgeber (5), *ADAP*, Serie C, Bd. IV, S. 345.
（92）Ebenda. 帝国国防法制定に際するヒトラーの帝国議会演説については註（78）を参照。
（93）Ebenda.
（94）Anmerkung der Herausgeber (4), *ADAP*, Serie C, Bd. IV, S. 592.
（95）Aufzeichnung Bülows vom 30. August 1935, *ADAP*, Serie C, Bd. IV, Dok. Nr. 279, S. 592.

(96) Anmerkung der Herausgeber (6), *ADAP*, Serie C, Bd. IV, S. 592-593.

(97) Blomberg an Neurath vom 16. September 1935, Bundesarchiv Lichterfelde, R43 II/329, Bl. 35-36. Siehe auch Anmerkung der Herausgeber (6), *ADAP*, Serie C, Bd. IV, S. 592-593.

(98) Ebenda.

(99) Anmerkung der Herausgeber (6), *ADAP*, Serie C, Bd. IV, S. 778.

(100) 調印したのは以下の機関の代表者。国防省国防経済局および三軍の各兵器部、外務省、経済省。Jahresbericht der AGK bei der Reichsgruppe Industrie. Das erste Geschäftsjahr, 1. 11. 1935-31. 10. 1936, in: BA-MA, WiIF5/383, Teil 2, E236599-236639, hier E236602.

(101) Anmerkung der Herausgeber (6), *ADAP*, Serie C, Bd. IV, S. 778.

(102) Jahresbericht der AGK bei der Reichsgruppe Industrie. Das erste Geschäftsjahr, a. a. O.

(103) Aufzeichnung Frohweins vom 6. November 1935, *ADAP*, Serie C, Bd. IV, Dok. Nr. 395, S. 778-780.

(104) Ebenda.

(105) Aufzeichnung Ritters vom 7. November 1935, *ADAP*, Serie C, Bd. IV, Dok. Nr. 402, S. 789-800.

(106) Anmerkung der Herausgeber (3), *ADAP*, Serie C, Bd. IV, S. 790.

(107) Aufzeichnung Voß vom 4. März 1936, PAAA, „Projekt Klein“, H096369.

(108) Aufzeichnung Erdmannsdorffs vom 10. März 1936, *ADAP*, Serie C, Bd. V, Dok. Nr. 64, S. 84-85.

(109) Kreditzusatzvertrag zu dem zwischen der chinesischen Regierung und Hans Klein abgeschlossenen Warenaustausch-Vertrag vom 23. August 1934, Berlin , den 8. April 1936, *ADAP*, SerieC, Bd. V, Dok. Nr. 270, S. 382-383; 中徳信用借款合同(一九三六年四月八日)、中国第二歴史档案館編『中徳外交密档(一九二七—一九四七)』広西師範大学出版社 一九九四年、三二九—三三〇頁。

(110) Jahresbericht der AGK bei der Reichsgruppe Industrie. Das erste Geschäftsjahr, 1. 11. 1935-31. 10. 1936, in: BA-MA, WiIF5/383, Teil 2, E236630.

本研究は、二〇〇八年度～二〇一一年度科学研究費補助金（基盤研究（A）研究代表者横井勝彦明治大学商学部教授、研究課題名「軍縮と武器移転の総合的歴史研究――軍拡・軍縮・再軍備の日欧米比較――」課題番号20242014）による研究成果の一部である。

7　ウエスト出版社・二〇世紀の歩み

成田　博

一　はじめに

本稿は、筆者の「West Publishing Company 研究」の一部を成すものであるが、本稿では、判例集以外の法律書の出版に進出するウエスト出版社の姿を跡付けることを目的とする。本稿の題名には「二〇世紀の」とあるが、その題名を幾分か裏切って、本稿は、一八九〇年代から一九六〇年代末あるいは一九七〇年代初頭までを扱う。一九世紀最後の一〇年程が含まれるのは、「判例集以外の法律書の出版に進出する」のがその辺りから始まっていて、それを一刀両断に切り捨ててしまうのではいささか硬直的に過ぎるからである。他方、一九七〇年代で区切るのは、そこから先は、「ウエスト買収」に至る「激変」の時代であって、別途論じるのが適切であると思われるからである。

二　Hornbook Series

一八八〇年代末、National Reporter System の成功によって競業他社との競争に勝ち残ったウエスト出版社は[1]、判例集以外の法律書の出版に進出する。一八九一年には、現在、Black's Law Dictionary の名で知られる法律辞書が出された[2]。

もうひとつ、一八九〇年代には Hornbook Series が創刊されている。Hornbook とは、もともと、アルファベット、数字、祈祷文などを書いた紙を牛の角（cow's horn）から作った透明のシートで覆い、柄の付いた枠に収めた子供用教材のことであるが、これが転じて入門書を意味するようになった。それをシリーズ名としたのである[3]。

同シリーズの中で恐らく最も有名なのはプロッサー（William L. Prosser）の Handbook of the Law of Torts であろうと思われるが[4]、全体として見たとき、どの程度の評価をすべきかは難しく、わが国においても、

「手頃な——といっても日本の通常の教科書よりはずっと詳しいが——概説書としては、かつて West Publishing Co. が企画した Hornbook Series があり、最近では Foundation Press の University Textbook Series があるが、両者とも、(例えば Prosser の書物のように) 極めてすぐれたものも少なくないが、すべてについて第一級の著作を揃えたとはいい難いように思われる。その上、Hornbook Series は、改訂版が出ていないものはすでに時代遅れになっていることが少なくない」とかなり厳しいコメントがある。[5]

三　Digest と訴訟

National Reporter System によって全米の判例をカヴァーしたウエスト社は、「判例要旨集成」とでもいうべき総索引 American Digest System の構築を次の目標とし、一六五八年から一八九六年までの判例を網羅する Century Edition of the American Digest (通称 Century Digest) 全五〇巻の刊行を一八九七年に開始した。[6]

もっとも、ウエスト社は American Annual Digest の刊行を既に一八八七年に開始していた。[7] 他方、ロイヤーズ社 (Lawyers Co-operative Publishing Company) も、それより二年前の一八八五年から General Digest[8] の刊行を開始していた。[9] そのダイジェストをめぐって両出版社の間で訴訟が持ちあがる。

一八九二年、ロイヤーズ社は、General Digest 一八九二年版の第七巻を出版したが、[10] これについて、ウエスト社は、自社の National Reporter System、American Digest 等の著作権を侵害するとして、一八九二年一二月、訴えを提起した。

まず、一八九三年一月二日、Circuit Court は、ウエスト社からの暫定的差止命令 (Preliminary Injunction)

の請求については、月二回出る冊子が定期的に原告に送られているにもかかわらず合本されたものが出るのを待って訴えを提起したこと、被告側では既に合本のダイジェストの発送の準備も整っていることなどを認定し、実際に侵害があったか否かの判断には時間がかかり、この間、差止を認めることは、差止を否定することによって蒙るであろう原告の損害と比べたとき、被告の損害は回復しがたいとして、将来の侵害の差止は認めたものの、定期購読者への販売の差止については、これを否定した。(11)

そのあと、本案訴訟において、鑑定人はGeneral Digestの三〇三個所について著作権侵害を認め、裁判所はこれを証拠として採用し、それに限って差止を認めると判示した。(12) すなわち、第一審裁判所は、ダイジェストの一個一個の記述について著作権侵害が成立するとし、(13) したがって、それが分離可能であるかぎりにおいて、そこだけを除去すればいいという考えを示した。裁判所の判示したところをそのまま引けば、“Where the pirated portions can be separated from the portions not subject to criticism the injunction should go not against the entire work, but against the infringing portions.”ということである。(14)

ウエスト社はこれを不服として控訴した。第二審の認定は詳細で、付録（Appendix Notes）として、ウエスト社の著作物とロイヤーズ社の著作物の比較検討した結果が掲載されているが、(15) そこでは、文言の一致だけでなく、誤ったタームを双方が共通して使っている場合、一文のなかで語順が入れ変わっているだけのもの、不必要な言葉が双方共通に存在しているもの、といった事例が様々に指摘されている。そして、そのように被告が原告の著作物を不正利用している疑いがあり、原告による一応の証明がなされた事案においては、被告としてはただそれを否定するだけでは十分ではなく、逆に、被告の側で著作権侵害をしていないことの立証が求められるのであり、一審の著作権侵害の判断は狭すぎるとして、一八九七年四月八日、これを破棄差戻しとした。[16]

この訴訟は、別の訴訟を誘発する結果となった。一八九七年四月、ウエスト出版社は、ロイヤーズ社との訴訟で実質的に勝訴したことについて、American Digest、Federal Reporter、Southeastern Reporter、Southwestern Reporter のアドヴァンス・シートにおいて“General Digest Piratical”等と書いたのである。[17] これに対して、ロイヤーズ社は、それではあたかも General Digest 全巻が剽窃のごとくに聞こえるとして、同年五月、名誉毀損でウエスト社を訴えた。[18] ただし、これにはそれ以前にロイヤーズ社側の対応にも原因の一端はあって、実を言えば、ロイヤーズ社は、ウエスト社による暫定的差止命令の申し立てにつき一九八三年六月六日に出された結果について、

The General Digest

Preliminary Injunction

Denied

と、同年七月に刊行された月二回刊行の General Digest の広告で書いたのである。[19] 要するに、ウエスト社の前記表現は、ロイヤーズ社がかつて行なったことに対する報復行動であったわけである。

ロイヤーズ社側では、“General Digest”とだけあれば、およそ General Digest 全巻が剽窃であると思われてしまうと主張したが、[20] 裁判所は、見出しは本文とともに解釈されなければならず、「記事の本文で、問題としているのは第七巻だけであるということが明示的に説明されているので、これを読む者が、全巻について剽窃がなされていると非難されているというふうには考えないであろう」としてロイヤーズ社の訴えを退けた。[21]

こののち、ウエスト社は、ロイヤーズ社に自社のダイジェストを利用することのライセンスを与えている。[22] このことは、後述するウエスト社とエドワード・トムソン社（Edward Thompson Co.）との間で起きた訴訟の記録からも確認できる。[23] そこには、さらに、ウエストの教科書執筆者（text-book writers）、Central Law Journal に対して、National Reporter System ならびに American Digest の利用許諾が与えられたことも書かれている。さらには、Kinney's Illinois Digest、Albany Law Journal に対しても同様の許諾がなされていることが明らかになる。[24]

こうして、ウエスト社のダイジェストの「標準」としての地位は益々強化されていったと考えられる。

四 Legal Encyclopedia

同様のことは、法律百科事典（Encyclopedia）[25] についても当てはまる。エドワード・トムソン社[26]は、一八八七年から一八九六年にかけて、American and English Encyclopaedia of Law（全二九巻）を刊行し、[27] 一八九五年から一九〇二年にかけて、Encyclopaedia of Pleading and Practice（全二三巻）を刊行した。[28] 他方、かつてエドワード・トムソン社で働いていたC.W. Dumont と William Mack のふたりにより作られたアメリカン・ロー・ブック・カンパニー（American Law Book Company＝ＡＬＢＣ）は、一九〇一年から一九一二年にかけて、四〇巻の Cyclopedia of Law and Procedure を刊行する。[30] この書物が刊行されるや、エドワード・トムソン社とＡＬＢＣとの間に訴訟が持ちあがる。

American and English Encycropaedia of Law, Second Edition と Encyclopaedia of Pleading and Practice を刊

行していたエドワード・トムソン社は、著作権侵害を理由に、ＡＬＢＣのCyclopaedia of Law and Procedure第一巻と第二巻の販売と、それ以降の巻の刊行の差止を求めて、訴えを提起した。

第一審は、ＡＬＢＣの著作権侵害を認めたが(31)、控訴審は、原告自身が他のダイジェストなど先行する刊行物の著作権を侵害しているとし、「被告が侵害者であるというなら、原告もまたそうである」(32)、「他人の著作物からかなりの部分を剽窃した著作者は自己の著作権について保護を受けるに値しない」(33)と断じて原告の請求を認めず、逆転敗訴となった。

実を言えば、この一九〇三年には、ウエスト社の役員達はＡＬＢＣの株を購入し、実質的に同社を支配するに至っている(34)。ウエスト社としては、Cyclopaedia of Law and Procedureに関心があったらしいが(35)、ウエスト社の介入が上記判決の下されたのと同じ年の出来事であるのは全くの偶然であるのだろうか。拙劣な経営のためにＡＬＢＣの状況がよくなかったというのであるが(36)、一九〇一年一二月に始まった(37)エドワード・トムソン社との上記訴訟もまた会社の経営に悪影響を及ぼしていたのかも知れない。その後、二〇年に亘って、ウエスト社の役員達がＡＬＢＣの経営を背後で行っていたという(38)。

しかも、もうひとつ、その訴訟の第二審判決中には、原告側編集者がウエスト出版社その他の出版社の著作物について著作権侵害をしたという件りがある(39)。これを見て、ウエスト社は、著作権侵害を理由として、エドワード・トムソン社を相手取って訴訟を提起した(40)。

結果はウエスト社の勝訴で終わっているように思われるが、サレンシー（Erwirn C.Surrency）は、結果はよく分からないと書いている(41)。確かに、最後のものかと思われる判決を見ると、和解をする方向で模索をしていることが窺われる(42)。

もっとも、マーヴィン（William W. Marvin）は、Federal Reporter 一七六巻八三三頁の判例（176 F. 833）に言及しながら、このあともなく“American and English Encyclopaedia”は継続されなくなったと書いている。(43) しかし、マーヴィンのいう“American and English Encyclopaedia”が“American and English Encyclopaedia of Law”のことであるとするならば、その第二版（三〇巻と索引二巻）が一八九六年から一九〇五年にかけて刊行され、さらにSupplements（全五巻）が一九〇五年から一九〇八年にかけて出ている(44)という事実の説明に窮する。

これをどう理解したらよいか。ヒックス（Frederick C. Hicks）がそれに対する解答を与えてくれる。実は、一九〇九年に、Encyclopaedia of Pleading and PracticeとAmerican and English Encyclopaedia of Lawの第二版とを合体して、American and English Encyclopaedia of Law and Practiceなるものの刊行を開始したが、五巻を刊行したところで終わってしまったとある。(45) マーヴィンの言う“American and English Encyclopaedia”は、これのことではないかと思われる。

しかし、基本において、マーヴィンの言わんとするところは正しかった。このの ち、エドワード・トムソン社は、一九一四年から一九二一年にかけて、バンクロフト＝ホイットニー（Bancroft-Whitney）、ロイヤーズ（Lawyers Co-operative Publishing Company）と共同でRuling Case Law（全八巻）を刊行するが、(46) これが一九三六年、ロイヤーズ社とバンクロフト＝ホイットニー社による共同刊行の(47) American Jurisprudenceへと発展する。(48) 言うまでもないことであろうが、これは、現在、American Jurisprudence 2dとなっている。(49)

他方、一九一二年まで掛かってCyclopaedia of Law and Procedure（全四〇巻）を刊行したＡＬＢＣは、これが完成するや、一九一四年から一九一七年にかけて、Corpus Juris（全七二巻）を刊行する。(50) この後、Dumont が一九二八年一月一日に亡くなったことから、同年、ウエスト社によって子会社化されたが[51]、Corpus Juris の新版 Corpus Juris Secundum は、ＡＬＢＣから一九三六年に公刊されている[52]。これは一般に C. J. S. と略称されるが、Abondonment から Zoning まで四〇〇を越えるトピックをＡＢＣ順に並べた大百科事典である[53]。

つまるところ、Corpus Juris にしても American Jurisprudence にしても、実は、そのもともとの企画は、ともに別の会社によるもので、それをウエスト社にしてもロイヤーズ社にしても引き継いできたわけである[54]。

結局のところ、既に一九世紀末からウエスト社は、他社の刊行物に著作権侵害があるとみれば差止あるいは損害賠償の請求を行い、著作権の存在が認められると今度はライセンス契約の締結を促すという方法を取って来たということである。このことが、ウエスト社の著作物の「標準」としての地位をさらに確固ならしめることにつながった。これは既にダイジェストについてみたところであるが、法律百科事典についても同じことが言える。あるいはまた、出版社それ自体の子会社化あるいは買収によって、既に刊行されている著作物を自社のものとする、といったことも行われていたということである。

こうしてみてくると、ウエスト社の躍進はまさに破竹の勢いであったという印象が強くなるが、そのウエスト社におよそ一度も挫折がなかったわけでもない。

五　American Casebook Series

今日のアメリカのロー・スクールにおける授業は、言うまでもなくケイス・メソッドを中心としたものであるが、これはラングデル（Christopher Columbus Langdell）[55]の創意による。

一八七〇年一月、ラングデルはハーヴァード・ロー・スクールの Dane Professor となった[56]。一八六九年五月にハーヴァード大学の学長に就任していたエリオット（Charles William Eliot）[57]は、一八七〇年、ラングデルを Law School の Dean に任命した[58]。ラングデルは、一八七〇年の春学期（Spring Term）は、従来型の教育方法で Negotiable Paper and Partnership の講義を行ったが[59]、秋学期（Autumn Term）の始まるまでに Langdell's Cases on Contracts のアドヴァンス・シートが出ていて、これを使うことが可能になった[60]。こうして、ケイス・メソッドは始まった[61]。

田中英夫『ハーヴァード・ロー・スクール』には、「ケイス・メソッドにとって幸せだったのは、ラングデルの最初の講義で最後まで頑張っていた学生の一人であるエイムズが、ケイス・メソッドの信奉者となり、教授になってからこの方法で授業を進めたことである。天性教育的才能に恵まれていた彼のもとで、ケイス・メソッドは改良され、ハーヴァード・ロー・スクールにおいて支配的な教育方法となっていく。そして、ハーヴァードで教育を受けた人々――一八九〇年にコロンビア大学の法科大学長となったキーナ（William A. Keener）、一八九二年にウェスタン・リザーヴ大学のロー・スクール創設に関与したワンボウ（Eugene Wambaugh）、一八九三年にノースウェスタン大学の教授（一九〇一年から法科大学長）となったウィグモア（John H. Wigmore）など――を通じて他のロー・スクールに拡がり、やがてアメリカの法学教育を風靡する」とある[62]。

この叙述は、およそ何の抵抗も受けず、ケイス・メソッドが実に順調に全米のロー・スクールに受け入れられていったような印象を与える。しかし、これを出版社の側からみると、事柄はそれほど単純ではなかった。

二〇〇四年、リンド（Douglas W. Lind）の An Economic Analysis of Early Casebook Publishing と題する論文が発表された[63]。ここでは、一八七一年から一九〇七年までに刊行された一七一冊のケイスブックについての非常に興味深い分析結果が示されている。

それによれば、一八七一年から一八七九年までの間に刊行されたケイスブックの総数は一〇タイトルであるが、一八八〇年から一八八九年までは六タイトルに減少している[64]。そのあと、一八九〇年から一八九四年に三二冊、一八九五年から一八九九年までが六二冊と増大するが[65]、これだけの数字からでも、ケイス・メソッドが破竹の勢いで全米に広がったのではなさそうであることが窺える。仔細に眺めるならば、さらに興味深い事実がみてとれる。既に語ったように、一八七一年から一八七九年までの間に刊行されたケイスブックの総数は一〇タイトルであるが、米国最初のケイスブック刊行の名誉を担ったリトル・ブラウンは、この一〇冊のうち、三冊を刊行しているに過ぎない。しかも、その三冊の一冊は、まさに一八七一年刊行の Langdell, A Selection of Cases on the Law of Contracts であり、残る二冊も、ラングデルの A Selection of Cases on Sales of Personal Property と Cases in Equity Pleadings なのである[66]。また、総数がわずかに六タイトルに減少している一八八〇年から一八八九年までの間にリトル・ブラウンが刊行したのはわずかに一点、これまたラングデルの上記契約法の第二版なのである[67]。

一八七三年、実務経験のないままハーヴァード・ロー・スクールの助教授に任命された「ケイス・メソッドの信奉者」エイムズ（James Barr Ames）は、不法行為のケイスブック Select Cases on Torts を刊行しようとするが、これを引き受ける出版社はなく、一八七四年、自らこれを出版した[68]。これはエイムズだけのことではない。ラングデルでさえ、三冊のケイスブックを自費出版している。[69] 興味深いのはHarvard Law Review Pub. Association の存在であるが、[70] これとても、エイムズのケイスブックを一八七五年に刊行した後は、一八九〇年代になるまで一冊もケイスブックを刊行していない。それでも、一八九〇年代には六冊を刊行していることを考えれば、[71] ケイス・メソッドが発展しようと苦闘しているときの助けであったとは言えるだろう。

この間、「われらがウエスト」は、といえば、一八七一年から一八七九年の間はゼロ、一八八〇年から一八八九年の間もゼロ、そして、一八九〇年から一八九四年の間に、ようやく三冊のケイスブックを刊行している。もっとも、これは、或る意味では当然で、ウエスト社がシラバイ（The Syllabi）の刊行を始めたのが一八七六年であり、法人化されたのが一八八二年、National Reporter System の構想を明確にしたのが一八八五年、というふうに考えてくれば、ケイスブックの出版にまで考えの及ぶはずはなかった、と一応は言える。

しかし、ウエストは、実に大胆な行動に出ていたのである。ハーヴァードから出ていたケイスブックの著作権を買い取ろうとしたというのである。Harvard Law School Association, The Centennial History of the Harvard Law School 1817–1917 (1918) には、"The increasing sale of these books had attracted those alert publishers, the West publishing Company, and they entered into competition for a share of the trade. They first proposed to buy the copyright of the Harvard case books; but being unable to do so, they issued successively three series of case books for the use of law schools. Their example was quickly followed, and from the year 1895 the multiplication of case books became more and more rapid." とある。[72]

つまり、ウエスト社は、既に一九世紀の段階で、ケイスブックの著作権を買収しようとしていたのである。しかし、これだけは ― ダイジェスト、法律百科事典の場合とは異なって ― 成功しなかった。

もっとも、リンドによれば、ウエスト社は、一八九一年の時点で、テキストブック以外にケイスブックならびに教材を作るための専門の部局を設けたという(73)。マーヴィンが Law School Department なるものに言及していて(74)、これがそれに当たるか否かについての確証はないものの、その Law School Department の初代 Manager メイソン（Alfred Mason）は、Hornbook Case Series を企画したが、ケイス・メソッドが浸透している学校での利用には網羅性において十分ではなかったという(75)。

そうしたこともあって、メイソンは American Casebook Series を構想し、その編集代表としてスコット（James Brown Scott）(76)を迎えた(77)。ウエスト社も権威に頼ったということかも知れないが、逆に言えば、徐々にウエスト社の信頼度も増してきていたということでもあったのだろう。

こうして、今日、我々の知る American Casebook Series が形を成してくることになるわけであるが、American Casebook Series の一巻として最初に刊行されたのは、Mikell's Cases on Criminal Law で、これは一九〇八年一二月のことである(78)。リンドの論文が一九〇七年を区切りにしているのは、その故である。ラングデルが最初のケイスブックをリトル・ブラウンから刊行したのが一八七一年のことであるから、ウエスト社が American Casebook Series を刊行するようになるまでに、実に四〇年という時間の経過が必要であったことになる(79)。これは、ケイスブックの市場がそれほど大きくはなかったということ、ケイスブックを編む教師の希望を叶えると同時に市場性のあるテキストを開発することが容易でなかった(80)ということであろうか。

こうしてみてくると、ウエスト社といえども、教科書の市場では苦しんだということになる。しかし、ウエスト社が、American Law School Reviewを刊行し[81]、法学教育に多大の貢献をしたことは語っておかなければならない[82]。

六 U. S. CodeとU. S. Code Annotated

言うまでもなく、米国には、連邦の法令集[83]としてUnited States Statutes at Largeがある[84]。しかし、Statutes at Largeは「法律を……public laws（一般的法律）、private laws（個別的法律）に分け、それぞれについて成立順に並べたもの」であり[85]、ときに関係法令の相互関係は不明瞭である。そのため、議会は、相互に矛盾する法律を作ったり、既に廃止された法律に修正を加えるといった状況に至っていた[86]。こうしたことから、議会としては、これに対処する必要を痛感していた。

話は一八六六年にまで遡るが、この年、「その性格において一般的かつ恒久的な、連邦の制定法すべてについて改正し、簡素化し、配列し、統合するための」（"to revise, simplify, arrange, and consolidate all statutes of the United States, general and permanent in their nature"[87]）委員会が作られ[88]、一八七四年七月二二日、議会は"The Revised Statutes of the United States"を制定した[89]。これは、わが国の場合になぞらえて言えば、『六法全書』に全法律を収録したうえで、それをひとつの実定法として新たに立法し直し、それによって、それまでの立法の様々な過誤をすべて帳消しにしようという試みなのである。しかし、これには、六九箇所の誤りが発見され、修正が施されたが[90]、その後も、一八三箇所の誤りと訂正の誤り一箇所が発見され、修正がなされた[91]。

そうしたこともあって、改めて、Revised Statues of 1878 が制定されるに至ったが、これは「実定法」とはされなかった。[92] Dwan & Feidler の説明によれば、当初、新たな法典を作ることを議会で決めた段階では、これを“legal and conclusive evidence of all the laws contained therein”とすることとしていたが、[93] 結局、法案ができて実際に議会を通過させる段階に至り、最初の法案を修正し、“only legal evidence”とした[94]という。[95] この経験がトラウマとなって、もう一度、法典化を試みるのに五〇年かかったと Berring & Edinger は書いている。[96]

その後の議会の紆余曲折は略して、話を二〇世紀に持っていけば、民間の出版社がこうした状況を打開する意欲を示した。ウエスト社は、判例集の刊行だけではなく、法令集の刊行もまた手掛け、一九〇二年には、John A. Mallory compiled., United States Compiled Statutes 1901（全三巻）を刊行し、[97] 一九一三年には、John A. Mallory ed., Compiled Statutes of the United States 1913（全五巻）を刊行している。[98] さらには、一九一六年、John A. Mallory compiled., United States Compiled Statutes Annotated（全一二巻）を刊行している。エドワード・トムソン社もまた一九〇三年、William M. McKinney and Charles C. Moore compiled, Federal Statutes Annotated（全一〇巻）を刊行した。[99] このことが、後に意味を持ってくる。

一九一九年、House of Representatives Committee on the Revision of Laws of the United States の議長リトル（Edward C. Little）は、法典化の作業をはじめるべく、カンザス法科大学教授 William Burdick を Reviser of Statutes に任命した。[100] しかし、リトルの作った法案は、第六六議会では、一九二〇年一二月二〇日、下院を通過したが、上院は通らなかった、次の第六七議会でも、一九二一年五月一六日、下院は通ったが、またしても上院で否決された。さらに、第六八議会でも、一九二四年一月七日に下院を通過したものの、結局、

上院を通らなかった。(101)

こうした状況を打破すべく、第六八議会と第六九議会の間に、**House and Senate Committee on the Revision of the Law** は、新たな計画案を出した。(102) 上院議員 **George Wharton Pepper** がウエスト社に対して新しい法令集編纂の打診をしたのだった。最終的には、ウエストの社長クラーク（**Homer P. Clark**）の進言もあって、(103) ニュー・ヨーク州ノースポート（**Northport**）のエドワード・トムソン社がこれに加わることになった。ウエスト社は **U. S. Compiled Statutes Annotated** を、エドワード・トムソン社は **Federal Statutes Annotated** を編集した実績が評価されたわけである。(104)

けれども、既に語ったように、(105) エドワード・トムソン社は同社から分かれたＡＬＢＣを訴えたが、ウエスト社はそのＡＬＢＣを傘下におさめながら、エドワード・トムソン社を相手取って訴訟を提起した。それが一九一〇年の前後のことである。それから一〇年以上が経過したとは言え、今度は、そのエドワード・トムソン社とウエスト社とが共同で仕事をしようというのであるから、米国の法律出版界は、その当時から既に「合従連衡」という言葉が当てはまる状況にあったというべきであろう。

両社はワシントンに共同のオフィスを置き、法令集編纂の仕事を開始した。(106) しかし、それでも誤りは免れなかった。かくして、この **Code** は、なんら新しい法を作るのではないものとされた。(107) 一九二六年六月三〇日、**"An Act to Consolidate, Codify, and Set Force the General and permanent laws of the United States in force December seventh, one thousand nine hundred and twenty-five"** という正式名称を持つ法律が、一票の反対もなく議会を通過した、とマーヴィンは書いているが、(108) そのことが、同法典にひとつの誤りも含んではいないことまで意味しているわけではなかった。一九二六年の採決を経た後、最初の **Supplement** が刊行された時点で五三七もの誤りが発見されたという(109)。

しかし、それが大いなる偉業であったことは間違いのないところで、ウエスト社第四代社長クラーク(110)は、一九二七年一月一四日、第三〇代大統領クーリッジ（Calvan Coolidge）からホワイト・ハウスに招待されるという光栄に浴した(111)。

U.S.C.の完成を受けて、ウエスト社とエドワード・トムソン社は、一九二七年(112)、再び共同してUnited States Code Annotated (USCA)を刊行した(113)。

七　Foundation Pressのことなど

アメリカ法に幾らかでも関心がある者にとって、ウエスト出版社以外で馴染み深い法律出版社としてはファウンデイション・プレス（Foundation Press）がある。それは、この出版社がUniversity Casebook Series、University Textbook Seriesを刊行していることによるところが大きい。これは意外と知られていないかも知れないが、ファウンデイション・プレスはウエストの子会社である(114)。

ファウンデイション・プレス成立の経緯についてはサレンシーが紹介している。それによれば、一九三〇年代、Callaghan & CompanyのセールスマンであったLoren R. Darrは、学者からのアドヴァイスを受けなければケイス・ブックはうまくいかないという考えを示したが、会社の中では受け入れられなかった。しかし、一九三〇年にCommercial Clearing Houseを創ったWilliam KixMillerはこれに興味を示し、University Casebook Seriesを企画した。執筆者の中には、ハーヴァードのEdmund Morganのような著名な学者も含まれていた。一九三三年にKixMillerはCommercial Clearing Houseを売却したものの、University Casebook Seriesについては、これを残し、別途、創ったのがファウンデイション・プレスなのであった。こののち、一九四〇年、ファウンデイション・プレスはウエスト社の子会社となった(115)。

ファウンデイション・プレスの貢献は、それまでは扱われてこなかったテーマ（non-traditional topics）をとりあげたことにある、とサレンシーは言う。その例として、Erwin N. Griswold, Cases and Materials on Federal Taxation、Hart and Wechseler, The Federal Courts and Federal System があがっている(116)。これは、Edmund Morgan のリーダーシップによるのだ(117)とサレンシーは書いている(118)。

ウエスト社はFoundation Press以外にもいくつかの会社を支配下に置いたが、ウエスト社がそのような行動に出たについては、地域的な重要性に着目した場合と、その出版物に着目した場合の二つがあるとの指摘がある(119)。前者に属するのが、Kansas City の Vernon Law Book Company(120)、Chicago の Burdette Smith Company(121)、Washington Law Book Company(122)、Boston Law Book Company(123)、Brooklyn の Metropolitan Law Book Company(124)、Newark の Soney and Sage(125)であり、後者に属するのが、American Law Book Company(126)、Edward Thompson Company(127)、そして、Foundation Press である。既に本稿で見てきたところから明らかであるが、ＡＬＢＣについては法律百科事典、エドワード・トムソンについては federal statutes、ファウンデイション・プレスについてはテキスト類（publications for the law schools）が着目されたということである(128)。ひとつだけ付け加えるならば、エドワード・トムソン社は、Uniform Laws Annotated(129)も出していて、これまたウエスト社に注目された理由ではなかったか。

八　West Publishing Company 歴代社長

ここで、ウエスト出版社の歴代の社長の名を挙げておきたい。[130] 初代は言うまでもなく、

John Briggs West（一八八二年一一月一日―一八九九年八月二一日）

である。[131] 以下、

Horatio D. West（一八九九年八月二一日―一九〇八年八月一七日）、

Charles W. Ames（一九〇八年八月一七日―一九二一年八月一五日）、

Homer P. Clark（一九二一年八月一五日―一九三二年一〇月二一日）、

Henry F. Asumussen（一九三二年一〇月二一日―一九四九年一〇月二一日）、

Harvey T. Reid（一九四九年一〇月二一日―一九五六年一〇月一九日）、

Lee H. Slater（一九五六年一〇月一九日―一九六八年一〇月一八日）、そして、

Dwight D. Opperman

と続く。[132]

非常に偶然的なことではあるが、ウエスト出版社は、二〇世紀を目前にして、個人経営的な側面を大きく離れ、近代的な企業へと発展する契機を孕むことになった。というのも、初代社長ジョン・B・ウエストが株を手放し、自ら創業した会社を辞めたからである。[133] あとを引き継いだ兄のホレイショウも健康が思わしくなく、実質的には不在であったらしい。[134] そのため、実権はエイムズ、クラークへと移る。

ここでは、ごく簡単にではあるが、第三代社長エイムズ以下の経歴あるいはウエスト社内での働きについて解説したい。

エイムズは、(135)コーネルを卒業後、カリフォルニアで地元新聞 San Jose Mercury で働き、父を手伝って Boston Christian Register の編集をした。(136)一八八二年、法人化された約一ヶ月ほどのちに株主としてウエスト社に加わった。(137)それでも Marvin は、John Briggs West、Horatio D. West、Peyton Boyle、そして Charles W. Ames の四人を"original four partners"とする。(138)

第四代社長クラーク(Homer P. Clark)(139)は、一八六八年、ボストンで生まれ、五歳でミネソタへ移った。(140)これは、John B. West と共通する。ウエスト社に入ったのち、法律の勉強の必要を痛感して、ミネソタ大学の Law School へ通った。(141)一九〇二年には、Treasurer になっている。(142)

クラークは、一九二一年、社長に就任すると、従業員だった者の相続人あるいは既に引退した者から株式を買い取り、主要な従業員(key employees)にこれを割り振り、実際に経営に携わっている者による支配を確実なものとした。(143)これは、第三代社長エイムズ(Charles W. Ames)の息子であるレスリー(Charles Lesley Ames)が社外株主の代表としてウエスト社の経営陣に加えられ、いろいろと注文をつけ始めたことがきっかけであったようである。流石に、クラークは疲れて会社を辞めようとまで思い詰めたらしい。驚いたのはレスリーのほうで、クラークがいなければどうにもならないことに気付いて九枚にもわたる手紙を寄越した。(144)こうしたことから、外部者が株式を持つことを嫌ったらしい。もっとも、このことは、その後、ウエスト社の閉鎖的体質につながり、結果として、ジャーナルのターゲットとなる要因ともなった。(145)

クラークが社長に就任した一九二一年の年間の売り上げは二三一万二〇〇〇ドルであったが、それが

一九三二年までには三〇〇万ドルを越すに至ったという。(146)

アスムセン（Henry F. Asumussen）は、もともとはドイツ生まれで、一九〇九年にアメリカに渡ってきた。会計での才能を発揮し、その部局での長となった。のちに、監査役（Auditor）となり、一九三二年、クラークが退いたのを受けて、第五代社長に就任、一九五四年八月一二日、会長（Chairman）のまま亡くなった。(147)

第六代社長はリード（Harvey T. Reid）である。彼はローヅ奨学生(148)（Rohdes Scholar）としてオクスフォード留学の経験を持つ。(149) 一九二五年六月、新メンバーとしてUnited States Codeの編集に携わり、(150) U.S. Code Annotatedについても貢献があった。(151) 編集ならびに経営管理について並外れた才能を示し、一九三三年に編集長となり、多くの企業が生き残りをかけて苦心していたとき、時の社長アスムセンと協力して恐慌を乗り切り、会社を発展させ、このときの会社の成長は新たなレコードを記録した。(152) アスムセンが取締役会長（Board Chairman）になった一九四九年、そのあとを継いで社長に就任した。(153)

こうして、ウエスト社は大恐慌も世界大戦も乗り切った。(154) これは法律出版社の強みではないかと思われるが、戦争になればなったで法律は必要であるし、同じことは不況の場合についても言える。そういう意味では、同じ出版社の中でも、法律出版社は、他の専門出版社と比較したとき、社会状況の変化に左右されることが少ないのではなかろうか。

第七代社長スレイター（Lee H. Slater）はミネソタ出身で、ミネソタ大学工学部（University of Minnesota, College of Engineering）を卒業後、Minnesota and Ontario Paper Co. とChicago Mill and Lumber Co. of Greenville (Mississippi) で働いた。しかし、不況のあおりで職を別に探さなくてはならなくなり、一九三一年七月一〇日からウエスト社で働くことになった。(155)

ウエスト社は、一八八七年、本社をセント・ポールのミシシッピ川に面した場所に建て、これを増築してきたが、(156)一九四七年以前には三七万七五四三平方フィートであったビルの総面積が、一九六八年には、八五万四一三二平方フィートまで増えた。(157)こうした建物の増築はスレイターの社長在任中のことで、まさに彼の経歴が意味を持ったとマーヴィンは書いている。(158)

従業員もまた増加の一途を辿った。一九四五年には六四五人であった従業員数が、一九五〇年までに一一七二人となり、一九六〇年までには一三九五人、一九六五年には一六二三人、そして、一九六八年には二〇〇〇人を越えている。(159)

九　結　語

本稿でも繰り返し引用している社史・West Publishing Co.; origin, growth, leadership を William W. Marvin が刊行したのは一九六九年のことであったが、同書執筆中の一九六八年、オパマン (Dwight D. Opperman) が第八代社長に就任した。(160)その頃は、まさにウエスト出版社が最も自信に満ちた時代であったということができよう。繰り返して引用することになってしまうが、(161) Mayer の The Lawyers に「もしも、ロイヤーズが法律出版界のフォードで、マシュー・ベンダーがクライスラーだというなら、ウエストはゼネラル・モーターズを何個か束ねたようなものだ (If you think of Lawyers Co-op as the Ford of lawbook publishing and Matthew Bender as the Chrysler, then West is about half a dozen General Mortors.)」という言葉が出てくる。(162)これは、1967年に書かれたもので、まさにウエスト社は、向かうところ敵なしという状況にあったことがこうした表現からも窺える。

それなら、一体全体、そのウエスト社が何故に外国の会社によって買収されなければならなかったのかという疑問が生じてくるが、その転換点は一九七三年にあった。この年、ウエスト社はNational Reporter SystemのUltra Fiche Editionなるものを出している。しかし、時代はコンピュータの利用へと動きつつあった。マイクロフィッシュへの先行投資を考えれば、ウエスト社はそのコストを回収できないままコンピュータ時代への突入を余儀なくされたことになる。戦闘機の時代が来ていたのに、ウエスト社は巨額の費用をかけて軍艦の建造に勢力を傾けていたということになろうか。しかも、この年、オハイオでは別の動きが生じていた。LEXISの誕生がそれである。[163]

（1）拙稿「National Reporter Systemについて」東北学院大学法学政治学研究所紀要一〇号〔二〇〇二年〕三五—七〇頁参照。

（2）Henry Campbell Black, A Dictionary of Law (1891). 二〇〇八年三月現在、最も新しいのは二〇〇四年に刊行された第八版である。なお、初版、第二版については、The Lawbook Exchange, Ltd. から復刻版が刊行されていて、容易に入手できる。辞書の歴史については、Frederick C. Hicks, Materials and Methods of Legal Research 244-258 (Third Revised Edition, 1942); Erwin C. Surrency, A History of American Law Publishing 183-187 (1991) 参照。

（3）William W. Marvin, West Publishing Co.: origin, growth, leadership 127-128 (1969). Hornbook Series の中には、冒頭でhornbookという言葉の意味を解説しているものがある。この言葉は、藤倉皓一郎＝木下毅＝高橋一修＝田島裕＝田中英夫＝樋口範雄＝寺尾美子編『英米法辞典』〔一九九一年、東京大学出版会〕でも採録されている。

(4) Robert C. Berring & Elizabeth A. Edinger, Finding the Law 309-310 (Twelfth Edition, 2005) の解説参照。これは一九四一年に初版が刊行され、第四版まではプロッサーの単独著作であったが、第五版ではキートン（W. Page Keeton）が編者となり、書名も W. Page Keeton (General Editor), W. Page Keeton, Dan B. Dobbs, Robert E. Keeton, David G. Owen, Prosser and Keeton on Torts (Fifth Edition,1984) に変わった。

(5) 田中英夫「英米法」田中英夫＝野田良之＝村上淳一＝藤田勇＝浅井敦『外国法の調べ方』〔一九七四年、東京大学出版会〕二二頁。

(6) これについては、拙稿「American Digest System について」東北学院大学論集（法律学）五九号〔二〇〇一年〕二二八―二〇一頁参照。

(7) 前掲（注(6)）拙稿「American Digest System について」二二四頁、Marvin, supra note 3, at 68.

(8) 正式名称は、General Digest of the Decisions of the Principle Courts in the United States, England and Canada である（Surrency, supra note 2, at 119）。

(9) Surrency, supra note 2, at 119.

(10) General Digest が一八八五年に刊行を開始したとあるが、まず最初は、半月毎（semimonthly）に advance sheets を出す（West Publishing Co. v. Lawyers' Co-operative Publishing Co., 53 F. 265 (Circuit Court, N. D. New York. January 2, 1893)）。そののち、これを合本形式で刊行するわけであるが、その区切りとなるのが毎年九月である（West Pub. Co. v. Lawyers' Co-operative Pub. Co., 79 F. 756, at 759 (Circuit Court of Appeals, Second Circuit. April 8, 1897)）。そうすると、一八八五年に刊行が開始されていても、一八八六年刊行のものが第一巻となり、一八九二年版は第七巻となる。

(11) 53 F. 265.

(12) West Publishing Co. v. Lawyers' Co-operative Publishing Co., 64 F. 360 (C.C. N.D. N.Y. November 7, 1894).

(13) 控訴審裁判所は、これについて、"It is apparent that the circuit court and master ... have treated each separate "point" in a syllabus as the subject of a separate copyright . . . "と指摘している（79 F. 756, at 761）。

(14) 64 F. 360, at 364.

(15) 79 F. 756, at 773 - 784.

(16) 79 F. 756.

(17) Lawyers' Co-operative Pub. Co. v. West Pub. Co., 32 A.D. 585, 52 N.Y.S. 1120 (N.Y.A.D. 4 Dept. July 26, 1898).

(18) 32 A.D. 585, at 588; 52 N.Y.S. 1120, at 1121.

(19) 32 A.D. 585, at 587; 52 N.Y.S. 1120, at 1121. ウエスト社は、一八九二年一二月、著作権侵害を理由として、ロイヤーズ社を相手取って訴えを提起している。一八九三年一月二日の判決（West Publishing Co. v. Lawyers' Co-operative Publishing Co., 53 F. 265 (Circuit Court, N. D. New York. January 2, 1893)）では、General Digest 第七巻を定期購読者に販売することは許された。裏返していえば、定期購読者以外の者への販売は差し止められたということである。しかるに、一八九三年六月六日に至って、General Digest 第七巻の出版と販売に関する差止は認められないこととなったということである。これは、名誉毀損に関わる本件の訴訟記録から明らかになるが、先行する著作権侵害訴訟の記録からは判明しないし、ほかに、これを記録する裁判記録も存在しないように思われる。

(20) 32 A.D. 585, at 590; 52 N.Y.S. 1120, at 1123.

(21) 32 A.D. 585, at 591; 52 N.Y.S. 1120, at 1124.

(22) サレンシーは、Consolidation of the American and the General Digest, 34 American Law Review 243 (1900) を引きながら（拙稿「ウエスト出版社物語」(4)『書斎の窓』五〇九〔二〇〇一年一一月〕号四二頁では「二四

巻」と書いたが、これは間違いであった）、最終的にウエスト社とロイヤーズ社は同じ内容のダイジェストをそれぞれ自社の名前で刊行するという合意に達した、と書いている（Surrency, supra note 2, at 120 & 282 n. 40)。

（23） West Publishing Co. v. Edward Thompson Co., 169 F. 833, at 875 (Circuit Court, E.D. New York. June 1, 1909).

（24） 169 F. 833, at 875.

（25） Encyclopaedia については、Hicks, supra note 2, at 259; Surrency, supra note 2, at 175のほか、田中・前掲（注(5)）論文・田中＝野田＝村上＝藤田＝浅井・前掲（注(5)）書四四頁以下などを参照されたい。

（26） 1887年、Edward Thompson は、己の名を冠した Edward Thompson Company なる会社を作った。一八九七年まで社長の地位にあったが、James Cockcroft、William M. McKinney、David S. Garland、John W. Hiltman、Charles W. Dumont が主要株主となり、一八九七年、James Cockcroft が社長になった。一九〇〇年に Charles W. Dumont が株を売り、Cockcroft、McKinney、Garland、Hiltman の四人が経営を行ってきた（West Publishing Co. v. Edward Thompson Co., 169 F. 833, at 840 (Circuit Court, E.D. New York, June 1, 1909) による)。このほか、Surrency supra note 2, at 224 - 225.

（27） Hicks, supra note 2, at 269; Surrency, supra note 2, at 176.

（28） Hicks, supra note 2, at 269, 271; Surrency, supra note 2, at 176.

（29） Marvin, supra note 3, at 58. 同社については、Surrency, supra note 2, at 225 参照。

（30） Hicks, supra note 2, at 269, 271; Surrency, supra note 2, at 177.

（31） Edward Thompson Co. v. American Lawbook Company, 121 F. 907 (Circuit Court, S.D. New York. February 10, 1903). 見られる通り、判例集における表記は American Lawbook Company であるが、控訴審では American

Law Book Company となっており（次注参照）、さらに、刊行された書物のタイトル・ページでも American Law Book Company とあるので、本稿では後者 American Law Book Company と表記し、さらに、これをＡＬＢＣと略称する。

（32）　Edward Thompson Co. v. American Law Book Company, 122 F. 922, at 925 (Circuit Court of Appeals, Second Circuit. July 1, 1903).

（33）　122 F. 922, at 926.

（34）　Virginia Huck, Many Worlds of Homer P. Clark 140 (1980).

（35）　Huck, supra note 34, at 141.

（36）　Huck, supra note 34, at 140. その中心になったのはクラークであった。これにジョン・B・ウエスト（John B. West）の兄ホレイショウ（Horatio）を加えたことがトラブルの種になったらしいが、この話については略す。

（37）　122 F. 923.

（38）　Huck, supra note 34, at 141. 同社は最終的にウエスト社に吸収された。本稿後注(133)参照。

（39）　122 F. 922 at 925.

（40）　West Pub. Co. v. Edward Thompson Co., 151 F. 138 (Circuit Court, E.D. New York, February 23, 1907) ; 152 F. 1019 (Circuit Court, E.D. New York, April 9, 1907); 169 F. 833 (Circuit Court, E.D. New York. June 1, 1909); 176 F. 833 (No. 114. March 7, 1910. On Petition for Rehearing, March 21, 1910. Circuit Court of Appeals, Second Circuit.); 184 F. 749 (Circuit Court, E.D. New York, March 27, 1911).

（41）　Surrency, supra note 2, at 224 & 306 n.67.

（42）　184 F. 749, at 751.

(43) Marvin, supra note 3, at 58. 書名はマーヴィンの表記通りである。これは第二版である（Surrency, supra note 2, at 224）。

(44) Hicks, supra note 2, at 269.

(45) Hicks, supra note 2, at 269.

(46) Surrency, supra note 2, at 178; Hicks, supra note 2, at 270. 正確には、Ruling case law as developed and established by the decisions and annotations contained in Lawyers reports annotated, American decisions, American reports, American state reports, American and English annotated cases, American annotated cases, English ruling cases, British ruling cases, United States Supreme court reports, and other series of selected cases という名称である。

(47) Surrency, supra note 2, at 178. Hicks, supra note 2, at 270.

(48) Surrency, supra note 2, at 178. Hicks, supra note 2, at 270. 田中・前掲（注(5)）論文・田中＝野田＝村上＝藤田＝浅井・前掲（注(5)）書・四五頁。このことは、American jurisprudence : a comprehensive text statement of American law as developed in the cases and annotations in the Annotated reports system : being a rewriting of Ruling case law to reflect the modern developments of the law という名称によっても、何を引き継いだかが理解される。

(49) 田中・前掲（注(5)）論文・田中＝野田＝村上＝藤田＝浅井・前掲（注(5)）書四五―四六頁。そこには「82 vols.」とある。現在は、内容の更新とともに、冊数も増えて一〇〇冊を軽く越えているはずである。

(50) 言うまでもなく、これは、「ローマ法大全」からその名をとったものである。田中・前掲（注(5)）論文・田中＝野田＝村上＝藤田＝浅井・前掲（注(5)）書四五頁は、Corpus Juris を Cyclopaedia of Law and Practice, 50 vols (1901-12) の新版であるとし、藤倉＝木下＝高橋＝田島＝田中＝樋口＝寺尾編・前掲（注(3)）

『英米法辞典』も、この叙述を引き継いでいるように思われるが、本文で示したように、Corpus Juris の前身は、Cyclopaedia of Law and Procedure という名称であって、Cyclopaedia of Law and Practice という名称ではない。また、その巻数を「五〇巻」とするが、これも間違いではないか）。Surrency, supra note 2, at 178. もっとも、Surrency, supra note 2, at 177では、"Encyclopeadia of Law and Procedure" となっている（これも単純な勘違いか）。

(51) Surrency, supra note 2, at 226.

(52) 出版社は The American Law Book Co. であるが、Donald J. Kiser Editor in Chief とあるあとに、Assisted by The Combined Editorial Staffs of The American Law Book Co. and West Publishing Co. とある。

(53) 田中・前掲（注(5)）論文・田中＝野田＝村上＝藤田＝浅井・前掲（注(5)）書四四―四五頁。そこには、「Corpus Juris Secundum, 101 vols. および補巻多数」とある。これまた、現在は、内容の更新とともに、冊数も増えているはずである。

(54) ロイヤーズ社は既に一九八九年にトムソン（Thomson）に吸収されていたが、その後、ウエスト社もトムソンに買収された。そのとき、この二つの法律百科事典をどうするかということも問題になった。これについては、拙稿「West 売却」成城法学七六号〔二〇〇七年〕九八（一七五）頁注(39)ならびにそれに対応する本文参照。

(55) ラングデルについては、Samuel F. Batchelder, Christopher C. Langdell, 18 The Green Bag 437 (1906); James Barr Ames, Christopher Columbus Langdell, William Draper Lewis ed., 7 Great American Lawyers 89 (1909) に紹介がある。また、ラングデルの著作については、Charles Warren, 2 History of the Harvard Law School and of Early Legal Conditions in America 460 n. 2 (1908); William P. LaPiana, Logic and Experience 229 (1994) に挙がっている。

（56） 田中英夫『ハーヴァード・ロー・スクール』〔一九八二年、日本評論社〕三〇頁。

（57） Warren, supra note 55, at 354、田中・前掲（注(56)）書三〇頁。

（58） Warren, supra note 55, at 370.

（59） Warren, supra note 55, at 363. Rosamond Parma, The Origin, History and Compilation of the Casebook, 14 Law Library Journal 14, at 15 (1921) はただ commercial subjects と記すだけである（なお、これは、4 (13) American Law School Review 741 (1922) に再録されている）。

（60） Warren, supra note 56, at 372.

（61） ケイス・メソッドの始まりの場面に実際に立ち会った人たちの証言・回顧談としては、Batchelder, supra note 55 のほか、Samuel Williston, Life and Law: An Autobiography (1940) がある。

（62） 田中前掲（注(56)）書三五―三六頁。

（63） Douglas W. Lind, An Economic Analysis of Early Casebook Publishing, 96 Law Library Journal 95 (2004). ただし、その一冊一冊の内容を精査することは不可能に近く、同論文の叙述に依拠しての議論になっていることは認めなければならない。けれども、この論文のような丹念な仕事が容易でないことも事実である。実を言えば、筆者自身も同様のことを企てたことがある。筆者が二〇〇五年三月まで所属していた東北学院大学には「一九世紀ハーヴァード大学所蔵コレクション」（マイクロフィッシュ）が収蔵されていたので、二度目の在外研究から帰った後、これを利用して、いかなる出版社がどのようなケイスブックを刊行していたのかを調べようとしたのであるが、様々な理由から頓挫していたところへ、リンドの論文が出たのである。もっとも、筆者は、リンドの結論には必ずしも賛成できない。リンドは、ウエスト社の貢献があったればこそ、ケイス・メソッドが急速に普及したというのであるが、それは、いささか褒め過ぎだろう。筆者は、ラングデルのケイスブックを刊行したリトル・ブラウンが、そのあと、必ずしもケイスブックの刊行に積極的でなかったということとから、商業出版社は、ケイスブックの普及を後押ししたというよりは、ケイスブックによる教育が軌道に乗りそうだというところで手を差し伸べたのではないか、という「仮説」を論証しようとしたのである。

(64) Lind, supra note 65, at 103.

(65) Lind, supra note 65, at 103.

(66) Lind, supra note 65, at 111.

(67) Lind, supra note 65, at 111. これはウィリストンとの共編になっていて、正式の書名は、Christopher Columbus Langdell and Samuel Williston, A Selection of Cases on the Law of Contract (2d ed. 1879) である (Lind, supra note 65, at 111)。

(68) Parma, supra note 61, at 16; Lind, supra note 65, at 99.

(69) Lind, supra note 65, at 111.

(70) もっとも、この Harvard Law Review Pub. Association が具体的にどのような組織かについて筆者はよくわからない。Harvard Law Review の創刊は一八八七年であるが (Hicks, supra note 2, at 207)、こうした組織があったということは、相当前から雑誌の準備は始まっていたということか。

(71) Lind, supra note 65, at 103.

(72) Harvard Law School Association, The Centennial History of the Harvard Law School 1817-1917, at 83 (1918). 筆者は、この事実を Lind, supra note 65, at 107 & n. 64の指摘によってはじめて知った。もっとも、Harvard case books という言葉の意味がもうひとつ不透明な感じがしないでもない。リンドは "the copyright of casebooks by the Harvard faculty" と書いていて (Lind, supra note 65, at 107)、そうすると、ハーヴァードの教授の編んだケイスブックならすべてが含まれうるという理解をしていることになるのだろうか。いずれにせよ、ウエスト社は、ハーヴァード・ロー・スクールの教授が編んだケイスブックを手中に収めようとしたことだけは確からしいのである。

(73) Lind, supra note 65, at 106 & n. 63.

(74) Marvin, supra note 3, at 125.

(75) そのひとつとして、Roger W. Cooley, Illustrative Cases on Insurance があるが、その副題は、A Companion Book to Vance on Insurance とあって、これによって、そのシリーズの性格が理解される。

(76) スコット（James Brown Scott［＝一八六八年生、一九四三年没］）は、Columbia、George Washington の教授などを歴任した国際法の権威である。

(77) Marvin, supra note 3, at 125. そのあと、シーヴィー（Warren A. Seavey［＝一八八〇年生、一九六六年没。ハーヴァード・ロー・スクール教授］）、続いて一九五八年、グリズウォルド（Erwin N. Griswold［＝一九〇四年生、一九九四年没。ハーヴァード・ロー・スクールの Dean ののち、Solicitor General となった］）を編集代表に迎えた（以上、Marvin, supra note 3, at 125）。

(78) これは、Lind, supra note 65, at 107において［も］確認されるところである。もう一冊、一九〇八年には、Eugene Allen Gilmore, Cases on the Law of Partnership が刊行されている。一九〇九年には、Mechem, Cases on Damages が刊行されている。

(79) Lind, supra note 65, at 97-98.

(80) Lind, supra note 65, at 98.

(81) この雑誌は、一九〇二年に創刊され、一九四七年まで続いた。

(82) Marvin, supra note 3, at 126. これがのちに Journal of Legal Education となる。

(83) Dwan & Feidler, The Federal Statute-Their History and Use, 22 Minnesota Law Review 1008 (1938) が連邦の制定法の歴史について概観を与えている。本稿では、基本的に、これに依拠して解説を行う。

（84）　編者は、Wheaton v. Peters, 33 U.S. (8 Pet.) 591 (1834) の当事者の一人 Richard Peters, Jr. である（Morris L. Cohen & Sharon Hamby O'Conner, A Guide to the Early Reports of the Supreme Court of the United States 66 (1995)）。

（85）　田中・前掲（注(5)）論文・田中＝野田＝村上＝藤田＝浅井・前掲（注(5)）書九四頁。

（86）　Marvin, supra note 3, at 83.

（87）　Dwan & Feidler, supra note 83, at 103; Surrency, supra note 2, at 106 & 280 n. 50.

（88）　Act of June 27, 1866, Chap. 140, 14 Stat. 74 (Dwan & Feidler, supra note 83, at 1013 & n. 23 に拠る). なお、Dwan & Feidler, supra note 83, at 1013 & 24; Hicks, supra note 2, at 87; Surrency, supra note 2, at 106 も参照。

（89）　Dwan & Feidler, supra note 83, at 1012 は、この法典が一八七四年に制定されたところから、これを Revised Statutes of 1874 とするものがあるけれども、この改訂は、一八七三年一二月一日以前に制定された法律についてのものであることから、Revised Statutes of 1873 と呼ぶほうが正確であるとする。実際、Surrency, supra note 2, at 106 は、これを Revised Statutes of 1874 とする。

（90）　Act of Feb. 18, 1875, ch. 80, 18 Stat. 316, pt. 3 (Dwan & Feidler, supra note 83, at 1014, n. 33 に拠る).

（91）　Act of Feb. 27, 1877, ch. 69, 19 Stat. 240 (Dwan & Feidler , supra note 83, at 1014, n. 34 に拠る).

（92）　Surrency, supra note 2, at 107 が、"This revision was published in 1878, but was not enacted into positive law as was the Revised Statutes of 1874." とはっきり書いている。Berring & Edinger, supra note 4, at 129 も参照。

（93）　Act of Mar. 2, 1877, ch. 82, 19 Stat. 268 (Dwan & Feidler, supra note 83, at 1016 & n. 43, に拠った).

（94）　Act of Mar. 9, 1878, ch. 26, 20 Stat. 27 (Dwan & Feidler, supra note 83, at 1016 & n. 44 に拠った).

（95）　以上、Dwan & Feidler, supra note 83, at 1016 & nn. 43, 44 による。

(96) Berring & Edinger, supra note 4, at 129.

(97) Surrency, supra note 2, at 241.

(98) Marvin, supra note 3, at 84.

(99) Surrency, supra note 2, at 77-78 がその意義について解説している。

(100) Dwan & Feidler, supra note 83, at 1018-1019.

(101) 以上、Dwan & Feidler, supra note 83, at 1019-1020 による。そのほか、Surrency, supra note 2, at 241; Huck, supra note 34, at 137 も参照されたい。

(102) Dwan & Feidler, supra note 83, at 1020.

(103) Huck, supra note 34, at 138.

(104) Dwan & Feidler, supra note 83, at 1020; Huck, supra note 34, at 137.

(105) 本稿注(34)―(37)に対応する本文参照。

(106) Huck, supra note 34, at 139. のちに改めて紹介するが、このとき活躍したのがリード（Harvey T. Reid）だった。

(107) 第二条(a)項は、"The matter set force in the Code, evidenced as hereinafter in this section provided, shall establish prima facie the laws of the United States, general and permanent in their nature, in force on the 7th day of December, 1925; but nothing in this Act shall be construed as repealing or amending any such law, or as enacting as new law any matter contained in the Code. In case of any inconsistency arising through omission or otherwise between the provisions of any section of this Code and the corresponding portion of legislation heretofore enacted effect shall be given for all purposes whatsoever to such enactments." と規定する。Berring & Edinger は、"[T]he Statute at Large remains legal evidence and the Code is prima facie evidence." とはっきり書いている

(Berring & Edinger, supra note 4, at 129)。田中・前掲（注(5)）論文・田中＝野田＝村上＝藤田＝浅井・前掲（注(5)）書九五頁は、United States Code を「West Publishing Co. と Edward Thompson Co. に刊行させている」とするが、United States Code を刊行しているのは Government Printing Office ではないか。また、「全体を、“Constituion”のほか、五〇の Titles に分け……」と説明するが、厳密には、Organic Laws of the United States という見出しのもとに Declaration of Independence、Articles of Confederation、Ordinance of 1787: The Northwest Territorial Government、Constitution of the United States and Amendments、Index to the Constitution of the United States and Amendments が収録されている。

(108) Marvin, supra note 3, at 85.

(109) Dwan & Feidler, supra note 83, at 1021, n. 71.

(110) クラークについては、後述の本文を参照。

(111) Huck, supra note 34, at 140.

(112) Berring & Edinger, supra note 4, at 131.

(113) Marvin, supra note 3, at 86. 田中・前掲（注(5)）論文・田中＝野田＝村上＝藤田＝浅井・前掲（注(5)）書九五–九六頁参照。12 American Bar Association Journal 812-813 (1926) の見開き二頁を使って、USCA の広告が掲載されている。ちなみに、このとき注目されたのが Pocket Supplements である。こうした方法を採った最初のものは、McKinney's Consolidated Laws of New York であったが、USCA における成功によって、ダイジェスト、テキスト、その他の法律文献あるいは、非法律文献においても用いられるようになったという (Marvin, supra note 3, at 87; Surrency, supra note 2, at 109; Norbert D. West, Law Book Publishing, 7 (1) Library Trend 181, at 186 (July, 1958))。

(114) Surrency, supra note 2, at 162. もっとも、ウエスト社がトムソンに買収された現在、一体、ファウンデイション・プレスはどうなっているのか、という問題があるが、インターネットで検索した限りは、トムソン・ウエストの一部を構成すると書いてある（http://www.westacademic.com/Students/About/AboutUs.aspx?tab=6［＝二〇〇八年三月二一日、確認］）。遺憾ながら、トムソンの組織形態についての理解が筆者には十分できておらず（これは、Lexis-Nexis についても当てはまる）、最終的には、関係者にインタヴューを試みるしかないと考えている（もっとも、そのトムソン自体が、二〇〇八年四月、ロイター（Reuters）を買収してトムソン・ロイター（Thomson Reuters）となった）。

(115) 以上、Surrency, supra note 2, at 162.

(116) Surrency, supra note 2, at 162. Griswold の税法のケイスブックは一九四〇年に刊行されているが、その時のエピソードあるいはその後の話が彼の自伝（Erwin N. Griswold, Ould Fields, New Corne: The Personal Memories of a Twentieth Century Lawyer 125-126 (1992)）に出ている。

(117) Harry W. Jones, Professor Morgan and The University Casebook Series, 14 Vanderbilt Law Review 716 (1961).

(118) Surrency, supra note 2, at 162.

(119) West, supra note 113, at 188.

(120) 同社は、一九一一年、ウエスト社によって支配されるに至った（West, supra note 113, at 188）。同社について、サレンシーは、その名に言及するだけである（Surrency, supra note 2, at 245）。

(121) 同社は一九三五年にウエスト社の子会社となった（West, supra note 113, at 188）。サレンシーによれば、Illinois Statutes を刊行していたという（Surrency, supra note 2, at 245）。

(122) 同社は、一九三五年、ウエスト社によって支配されるに至った（West, supra note 113, at 189）。

(123) 同社は、一九七三年頃にウエスト社に吸収された（Surrency, supra note 2, at 229）。

(124)　これについては、サレンシーも言及していない。

(125)　これまたサレンシーは言及していないが、インターネットの検索を行うと（特に典拠は示さないけれども）、マーヴィンの注記通り（Marvin, supra note 3, at 155）、ニュー・ジャージー州を拠点として、法令集などを刊行していることが明らかになる。

(126)　同社がウエスト社の子会社になるのは一九三〇年である（West, supra note 113, at 189）。一九六〇年、同社は解体されてしまった（Surrency, supra note 2, at 226.）。

(127)　同社は、一九三五年、ウエスト社によって支配されるに至った（West, supra note 113, at 189）。同社も、最終的には、ウエスト社に吸収されている（Surrency, supra note 2, at 225）。

(128)　West, supra note 113, at 189.

(129)　田中・前掲（注(5)）論文・田中＝野田＝村上＝藤田＝浅井・前掲（注(5)）書一〇二頁参照。

(130)　歴代社長の名前だけは、既に前掲（注(54)）拙稿「West 売却」九五（一七八）頁で紹介した。本稿では、以下の本文にもあるように、若干の解説を加える。

(131)　創業者ジョン・ブリッグス・ウエスト（John Briggs West）については、前掲（注(22)）拙稿「ウエスト出版社物語」(4)書斎の窓五〇九（二〇〇一年一一月）号三八頁、拙稿「West 前史」東北学院大学法学政治学研究所紀要一〇号（二〇〇二年）七一頁参照。

(132)　Marvin, supra note 3, at 4. 括弧内は、社長在任期間を示す。

(133)　前掲（注(22)）拙稿「ウエスト出版社物語」(5)『書斎の窓』五一〇号（二〇〇一年一二月）二六頁参照。

(134)　Marvin, supra note 3, at 96.

(135)　エイムズについては、前掲（注(1)）拙稿「National Reporter System について」三八頁において参考文献を掲げたので、それを参照されたい。

(136) Huck, supra note 34, at 116.

(137) Marvin, supra note 3, at 40. このことは、原始定款（Articles of Incorporation of The West Publishing Co.）に名前の挙がっているのがジョン・ブリッグス・ウエスト（John Briggs West）、ホレイショウ・D・ウエスト（Horatio D. West）、ペイトン・ボイル（Peyton Boyle）の三人であるからことから確かめられる（原始定款は、二〇〇〇年夏に、登記簿で確認した。これも、いまだ紹介できずにいるもののひとつである）。

(138) Marvin, supra note 3, at 23. 筆者もそのように書いたことがあるが（前掲（注(22)）拙稿「ウエスト出版社物語」(2)『書斎の窓』五〇七号〔二〇〇一年九月〕一三頁、前掲（注(22)）拙稿「ウエスト出版社物語」(5)『書斎の窓』五一〇号〔二〇〇一年一二月〕三〇頁）、厳密には本文にあるとおりである。幾らかの弁明を試みれば、最初の在外研究の際、エイムズを含め、四人で写した写真の存在をDocket, Vol. 4, No. 8で知った（これまたぜひとも紹介したいものなのであるが、許諾を取ることが思うようにいかないのである）。これが非常に強烈に印象に残り、ウエスト社は四人で設立されたと思い込んでしまったのである。しかし、マーヴィンをよく読めば、違うことは明らかである。

(139) クラークについては、Huck, supra note 34［= Virginia Huck, Many Worlds of Homer P. Clark (1980)］がある。

(140) Marvin, supra note 3, at 115.

(141) Huck, supra note 34, at 118-120.

(142) Huck, supra note 34, at 120. Marvin, supra note 3, at 116 は、クラークが Treasurer になったのを一八九九年とする。

(143) Marvin, supra note 3, at 116; Brent Stahl, Giant with a Low Profile, Corporate Report 1979 Feb. 40, at 42（スタールが、クラークの社長就任を一九二二年とするのは、マーヴィンの叙述を引き継ぐもののように思われる）。

(144) Huck, supra note 34, at 128-130.

(145) これについては、別途、紹介するつもりで準備している。

(146) Huck, supra note 34, at 134.

(147) 以上、Marvin, supra note 3, at 113-114.

(148) ローヅ奨学生については、三輪裕範『ローズ奨学生――アメリカの超エリートたち――』〔二〇〇一年、文春新書〕がある（見られる通り、Rohdesは、一般的に「ロー『ズ』」と表記されるが、これでは"Rose"を思い浮かべる可能性が高い気がするので、「ロー『ヅ』」と表記する。

(149) Huck, supra note 34, at 139.

(150) Marvin, supra note 3, at 111.

(151) Marvin, supra note 3, at 112.

(152) Marvin, supra note 3, at 112.

(153) 以上、Huck, supra note 34, at 139.

(154) ただ、流石にＰＲ誌Docketは戦争中の一九四四年に刊行を中止した（拙稿「West Publishing CompanyのＰＲ誌のことなど」東北学院大学論集（法律学）六一号〔二〇〇三年〕一八四頁）。

(155) Marvin, supra note 3, at 118.

(156) West Publishing Companyのaddress（所在地）は50 W. Kellogg Blvd.であったが、セント・ポールの地理とその位置関係については、前掲（注(130)）拙稿「West前史」八五―八六頁で解説をした。ウエストの本社はセント・ポールのミシシッピ川沿いに建っているのであるが、川のほうから番号のつけられたFirst Street、Second Streetまでは河川敷というべき高さにあるが、Third Street（現在はKellogg Boulevardと呼ばれる）は、突然、高くなる。このSecond StreetとThird Streetの間にウエスト本社は建てられていて、そのため、

Second Street 側から見ると、ウエストの建物は絶壁に張り付くように建っていて、相当の高さである（一〇階建てだったと思う）ことが直ちに了解できるが、その断崖をのぼって Kellogg Boulevard から眺めると、三階建てにしか見えない。ウエストの本社（旧社屋）全体を眺めたければ、対岸に渡るしかない。たとえば corbis（http://pro.corbis.com/）で検索すると、ウエスト本社の写った写真が何枚か出てくる。そのほか、George Earl Resler (1882-1954) 作の Harriet Island Bridge と題するエッチングがあって、これも紹介したいもののひとつである。ここで、併せてミシシッピ川のことも書いておけば、ミシシッピ川の水源はミネソタ州にある（ジェームズ・M・バーダマン（井出野浩貴訳）『ミシシッピ＝アメリカを生んだ大河』（二〇〇五年、講談社選書メチエ）二三二頁に水源の写真が載っている）。したがって、ミネソタにおけるミシシッピの川幅は、メキシコ湾に近いところと比べれば遥かに狭いはずであるが、それでも時に氾濫することがあって、ウエスト本社もまたその害を蒙っている。特に一九五二年と一九六五年の洪水は記録的であったらしい。一九六五年四月一六日には、最高水位二六フィート（約八メートル）を記録したという（Marvin, supra note 3, at 107-108）。

(157) Marvin, supra note 3, at 106.

(158) Marvin, supra note 3, at 119.

(159) Marvin, supra note 3, at 100.

(160) Marvin, supra note 3, at 158. 同書一五八頁から最終頁の一六一頁までは、Epilogue; Dwight D. Opperman と題して、社長に就任したばかりのオパマンにページを割いている。これは、他の社長経験者に割かれたページ数に比較すると扱いが大きい。これは、マーヴィンも予定外のことであったのかも知れないが（同書は、Homer P. Clark にささげられている）、結果としてオパマンを讃える格好になっている。第八代社長オパマンは、「第二次世界大戦中、三年間、軍務に服したのち、一九五一年、Drake Law School を卒業した。そして、直ちに、West Publishing Company に入社した。彼が社長に就任したのは一九六八年一〇月一八日で、そのときから一九九三年まで、二〇年以上に亘ってOppermanは社長の地位にあった」（前掲（注(54)）拙稿「West売却」九五（一七八）頁）。

(161) 拙稿「世界の法情報学はいま⑨ Rob Richards, A Legal Publishers' List: Librarians Cooperate to Discern the Corporate Affiliations of U. S. Legal Publishers」法律時報二〇〇四年四月号一五六頁、前掲（注(54)）拙稿「West売却」一〇五（一六八）頁。

(162) Martin Mayer, The Lawyers 425 (1967). これは、American Law Reportsの仕事に長く携わっていたAlfred Gansなる人の話としてMayerが紹介しているものである。

(163) これについては、拙稿「LEXIS誕生」成城法学七五〔二〇〇七年〕号一六一―一八四頁で語った。

8

代理商の補償請求権

――EC司法裁判所二〇〇六年三月二三日判決について――

桑原康行

一　はじめに

イタリアは、代理商法が従来きわめて特色のある独自の発展を遂げていた国であるが、ECの「独立代理商に関する加盟国法の調和に関する理事会指令一九八六年一二月一八日八六／六五三号」（以下、代理商指令という）[1]の国内法化によって最も大きな影響を受けた国でもある。ちなみに、これまでに下された同指令の解釈に関するEC司法裁判所の判決全八件のうち、イタリアの裁判所から付託されたものが半数の四件を占めている。イタリアの代理商法は、EC司法裁判所の判決によって新たな展開をみせており、極めて興味深いものがある。かかる展開のなかで最も有名なものは、代理商名簿への登録に関連する問題であろう[2]。イタリアの代理商法は、最近では、代理商の報酬請求権に関する問題についても、イタリアの破棄院からの付託に答えたEC司法裁判所二〇〇六年三月二三日判決(3)を契機として、新たな展開をみせつつあるといえよう。本稿では、付託がなされるに至るまでのイタリアにおける問題状況を概観した上で、本判決の内容を詳細に紹介することとしたい(4)。

二　イタリアにおける問題状況

イタリアにおいて代理商法の中心をなすのは、民法典一七四二条から一七五三条までの規定である。民法典の規定は、一九九一年九月一〇日委任立法第九一一号によって改正され、その後一九九九年一二月二一日法律第五二六号によって再改正されている(5)。

民法典の規定を補完するものとして、代理商の団体と経営者の団体との間で締結された団体経済協定がある。団体経済協定のうち、私法上の協定に過ぎないものの例として、以下の協定を挙げることができる。まず、一九八八年六月九日の商業企業の代理商に関する団体経済協定（以下、商業企業の代理商に関する団体経済協定を商業協定という）、次に、委任立法第九一一号による民法改正後に締結された、代理商契約の終了のみを規制対象とする一九九二年一一月二七日の商業企業の代理商に関する暫定協定（以下、暫定協定という）、さらには、二〇〇二年二月二六日の商業企業の代理商に関する団体経済協定である。二〇〇二年商業協定は、一九九九年の民法改正後に締結されたものであり、一九八八年商業協定と一九九二年暫定協定を修正・統合した協定である(6)。

代理商に代理商契約終了後にも手数料に代わる何らかの請求権を付与することを認めるかについて、代理商指令の国内法化以前には、各国法は著しい差異を示していた。イタリア法はドイツ法と同じように、代理商契約終了の場合、代理商に補償請求権を認めていた(8)。

イタリア法は、代理商契約期間中に代理商が受領した手数料に比例する二種類の補償を代理商に認めていた。一九九一年改正前の民法一七五一条は、次のように規定していた。すなわち、期間の定めのない契約の終了の場合、本人は代理商に契約期間中に代理商に支払われた手数料総額に比例する補償をなさねばならない。そして、かかる補償は、契約期間の定めのない代理商契約の終了するすべての場合に、代理商に認められていた。補償額については、民法一七五一条が援用する団体経済協定に、代理商契約期間中に受領した手数料総額の一定割合とし、この額を代理商社会福祉援助公社の契約終了補償基金に積立することを定める規定が存在していた（一九八八年商業協定一一条、一三条）。

民法一七五一条による補償に加えて、一九七四年以降は、団体経済協定が定める顧客追加補償も存在していた。顧客追加補償は、代理商契約が代理商の責に帰すべき事由以外の事由によって終了した場合に認められ、本人が契約終了の際に代理商に直接支払う義務を負うものである。追加補償額については、契約四年目までは手数料総額の三％、五年目から七年目までは三・五％、八年目以降は四％と規定されていた（一九八八年商業協定一四条）。

代理商指令は、同指令の中心をなすともいえる一七条および一八条で次のような規定を設けた。同指令は、加盟国が、代理商の補償請求権または損害賠償請求権について規定を設けるべきことを規定する（同指令一七条一項）。補償請求権は、代理商が本人に新たな顧客を紹介するか従来の顧客との取引量を著しく増大し、しかも、本人がかかる顧客との取引から相当な利益を得ている場合であって、かつ、すべての事情、特に代理商が失ったかかる顧客との取引に関する手数料を考慮して、かかる補償の支払が公平にかなう場合に、その範囲において、生ずるものとされる（同指令一七条二項ａ号）。補償額は、従前の年間報酬額の平均から算出された一年間の報酬額を限度とする（同条二項ｂ号）。補償金の受領は、代理商の損害賠償請求を妨げるものではない（同条二項ｃ号）。

代理商指令一七条二項の補償請求権は、代理商が代理商契約終了後一定の場合に補償請求権を有するとするドイツ法をモデルとしたものである。

ただし、これらの請求権は、一定の場合には、発生しない（同指令一八条）。さらに、代理商契約の当事者は、契約終了前に、一七条及び一八条の規定（内容）を代理商の不利益に変更してはならない（同指令一九条）ものとされる。

イタリアの立法者は、代理商指令の国内法化のさいに、ドイツモデルを採用した。一九九一年改正後の民法一七五一条一項は、次のように規定していた。代理商契約終了時に、以下の条件の少なくとも一つが満たされる場合に、本人は、代理商に補償を支払わなければならない。一、代理商が本人に新たな顧客を紹介するか、従来の顧客との取引量を著しく増大し、かつ、本人がかかる顧客との取引から相当な利益を得ている場合、二、すべての事情、特に代理商が失ったかかる顧客との取引に関する手数料を考慮して、かかる補償の支払が公平にかなう場合。また、同条二項によれば、補償額は、従前の年間報酬額の平均から算出された一年間の報酬額を限度とするものとされた。

一九九一年改正後の民法一七五一条一項は、代理商指令一七条二項とは次の二点で相違していた。まず、補償請求権発生の要件が、累積的ではなく、選択的であるとされていたことである。次に、この規定には同指令にある「その範囲において」（**nella misura in cui**）との文言が欠如していたことである。このため、ＥＣ

委員会は、代理商指令一七条の適用に関する報告書（一九九六年）[9]において、請求権発生の要件を選択的であるとしている点において、民法一七五一条一項が同指令一七条二項を適切に国内法化したものではないとしている。もっとも、同委員会は「その範囲において」との文言の欠如は特に問題視していない。同委員会による意見を受け入れ、イタリアの立法者は、一九九九年の委任立法第六五号により民法一七五一条一項を再改正した。この再改正の結果、補償請求権発生のためには前述の二つの条件をいずれも充たすことが必要であることが明確にされた。これに対して、「その範囲において」という文言欠如の点については、改正されず、同指令一七条二項との相違は依然として存続していた。このことは、イタリアの立法者が補償請求権の算定基準については特に定めず、当事者（協定または契約レベルで）の決定に委ねようとしたことを意味しているようにも思われ、補償請求権をめぐる議論の複雑化の一因ともなった。

一九九一年法改正によって、民法一七五一条に、本条の規定は代理商の不利益に変更することはできないとの規定が新設された（同条六項）。一九九二年暫定協定は、一九八八年商業協定と同じように、手数料総額の一定割合を支払うものとする補償（契約終了補償と顧客追加補償）とを定めていた。このため、同暫定協定の定めが民法一七五一条にいう不利益な変更にあたるのではないかという疑問が生じ、暫定協定と民法一七五一条との適合性の問題が盛んに論じられるようになった。二〇〇二年商業協定も、契約終了補償と顧客追加補償を存置させたことから、状況は変わらず、議論は現在に至るも続いている。

二〇〇二年商業協定には、補償の種類および各補償の算定基準に関し、詳細な規定が置かれている[10]。補償の種類についてみると、三種類の補償、すなわち、契約終了補償、顧客追加補償、および能力主義補償が定められている。第一に、契約終了補償は、代理商が顧客の開拓または売上高増加に貢献せず、公平基準に合致しない場合であっても、認められるものである。かかる契約終了補償には、基本補償と補完補償が含まれる。第二に、顧客追加補償は、公平基準に合致しているものとされ、民法一七五一条の定める要件を充足しない場合にも認められるものである。第三に、能力主義補償は、民法一七五一条の基準に対応するものであり、新規顧客の開拓または既存の顧客の売上高増加との要件を充足する場合に認められるものである。暫定協定においては、二種類の補償、すなわち、契約終了補償（基本補償と補完補償）および顧客追加補償について定めがあったが、二〇〇二年商業協定では、これらの補償に加えて、能力主義補償についても規定が設けられている。

二〇〇二年商業協定における各補償の算定基準についてみると、契約終了補償についてはやや複雑で（一九五九年以降の条件に限定してみれば）、基本補償は契約期間中の手数料総額の一％であるが、補完補償は様々な条件の組み合わせによって手数料総額の一％か三％となっている。両者の合計は、結局のところ、手数料総額の二％または四％のいずれかであるといえる。次に、顧客追加補償については（一九八九年以降に締結された取引については）三年目までは手数料総額の三％、四年目から六年目までは三・五％、七年目以降は四％となっている。さらに、能力主義補償については、契約期間に応じて計算される複数の手数料の差額（増加分）が基準とされ、増加分が三三％までは一％の、増加分が三三％を超え六六％までは二％の、増加分が六六％を超えると三％の補償が認められるとされている。二〇〇二年商業協定における契約終了補償および顧客追加補償の算定基準は、基本的には、暫定協定の両算定基準を受け継いだものといってよい。(11)

団体経済協定が民法一七五一条にいう不利益変更にあたるか否かを判断するための諸要素のなかで一番重要なものは補償額である。この点に関連してまず問題となるのが、そもそも民法一七五一条が補償額算定基準をも定めているのかということであり、見解の対立がある。同条は補償請求権存否の要件を定めるにとどまり、補償額算定基準を定めていないとの見解は、その根拠として、同条一項の文言を挙げている。代理商指令一七条二項と異なり、同条一項には、「その範囲において」との文言がなく、このことはイタリアの立法者が補償額算定基準を定めようとしなかったことを意味しているというのである。この見解によれば、最高限度額の点を除き、当事者が自由に補償額を決定することが可能となり、協定の定めが民法一七五一条と抵触することはないことになる。これに対して、民法一七五一条は補償額算定基準をも定めており、その基準は補償請求権存否の決定基準と同じである（具体的には顧客の開拓、本人への相当な利益、代理商が失った手数料など）とする見解は、立法者が同条の不利益変更を許さないとしておきながら、補償額決定基準を定めず当事者が自由に補償額を決定することを認めたとは考えにくいとする。この見解によれば、さらに不利益変更の有無を検討する必要があることになる。

次に問題となるのが、民法一七五一条が能力主義補償のみを認める趣旨なのかということである。この点についても、見解の対立がある。民法一七五一条が能力主義補償のみを認める趣旨であるとの見解によれば、協定の定めは民法一七五一条に抵触することになる。これに対して、民法一七五一条は能力主義補償以外の補償を禁ずる趣旨ではないとの見解をとれば、協定の定める補償の種類を問うことなく、不利益変更か否かを判断すればよいことになる。

さて、協定の定めが民法一七五一条にいう不利益変更にあたるか否かであるが、まず、不利益変更の有無をどのようにして判断すべきかが問題となる。協定の定めを民法一七五一条と具体的に比較して、判断するのであろうか。それとも、一般的、抽象的に比較して、判断するのであろうか。前者は、協定の定めを具体的事案に適用して得られる補償額と民法一七五一条を具体的事案に適用して得られる補償額とを比較して不利益変更の有無を決定するものであり、この趣旨の判例もある。しかし、この説によれば、同一の協定の定めが事案によって有効とされることもあれば、無効とされることもあることになり、妥当でないとして、後者の、協定の定めを民法一七五一条と一般的に比較して、不利益変更の有無を決定すべきであるとする見解が有力に主張されている。判例もこの見解を支持するものが多い。

補償請求権をめぐる諸問題を詳細に検討するある論者は、後者の見解をとり、協定の定めは不利益変更とはいえないとの評価が可能であるとしている[12]。その理由は以下のとおりである。第一に、補償額自体についてであるが、協定の補償額は、民法一七五一条の最高補償額と比較すれば、少ないことが多い。しかし、民法一七五一条の最高補償額が認められる場合は限られ、通常は協定の補償額の方が一七五一条の補償額よりも多いこと。第二に、協定の補償は、契約終了のすべての場合に認められるが、民法一七五一条の補償は、一定の場合にしか認められないこと。第三に、民法一七五一条の補償を得るためには、代理商が一定の要件の存在を立証しなければならないが、協定の補償を得るためには、その必要はないこと。第四に、協定の補償額算定は容易である（契約期間中に代理商が受領した手数料がわかればよい）が、民法一七五一条の補償額算定はかなり複雑であること。

補償額算定に団体経済協定を援用できない場合には、補償額はどのようにして算定したらいいのであろうか。この点に関し、ドイツ法（判例）の補償額算定方法を採用すべきことを提唱する論者は、その根拠として、ＥＣ委員会の前記報告書を挙げている。これに対しては、以下の理由から批判的な論者が対立する[13]。すなわち、第一に、代理商指令一七条二項の補償請求権は確かにドイツ法がモデルであるが、代理商指令は、ドイツ法と異なり、手数料請求権の喪失を独立の要件とはしておらず、補償額と手数料喪失との間に直接的関連性はない。しかし、かかる関連性がドイツ法の特色であり、補償額算定方法の基礎でもある。第二に、ＥＣ委員会が推奨するドイツ法の補償額算定方法はきわめて複雑なものであって、同委員会すらかかる算定方法を正確に理解していないとの批判があるくらいである。したがって、ドイツ以外の国におけるその実用性ははなはだ疑わしい、と。

民法一七五一条による補償額算定に関する判決を概観すると、かかる判決のとるアプローチは、大きく二つに分けることができるとされる。(14) 一つは、補償額算定に関連すると思われる諸要素を特に考慮せず、補償請求権成立の要件を充足しさえすれば、民法一七五一条の定める最高限度額を認めようとするものである。しかし、かかるアプローチは、一七五一条三項にあきらかに反することになる。いまひとつは、補償額算定に関連すると思われる諸要素を多少なりとも考慮した上で、補償額を決定しようとするものである。もっとも、どのような要素をどのように考慮するかについては、判決によってかなりの違いがあるとされる。

三　ＥＣ司法裁判所二〇〇六年三月二三日判決

本件は以下のような事案であった。(15) Honyvem 社は De Zotti 氏との代理商契約を一九九八年六月三〇日に終了した。本件契約には、民法典の規定、代理商に関する特別法および商業協定が適用されるものとされていた。Honyvem 社は、契約終了補償の算定は一九九二年暫定協定に基づいてなされるべきであると考えたので、De Zotti 氏に七八、八八〇、二七六イタリアリラの補償額の支払を申し出た。同氏はその額では不充分であるとし、一九九九年四月一二日ミラノ地方裁判所に、Honyvem 社に対して、民法一七五一条に定める基準による一八一、八八九、四二〇イタリアリラの支払を求めて訴訟を提起した。

ミラノ地方裁判所はHonyvem社の主張を認めたので、De Zotti氏はミラノ高等裁判所に控訴した。控訴裁判所によれば、民法一七五一条は能力主義原則に基づく基準を定めているのに対して、暫定協定はかかる原則が全く役割を果たさない基準を定めている。そこで、控訴裁判所は、民法一七五一条を適用して、ミラノ地裁によって認められHonyvem社によって支払われた額を控除して、De Zotti氏に対して、さらに、五七、〇〇〇、〇〇〇イタリアリラの補償を認めた。

Honyvem社はミラノ高裁の判決に対して破棄院に上告した。Honyvem社は、以下のように主張した。第一に、暫定協定は、民法一七五一条よりも代理商に有利な条件を定めていることから、同条によって許容される。第二に、同協定による補償の有利性の有無は事前に決定されるべきである。同協定の定めは、代理商に対していかなる場合にも補償の支払を保証していることから、民法一七五一条の定めよりも有利であると結論づけられなければならない、と。

既に述べたように、一九九二年暫定協定、二〇〇二年商業協定の適合性に関して、イタリアの判例・学説とも一致をみていない状況にあることから、破棄院は、EC司法裁判所に、先行判決を求めて、以下の二つの問題を付託した。[16]

(1) 代理商指令一七条の趣旨・目的を考慮すれば、同指令一九条は、団体協定が、第一に、同指令一七条二項の定める要件の充足の有無に拘わらず、支払われるものとされ、第二に、同指令の基準によってではなく、同協定の基準によって算定されるべき、補償を定めることを許容するものと解釈されうるか。

(2) 同指令一七条二項による補償は、分析的に算定されなければならないのか、それとも、公平基準により重きを置く、他の算定方法も許容されるのか。

本件で、ＥＣ委員会および Avocate General はそれぞれ意見を表明している。まず、ＥＣ委員会は、二〇〇五年二月一八日に以下のような意見を述べている。(17) 1(a)代理商指令、特にその一七条と一九条は、同指令が定める要件不充足の場合にも補償請求権を付与する国内法規定とは相容れない。1(b)同指令、特に一七条と一九条は、当事者が同指令一七条二項の要件不充足の場合にも契約終了補償の支払を定めることを許容する国内法規定と相容れないと解釈されるべきではない。二、同指令特にその一七条は、公平のみに基づいて代理商の補償額を決定することを裁判官に認める国内法規定とは相容れない。しかし、同指令は、国内裁判官が、当初能力主義基準によって算定された補償額の具体的、最終的決定にあたり、事案の特別な事情をすべて考慮するために公平基準を援用することを、禁じているわけではない。三、同指令特にその一七条と一九条は――団体協定による補償が指令による補償よりも低額となる場合はいつでも――かかる補償を定める同協定の規定とは相容れない。

これに対して、Avocate General である Polares Maduro は、二〇〇五年一〇月二五日に以下のような意見を述べている。(18) ⑴本件における団体経済協定のような団体協定は、代理商契約終了後の代理商への補償制度を定めているものの、かかる制度はその内容と目的において代理商指令一七条二項が定める補償制度と矛盾してる上に、指令による補償制度を全く排除しようとするものであることから、同指令一九条はかかる団体協定の補償制度を代理商に不利な制度とみているものとして解釈しなければならない。⑵代理商指令一七条二項は代理商の補償請求権存否の要件だけでなく、補償額算定要素も規定しているので、公平基準が適用されるのは、事案の特別な事情ゆえに、同指令一七条二項に定められた客観的要素にしたがって算定された補償額を、修正する必要がある場合に限られる。

ＥＣ司法裁判所は、二〇〇六年三月二三日判決において、イタリア破棄院から付託された二つの問題に対して回答を与えた(19)。

ＥＣ司法裁判所は、破棄院から付託された第一の問題を次のように整理している。すなわち、第一の問題は、代理商指令一九条が同指令一七条二項による補償を、同指令一七条二項の基準とは異なる基準に従って決定される団体協定による補償と代えうるものと解釈されるべきなのかということである。

ＥＣ司法裁判所は、第一の問題を検討するに先立ち、同裁判所の代理商指令に関する判例を援用しつつ、同指令の解釈および目的を確認している。まず、代理商指令の解釈について、**Vandevenne** 事件判決および **Kontogeorgas** 事件判決(20)を援用して、同指令一七条及び一九条の解釈が同指令の目的および同指令が創設する制度の観点からなされねばならないことを指摘する。

ＥＣ司法裁判所は、次に、代理商指令の目的について、**Bellone** 事件判決(21)、**Centrosteel** 事件判決(22)および **Caprini** 事件判決(23)を援用して、同指令の目的が代理商契約の当事者間の法律関係に関する加盟国法の調整にあること、より具体的には、第一に、本人との関係において代理商を保護すること、第二に、商取引の安全性を増大すること、第三に、加盟国間の商品取引を容易にすることにあるとしている。

ＥＣ司法裁判所は、このようにして代理商指令の解釈および目的を確認した後、特に本件で問題とされた同指令の具体的内容をとりあげている。同裁判所によれば、代理商指令の目的を達成するため、同指令は特に代理商契約の締結および終了を規制する規定を設けている（一三条〜二〇条）。代理商契約の終了については、同指令一七条一項が加盟国に二つのアプローチのいずれかを選択することを許容する制度を創設している。そして、加盟国が、代理商に対して、契約終了後、一七条二項による補償または一七条三項による損害賠償を保証するために必要な措置を講じなければならないとされている。イタリア共和国は、――その国内法規定はこれまでもっぱら団体協定に基づいていたが――一七条二項による解決を選択したのである。

ＥＣ司法裁判所は、代理商指令一七条の内容確認に続き、同裁判所の Ingmar 事件判決(24)を援用しつつ、同指令一七条および一九条の性質につき考察を進めている。同判決によれば、特に、代理商契約終了後の代理商保護に関する同指令一七条から一九条によって創設された制度は強行的性質を有している。それゆえ、当裁判所は、本人が法選択約款を使用することによって――かかる選択が代理商にとって不利であるか否かを考慮することなしに――これらの規定を回避することはできないと、結論づけたのである。

ＥＣ司法裁判所は、この後、代理商指令一九条について、検討を加えている。まず、同条に関して、確立した判例によれば、同指令一七条による補償制度とは異なるような、共同体法の一般原則に例外を設定するために使用される用語は、厳格に解釈されなければならないことを指摘する。

次に、指摘しているのは、代理商指令一九条が当事者に対して契約終了前に同指令一七条の規定を変更することを――ただし、その変更が代理商に不利でないことを条件としてではあるが――許容していることである。そこで、あきらかに、かかる変更が不利か否かという問題は、当事者が当該変更を考慮した時に判断されねばならないことになる。契約終了時に代理商に有利であるか不利であるかが予めわからなければ、当事者はかかる変更に合意できないことになるとされる。

そして、ＥＣ司法裁判所は、かかる解釈は、本判決の第一九節および第二二節で述べた、代理商指令一七条および一九条によって創設された制度の目的および性格によっても支持されるとも述べている。

それゆえ、以上の考察から、代理商指令一九条は、同指令一七条の規定の変更が許容されるのは、事前に、かかる変更が契約終了時に代理商に不利となる可能性が全く存在しない場合に限ってであることを意味するものと理解されるべきであるとされる。

ＥＣ司法裁判所は、本件で問題とされた暫定協定について — Avocate General の意見とは異なり — 自らは代理商指令との適合性を判断していない。すなわち、ＥＣ司法裁判所によれば、同協定による変更が許容されるのは、同協定の適用が代理商にとって決して不利とはならないことが立証されうる場合である。具体的には、同協定が、代理商契約当事者間に設定されうる全法律関係に関して、同指令一七条による補償と同等またはそれ以上の補償を保証することが必要である。そして、代理商指令一七条二項による基準に従うと代理商が少額の補償しか受け取れないか無補償となってしまう場合に、同協定が代理商にとって有利であるという事実だけでは、同協定が同指令一七条および一八条の規定を代理商に不利に変更していないということを立証するには不充分である。そのために必要な調査をなすのは国内裁判所の義務であるとされる。

ＥＣ司法裁判所は、第一の問題の分析を終えるにあたり、次の示唆を与えている。それは、暫定協定が代理商に有利なものであるとされうるのは、当該協定が同協定による補償と代理商指令による補償とを、部分的にではあれ、累積することを認める場合のみであるとの示唆である。(25) しかし、ＥＣ司法裁判所もいうように、その可能性は、同協定に署名した当事者によって明確に排除されている。

ＥＣ司法裁判所は、以上の検討から、第一の問題に対する次の回答を導き出した。すなわち、代理商指令一九条は、団体協定による補償がいかなる場合にも同指令一七条二項による補償と同等またはそれ以上のものでないかぎり、同指令一七条による補償をそれとは異なる基準に基づく同協定による補償によって代えることはできないことを意味していると解釈されるべきである、と。

続いて、ＥＣ司法裁判所は、破棄院から付託された第二の問題を次のように整理している。すなわち、第二の問題は、契約終了補償が代理商指令一七条二項に定められているように、具体的に算定されなければならないのか、それとも、たとえば、公平基準により重きを置く、他の算定方法も許容されるのかということである。この問題を、ＥＣ司法裁判所は、Ingmar 事件判決およびＥＣ委員会報告書を援用しつつ考察を進め、結論を導いている。(26)

ＥＣ司法裁判所によれば、第二の問題に関連して指摘されなければならないことは、代理商指令一七条によって創設された制度は強行的性質を有しており、補償請求権と損害賠償請求権との選択およびそれぞれの算定方法の選択に関する枠組みを提供している（Ingmar 事件判決(27)）ものではあるけれども、かかる制度は補償額の算定方法に関して詳細な基準を提供しているわけではないことである。それゆえ、同事件判決において、当裁判所は、その枠組みのなかで、加盟国が補償額算定方法の選択につき裁量権を行使しうると判示したのである。

ＥＣ司法裁判所は、さらに、次のようにいう。ＥＣ委員会は、理事会に、代理商指令一七条の適用に関する報告書を提出しており、同報告書は、補償額算定に関する詳細な情報を提供し(28)、同指令一七条のより統一的解釈を促進しようとしている。

ＥＣ司法裁判所は、以上の考察から —— Avocate General の意見とは異なり —— 次の結論に達したのである。すなわち、第二の問題に対する回答としては、加盟国は、代理商指令一七条二項による枠組みのなかで、特に公平基準に関して、行使しうる裁量権を有しているということである、と。

以上のように、ＥＣ司法裁判所は、同裁判所の関連判例およびＥＣ委員会の報告書をも援用して、イタリア破棄院から付託された二つの問題に対して、回答を与えたのである。ＥＣ司法裁判所が、第一の問題に関連して、代理商指令一九条にいう不利益変更の有無を、事後ではなく、事前に判断すべしとしていることは注目されよう。また、ＥＣ司法裁判所が、同指令と暫定協定との補償の累積可能性を示唆していることも注目されよう。本判決を契機として、イタリアにおける補償請求権に関する議論がさらに深化することが期待されたのであった。

四　終わりに

ＥＣ司法裁判所の本判決に対するイタリア各界の反応はどのようなものであったであろうか。まず、代理商の団体は、――ＥＣ司法裁判所の前記示唆にも拘わらず――二〇〇二年商業協定の完全な有効性を文書にて確認している(29)。次に、国内裁判所は――事実審、破棄院の別なく――ＥＣ司法裁判所の本判決に対して抵抗を示していると言っていいであろう(30)。破棄院は、二〇〇六年一〇月二三日に、ＥＣ司法裁判所判決と相反する二つの判決を下している(31)。このことは、代理商名簿への登録に関する問題については、破棄院が、従来の判例を変更して、共同体法との適合性を確保したことを想起するとき、驚くべきことのように思われる。このようなイタリアにおける反応は、ＥＣ司法裁判所にとっては予想外のものであったといえるのではあるまいか。かかる状況に鑑みれば、イタリアにおける今後の動向を注意深く見守る必要があろう。

（1） Council Directive 86/653/EEC of 18 December 1986 on the coordination of the laws of the Member States relating to self-employed commercial agents (OJ 1986, L 382/17). なお、代理商指令の邦訳として、柴崎洋一＝藤平克彦「自営商業代理人に関するＥＣ閣僚理事会の指令」国際商事法務一八巻一〇号（一九九〇）一〇七八頁以下がある。

(2)　代理商名簿への登録に関する問題については、ＥＣ司法裁判所の一連の判決によって、大きな修正を加えられるに至っている。この点につき、拙稿「イタリアにおける代理商契約」成城法学七五号（二〇〇七）四六～四七頁参照。

(3)　Honyvem Informazioni Commerciali Srl v Mariella De Zotti. Case C-465/04 [2006] ECR I-2879.

(4)　イタリアの代理商法全般については、拙稿・注(2)前掲四一頁以下参照。

(5)　法源につき、より詳しくは、拙稿・注(2)前掲四二頁以下。

(6)　商業企業以外の代理商に関する団体経済協定についても、拙稿・注(2)前掲四二～四三頁。

(7)　ドイツ法は、代理商契約終了の場合に一定の要件のもとで代理商に補償請求権を認めていた。かかる要件とは、第一に、企業者が契約終了後も代理商が獲得した顧客との取引から著しい利益を得ていること、第二に、代理商が契約終了の結果、手数料請求権を失ったこと、第三に、補償の支払がすべての事情を考慮した上で公平にかなうことである。補償請求権は、契約期間中における代理商の活動による顧客の開拓または取引の拡大に対する特別の報酬として理解されている。補償額は、相当であることを要するが、その最高限度は、代理商が最近五年間の活動により得た手数料その他の報酬の年平均額と定められていた。詳しくは、小橋一郎「西ドイツにおける商法典の改正――代理商法――」商法論集第一巻（一九八三）六九頁以下、服部育生「西ドイツにおける代理商契約」名古屋大学法政論集一二八号（一九八九）一八五頁以下。

(8)　代理商の補償請求権全般については、拙稿・注(2)前掲五五頁以下参照。

(9)　COM (1996) 364 final.　同報告書は、代理商指令一七条六項に基づいて作成されたものであり、同指令一七条のEC加盟各国における国内法化の状況等に関するさまざまな情報を含む貴重な報告書である。

（10） Accordo economico collettivo 26 febbraio 2002 per la disciplina del rapporto di agenzia e rappresentanza commerciale del settore del commercio, Art.12 Indennita di fine rapporto. 暫定協定については、Accordo economico collettivo del 19 - 27 novembre 1992, punto I) e punto II). なお、Bortolotti - Bondanini, IL CONTRATTO DI AGENZIA COMMERCIALE (2003) p.270 - 274 も参照。

（11） 不利益変更に関連する問題につき、拙稿・注（2）前掲五九頁以下参照。

（12） Bortolotti - Bondanini (N.10) p.288 ss.

（13） Bortolotti - Bondanini (N.10) p. 301 ss.

（14） Bortolotti - Bondanini (N.10) p.306 ss.

（15） 本判決に関する文献として、たとえば、以下のものがある。Palmieri, Cessazione del rapporto di agenzia e diritti sanciti dalla normativa comunitaria: inammissibilita di deroghe pattizie astrattamente peggiorative anche per un solo agente, Il Foro it. 2006 IV col. p.574.; Barraco, Indennita di scioglimento del contratto di agenzia: la ratio meritocratica europea prevale sulla (piatta) garanzia generalizzata degli a.e.c. italiani, Riv. it. dir.lav. 2006 p.469.; Bortolotti, Indennita di fine rapporto di agenzia: la Cassazione si pronuncia dopo la Corte di giustizia europea, Mass.giur.lav. 2007 p.106.; BALDI - VENEZIA, IL CONTRATTO DI AGENZIA LA CONCESSIONE DI VENDITA IL FRANCHISING 8ª ed.(2008)p.378.; LANDI, IL CONTRATTO DI AGENZIA PROFILI CIVILISTICI, FISCALI E CONTABILI (2007) p.561.

（16） Cass. 18 ottobre 2004, n.20410(ord.), in Riv. it. dir.lav. 2005, II p.818 ss. 本件付託については、Barraco, Agenzia e indennita di cessazione del rapporto: la Cassazione rinvia alla Corte di Giustizia per un chiarimento, in Riv. it. dir. lav. 2005, II p.818 ss. も参照。Barraco によれば、本件はEC司法裁判所に付託することなく、破棄

院連合部によって審理されるべきであったとされる。その根拠は、本件が共同体法上の問題ではなく、国内法上の問題を対象にしていることにある。

(17) BALDI - VENEZIA (N.15) p.381. nota198.

(18) Opinion of Mr Adocate General Poares Maduro delivered on 25 October 2005. 注(3)前掲参照。

(19) 本判決判決理由第一六節以下。

(20) Kontogeorgas v Kantonpak AE, Case C-104/95 [1996] ECR I-6643. 同判決については、さしあたり、拙稿「代理商の手数料請求権」国際商事法務三五巻一二号（二〇〇七）一七〇二頁以下参照。

(21) Bellone v Yokohama SpA, C-215/97 [1998] ECR I-2191. 同判決については、さしあたり、布井千博「EC代理商指令と代理商契約の効力」国際商事法務二八巻四号（二〇〇〇）四四二頁以下参照。

(22) Centrosteel Srl v Adipol GmbH, Case C-456/98 [2000] ECR I-6007. 同判決については、さしあたり、拙稿「代理商指令と指令適合解釈」国際商事法務三三巻六号（二〇〇五）八二四頁以下参照。

(23) Francesca Caprini v Conservatore Camera di Commercio, Industria, Artigiano e Agricoltura (CCIAA), Case C-485/01 [2003] ECR I-2371. 同判決については、さしあたり、拙稿「代理商指令と国内法との関係」国際商事法務三五巻一号（二〇〇七）九〇頁以下参照。

(24) Ingmar GB Ltd. v Eaton Leonardo Technplogies Inc., Case C-381/98 [2000] ECR I-9305. 同判決については、拙稿「代理商指令の国際的強行法規性」国際商事法務三二巻一一号（二〇〇四）一五三〇頁以下、金美和「ヨーロッパ国際私法における商事代理人契約の準拠法について」中央大学大学院研究年報三五号（二〇〇六）二五一頁以下、新川量子「国際私法における絶対的強行法規と「法の同化」の限界」Karl Riesenhuber/Kanako Takayama (Hrsg.), Rechtsangleichung: Grundlagen, Methoden und Inhalte (2006) 四一二頁以下などを参照。

(25) この点に関連して、「終わりに」参照。
(26) 本判決判決理由第三三節〜第三六節。
(27) Ingmar 事件判決、拙稿・注(24)前掲一五三一〜一五三二頁。
(28) 判決中で特に指摘はなされていないが、同報告書においては、ドイツ法の(三段階からなる)補償額算定方法が具体例を含めて詳細に紹介されている。
(29) Barraco (N.15) p.472.; LANDI (N.15) p.572.
(30) BALDI - VENEZIA (N.15) p.391 ss.; Bortolotti (N.15) p.106 ss.; LANDI (N.15) p.569 ss.
(31) Cass. sez.lav.3 ottobre 2006, n.21301 e Cass.sez.lav.3 ottobre 2006, n.21309, in Mass. giur.lav. 2007, p.98 ss.

9　ＥＵの新しい国際送達規則
――改正の動向と新規則の翻訳――

安達栄司

一　はじめに

一九九九年五月のアムステルダム条約発効以後、ＥＵ域内の国際民事訴訟は構成国に直接適用される一連のＥＵ規則によって統一化傾向を強めている(1)。すなわち、従前からの裁判管轄と判決の承認執行に関するブラッセルⅠ規則(2)に加えて、本稿が対象とするＥＣの送達規則、証拠収集規則(3)、倒産規則(4)、人事訴訟事件の裁判管轄と判決承認執行に関するブラッセルⅡ規則、統一債務名義創設規則等(5)が矢継ぎ早に制定され、発効している。

これらのうちEU域内における国際的な送達と証拠収集に関しては、伝統的には国際統一条約としてのハーグ条約[6]が有効に機能して実務上の必要を十分に満たしていたので、EU固有の立法の意義は比較的乏しいように思われた。しかし、アムステルダム条約によって、司法分野に関してもEUの統一化を強化するという目標が明示されたことから、これらの送達および証拠収集に関してもEUの統一規則を制定することは当然の成り行きだったといえる。内容的にはハーグ条約の経験が随所で影響している。ECの送達規則（以下、EC送達規則という）の最大の特徴は、EU内での文書の送達の迅速化のために、構成国の送達機関の直接の遣り取りおよび郵便等による直接的送達を可能にし、また標準定型書式を導入したことにある。

本稿で紹介するEU送達規則はEU構成国間の新しい国際送達規則として二〇〇一年五月三一日発効した。[7]その後、各国において本送達規則に基づく送達実務の経験が増加するに伴い、運用上の難点が報告され、特に第八条及び第一四条の問題点が顕著であり、一部の学説から厳しい非難を受けるようになった。

それゆえにEC委員会は、EC送達規則発効直後から本規則適用上の問題点を発見し、改正するための作業を継続的に行ってきた。本稿においては、EC送達規則発効後の一連の動きを紹介した後に、二〇〇七年一一月一三日に公布され二〇〇八年一一月一三日から施行されている新しいEC送達規則の逐語訳を試みる。[8]

二　二〇〇四年一〇月一日のEC委員会報告書の作成

(1)　二〇〇二年一二月、民事商事に関する欧州司法ネットワーク会合それによって、ヨーロッパの国際民事訴訟法の近時の動向を伝える資料[9]を提供したい。

ＥＵは、司法分野における構成国間の情報交換を可能にするために、二〇〇一年五月民事商事に関する欧州司法ネットをインターネットのウエッブサイトとして公式に設置している。[10] 二〇〇二年一二月、この司法ネットに関する第一回会合においてＥＣ送達規則の施行後の経験が議論された。そこでは、本規則の標準書式が利用されないこと、使用言語の規定が誤解されていること、受領拒絶、送達費用の問題が主として議論された。[11]

(2)　二〇〇三年七月、ＥＣ委員会の公聴会

二〇〇三年七月、ＥＣ委員会はＥＣ送達規則の適用に関する公聴会を開いた。構成国の代表者及び執行を担当する執行官及び弁護士等の職業団体の代表者が参加した。そこでは、文書の転達・送達に要する時間、嘱託機関、受託機関、中央機関の実効性、さらには費用に関する有意義な情報交換が行われた。[12]

(3)　二〇〇四年五月、ＥＣ送達規則の適用に関する委託調査研究書の発表

ＥＣ委員会は、本規則の適用によって構成国間の文書の送達が改善・促進されているかに関するアンケート（二〇〇三年一二月から二〇〇四年二月に実施）による調査研究を委託していた。[13] 構成国の当局、裁判所、弁護士、送達担当執行官等の職業団体から五二八件の回答が寄せられた。本調査研究において、ＥＣ送達規則が文書の転達及び送達を促進し、よってヨーロッパの単一の法域の形成に貢献していると結論づけられていた。

(4)　二〇〇四年四月、文書送達に関する特別委員会

ＥＣ委員会は、上記の委託調査研究の結果を検討し、さらにＥＣ送達規則の各構成国における適用状況の情報収集するために、本規則一八条に基づく特別委員会を開いた。

(5) 二〇〇四年一〇月一日、EC委員会報告書の公表

ＥＣ送達規則第二四条は、ＥＣ委員会に対し、本送達規則の適用状況に関する報告書を作成して、欧州議会、閣僚理事会、経済及び社会委員会に提出することを義務づけている。ＥＣ委員会は、この規定に基づき、上記の一連の検討作業をふまえて、二〇〇四年一〇月に報告書（KOM (2004) 603）を提出した。

本報告書によれば、ＥＣ送達規則は、ハーグ送達条約の時代に比べて、構成国間における文書の送達を格段に向上させ、かつ迅速化させた(14)。それによれば、ＥＵ域内における外国送達にかかる時間は、平均して一〜三ヶ月であり、一部イギリス、スペイン向けの文書の場合にはまだ六ヶ月程度かかることがある。この迅速化の成果についてＥＣ委員会は、地域の送達当局間の直接交通、郵便による送達の可能性、直接送達の選択肢の存在、ならびに標準書式の導入によるものであると評価している。他方で、本報告書はＥＣ送達規則の適用状況が必ずしも満足の得られるものでないことも指摘する。まず、各国の送達当局が本規則について十分な知識を有しないことがしばしば見られる。次に、司法交通上の水準に達しない規定が複数あると指摘された（特に一一条の費用規定）。

結論として、ＥＣ委員会は、ＥＣ送達規則の第八条（文書の受領拒絶）、第一一条（送達費用）、第一四条（郵便による直接送達）、第一五条（直接送達）、第一七条（実施規則）、第一九条（被告の不応訴）及び第二三条（通知と公表）の改正を提案した。二〇〇五年二月、ＥＣ委員会は本報告書に関する公聴会を開き、具体的な改正提案に結びつく検討事項書をとりまとめた。

三　二〇〇五年七月ＥＣ送達規則の改正提案および欧州議会における修正

二〇〇五年七月、ＥＣ委員会は、ＥＣ送達規則の改正提案を閣僚理事会及び欧州議会に提出した（KOM (2005) 305 endg.）。その後、欧州議会法務委員会がこの提案を検討し、二〇〇六年二月二日この改正案を採択した。同年二月一四日、ヨーロッパ経済及び社会委員会がこの提案に賛成し、同年七月四日、欧州議会は、ＥＣ委員会の改正案について修正動議を付して賛成し、ＥＣ委員会に対して修正された改正案を再度提出するよう求めた。これをうけて、二〇〇六年一二月一日、ＥＣ委員会は、新しい改正案を欧州議会及び閣僚理事会に提案した（KOM (2006) 751 endg.）。二〇〇七年一一月一三日、新しい二〇〇七年ＥＣ送達規則が公布された[15]。

ＥＣ委員会の改正案は、主として次の事項にかかわる[16]。正式の司法共助による送達方法について、①翻訳の必要性の緩和、②受領拒絶の説明義務の強化、③受領拒絶の場合の送達瑕疵の治癒の可能性、④送達費用の低減、⑤送達の期限及び日付の明確化であり、その他の非公式の直接的な送達方法に関して、受領拒絶の説明義務の強化に加えて、従前構成国に大きく委ねられていた留保条項を廃止して、統一規定としての本規則の性格を明確化したことにある。またその間にＥＣ送達規則の解釈をめぐって構成国で争われ、ＥＣ司法裁判所によって明らかにされた問題[17]を反映させることができた改正点もある。

他方で、受領拒絶の説明義務、文書の翻訳、二重送達の場合の基準時という従前から指摘されてきた点ではあるが、今回の改正で十分に対処されなかった問題が残っていること、構成国の国内法に委ねられた規制領域での不統一状態が依然として不安定であること（フランス、ベルギー、ルクセンブルク、オランダの検事局送達及び送達瑕疵の治癒の問題点）、が今後の課題としてすでに指摘されている[18]。その詳細については、続稿に委ねたい。

〔翻訳(19)〕

構成国間の民事又は商事における裁判上及び裁判外の文書の送達（文書送達）に関し、かつ二〇〇〇年五月二九日付閣僚理事会規則（欧州共同体）二〇〇〇年第一三四八／二〇〇〇号を廃止する二〇〇七年一一月一三日付欧州議会及び閣僚理事会の規則（ＥＣ）二〇〇七年第一三九三号

欧州議会及びＥＵ閣僚理事会は、
欧州共同体の設立に関する条約、特に六一条(c)及び六七条五項第二号に基づき、
ＥＣ委員会の提案に基づき、
経済及び社会委員会の意見に従い、
欧州共同体設立に関する条約二五一条の手続に従って、
次の考慮事由を述べて、本規則を公布した。

（本規則考慮事由）

(1)　ＥＵは、自由、安全及び司法に関し自由な人の移動を保障する一つの空間の維持と継続的発展という目標を定めた。この空間の段階的構築のため、共同体は民事上の司法共働の分野において域内市場

が円滑に機能するために必要な措置を講じる。

(2)　域内市場の円滑な機能のために、他の構成国内に送達される民事又は商事上の裁判上及び裁判外の文書の転達は、構成国間で改善され促進されなければならない。

(3)　閣僚理事会は一九九七年五月二六日の立法によってＥＵ構成国における裁判上及び裁判外の文書の送達に関する条約を起草し、締約国に対しこの条約を自国の憲法上の手続に従って採択するよう推奨した。この条約は発効しなかった。本条約の交渉の成果は維持されなければならない。

(4)　二〇〇〇年五月二九日閣僚理事会は構成国間の民事又は商事における裁判上及び裁判外の文書の送達に関する二〇〇〇年五月二九日閣僚理事会規則（欧州共同体）第一三四八／二〇〇〇号を採択した。一九九七年送達条約の大部分の内容が二〇〇〇年規則に採用されている。

(5)　二〇〇四年一〇月一日、ＥＣ委員会は二〇〇〇年ＥＣ送達規則の適用に関する報告書を取り入れた。この報告書によれば、二〇〇〇年ＥＣ送達規則の適用以来、構成国における文書の転達及び送達は総じて向上し、かつ迅速化されたが、いくつかの規定は全く不十分にしか適用されていなかった。

(6)　民事上の裁判手続の有効性及び迅速性は、裁判上及び裁判外の文書の転達が直接かつ迅速な方法で構成国によって指定された当局間で行われるということを前提とする。構成国は、唯一の嘱託機関、受託機関、あるいは両方の機能を同時に引き受ける一つの機関を五年間指名することができる。けれどもこの指名は、五年毎に更新され得る。

(7)　迅速な転達は、識別可能性及び発送された文書の内容と受託した文書との同一性の要件が守られていることを判断する際、あらゆる適切な手段が用いられることを必要とする。転達の確実性のために、転達される文書は、送達がなされるべき地の公用語のひとつで、あるいは受託国が認めるその他の言語で記載された定型書式で作成されなければならない。

(8) この規則は、当事者の住所の如何にかかわらず、訴訟手続が係属する構成国における当事者の一方の代理人に対する文書の送達には適用されない。

(9) 文書の送達は、できる限り迅速に、遅くとも受託機関に到達した後一ヶ月以内に行われなければならない。

(10) この規則の効果を保障するために、文書の送達を拒絶する可能性は、例外的な場合にのみ制限されなければならない。

(11) 構成国間における文書の転達及び送達を容易にするために、この規則の付属文書に含まれている定型書式が利用されなければならない。

(12) 受託機関は送達受取人に対し定型書式を用いて、次のことを書面にて教示しなければならない。すなわち、送達受取人は当該文書が自己の理解する言語のひとつ、又は送達場所の公用語又は公用語の一つで書かれていないとき、一週間以内に当該文書を受託機関に送り返すことができること。この定めは、受取人が自己の受領拒絶権を行使した場合で、後から行われる送達にも適用される。この受領拒絶の定めは、外交官若しくは領事官を通じた送達、郵便局員を通じた送達、又は直接送達に関しても適用される。受領が拒絶された文書の受取人への送達は、送達文書の翻訳が送達受取人に送達されることによって効力を生じさせることができる。

(13) 迅速な転達のために、文書の迅速な送達もその到達後数日内になされなければならない。一ヶ月を経過してもまだ文書が送達されないときは、受託機関は嘱託機関にその旨を知らせる。この期間の経過は、適切な期間内の送達が可能であることが確実な場合は、嘱託機関に申請書が返送されなければならないことを意味するものではない。

(14)　受託機関は、たとえば被告が休暇中で自宅にいなかった、又は仕事上の都合で職場にいなかったという理由で、文書の送達が一ヶ月以内に行うことができなかったという場合にも、文書の送達に関して必要なすべての手続を引き続き行わなければならない。しかしながら、嘱託機関は、文書送達の手続を実施するという義務を受託機関が無限に負うことを避けるために、定型書式中に一定の期間を定め、それが経過した後には送達はもはや不必要であるとすることができる。

(15)　構成国間において手続法上の違いがあるので、個々の構成国における送達時点は、異なった基準に従って判断される。そのため、本規則は、この状況の下で、そしてそこから発生し得る困難を考慮して、送達の時点は受託構成国の法に従って定まるとする決まりを定めなければならない。しかしながら、問題となる文書が一定の期間内に送達されなければならないならば、申立人との関係では送達時点は嘱託構成国の法から明らかになる日付が送達の日付として見なされる。二重日付に関するこの定めは、ごくわずかな数の構成国にしか存在しない。この定めが適用されるような構成国は、このことをＥＣ委員会に通知し、ＥＣ委員会はこの情報をＥＵの官報で公表し、また閣僚理事会第四九〇／二〇〇一号の決定によって設置された民事及び商事に関する欧州司法ネットにその旨を同時に掲載しなければならない。

(16)　権利の実現を容易にするために、送達に際して公務員または受託構成国の法によって権限を有するその他の者が関与することによって発生する費用は、この構成国によって相当性及び無差別性の原則によってあらかじめ固定された単一の定額手数料と一致するものでなければならない。単一の定額手数料制の必要は、構成国が相当性及び無差別性の原則を斟酌することを条件にさまざまの種類の送達に関する異なった定額手数料を定める可能性を排除するものではない。

(17) 各締約国は、住所を他の構成国内に有する者に対して文書を配達証明またはそれと同等の証明書の付された書留郵便によって送達させることを自由に定めることができる。

(18) 裁判手続に関与するすべての者は、文書を、受託構成国の公務員、非常勤公務員またはその他の権限を有する者を通じて直接送達させることを、当該受託構成国の法が許すならば、行うことができる。

(19) ＥＣ委員会は、この規則の適法な適用のための情報を記載した提要を作成し、それを民事及び商事の協働に関する欧州司法ネットで利用可能な状態にしなければならない。ＥＣ委員会及び締約国は、この情報が最新かつ完全な状態であり、特に受託・嘱託機関の連絡先情報についてそのようであることを確保するために最善を尽くさなければならない。

(20) この規定に定められている期間及び期限の計算は、期間、日付及び期限の確定方法に関する一九七一年七月三日の閣僚理事会規則第一一八二／七一号の基準によって定まる。

(21) この規則の実施のために必要な措置は、ＥＣ委員会に委ねられた実施権限の行使方法の決定に関する一九九九年六月二八日ＥＣ閣僚理事会決定第一九九九／四六八号に従って発令される。

(22) ＥＣ委員会には、付属文書中の定型書式の現代化と技術的修正のための権限が与えられなければならない。この措置はこの規則の本質的ではない規定の変更ないし削除のための一般的射程にかかわる措置だといえるので、それらの措置はＥＣ決定第一九九九／四六八号第五条ａに従って諮問手続において発令されなければならない。

(23) 当事者が構成国の二国間あるいは多国間の条約又は協定、特に一九六八年九月二七日のブラッセル条約(5)に関する議定書及び一九六五年一一月一五日のハーグ条約を締結した構成国間の関係では、本規則が、その適用範囲について同じ範囲を持つ条約又は協定の規定に優先する。構成国が文書の転達の迅速化又は簡素化に向けた条約又は協定を維持し又は締結することは、その条約又は協定が本規則と一致する限り、妨げられない。

(24) この規則にしたがって送達された情報は、適切に保護されなければならない。この問題は、一九九五年一〇月二四日の個人情報処理における自然人の保護及び自由な情報交通に関する欧州議会及び閣僚理事会指令九五／四六／ＥＧ、及び二〇〇二年七月一二日個人情報処理及び遠距離通信の領域におけるプライバシーの保護に関する欧州議会及び閣僚理事会指令二〇〇二／五八（電子情報通信データ保護指令）により規律されている。

(25) 遅くとも二〇一一年七月一日及びその後は五年ごとに、ＥＣ委員会はこの規則の適用を調査し、場合によっては必要な改正を提案しなければならない。

(26) この規則の目標は構成国の限りでは十分に達成することができず、したがってその範囲及びその影響力を考えるならば、共同体の広がりをもって実現されなければならないので、共同体は共同体設立条約五条に定められた補充性原則を遵守して活動することができる。同条に挙げられた相当性の原則の故に、この規則はその目的の達成に必要な措置の域を出るものではない。

(27) よりわかりやすくまた完全を期するために、二〇〇〇年のＥＣ送達規則は廃止され、この送達規則によって取って代わられる。
(28) 欧州連合条約、及び欧州共同体の設立に関する条約に付属した連合王国及びアイルランドの地位に関する附属書第三条に従い、両国はこの規則の採択及び適用に加わった。
(29) 欧州連合条約、及び欧州共同体の設立に関する条約に付属したデンマーク王国の地位に関する附属書第一条及び第二条に従い、デンマーク王国はこの規則の採択に加わらない。それゆえ、この規則はデンマーク王国には拘束力を有せず、デンマーク王国に対し適用できない。

（二〇〇〇年ＥＣ送達規則との違い）
本規則の改正に至る経緯及び改正点の概要が新しく追加されて、考慮事由は大幅に増加した。

第一章　総　則
第一条　適用範囲
(1) 本規則は、民事又は商事に関し、裁判上及び裁判外の文書が、ある構成国から他の構成国へ、送達目的で転達される場合に適用される。本規則は、特に、租税及び関税事件、行政法事件、主権の行使の枠内における作為不作為に関する国家の賠償責任には適用されない。
(2) 本規則は、当該文書の受取人の住所が不明の場合は適用しない。
(3) 本規則にいう「構成国」の概念はデンマーク王国を除くすべての構成国のことを意味する。

（二〇〇〇年ＥＣ送達規則との違い）

二〇〇六年規則において、第一項第二文が追加された。第三項も新しく追加された。いずれも送達規則の適用範囲を明確にするための改正である。

> 第二条　嘱託機関及び受託機関
>
> (1)　各構成国は、他の構成国の一国に送達される裁判上及び裁判外の文書の転達のために管轄を有する公務員、当局又はその他の者を指定し、以下「嘱託機関」とみなす。
>
> (2)　各構成国は、他の構成国の一国からの裁判上及び裁判外の文書の受託のために管轄を有する公務員、当局又はその他の者を指定し、以下「受託機関」とみなす。
>
> (3)　構成国は、一つの嘱託機関及び一つの受託機関を指定するか、あるいは両方の任務のための一つの機関を指定することができる。連邦国家、複数の法体系を伴う国家又は自律的な地方公共団体を伴う国家は、複数のそのような機関を指定できる。この指定は五年間有効であり、五年毎に更新され得る。
>
> (4)　各構成国は、欧州共同体委員会に以下の事項を通知する：
>
> (a)第二項及び第三項に基づく受託機関の名称及び住所、
> (b)受託機関が地理的な管轄を有する範囲、
> (c)文書の受託に関し、受託機関に処理が可能なもの、及び
> (d)付属書Ｉの定型書式に使用可能な言語。
>
> 構成国は、これらの事項に関するあらゆる変更を欧州共同体委員会に通知する。

（二〇〇〇年ＥＣ送達規則との違い）

第一項及び第二項のうち、公務員と当局の順序が逆に規定された。第四項ｄの付属書が付属書Ｉであることが明記された。

第三条　中央機関
各構成国は中央機関を指定する。それは以下のことを行う。
(a)嘱託機関に情報を与えること、
(b)送達目的の文書の転達に関し困難が生じる場合に、解決策を探求すること、
(c)例外的に、嘱託機関の要請に基づき、送達の要請書を管轄権限ある受託機関へ転送すること。
連邦国家、複数の法体系を伴う国家又は自律的な地方公共団体を伴う国家は、複数の中央機関を指定できる。

（二〇〇〇年ＥＣ送達規則との違いはない）

第二章　裁判上の文書
第一節　裁判上の文書の転達及び送達
第四条　文書の転達
(1)　裁判上の文書とは、第二条で指定された機関の間で直接かつできる限り迅速に転達されるものをいう。
(2)　嘱託――受託機関間の文書、申請書、証書、受領証、証明書及びその他の書類の転達は、受託し

た書類が発送した書類と内容的に正確に一致しており、かつ中に含まれる情報が容易に判別可能である限り、各々の適切な転達方法で行うことができる。

(3)　転達される文書には付属書類Ｉの定型書式に従って作成された申請書が添付される。当該定型書式は、受託構成国の公用語か、受託構成国において複数の公用語が存在する場合には、送達がなされるべき地の公用語あるいは公用語の一つ、又は受託構成国が認容したその他の言語で記載される。各構成国は、自国の公用語の他に、定型書式の記載のために認められる欧州連合の機関の公用語を一つあるいは複数指定する。

(4)　転達される文書及び全ての書類は、認証あるいはその他同等の方式を必要としない。

(5)　嘱託機関が、第一〇条に従い文書の謄本を証明書と共に返送することを望めば、嘱託機関は当該正本を二部作成の上転達する。

（二〇〇〇年ＥＣ送達規則との違い）

第三項について、「欧州連合の公用語」から「欧州連合の機関の公用語」に変更された。

第五条　文書の翻訳

(1)　申立人は、彼が転達目的で文書を交付する嘱託機関から、受取人は第八条で挙げられた言語で記載されていない場合には文書の受取りを拒否できることについて教示される。

(2)　申立人は、後に生じ得る管轄裁判所あるいは管轄当局の費用に関する判断にかかわらず、文書の転達の前に生じ得る翻訳費用を負担する。

（二〇〇〇年ＥＣ送達規則との違い）

主語が表現上「手続関係人」から「申立人」に限定された。

第六条　受託機関による文書の受理

(1)　文書の受理後、受託機関は嘱託機関に、できるだけ迅速な手段で、かつ、可能な限りすぐに、しかし、いずれにせよ文書の受理後七日以内に付属書類の定型書式を使用した受理証明を送付する。

(2)　送達の申立てが転達された情報あるいは書類に基づいて奏功しない場合、欠けている情報あるいは文書を手に入れるために、受託機関はできるだけ迅速な手段で嘱託機関と連絡を取る。

(3)　送達の申立てが明らかに本規則の適用範囲に含まれない、あるいは不可欠の方式規定の無視のために送達ができないときは、送達要請書及び転達された文書は、受領後直ちに、付属書類Ⅰの定型書式を用いて嘱託機関へ返送されなければならない。

(4)　送達するための土地的な管轄を有しない文書を受領した受託機関は、申請書が第四条第三項の条件を満たし、付属書類Ⅰの定型書式の使用の下で嘱託機関に通知する限り、この文書を送達申請書と共にさらに別の構成国内で土地的に管轄を有する受託機関に再送付する。土地的に管轄を有する受託機関は、第一項に従い嘱託機関に文書の到達を通知する。

（二〇〇〇年ＥＣ送達規則との違い）

第三項の返却に関する規定が整理、簡略化された。

第七条　文書の送達
(1)　文書の送達は、受託構成国の法に従い、また嘱託機関が希望する特別の手続においては、それが受託構成国の法に合致する手続である限り、受託機関により実施され、あるいは指示される。
(2)　受託機関は、文書の送達をできる限り迅速に、遅くとも到達後一ヶ月以内に実施するために、必要な手続を実施する。文書の到達後一ヶ月以内に送達が行われなかったとき、受託機関は次の手続をとる。
(a)受託機関は、付属書類Ｉの定型書式に定められ、かつ第一〇条第二項に従って交付される証明書を用いて、嘱託機関にこのことを遅滞なく通知する。
(b)受託機関は、さらに、転達機関が特段の定めをしない限り、送達が一定の適切な期間内に実施可能のように見える場合、文書の送達に必要なすべての手続を実施する。

(二〇〇〇年ＥＣ送達規則との違い)
第二項が全面的に改正された。送達の実施期間が最長でも受託機関到達後一ヶ月であることが明記され、また受託機関があらゆる手続を試みる義務を課された。送達の迅速化を強化する改正である。

第八条　文書の受取拒否
(1)　受託機関は付属書類Ｉの定型書式を使用して、送達される文書が以下の言語で記載されていない場合、又は以下の言語の翻訳が付されていない場合、送達の際に送達文書の受け取りを拒絶できること、又は一週間以内に文書を受託機関に送り返すことができる旨を通知する。
(a)受取人が理解できる言語、又は
(b)受託構成国に複数の公用語が存在するとき、送達がなされる地の公用語または公用語の一つ。
(2) 受託機関が、受取人が文書の受取りを第一項に従って拒否したことを通知されときは、受託機関は第一〇条に基づく証明書を用いて遅滞なく嘱託機関にそのことを通知し、申請書及び文書を、それらの翻訳を依頼するために、返送する。
(3) 受取人が第一項に基づいて受け取りを拒絶した場合、本規定に従って文書が第一項に定められた言語への翻訳とともに受取人に送達されることによって、送達の効力が生じ得る。しかし、構成国の法によって、文書が一定の期間内に送達されなければならない場合、申立人との関係では第九条によって確定される、最初の文書の送達が行われた日が送達の日として基準になる。
(4) 第一項、第二項及び第三項は、第二節による裁判上の文書の転達及び送達にも適用される。
(5) 第一項の目的のために次のことが妥当する。すなわち、送達が第一三条に基づき外交官又は領事官によって、又は第一四条に基づき官庁または個人によって行われる場合、外交官若しくは領事官又は送達官庁もしくは送達人は、受取人が文書の受け取りを拒絶できること、並びに、受け取りを拒絶された文書はこれらの外交・領事官またはこれらの官庁ないし個人に転達されるべきことを、受取人に通知する。

（二〇〇〇年ＥＣ送達規則との違い）

今回の改正の重点項目のひとつがこの受領拒絶権の統一と強化であった。よって、本規定は全面改正されている。具体的には、第一項において、受取人が理解できる言語への翻訳のない文書の受領拒絶と、受託機関への返送の権利が追加された。第二項は変更はない。第三項～第五項が受取人の拒絶権強化のために、本改正によって新しく追加された規定である。

第三項は、送達文書の受領拒絶の後に、正式の文書の翻訳が送付されることによって、送達瑕疵が治癒されるとみなされた二〇〇五年一一月八日のＥＣ司法裁判所の判決[20]の結論を採用した。またそのような治癒が認められる場合であっても、送達申立人にとって期間遵守が問題になるとき、送達の時点は最初の翻訳のない送達が行われた時点が基準になること、すなわち送達時点の二重基準が採用されることも明確になった。

第九条　送達の日付

(1)　第八条にかかわりなく、第七条に従ってなされた文書の送達の日付は、受託構成国の法が基準となる。

(2)　しかしながら構成国の法によって文書が一定期間内に送達されなければならない場合、申立人の関係においてはその構成国の法から明らかになる日が送達の日付として基準になる。

(3)　第一項及び第二項は、第二節による裁判上の文書の転達及び送達にも適用される。

（二〇〇〇年ＥＣ送達規則との違い）

第二項が定める二重の基準は、送達の申立人にもまた受取人にも利益になる規定である。本改正においてそのことがより明確にされた。
　本条の注目すべき改正は、旧規則本条の第三項に規定されていた留保条項を全面的に排除したことにある。すなわち、「第三項　構成国は、適切な理由に基づいて、五年の移行期間の間、前二項の適用を排除することができる。本移行期間は、構成国の法体系から生じる理由に基づき、各構成国によって五年毎に更新され得る。構成国は、除外の内容及び具体的な詳細をＥＣ委員会に通知する。」とされていた。この規定は、本項のような送達の二重基準制度を知らない多くの構成国の国内法を考慮して定められて、現に、スペイン、アイルランド、リトアニア、マルタ、オランダ、ポーランド、ポルトガル、スロベニア、フィンランド、スウェーデン、連合王国がこの規定に留保宣言を行使していた。しかし、送達ルールの統一化とこのような留保条項は矛盾するとして強く批判されていた。本改正規則は、この批判を入れて、ＥＣ統一法としての性格をより強調することになった。

第一〇条　送達の証明及び送達文書の謄本
⑴　文書の送達のために行われる措置の処理の後に、付属書類Ｉの定型書式に対応する証明書が発行される。この証明書は、嘱託構成国に送付される。第四条第五項が適用される場合は、証明書には送達文書の謄本が添付される。
⑵　証明書は、嘱託構成国の公用語又は公用語の一つ、あるいは嘱託構成国が認めたその他の言語で発行される。各構成国は、定型書式の記載のために自国の公用語の他に容認した欧州連合の公用語を一つあるいは複数指定する。

二〇〇〇年ＥＣ送達規則からの実質的変更はない。

第一一条　送達費用
(1)　他の構成国からの裁判上の文書の送達に関して、受託構成国の活動のための手数料及び立替金の支払い又は償還は、請求されない。
(2)　しかしながら、申立人は、以下のことから生じる立替金の支払い又は償還をしなければならない。
(a)送達の際、公務員あるいはその他受託構成国の法に従って権限を有する者が関与すること。
(b)特別の送達方式が選択されたこと。
送達の際に公務員又は構成国の法によって権限を有するその他の私人が関与することによって発生する立替金は、この構成国によって相当性及び被差別性の原則に従いあらかじめ定められた統一的な固定手数料と合致しなければならない。構成国は、それぞれの固定的手数料をＥＣ委員会に通知する。

（二〇〇〇年ＥＣ送達規則との違い）
第一項及び第二項本文には違いはない。注目するべき改正は、送達費用について定額制（固定制）の原則を本条において明確化したことである。フランスの執行官 (huissiers de justice) のように自由業者が送達を担当する構成国では、送達費用の高騰が避けられないために固定化が求められていた。

第二節　裁判上の文書の転達及び送達のその他の方法
第一二条　領事館あるいは外交上の経路を用いた転達

例外的な場合に、各構成国は、第二条又は第三条に従って指定された他の構成国の機関に、裁判上の文書を送達目的で領事館あるいは外交上の経路を用いて転達することができる。

二〇〇〇年EC送達規則からの変更はない。

第一三条　外交官または領事官を通じた文書の送達
(1)　各構成国は、他の構成国に住所を有する者に対し、外交官あるいは領事官を通じて、強制力を行使することなく直接裁判上の文書を送達させることができる。
(2)　各構成国は、当該文書が嘱託構成国の国民に送達されるべき場合を除いて、第二三条第一項に従い、そのような送達を自らの領土内では認めないことを通知することができる。

二〇〇〇年EC送達規則からの変更はない。

第一四条　郵便による送達
各構成国は、配達証明又は同等の証明書付きの書留郵便を用いて郵便機関を通じて、他の構成国に住所を有する者に直接裁判上の文書を送達させることができる。

(二〇〇〇年EC送達規則との違い)

書留郵便による直接送達は、EC送達規則の直接・簡易化傾向を象徴する送達方式であった。本改正規則は、この郵便送達についてルールの統一化を進めた。すなわち、郵便の形式について、構成国に委ねず、配達証明またはそれと同等の証明書付きの書留郵便によるという単一のルールが導入された。

第一五条　直接の送達
いかなる裁判上の利害関係人も、受託構成国の法が許容する限りにおいて、この受託構成国の公務員又は官吏、あるいはその他権限を有する者を通じて直接裁判上の文書を送達させることができる。

（二〇〇〇年ＥＣ送達規則との違い）
二〇〇〇年ＥＣ送達規則第一五条第二項は、本条の直接送達を自国領域内で許容しないと宣言することを構成国に認めていた。本改正規則においてこの第二項を削除したことによって、本送達規則の統一化が前進したと評価できる。現在、多くの構成国（オーストリア、チェコ、イングランド・ウエールズ・北アイルランド、エストニア、ドイツ、ハンガリー、ラトビア、リトアニア、ポーランド、ポルトガル、スロベニア、スロバキア）がこの公務員等による直接送達を認めていないが、本送達規則が目標とする国際送達の直接・簡易・迅速化のために、ＥＣ委員会はそれらの構成国でも導入されることを期待しているようである。(21)

第三章　裁判外の文書
第一六条　転　達
裁判外の文書は、他の構成国への送達目的で、本規則に従い転達され得る。

二〇〇〇年ＥＣ送達規則からの変更はない。

第四章　最終条項

第一七条　実施規程

付属文書I及びIIの定型書式の現代化及び技術的修正のような本規則の非本質的要素を変更するための措置は、第一八条第二項の諮問手続によって発令される。

（二〇〇〇年EC送達規則との違い）

二〇〇〇年送達規則にはハンドブック及び用語集の作成についての規程を含んでいたが、その後の情報提供手段の変化（司法ネットの作成）を理由にして削除された。

第一八条　特別委員会

(1)　欧州共同体委員会は特別委員会によって支援される。

(2)　本項が引き合いに出されるときは、一九九九／四六八／EGの決定第五条a第一項ないし第四項及び第七条が通用する。

二〇〇〇年EC送達規則との実質的な違いはない。

第一九条　被告の不応訴

(1)　呼出状又は同等の文書が本規則に従って送達目的で他の構成国に転達されなければならなかったときで、かつ、被告が応訴しなかった場合、裁判所は、以下のことが確認されるまで、手続きを中止しなければならない。

(a)その文書が、受託構成国の法がその領土内にいる人々にそこで発行された文書の送達のために規定する手続で作成されていること、あるいは、

(b)その文書が実際に、被告個人に手渡しで交付され、又は本規則において定められている別の手続に従って被告の住居に交付されたこと、

かつ、このどちらの場合においても、その文書が被告が防御し得る適切な時期に直接交付ないし交付されていたこと。

(2)　各構成国は、たとえ送達あるいは交付ないし配達の証明が届かなくても、以下の諸条件が満たされる限り、その国の裁判所が前項にかかわらず紛争を判断できることを第二三条第一項に従って通知し得る。

(a)その文書が本規則において規定されている手続に従い転達されたこと。

(b)文書の郵送後少なくとも六ヶ月間、裁判所が事案の状況により適切とみなす期間が経過したこと。

(c)受託構成国の管轄当局又は機関に要求可能なあらゆる段階をもってしても、証明が得られなかったこと。

(3)　第一項及び第二項にかかわらず、緊急の場合に、裁判所は仮の措置あるいは保全措置を命じることができる。

(4)　呼出状又は同等の文書が送達目的で本規則に従って他の構成国に転達されたが、出頭しなかった

被告に対し判決が下されたときは、裁判所は、以下の諸条件が満たされる限り、不服申立期間に関し、その被告に原状復帰を認めることができる。

(a)被告がその過失なく、彼が防御し得る適切な時期にその文書を知ることができなかったこと、かつ、彼が不服申立てをし得る適切な時期にその裁判を知ることができなかったこと、かつ

(b)被告の防御が当初から理由がないと思えないこと。

不服申立権の回復請求は、被告が裁判を知ってから適切な期間内にのみなされる。

各構成国は、第二三条第一項に従い、その通知において指定された期間の満了後の本請求が許容されない旨宣言することができる。しかしながらこの期間は、少なくとも判決から一年以上でなければならない。

(5) 前項の規定は、人の身分に関わる裁判には適用しない。

二〇〇〇年EC送達規則からの変更は字句の修正を除き存在しない。

第二〇条　構成国が締結した条約あるいは協定との関係

(1) 本規則は、その適用範囲に関し、構成国により締結された二国間あるいは多国間の条約又は協定に含まれる規定、特に一九六八年のブラッセル条約に関する議定書第Ⅳ条、及び一九五六年一一月一五日のハーグ送達条約に優先する。

(2) 本規則は、構成国が文書の転達のさらなる迅速化あるいは簡素化に向けた条約又は協定を維持し

又は締結することを妨げない。ただし、それらは本規則と矛盾しないものに限る。

(3)　構成国は次のものを欧州共同体委員会に送付する。

(a)前項に従い構成国間で締結された条約又は協定の謄本、並びに構成国によって計画されている条約又は協定の草案、及び

(b)これらの条約又は協定の各解除通知又は改正通知。

二〇〇〇年ＥＣ送達規則からの変更はない。

第二一条　訴訟費用援助

一九〇五年七月一七日の民事訴訟条約第二三条、一九五四年三月一日の民事訴訟条約第二四条、及び一九八〇年一〇月二五日の裁判所への（国際的）アクセスの容易化に関する条約第一三条は、これらの条約の当事国である構成国間の関係では、本規則の影響を受けない。

二〇〇〇年ＥＣ送達規則からの変更はない。

第二二条　データ保護

(1)　受託機関は、本規則に従って転達された情報—個人情報を含む—を、それらが転達された時の目的にのみ使用することができる。

(2)　受託機関は、自国法の措置によってこのような情報の秘密を保持する。

(3) 第一項及び第二項は、本規則に従って転達された情報の使用に関し、国内法により関係者に認められる情報請求権に影響しない。
(4) 九五／四六／ＥＧの指令及び九七／六六／ＥＧの指令は、本規則に影響されない。

二〇〇〇年ＥＣ送達規則からの変更はない。

第二三条　通知及び公表
(1) 各構成国は、第二条、第三条、第四条、第一〇条、第一一条、第一三条、第一五条、第一九条に基づく事項を欧州共同体委員会に通知する。
(2) ＥＣ委員会は、第一項に基づき通知された事項を欧州連合の官報に公表する。但し、送達機関及び中央機関の住所及びその他の問い合わせ先、並びにそれらの地域的管轄区域は公表しない。
(3) ＥＣ委員会は、第一項による事項を含み、かつ電子的方法で処理された提要の作成と改訂を行う。特に民事及び商事に関する欧州司法ネットを通じて行う。

（二〇〇〇年ＥＣ送達規則との違い）

第一項について、各国の留保権が削除されたことで通知する場面が減らされている。

第二項について、従前は、単にＥＣ官報で公表すると定めていたのに対して、その後、インターネット上に欧州司法ネットが構築されたことに伴い、提要（ハンドブック）等の情報提供媒体もっぱらそれに委ねることが本条で定められた。

第二四条　再検討
欧州共同体委員会は、遅くとも二〇〇四年一月一日に、そしてその後五年毎に、欧州議会、閣僚理事会、経済及び社会委員会に対し、本規則の適用に関する報告書を提出する。その際、欧州共同体委員会は特に第二条で指定される機関の効率性や三条(c)及び第九条の実務上の適用を留意する。本報告書には、必要に応じて、送達システムの発達に本規則を対応させるための提案が付される。

二〇〇〇年ＥＣ送達規則との違いはない。

第二五条　二〇〇〇年ＥＣ送達規則の廃止
(1)　ＥＣ規則第一三四八／二〇〇〇号（ＥＣ送達規則）は本規則の適用開始と同時に廃止される。
(2)　廃止される規則への参照は、付属書類Ⅲの対応一覧表の措置により本規則への参照として扱われる。

本規則の制定に伴い、二〇〇〇年ＥＣ送達規則は廃止されることが明確化されている。

第二六条　発効
本規則は、欧州連合官報の公表後二〇日後に発効する。
本規則は、二〇〇八年八月一三日から施行される第二三条を除き、二〇〇八年一一月一三日から施行される。

本規則は、そのすべてにおいて拘束力を有し、欧州共同体の設立に関する条約に従い、構成国に直接適用される。

二〇〇七年一一月一三日　シュトラスブルクにて
欧州議会の名において
議長　H. G-Poettering
（注は省略）

以上

（1）　これらの全体像に関して、ペーター・ゴットヴァルト（出口雅久＝工藤敏隆訳）「ヨーロッパ民事訴訟法」立命館法学二〇〇五年一月号六〇〇頁。
（2）　中西康「民事及び商事事件における裁判管轄及び裁判の執行に関する二〇〇〇年一二月二二日の理事会規則（ブリュッセルI規則）（上）（下）」国際商事法務三〇巻三号三一一頁、同四号四六五頁（二〇〇二）。
（3）　春日偉知郎「ヨーロッパ証拠法について」判例タイムズ一一三四号（二〇〇四）四七頁。
（4）　安達栄司「ECの国際倒産手続法における管轄権恒定の原則」国際商事法務三四巻八号（二〇〇六）一〇七三頁。
（5）　春日偉知郎「ヨーロッパ債務名義創設法（「争いのない債権に関するヨーロッパ債務名義の創設のための

欧州議会及び理事会の規則」）」国際商事法務三二巻一〇号（二〇〇四）一三三一頁。これに加えて、ＥＣ標準督促手続規則（二〇〇六年一八九六号）、ＥＣ少額事件手続規則（二〇〇七年八六一号）が発効している。

（6）ハーグ送達条約の解釈問題に関して、安達栄司・国際民事訴訟法の展開（二〇〇〇）一七一頁以下参照。ハーグ証拠収集条約に関して、多田望・国際民事証拠共助法の研究（二〇〇〇）九九頁以下参照。

（7）構成国間の民事又は商事における裁判上及び裁判外の文書の送達に関する二〇〇〇年五月二九日閣僚理事会規則（欧州共同体）二〇〇〇年第一三四八号。この前身としてＥＵ送達条約が制定されていた（未発効）。ＥＣ送達規則はその内容に若干の修正を加えているにすぎない。ＥＵの送達条約については、安達・前掲書二〇九頁。

（8）本稿の作成に際して、早稲田大学大学院法学研究科で筆者が担当した「国際民事訴訟法講義」において受講生の種村佑介さん（同大学院博士課程在籍）とともに翻訳・検討した二〇〇〇年のＥＣ送達規則及び二〇〇四年ＥＣ委員会報告書についての研究成果を広範に参照していることを、ここに付記する。

（9）その他にＥＣの裁判管轄及び判決の承認執行に関するブラッセル条約・規則に関するＥＣ司法裁判所の判例研究として、安達栄司・民事手続法の革新と国際化（成文堂、二〇〇六）一七六頁以下がある。

（10）http://ec. europa. eu/civiljustice/index_de.htm

（11）KOM (2005) 305 endg., S.2.

（12）KOM (2005) 305 endg., S.2.

（13）http://ec. europa. eu/justice_home/doc_centre/civil/studies/doc/study_ec1348_2000_en.pdf

（14）KOM (2004) 603, S.9.

（15）Amtsblatt Nr. L 324 vom 10/12/2007 S.0079-0120.

（16）Roesler/Siepmann, Die geplante Reform der europaeischen Zustellungsverordnung, RIW 2006, 512を、以下

主として参照している。

(17) 安達栄司「新しいＥＵの国際送達規則（二〇〇〇年ＥＣ送達規則）における送達瑕疵とその治癒の可否」国際商事法務三五巻二号（二〇〇七年）二三四頁、野村秀敏「執行宣言手続における送達の欠缺の治癒可能性」国際商事法務三五巻一一号（二〇〇七年）一五八三頁。

(18) Roesler/Siepmann, a.a.O. S.516.

(19) 本稿では、ドイツ語版を主として参照して、翻訳をした。

(20) 安達・前掲論文で紹介されている。

(21) KOM (2005) 305 endg., S.7.

10

書簡に見る詩心
――ヘルダーリン――

平野篤司

ヘルダーリン（Friedrich Hölderlin 1770-1843）は、生涯にわたって多くの手紙を書いた。そのかなりの部分が残されていて現代のわれわれも読むことができる。しかし、その時代の手紙の持つ重みは、現代の尺度をはるかに超えるものがあったに違いない。もちろん、個人の日常におけるかなり直接的な表出である手紙と作品を同断に扱うわけにはいかないが、ヘルダーリンのような場合には、手紙はそれとして独自の文学だといっても十分その理由があると思われる。詩人ヘルダーリンの作品は、芸術的な緊張度と結晶度の高さゆえ、比肩するものをもたないが、必死に生きるものの表白たる言語の極限的な切迫感と純粋な心映えの証しである透明感の点で、手紙は確実に詩人ヘルダーリンの世界をわれわれ読者に生々しく突きつけてくる。これをたんに個人の私信というにしては、人の切実な表現という点で心の真実があまりにも鮮烈に訴求の力を持ちすぎるように思われる。ここでは、もうジャンルの違いを言い立てるのが愚かしいほど魂の動きが表現足りえているのであり、それはまさしく文学にほかならないのではないか。重ねていえば、ヘルダーリンの詩の世界は、比肩するものがなく、それを詩人といえどもその日常世界の言説に還元できるわけでもないが、手紙の世界にも詩人ヘルダーリンの姿が紛うかたなく確認することが可能であることは、どう見ても否定はで

きないであろう。以下に、書簡にみられるヘルダーリンの詩魂をたどってみたいと思う。(1)

一

「ヘルダーリンは常住に勤勉な文通家であったわけではない」という指摘(2)もあるが、常住にというのが日常的かつ現実的な場面でのことであれば、確かにそうかもしれない。しかし、果たしてこの詩人はそのような次元で生きていたのだろうか。もちろん詩人は地上の人であった。地上に生きるものとしての喜び、悲しみの表明にも事欠かない。だが、見るもの聞くものすべてが豊かな詩的契機となりえたゲーテの場合とは違って、おのずから自分の関心事に表現の対象は限られる。そして、求心性の強度があまりにも高いために、それはややもすれば地上的なものの領域を超えてしまう場合が多い。しかし、たとえば母親を筆頭として弟や妹に宛てての手紙の中に沸き起こるような親愛の情も単なる家族愛といえるものだろうか。自分を支えてくれる家族は、かけがえのない聖家族のように思われる。実際に自分ほどすばらしい家族に恵まれたものはいないとさえいうのである。次のような一節は、どうであろうか。

「尊敬する母上!そして、やさしい親愛な弟妹たちよ!私の言うことを信じてください。純粋さ、清らかさ、根底的な魂、これらは私があなた方ひとりびとりのなかに、天上の声のように、幼いころから、それが何であるのかまだわからぬながらに経験してきたものです。そして、いまそれが何であるかを認識して、すべて善なるもの・真実なるもの・神的なものの根源として敬うもの、そうです、これこそあなた方について私の胸に忘れがたく残るものなのです。」(一八〇〇年一二月二一日母親宛(3))

これは家族に対する挨拶である。それにしては調子が異様に高いといえば、もちろんそのとおりである。

しかし、これがおそらくヘルダーリンにとっての常住の表現なのだ。特に母親に対する尊崇の念は、著しく強い。それは詩人と母親の母子関係という見捨てることのできない主題となるほどのものだ。

「あなたは、母上として、自然から私に与えられた永遠の友です。あなたは誠意のあるお心をもって、人生の不安と逃れがたい危険を私たちに代わって引き受けてくださっていますが、それ以上に尊敬に値し、私たちの心の救いになっているものが、ほかにあるでしょうか。」（一八〇〇年七月二〇日頃母親宛(4)）

「最愛の母上！お便りをいただきますと、いつも私は祭日のように喜ばしい気分になります。そしてまた、そのたびごと、あなたのおそばにいる気持ちになります。」（一七九九年七月八日母親宛(5)）

詩人の人生を通じてこのような感謝の念の表明が途切れることはない。神とはいえないにしても、その聖性に与る使徒に仕える忠実な信徒の様子がここには窺えるのである。母親に対する感情は特別のものであるにしても、弟や妹に対しても敬愛の情は少しも劣ることはない。

「普通のことなら教科書にいくらでも書いてある。私たちの手紙では、お互いにどんなことでもかまわず、私たち自身についてでも、大切なことでもそうでないことでも、話し合おう。おまえの家庭的な穏やかな暮らしぶりを思い描くと、どんなにうれしいことか想像もつかないだろう。…人生も熟すれば、再び人間的なもの、静かなものを愛するようになる。」（一七九七年四月妹宛(6)）

こうして、聖家族がたち現れてくるのである。ヘルダーリンがこのように「うれしい」「喜ばしい」というとき、痛々しいといえるほど、そこにはいささかも不純な物はまぎれてはいない。あたかも自然によって触発される詩人の発言のようである。このように、家族を相手にしての表現であっても、詩人は、おのずと自然的、宇宙的、宗教的なひろがりのある精神的空間を展開してしまうのである。

そして、そのような時、詩人は、勤勉でないどころか驚くほど精力的に言葉をつむぎだすのである。彼においては、聖なるものに関わるところでは、怠惰ということはありえないのだ。少なくとも一八〇四年以前の書簡は、生気と精力に満ちているという点で圧倒的である。これに比べると、一八〇六年以降に書かれたものは、かろうじて手紙の体裁をとっているもののほとんど書く意欲を喪失してしまった状態を示していて、痛ましい限りである。仮に一八〇四年以前を詩人ヘルダーリンの時代だとすれば、詩人は同時的に勤勉な文通家であるというべきであろう。ヘルダーリンのような人にとって、どのような場であれ、精力的に言葉をつむぎだすという営為と能力は、詩人の証しであったのだ。特に一八〇〇年から一八〇三年ごろにかけて旺盛意欲を持って書かれた讃歌に著しい特徴が見られるが、ヘルダーリンは、質と量の両面において文字通り大作を得意としている。このような詩的世界は、ドイツのみならずヨーロッパ詩史においても空前絶後ではあるまいか。詩人の魂という一個の坩堝の中で、東と西という地理的な両極、そして古代と現代がいささか強引にも溶接され、詩作品として異様な統一体を構成しているのを見るのは、驚異的な体験であるに違いない。それは、単なる叙情の世界ではありえないのはもちろんのこと、詩人が畏敬と尊崇の念を持って仰ぎ見ていたシラーの古典的世界にも全く見られないものであったろう。シラーの世界は、ヘルダーリンに対比すれば、精神的ではあるが、あまりにも人間的というか、地上的であったのだ。ヘルダーリンは、時空を超えてはるかに広い世界を切り開いた。その精神の運動性は、吹き零れるほどの膨大な、しかも強度の高い言葉によって支えられている。一八〇四年以前に書かれた手紙は、このような詩の世界の特質をおびているのである。これを作品と呼ぶかどうかは、議論のあるところだと思うが、文学の表現であることに間違いはないだろう。深く躍動的な精神の動きが明瞭に言語において刻印されているからだ。まさに言語における造形思考ではないだろうか。

二

次に書簡の文体的特徴を挙げてみよう。それは、対話体ということである。特に家族に宛てて書かれた場合や、友人たちへの手紙によく現れているように思われるが、基本的に呼びかけという性格が強い。相手を思いやることは、ほかに比べるものがいないだろうと思われるほど深いが、まずは相手の心に直接はたらきかけようとする。このような手紙を受け取る相手は、おそらくヘルダーリンの心との共鳴、共感を覚えることなくしては、読み通すことができないだろう。

次の一節は、弟宛の手紙からのものである。

「神々は、供物を必要としないときでも、崇拝の証しとしてそれを求めるのだ。だから、私たちもまたときには、おまえと私との間にある神格に、その供物をささげなければならない。それは、この神格について互いに語り合い、互いに交し合う手紙のなかで、私たちを結びつけている永遠性を祝祭するという慎ましくも清らかな供物のことだ。私たちが交わす手紙は、世の多くの手紙のようにペン先から流れ出るのではなく、心の底から流露するものだから、本当はたまにしか取り交わすことはできないのだが。」（一七九八年一一月二八日弟宛）(7)

ヘルダーリンの弟カールは、このような兄の熱烈な呼びかけに十分こたえるものを持っていたと思われる。もしそうでなければ、そもそもこの兄は弟に語りかけることもなかったに違いない。互いの間にある神格を認め合っていたのである。このような弟に対して、兄はいよいよ熱心に弟の問題を自分の問題として展開するのである。

「わたしたちの手紙は、見かけ以上のものを語っている。なぜかといえば、そのなかに魂が生きて働いているのだが、この魂というのは、そもそも人生において、自分のいいたいと思うことのことごとくを言い尽くすことは決してできないのだから。おお、愛するものよ！ひとの表白の最高の力は、同時に、もっとも慎ましい力であって、神的なものは、それが顕現するところではどこでも、必然的にある種の悲哀と屈辱を伴わなくてはすまないということ、このことが私たちの間で気づかれるのは、いつのことであろうか。」（一七九八年一一月二八日弟宛）(8)

ここに述べられている思想は、教えである。弟を教化する意図が兄には明確に存在する。だが、教えの内実は、まさに詩人自身の切実な認識にほかならない。弟は、これをどう受け止めたことであろうか。世の一般の教えとは全く異なる天上の声を聴いたと想像してもおかしくはないだろう。われわれ後世の読者は、ここに相手を信頼しつつ強力に自己の思想を語るものの熱をおびた表白を読み取るのである。

しかし、それにしてもなんという思想であろうか。いかに精力的に語ろうとしても、言いたいことを言い尽くすことはかなわないというのだが、これほど強い表現意欲とその実現にかけた詩人が、あえて人間の持ちうる最高の表白の力をもっとも慎ましい力とよび、神的なものは、かならず悲哀と屈辱を伴うとまでいうのである。ここには、神的なものを担う確信と覚悟、そして同時に聖なるものに対するへりくだりの姿勢が確認できる。それに聖なるものに与る地上に生きる詩人のこの世における悲哀と屈辱が語られている。これほど詩人自身のありようと運命を雄弁にかたる言葉もほかにはないだろう。自己認識にかかわるこの表白は、まさに詩的な強度を持ちえていると思う。しかも、これは聖なる兄弟関係としての弟に向けられたものだ。

弟は進路のことなどさまざまな悩みを抱えていたと思われるが、その弟と自分とを同調させて、同じ世界の住人として自分たちのありようを考えるのである。このような呼びかけを受けて弟は、師たる兄によって聖別された自分を感じ、さまよえる魂の救いを感じたであろう。ヘルダーリンの世界は、たしかにこの世において屹立しているが、それは他者を排除するよりも、かえって深い共感が成り立つところでは、熱烈な連帯を求め続けていくのである。これは、なによりも手紙における語りかけの仕方に明瞭に見て取れる。

三

弟カールに対して兄は、繰り返し「どんなにお前と会ってじかに話したかったことか」（一七九八年一一月二八日弟宛）(9)という。それは真実そうだといってもよいが、その発言には、前提があることを忘れてはなるまい。それは、物理的な距離の隔たりをあえてとるということである。詩人ヘルダーリンは、家族のいる故郷ニュルティンゲンに深い愛着を感じているにしても、なかなかそこに帰ろうとはしない。ヘルダーリンの滞在地は、フランクフルト、ホムブルク、スイスなどおもに住み込みの家庭教師として生活の資を得るために転々とするが、進んでニュルティンゲンの母親あるいは弟のもとに赴くことはない。実際にニュルティンゲンが、そんなに遠方とは思われないところにいてもそうなのである。リヨンとボルドーの間を足で踏破してしまうほどの健脚にしては、不可解なことである。むしろここには、家族のもとに近づくことをことさら避けるような心理的機制をみるべきではないか。弟を思う気持ちに偽りは微塵もない。だが、それがそのまま現実的に会うということにはつながらない。住み込みの家庭教師といっても、クリスマスに休みをもらって故郷に帰ることぐらい不可能ではなかっただろうし、心から相手のことを思うなら、すぐにでも駆けつける労を厭うヘルダーリンではないのだ。ここには、詩人自身にも忍びない決断があったと考えたほうがいい。それは彼の天職というべき詩人としての使命にかかわるものである。

妹に宛てて次のようなことを書いている。

「最愛の妹よ。私が利己心からこの仕事、この境涯を決めたのでないことは、信じておくれ。それは私の生まれついたもの、宿命なのだ。生まれつきと宿命、これだけがもう決して屈服しないと断言することのできないただひとつの力だ。」（一七九九年二月末ごろ、あるいは三月二五日ごろ妹宛）[10]

また、母親に対してこうも書いている。

「私は、孤独に耐えていく覚悟です。……書斎のなかで孤独のうちに過ごす方が、全く関係のない人々のつまらぬ喧騒の中で過ごすよりも、やはり好ましいのです。」（一七九五年一二月三〇日母親宛）[11]

自らのありようをしっかりと見据えた決断ではないだろうか。自分が最愛の母親からの切望を振り切ってまで定職にもつかず、かててくわえて仕送りによってかつかつの生活を余儀なくされていることに対する良心の呵責は当然あるだろう。特に母親に対する心理的負担は、いかばかりであったことだろうか。母親に迷惑や心配をかけ続けていることに対する自責の念と謝罪、そして、金銭、食事、衣服等に関する窮乏をつづる手紙は、まことに痛々しい限りである。妹宛のこの手紙の一節は、悪くいえば開き直りともとられかねない自己弁明であるが、これも内側から発したもっとも誠実な使命感の表明にほかならない。まるで、自分に言い聞かせるような、自己認識の再確認という趣である。ただし、だからといって、「隠棲者」[12]としての詩人の存在が理解されるだろうという期待感が強いわけではない。詩人は、妹が自分の生活形態の選択に賛成してくれているといって感謝しているが、妹はいくら兄思いのやさしい女性であっても、所詮住む世界は違うといわなければならない。このような認識があって、妹に対するいとおしさは、いや増すばかりである。決定的な断絶があってこそ、向こう側からの思いはいっそう募るということであろう。これは、ただ分け隔てなく一体感を抱く敬愛とはかなり異なる。相違を知った上での理解である。より深い地上における愛といえるだろう。だから、いかに思いが深くとも、あるいはそれゆえにこそ、故郷の家族のもとに駆けつけるわけにはいかない。詩人は、決して地上の市民的生活を厭うわけではない。むしろ、彼には恵まれぬものとして、憧れていさえする。トーマス・マンの「トニオ・クレーガー」(13)や「ヴェニスに死す」(14)などに窺われる芸術家の市民に対する疚しさというテーマもこのような心性の現れである。しかし、トーマス・マンは、衝迫の力という点でヘルダーリンにはるかに及ばない。

詩人は、率直に告白している。

「こうは思っていても、私は、真実おまえのような穏やかな愛を受けいれるにふさわしいものになりたいと思う。」(一七九九年二月末あるいは三月二五日妹宛(15))

現実との距離を認識した上で、あえてそれをパトスへと転化するこのような心性を持ったヘルダーリンは、ロマン派詩人と呼ばれるだけの資質を持っている。だが、離れたものに対する心情の告白といえば、その形式において手紙ほどふさわしいものはない。ヘルダーリンの手紙は、現実の彼方から現実へと向かって、孤独においてつづられたものである。その距離の分だけ表白の強度は高い。その意味で、彼の書簡は、その文学と表現の原理を共有しているといってもよく、詩作品と同質のものとして扱われてもいいのである。詩人が集中的に熱烈な手紙を書いたという事実のうちには、単に現実的な次元でのやりとりということではなく、現実を超えたものを志向する詩人にとっての本質的な表現の場であったということが含まれるのである。しかも、手紙は詩作品よりもはるかに直接的に詩人の魂をあらわにしているという点で、かけがえのない言語作品となっている。詩人は、手紙のなかで繰り返し、心情を伝えることの困難を嘆いている。だが、このことひとつをとっても、魂と形式をめぐる実践的な範例足りえていて、詩人の言葉は、きわめて苦しげなぎこちなさを伴いながらもある意味では雄弁に詩魂を語っているのである。たとえどのように些細な契機であっても、詩人は全身全霊を持って共鳴するので、言葉を失うことが多い。

「兄さんを思う純粋な心をさまざまに言い表して与えてくれた喜びに対しては、決して言葉で返せるものではない。それにもとより、私には自分が家族の一人から、こんなに多くの愛情を受ける価値があるのかよくわからなくなるのだ。」（一七九五年四月一三日弟宛）[16]

これは、弟に対してしばらく無沙汰をしたことへの謝罪をする一節であるが、修辞を超えた心の真実の表現足りえていると思う。喜びや内省の気持ちが痛々しいほどに表現されている。この点で、宇宙的遠心的な広がりを持ち、虚実ないまぜになったゲーテの書簡とは、大いに違う。ヘルダーリンの世界は、極度に求心的あって、およそ魂の造形以外には何もないといってもいいほどである。ヘルダーリンにはゲーテにおける詩から自然諸科学にいたる関心の広がりも、古代ギリシャからオリエント、中世ドイツなどにわたるテーマの多彩さも、ロココ的な遊びの要素も見られない。だが、心に発し、心へと収斂するその精神の強度は、全く独自なものであって、彼は、ひたすらその力で記念碑的な宇宙を創造したのだというべきであろう。その詩的歩みの原型は、彼の残した魂の軌跡すなわち手紙に見ることができると思われる。

四

手紙に見て取れる言葉の軌跡の生気には、目を瞠るべきものがある。何よりも感覚の動きが非常に新鮮なことは特筆すべきである。

「美しい秋の日々は、私には大変快い。…すがすがしく澄明な空気、季節特有の美しい光、静かな大地とますます濃さを増す緑、すがれ行く緑、木々の葉陰から顔をのぞかせる、光り輝く果実、雲、ますます澄み渡る星空――これらすべてのものは、ほかの自然のいかなる季節よりも、私の心に親密に感じられる。この季節には、静かで穏やかな霊が漂っているのだ。」（一七九七年九月二〇日弟宛[17]）

これらの弟に宛てた手紙の冒頭にある言葉は、ヘルダーリンの詩そのものだといってもいいだろう。ここには、自然の聖性が明らかに示されており、詩人がそれに与っていることも紛れもない。事態はおそらくこうなのであろう。詩人の聖性にひたされた心より発する言葉が自然を聖化する。自然は詩人の言葉によって生気を与えられ、その生きた自然によって詩人が、新たな命を付与される。このように詩人の心と自然との相互的作用が聖なる宇宙を生成していくのである。このような特質は、後の大作「ライン[18]」などの自然をテーマとする讃歌群のひとつの源になっているはずである。

この関係性は、詩人の自然に対するものばかりではない。人事に関してもそうである。家族もヘルダーリンにとっては聖家族であり、ノイファー[19]、シンクレアー[20]、ハインゼ[21]、ヘーゲル[22]、シェリング[23]といった友人たちともそれぞれに神聖な連帯の絆を作り上げている。彼らは、ヘルダーリンのかかわりあう人々であるからそれぞれに高度な精神性と純粋さを持っていることはいうまでもないが、より本質的なことは、ヘルダーリンによる働きかけ、感化が、かれらを聖化しているということであろう。そして、さらにいえば、ヘルダーリンの心とその表白である言葉においてこそ、彼らの聖性は際立つのである。だから、もしヘルダーリンを取り巻く人々の世界から詩人を差し引いてみれば、そこにはなんと市民的な日常の世界が見えてくることか。ヘルダーリンの強度の精神性に照らしてみれば、それはほとんど荒涼たる世界ではあるまいか。まるで「生の半ば[24]」の第一連の楽園的情景と第二連の寒々とした無機的世界の対比を見るような気がする。

しかし、同時に忘れてならないのは、いかに聖なる詩人といっても、完全な孤立状態で自分の聖なる本質を確かめるわけにはいかないということである。彼には、自分のありようを確認するためにも、人々と自然を必要とした。また、逆に言えば、人々と自然は、その聖性を知るために詩人の働きかけを必要としたのである。しかも、それらとの一体性を詩人は強く希求するが、その思いの底には、それらの存在のもつ厳しい他者性の認識が明確に存在する。その意味では、詩人は、誰とも自然とも一体感を実現することはなかったろうと思われる。ここに成立するのが連帯ということである。孤心は弧心であるがゆえに連帯を求めてやまない。このような心性が最高度に発揮されたのがほかならぬ書簡という場であったといってもいいだろう。そして、その際の詩人の姿勢として確認しておきたいと思うのは、へりくだりということである。家庭教師の仕事でも、教えるということに全身全霊をささげるような詩人の他者にたいする教化の情熱は、一方ならぬものがある。その彼の態度が謙虚であるというのは、まさにこの他者性の尊重、他者の認識への情熱を示すものである。この資質は、詩人自身が最後まで頑是得なかったキリスト教牧師職の持つべき最良のものだったのかもしれない。他者性ということは、個別性ということでもある。

手紙に窺われる聖性もそれぞれ相手によって異なる。たとえば母親の場合はどうか。母親に対する思慕の念にもまことに厚いものがある。母は詩人にとって聖女も同然である。

「私が現在あるのも結局すべてあなたのおかげなのですが、そのあなたの精神とお心を、日ごとにますます知るようになり、敬うようになっています。これほど心のこもった考え深いお手紙に接するたびに、私のような母親をもつものは、とてもわずかしかいないのだということが、ますます明瞭に、そして如実に感じられるのです。これこそ、私の先祖に対する誇りでもあります。私にとっては、このことが、私の母は男爵夫人だということなどよりもはるかに大事なことなのです。」（一七九三年八月母親宛[25]）

母親に対する賛美には、ほとんど絶対的なものがある。自己のへりくだりと母親に対する賛仰がヘルダーリンの側から見る二人の関係を決めている。これは、マリア信仰にも似た宗教的情熱の現れである。

「最愛の母上、あなたの優しいお便りがいかに私にとり必要なものになっているか、今日は痛切に感じました。あなたの手によって書かれた手紙を見ない時間が、このたびはひときわ長く感じられました。あるいは、あなたがことさら私を長い間待たせようとなさったのか、私にはしかとわかりかねます。母上はお元気でお過ごしだろうか、この前に差し上げたお便りになにかご気分を損ねることを書いてしまったのではないかと気になり、そうすると一週間も前から、今日はお便りをいただけるのではないかという期待で自らを慰めてまいりました。しかし、これも叶えられることはありませんでした。」（一七九五年五月二二日母親宛[26]）

このように真摯で忠実な息子の胸中が手に取るようにわかるが、あたかも神のような畏怖をさえ覚える対象である母親に翻弄されているかのようで、実に痛々しい。はたして、ほかの兄弟たちも詩人と同じような思いを抱いていたかどうかはわからないが、仮にそうだとしても、ヘルダーリンの手紙に見えるような痛切な思いにおよぶことはなかったろうとおもわれる。やはり、ことはヘルダーリンの側に、その感動と表現にかかっていたのだ。詩人の母親から息子に宛てた手紙は、とくに一八〇四年以前のものは、残念ながらほとんど参照できないので、詩人の母親宛の丁寧な手紙の文面から推測する以外にはないのだが、母親は、二人あいついで夫を亡くしており、女手ひとつで子供たちの養育と家計の切り盛りをしなくてはならないという状況のせいか、かなり堅実なしっかり者のように見受けられる。ヘルダーリンの持分である財産を管理し、仕送りをしているが、そのやり方に遺漏は全くないようである。おそらくシュワーベンという風土とプロテスタンティズムの敬虔主義の世界観が大きく規定しているのであろうが、どうしてそこまで倹約するのかと訝られるほど、その家計は慎ましくも堅実である。彼女が息子に安定した牧師職につくよう促しているのももっともなことと思われる。定職にもつかず文芸という理解しがたいことに打ち込む息子に、母親は心配ばかりし続けたのであろう。詩人が恥じ入るのも当然である。だが、それがそのまま聖なる存在として崇められることになるかといえば、そう単純なことではないであろう。やはり、詩人の内部における精神の働きが聖なる母親の像を創り出したというべきではないだろうか。母親は、詩人の精神と言語のなかでいわば聖別されたのである。

母親に忠実な息子は、ほとんど絶対的に彼女に帰依しているが、彼はある一点おいては、あえて母親の意見に従ってはいない。それは、どこかの慎ましい牧師になって定職を得るようにというすすめに対してのきっぱりとした拒絶の態度のことである。あれほど母思いの従順な息子がこのことに限っては頑なであった。

「件の仕事の話では、いまだなにも、詳しいことを申し上げられないので残念です。……私が全身全霊をささげていることは、崇高なことですし、正しく表現され完成させられれば、人々を癒し救済するものであることを深く自覚しております。このような使命感、目的をもって私は静かなたゆむことのない仕事をしながら日々を送っています。仮に市民社会でそれなりの職業についていれば、世間の人々から評価されやすい境遇にあったなら、もっと正しい評価を受けていただろうと、考えることもありますが（どうしてもそう考えてしまいますが）、それがかなわないことは、私にもよくわかっていますので、我慢することは容易ですし、それを補完するものを、真実にして美であるものに感じる喜びに見ています。真実にして美であるものに私は子供のころから帰依してきましたが、人生の経験を重ね、いろいろな教訓を受け取ってから、ますます強い決意を持ってこの点に戻ってきたのです。たとい、私が自分の内部を最後にいたるまでほんとうに明晰に、しかも詳細に表白させることができなくとも（これは多くの幸運にかかっているのです）、自分が志向したことを、外から見た私の試行錯誤から推し量られるよりも、はるかに優れたものを志向していたことを自分で知っています。……私の存在は、きっとこの世に足跡を残すことになると期待することができます。」（一七九九年一一月一六日母親宛）(27)

これは、母親に宛てた手紙にしては、ほかのものとは調子が全く違う。決然とした意志表明の手紙である。それは、聖なる母の願望を裏切ることなのだから、その決意表明たるやいかばかりのものであったろう。勧められる牧師職が職業として天命だというなら、それよりもはるかに重大な使命を詩人は自覚していて、これればかりはいかに母親の希望であっても受け入れるわけにはいかない、それにかえて自分の使命感を明確に打ち出さなければならないという差し迫った状況で書かれたものであるのだから。しかも、詩人は自らの決意は語っていても、世間的な承認を受けていない、あるいは受ける見込みが危ういということを痛切に感じているのだから、まさに瀬戸際での発言といわなければならない。しかし、詩人はここで母親の世界をはっきりと拒絶したのだ。これが彼の身に跳ね返って傷を負わせることも容易に推量されるが、それをも覚悟のうえで詩芸術の道を選び取ったのである。この決意表明も生の究極でかかれたものとして、詩的な強度を持っていることに疑いはないだろう。

「人は、職務をないがしろにしたときは、他のひとびとに不誠実な行為をしたことになりますし、自分の芸術を犠牲にしたときには、自分に神から授かった賜物に罪を働いたことになります。これは、自分の身体に罪を犯すのと同じか、もっと悪いことです。」（一七九九年一月母親宛[28]）

詩人が自分の歩むべき道を、もっとも「誠の告白[29]」をしなければならないと考える相手である母親となによりも自分自身に対して明らかにするにつれて、少なくとも母親には、時とともにますます不可解な状況となったことだろう。このような発言がなされる時点で、詩人は母親の世界に回帰することを拒絶し、一己の詩人として独立したことを宣言したようなものである。しかし、このような自立も苦渋に満ちている。ヘルダーリンは、詩人としての栄光を目指して、あえて十字架を担ったのである。

「心の落ち着きをえるために、あなた（＝母親[30]）に、心からの望みを告白してはいけないでしょうか。」（一七九九年一一月母親宛[31]）

聖職者に対して自分の深い罪の告知、懺悔をしているようであるかのようだ。しかし、これで心が落ち着くであろうか。かえって悩ましい事態となったことだろう。詩人も自らの詩への愛着を不幸とも言えると率直に述べているぐらいである[32]。だが、これも、手紙という形式がもっとも的確に内心の真実を伝達しえたということの一例ではないだろうか。詩人の心的過程が如実にわかるからである。

五

次にヘルダーリンの尊崇の的であるシラーの場合はどうだろうか。シラー宛の手紙の文面はどれも緊張の極みにおいて書かれていて、ほとんど有機性が感じられないほど硬直している。ヘルダーリンにとってのシラーは、人ではなく、生ける神のごとき観念か理念である。シラーに有望な詩人としてとりたててもらったという僥倖はあり、シラーによって精神的に鼓舞されたことがいかほど詩人の自己形成に資したかは想像を超えるものがある。しかし、手紙を見れば、その存在はあまりにも強烈であって、かえって心からの交流を妨げたのではないかと思われる。

詩人は、シラーに宛て次のように書いている。

「あなたをよく知るということは、苦痛であるばかりか、同時に大きな喜びです。」（一七九八年六月三〇日シラー宛[33]）

「偉大な人物は誰でも、そうでない人々から安らぎを奪ってしまいます。……正直を申せば、私は、あなたの精神とひそかに格闘し、自分の自由を救い出そうとすることがあります。あなたに完全に支配されるのではないかという怯えが、晴れやかな気持であなたに近づくことを妨げています。とはいえ、あなたの圏域から完全に遠ざかることもできません。…あなたと多少の結びつきがある限りは、凡庸な人間になることは、私にはできません。」（同上、一七九八年六月三〇日シラー宛[34]）

シラーが「素朴文学と情感文学[35]」のなかでゲーテの素朴に対して自分の立場を情感であると位置づけているが、この分類に従えば、ヘルダーリンこそ情感詩人の典型的な一例というべきだろう。情感詩人とは、生来の自然によって恵まれた与件によって自分の素質を自由に展開することのできる素朴詩人に対して、自然的な素質を豊かに恵まれてはいないが、自己克服と精神的努力によって、素朴詩人には望み得ない偉大さを獲得するべき詩人のことである。自然をあれほどたたえるヘルダーリンは、実は自然から決定的に隔てられていることに深い自覚があるのだ。これは、ロマン派のテーマである。シラーのヘルダーリンに対する共感と支持は、その意味でよく理解できるところである。

しかし、そのヘルダーリンにとっての理想主義とその現実社会との葛藤を形象化しえた同時代人である古典主義詩人は、あまりにも大きな存在であった。それは、ヘルダーリンの導きの星ではあっても、どうもそれによって彼が安心して自らを養えるものではなく、かえって開花せんとする自分を萎縮させ、押しつぶしさえする恐るべき存在と化しているのである。ワイマールやイエーナにおいてゲーテと並んでこの上ない栄誉に浴しているドイツ語圏における国民詩人は、ヘルダーリンにとってそれどころではなく、まさに生きた詩神であったろう。シラーからの励ましは、意気消沈している若き詩人をいきかえらせ、その無視は、絶望のどん底に追い込むのである。たとえば、ヘルダーリンが一八九九年に大きな希望を託して雑誌の発行を計画し、恐る恐るシラーに寄稿を願い出ているが、無視されるどころか、企画を取りやめるように諌められさえしている。これがどれほどの打撃であったことだろうか。詩人が精神を病むひとつのきっかけになったかもしれない。しかし、問題は、ヘルダーリンの側にあったのだろう。若き詩人の内側で膨らむ詩神シラーのイメージは、おそらくはひたすら懲らしめの神となったのではないか。

そもそもヘルダーリンがシラーに憧れ、シラーがヘルダーリンを引き立てるのは、同郷の詩人ということもさることながら、精神的な共鳴と類似の傾向があればこそありえたことに違いはない。シラーはゲーテに宛ててこう書いている。

「私はあの詩（＝ヘルダーリンの作品）[36]に、あまりにも強く自分のかつての姿を見出しました。作者が私自身を思い出させたのは、今度が初めてというわけではないのです。かれは、激しい主観性を有し、それに一種の哲学的精神と瞑想を結び付けています。こういう資質はなかなか厄介なもので、彼のありようは危険です。」（一七九七年六月三〇日）[37]

シラーの後輩に対する評価には、そこに自分自身の資質を重ね合わせ、その命運を気遣う姿勢が反映している。おそらく、その道の先達として克服してきたはずのものが、若い魂のなかでふたたびマグマのように不気味に生動しだしたことに、強い懸念を抱いたのではないか。シラーの場合は、主観性の横溢という問題を現実とのかかわりのなかである種の形式のうちに調停しようとしたのだが、ヘルダーリンの主観性は、おそらくいかなる調停も受け付けないほどに法外なものがあったということであろう。そのことに、ヘルダーリン自身も気づいていたはずである。

他方、テーマの点でもヘルダーリンはシラーに負うこと大なものがある。ヘルダーリンの詩世界の本質的な構成要素である古代ギリシャの素材は、全面的ではないかもしれないが、シラーのおかげをこうむっていることに違いはない。ヘルダーリンの歩みの初期においては、シラーの亜流とさえ言われていたのである。音楽史でいえば、ハイドンがいなければベートーベンの世界はなかったであろうということと同じように、シラーがいなければヘルダーリンはいなかったであろうと思われるほどである。

では、なぜヘルダーリンのシラーに対する過度の緊張が生じてしまったのか。これは、ふたたびヘルダーリンの問題である。その主観性の程度は、シラーをはるかに超えていた。これはシラーも指摘していたように、危うい点でもあり、それを補っても余りあるほどの大きな展開の可能性を秘めた資質でもあった。そしてまた、ギリシャの素材を用意したシラーもその扱いにおいては、有機的とはいいがたい面をもっていた。古代ギリシャへの距離感は当然踏まえたうえで、あえて言えば古代と現代、東方と西方の有機的な弁証法的展開を果たすためには、もうひとつの才能を待たなければならなかったのである。ゲーテとシラーの古典主義は、あくまでも近代ドイツの古典主義であり、古代ギリシャと直接切り結ぶことなく独自に敢行された西欧の人文主義であった。ヘルダーリンは、その影響を強く受けながら、近代の主観性と古代の古典性をつき合わせ、空前絶後の流動的でダイナミックな世界を造形したのである。だが、果たしてシラーの理解がそこまで及んでいたかどうかは定かではない。

ヘルダーリンは、詩人として自覚していた使命感に自負さえ感じていたのではなかったか。シラーが彼の典範となっていることは事実としても、内心ではシラーの世界を凌駕しなければすまない意欲を持っていたのだと思う。一方において尊崇の的であり、また乗り越えなければならない偉人を前にしたとき、若き詩人は言葉を失うのである。シラーは、ヘルダーリンの願い事に対して、現実家として抑制的に忠告をしているが、これもヘルダーリンにとっては、つらいことであったに違いない。シラーは、主宰する文芸誌「ターリア」などにヘルダーリンの詩を載せたりして、それなりのとりなしはしているし、そのような折の詩人の喜びは、大変なものではあるが、それはやはり単発的なものであって、詩人の精神的基盤を支えるには十分であったとは思われない。経済的にはいうも愚かしいほどである。しかし、だからといって尊師シラーにそのような不満を述べ立てることは、断じて自分に許さない。あくまでも忠実な弟子を通すのである。なまじ志向性を同じくする師を持ったことが、かえって若き詩人を苦しめるのである。しかし、シラーがヘルダーリンにとって聖なる詩人であることに揺るぎはない。これももっぱらヘルダーリンが聖化した対象のひとつであろう。シラーに宛てての手紙の文面が形式的にも内容的にも硬直したものであることは、その現われだということができるだろう。だが、詩人はこのようなシラーに対する硬直した関係性を乗り越えて、ということは同時に現世的な不遇と孤立を意味するが、独自の宇宙を見出していくのである。そして、かえってそれでこそ後世の読者との深い連帯を獲得したのである。

六

弟や友人とのやりとりは、疑いなく詩人の本質的かつ本格的な文学論の世界である。

「詩文は、人々を、遊戯的なやり方とは異なって、結びつけるものだと、私は述べた。つまり、詩文は、それが真実のものである限り、あらゆる多様な苦悩、幸福、努力、希望、恐れなどと人々を結びつけ、この世のすべての考えや誤り、すべての徳や観念、人々の間にあるあらゆる偉大さや卑小さと結び合わせ、徐々に人々を、ひとつの生きた幾重にも入り組む文節を有する親密な全体へと合一させるのだ。」(一七九八年一二月三一日弟宛[38])

おそらく、この思想はヘーゲルの弁証法をはるかに越えている。思想は、詩人の場合、単なる抽象性ではなく、生きることとの具体性の弁証法である。

「詩文において生命に満ち溢れているもの、これこそが現在の私の思考と感性をもっともひきつける問題だ。」(一七九八年一一月一二日ノイファー宛て[39])

「この故郷(=詩神たちの甘美な故郷)から離れて漂流するよりは、むしろ何の功業もなく没落するほうをとりたい。」(同上、ノイファー宛[40])

これこそ、ヘルダーリンの文学と生き方の核心ではないだろうか。

「当地(=ホンブルク)へ着てから、およそ一月になるが、その間、悲劇にとりかかったり、シンクレーアと交流したり、美しい秋の日々を楽しんだりして、平穏な毎日を送ってきた。さまざまな苦悩に引き裂かれてきたので、この幸福は、たしかに慈しみ深い神々の賜物だと思う。」（同上、ノイファー宛[41]）

この一節は、詩人の作品中の楽園的な情景にそのまま つながるような特質を持っているといえるだろう。このような部分に遭遇すると、この地上にあっても悲劇的な詩人にこのうえない平穏と静謐の一時が恵まれることもあったのだと知ることができて、ほっとした思いに包まれるのは論者のみではないだろう。ヘルダーリンの書簡に見られる冷静さの強調も見逃すことのできない主題である。過激なほどの主観性を有する詩人は、同時に冷静さの詩人でもある。

「ギリシャ人がホメロス以来、叙述の才の秀でていたのは、この非凡なる人物が西欧的なユーノーのごとき冷静さを自らのアポロン的国家のために奪取し、異国的なものを真に摂取するのにふさわしいほど、魂の充実を有していたからだ。

われわれドイツ人にあっては、事態は逆なのだ。だから、ギリシャ人の卓越性からただ芸術の規則のみを抽象するのは、非常に危険なことだ。ぼくは、長いことこの問題に苦しんできた。そして、今わかっているのは、ギリシャ人とわれわれのもとで最高でなければならないもの、つまり、生命に満てる関係性と技量、をほかにしては、われわれは何もギリシャ人と等しいものを持つことができないということだ。」（一八〇一年一二月四日ベーレンドルフ宛[42]）

主題というだけではなく、叙述の仕方が情熱とともに冷静さをはらんでいるのである。生命に満てる関係性と技量、この取り合わせは、芸術の原理そのものの根源である。そのためにも情熱と冷静が求められる。これは、手紙の文面にも反映していて、この詩人の場合、情熱ということよりも、むしろ冷静さが際立つように思われる。だが、それらは対立的調和あるいは調和的対立の相をとらざるを得ない。やはり、真実と美は、それを含んだ生を取り巻く大いなる全体性のなかにあるのであろうか。詩人は次のように述べている。

「人はいつまでも若いままではいられないということを感じるときに、私はよく思うのだ。全てのものには、それぞれの時があること、また夏も、実際には春と同じく美しいことを、夏も春もそれぞれに完全に美しいということはなくて、美はひとつひとつの物のなかではなく、むしろ次々と続く生涯の、すべての時期を含めた全体のなかにあることを。……どの時期も、どの一日も、単独では私たちにとって十分ということはなくて、完全に美しいということもない。あらゆる日が、たとえ苦労はなくとも、不完全さをもっている。しかし、全体を合計してみれば、かなりの喜びと命になるものだ。」（一七九九年七月妹宛[43]）

　これは、まぎれもなく詩人としての発言である。しかし、それにしても詩人はこのような全体性を平穏のうちに達成したとは思われない。生に満てる関係性と技量をめぐる激しい苦闘と精神的緊張のうちに前半生を生きたのではなかったか。その意味で、一八〇六年以降の手紙は、人の心を揺さぶるものを大いに秘めているといえる。詩人は、精神のたそがれと闇のなかで、詩人としての呪縛を脱して普通の市民に戻ったのではない。異様な姿をさらし続けたのである。手紙もそれを反映している。母親宛のものが大半を占めるが、前半生の質量ともに充実した書簡にくらべれば、何か生き物の抜け殻に似て、まことにはかない。それは、ほとんど手紙という形式と呼びかけに終始している。これは、やはり前半生の詩人としての極度の緊張が切れた後の生の裸形ではないか。それは、ヘルダーリンが詩人であることを証明しているのである。

　このように、ヘルダーリンの手紙から読み取れることは、汲めども尽きせぬものがあり、それは、まさに彼が真正な詩人であることをものがたっているが、それは、手紙と詩の連続性をあかすものでもある。逆の例をひとつ挙げれば、後期讃歌のひとつ、雄編「ライン」は、文通の相手としてもたびたび登場する親友イザーク・シンクレーアにささげられているが、詩の最終連では、「わがシンクレーアよ[44]」との私信と思われる呼びかけがなされていて、詩の言語がかなり融通無碍に個人的伝達の世界と融合していることを示している。いずれにしても、詩人の手紙は、文学作品といってもかまわないと思われる。これは、一般的にということではなく、いかなる場にあっても比肩するものがないほど高い密度を持つヘルダーリンの言語と精神の場合だけに言えることであろう。

（1）本論では、一九七〇年刊カール・ハンザー版の二巻本（Friedrich Hölderlin : Sämtliche Werke und Briefe, Carl Hanser Verlag München 1970）を底本として用いる。その第二巻に書簡が収められており、引用する場合は、そこからの翻訳である。個別の箇所は、同書の書簡整理番号とページ数をあげて示した。訳出にあたっては、適宜、ハンザー版の注釈および一九六〇年刊河出書房新社版「ヘルダーリン全集」第四巻の邦訳を参照した。

（2）同上　日本語版全集第四巻の志波一富氏の解説による。

（3）Hölderlin: Briefe 221, S.905

（4）Hölderlin: Briefe 209, S.895

（5）Hölderlin: Briefe 185, S.839

（6）Hölderlin: Briefe 138, S.727

（7）Hölderlin: Briefe 169, S.786

（8）Hölderlin: Briefe 169, S.786

(9) Hölderlim: Briefe 169, S.787
(10) Hölderlin: Briefe 174, S.809
(11) Hölderlin: Briefe 112, S.681
(12) Hölderlin: Briefe 174, S.809
(13) Thomas Mann: Tonio Kröger
(14) Thomas Mann: Der Tod in Venedig
(15) Hölderlin: Briefe 174, S.810
(16) Hölderlin: Briefe 97, S.646
(17) Hölderlin: Briefe 145, S.741
(18) Hölderlin: Der Rhein
(19) Christian Ludwig Neuffer (1769-1839)
(20) Isaak von Sinclair (1775-1815)
(21) Johann Jakob Wilhelm Heinse (1746-1803)
(22) Georg Wilhelm Friedrich Hegel (1770-1831)
(23) Friedrich Wilhelm Joseph von Schelling (1775-1854)
(24) Hölderlin: Hälfte des Lebens
(25) Hölderlin: Briefe 63, S.568
(26) Hölderlin: Briefe 101, S.658
(27) Hölderlin: Biefe 199, S.868-869
(28) Hölderlin: Briefe 173, S. 802

(29) Hölderlin: Briefe 173, S.805
(30) 論者注
(31) Hölderlin: Briefe 173, S.805
(32) Hölderlin: Briefe 173, S.804
(33) Hölderlin: Briefe 159, S.764
(34) Hölderlin: Briefe 159, S.765
(35) Fridrich Schiller: Über naïve und sentimentalische Dichung
(36) 論者注
(37) Friedrich Schiller: Brief an Goethe, 30.6.1797
(38) Hölderlin: Briefe 172, S.794-795
(39) Hölderlin: Briefe 167, S.781
(40) Hölderlin: Briefe 167, S.782
(41) Hölderlin: Briefe 167, S.780-781
(42) Hölderlin: Briefe 236, S.927
(43) Hölderlin: Briefe 188, S.847
(44) Hölderlin: Der Rhein

11 スズメはスズメであって、スズメではない
フランス文学に現れるイエスズメ像の変遷

永井典克

一　フランスのスズメ

今でこそ充実した仏和辞典があり、単語の意味はすぐ分かるが、辞書をこれから作り上げていかなければならなかった時代の苦労はどれほどのものであったろうか。その単語が指し示すものが日本にない場合、概念そのものから作る必要があったのだからなおさらである[1]。しかし、現在でも相変わらず、日本にない物や概念を示す単語、特に動植物を指す単語に苦労させられることが少なからずある。あると思っていたものが実はなかったという落とし穴にひっかかることがよくあるからである。

帝国大学教授古市公威氏がフランス語の演習の時間に moineau（モワノー）という単語を「しばしば人家の近くを徘徊する黒色の斑点のある褐色の小鳥が」と訳したところ、当時学生であった辰野隆氏が「先生、それはすずめじゃありませんか」と質問し、「あるいはそうかもしれぬ」と答えられたという逸話がある[2]。

辰野氏はこの話がお気に入りだったようで、さまざまな場所で繰り返したそうだ。スズメのような簡単な単語でも辞書がない頃は苦労させられたという笑い話なのだが、この逸話を紹介した松原氏は続けて、しかしmoineauは日本のスズメと同じものではないと説明している。確かにフランスに来て実物を見ると、フランスのmoineauは日本のスズメとは明らかに違うということに気づき驚かされる。現在でも、ほとんどの仏和辞典でmoineauは「スズメ（属）」と訳語がついているが、moineauは学名を*passer domesticus*、和名はイエスズメという鳥で、所謂日本のスズメとは別の鳥なのである。日本のスズメもフランスにいることはいるが、こちらは学名*passer montanus*、フランス語ではfriquet (moineau friquet) という。

イエスズメとスズメの見分けは容易だ。イエスズメには、スズメにはない雄・雌の見た目の差がある。イエスズメの雄の頭部はスズメの頭部と同じ茶色だが、頭頂部が灰色で、まるで剃髪した僧侶のように見える。イエスズメの雌は全体に地味なベージュ色をしている。また、イエスズメの分布図を見てみると、現在ではアフリカ、グリーンランドなど一部の地域を除いてほぼ全世界に分布しているが、日本では稀にしか見られない。イエスズメに関して言えば、実は日本のほうが世界的に見て特殊な地域なのだ。スズメのほうも、アフリカ、南アメリカを除きほぼ全世界に分布しているが、イエスズメが人の住む都市に多いのに対して、スズメは日本以外では都市部にはあまり近寄らない。そのため日本以外の国の都市部に住む人にとって、馴染みの深い鳥はスズメではなく、イエスズメのほうなのである。

フランス語のmoineauと日本語のスズメが指している物が異なる以上、スズメはスズメであって、スズメではない。さらに単語のコノテーション、単語が喚起するイメージ、象徴性とでもいうべきものがスズメとイエスズメでは異なっている。単語が喚起するイメージは、その国の社会、歴史によって醸成された通念であるため、ある言語のある単語と完全に同じ意味を持つ単語など他の言語の中に存在しえない。当たり前のことだが、翻訳されたものと原文の間には常にある程度の意味のズレが生じてしまうのだ。この小論で問題にしたいのは、日本人がスズメという単語を聞いた時に受ける印象と、フランス人が **moineau** という単語を聞いた時に受ける印象がまったくと言ってよいほど異なるということ、つまりスズメという日本語と **moineau** というフランス語のズレが、予想以上に大きいことである。このズレのため、テクストの解釈がまるで変わってくる可能性すらあるくらいなのだ。

語源からみると、フランス語ではイエスズメの頭頂部が灰色で剃髪をした僧侶（moine）のように見えることから **moineau** という名前がつけられたとされる。一九世紀の博学エミール・リトレ（Émile Maximilien Paul Littré, 1801-1881）は、**mouche**（蝿、転じて蝿のように小さな鳥）を有力な語源として挙げていたが、今では **moineau** の語源は **moine** ということで確定しているようである。しかし、だからと言って、イエスズメ **moineau** という単語を聞けば、フランス人がすぐ僧侶 **moine** という単語を連想するかというと、そうでもないようで、後で見るように、文学作品において **moineau** と **moine** を関連付けているものはほとんど存在しない。

スズメと **moineau** の違いで決定的なものは、その性質にあった。そのことを一八世紀のフランスの博物学者ビュフォン（Georges Louis Leclerc de Buffon, 1707-1788）の三六巻に及ぶ大著『博物誌』*Histoire naturelle* が立証してくれるだろう。彼は学名を提唱したスウェーデンの博物学者カール・フォン・リンネ（Carl von Linné, 1707-1778）と同世代だが、この二人の博物学者は動植物の分類に関して、全く別の方法を採用しており、対照的な存在であった。リンネは植物ならばおしべの本数など、動植物の構造的差異に着目し、属名と種名を二語のラテン語で表す二名法を確立した。この分類によると、イエスズメとスズメは同じ *passer* という属に分類される。さらに、そこにイエスズメには *domesticus*「家の」、スズメには *montanus*「山の」という意味の形容詞が付けられ、種が区別される。従って、*passer domesticus* は文字通りイエスズメ、*passer montanus* は直訳すれば「山のスズメ」とでもなるだろう。*Passer domesticus* はもともと日本には稀な鳥なので、イエスズメという名称そのものが学名から訳されたものと思われる。リンネにより提唱された学名は、統一された名称のため、外国語の文献に出てくる動植物を特定する場合など、大変役に立つものである。対して、ビュフォンは、リンネのように動植物の構造的差異ではなく、もとからフランス語でつけられている名前を重視していた。彼は、「形態」forme、「習性」moeurs の違いによる動植物の分類を目指していたのである。そして、古人が動植物に与えた名前は、まさに観察された結果、その形態、習性の違いを言い表すために採用されたものに他ならないのだ。

　ビュフォンはそのため『博物誌』においても、もとからフランス語ではイエスズメ moineau、スズメ friquet、イワスズメ soulcie の三種類の鳥が区別されていたことが重要だと論じる。最後の soulcie という鳥は、北アフリカ、南ヨーロッパ、中央アジアの岩山に住む鳥で、学名を Petronia petronia、和名はイワスズメという。学名からも分かるように、スズメ属には属さない別の鳥として今日では扱われる鳥である。ビュフォンはイエスズメによく似たこの二種の鳥に、リンネのように新たに名前をつけるのではなく、フランス語でもとからついている「本当の」名前をそのまま採用すべきであると主張している。

　この二種の鳥には、スズメ friquet、イワスズメ soulcie という名を与えよう。というより、もとの名前をそのまま使うことにしよう。何故ならば、スズメ friquet、イワスズメ soulcie というのが、この鳥に昔からつけられている本当の名前だからである。この二種の鳥はイエスズメではないし、形態も習性も異なるのである。(3)

このため、リンネ式ではイエスズメとスズメは同じ passer という属に属するが、ビュフォン式では、イエスズメとスズメは全く別の鳥として扱われることになる。この二種の鳥の形態上の相違点は先ほど見たとおりだが、習性上の違いはどのようなものであったろうか。問題のイエスズメの習性に関しては、ビュフォンは一貫して否定的な態度を取っている。彼は人里から離れた場所に住むことのないこの鳥を、「怠惰な性格のため、出来合いの食料、つまり他者の財産に頼って生活している」と断定し、有益と言うより、有害な存在だと切り捨てているのだ。

イエスズメは数が多いだけでなく貪欲なため、有益というより有害な存在である。実際、イエスズメの羽根は何の役にもたたないし、肉は不味く、歌声は耳障りで、なれなれしく付きまとわれるのも不快だし、血気盛んで喧嘩好きなのも迷惑なものでしかない。(4)

ビュフォンによれば、イエスズメは警戒心が強く、ずる賢くもあり、悪知恵にたけ、気に入った場所から決して立ち退かない強情さを備えるため、厄介な存在であった。罠を仕掛けても、容易に見破る。なかには大胆なものもいて、ツバメや鳩と喧嘩して巣から追い出し、乗っ取ってしまうものもいると、ビュフォンはイエスズメの悪行の羅列を止めない。このようなビュフォンの記述には個人的恨みが原因にあるのかもしれない。というのも、彼がカナリアやマヒワ、ムネアカヒワを飼っていた鳥小屋のそばにイエスズメが群れて、そこから離れようとせず、「下卑た鳴き声で鳥達の歌を邪魔するだけでなく、不愉快なチュイチュイという鳴き声を繰り返す」ことで、彼の飼い鳥の歌を駄目にしてしまったからである。彼はイエスズメが集まる木の下で硫黄を焚いて、窒息死させようと試みたことがあったほどなのだ(5)。

イエスズメの性質で特筆すべき点は、その恋愛に対する態度であろう。イエスズメに否定的なビュフォンも、雌鳥を得るために死闘を繰り広げる雄鳥を前に、「これほどまで恋愛に対し一途な鳥はあまりいない」と感嘆する。もっとも、彼はすぐ続けてイエスズメの交尾には「喜び」が感じられないと非難しているのだが。

イエスズメは二十回連続で交尾することすらあるが、常に最初と同じだけの熱意、同じだけの心の震え、同じだけの喜びを雄鳥は示し続ける。奇妙なことに、交尾において雄鳥よりも疲れることが少ないはずだが、雌鳥のほうが先に我慢ができなくなるかのように見える。この行為は雌鳥には全く喜びをもたらすものではないのである。何故ならば、前戯も愛撫もこの手の行為に付随するものが何一つとして存在しないからである。そこには、優しさに欠ける興奮状態と、自分の欲求を満たすためだけの性急な動作しかない。

鳩の交尾をイエスズメの交尾と比べてみれば、肉体的行為と精神的行為の様々な違いというものを理解することができるだろう(6)。

フランスにおけるイエスズメ像を考える際に、恋愛に対する態度以外にもう一つ重要で、記憶しておくべきことがある。それはビュフォン自身が認めているように、このように何の役にも立たないイエスズメであるが、人によく懐くため、飼育されることがあるということである。

イエスズメは丈夫な鳥なので、鳥籠でも容易に飼育できる。数年間は生きているが、特に雌鳥がいなければ長生きする。雌鳥がいると、過度に交わってしまい、命を縮めると言われている。雛鳥の時は従順で、呼べば来るし、他の鳥の近くで育てれば、歌を覚えることもできる。もともと人に懐きやすい生き物なので、飼育すれば、よく人に懐く。(7)

ビュフォンによるイエスズメ像をまとめてみると、恋愛に一途であるが、好色で、喧嘩っ早く、歌声は耳障り、食用にも適さず、穀物に害を与えるが、人にはよく慣れるのでペットとして飼育されることがある鳥ということになる。それに対して、田園に留まり路傍によく姿を現すスズメ friquet の方は高く評価されている。「イエスズメは重たげに、短い距離しか飛ばず、地上を移動するときも、のたのたと跳ねながらで優雅さのかけらもないが、スズメは軽快に動き回り、歩きっぷりも優れている」(8)とその扱いには随分と差があるように感じられる。スズメは飛んでいないときには、せわしなく動き回り、飛び跳ね、尾を上下させるが、この「魅力的」動作のため、古フランス語の「活発な」、「生き生きとした」という意味を持つ frique, friche という単語から friquet という名前がつけられたとビュフォンは説明している。(9)そして、イエスズメは農作物に害を与えるが、果実や、アザミなどの野生の植物の種子を好んで食べるスズメは穀物にもたいした害を与えないため、イエスズメよりも無害な鳥なのであると結論づける。(10) friquet の動作をビュフォンは魅力的と見ているが、その感情には、日本人、特に都市部に住む日本人がスズメに対して持っている感情に近いものがあったのではないだろうか。

以上から、moineau は日本のスズメと同じ物を指していないというだけでなく、その単語がフランス人に与えるイメージが、「スズメ」という単語が日本人に与えるイメージ、もしくは friquet という単語がフランス人に与えるイメージと異なるという点で二重に異なる存在であることが明らかになった。

しかし、このビュフォンによるイエスズメ像も、一八世紀フランスにおけるものでしかないことに注意しなければならない。フランスにおいて、moineau という単語が常に同じイメージを喚起してきたわけではないからである。そのことをフランス文学におけるイエスズメ像の変遷を通して、次に確認することにしよう。

二　フランス文学におけるイエスズメ像の変遷

フランス文学に現れるイエスズメ像を調査するにあたって、フランス語という言語が今あるような形に落ち着いてきた一六世紀以降の作品を扱うことにしたい。また動物を主人公としているという点で、寓話というジャンルが、それぞれの動物の持っている特色を表に出しており、ある動物の持っているイメージを調査するには適していると考えられるため、寓話を中心に調査することにしよう。それらの寓話は、フランス文学に現れるイエスズメが、ある時代までは基本的にビュフォンが指摘したような特色を備えていたことを示してくれるであろう。

まずイエスズメは好色な鳥というイメージを持っていた。ラ・フォンテーヌの先駆者として知られている一六世紀の詩人ギヨーム・ゲルール（Guillaume Guéroult, 1507?-1569）はイエスズメに次のように呼びかけている。

小さく可愛いイエスズメ（Passereau）よ
おまえの性質がどのようなものであるか
私はどうしても言ってみたい。
おまえは淫行にふけっているが
あまえの魅力的な歌声のため
ここに一篇の詩を捧げられるに値する。
というのも、はっきりとした歌声で
多くの心地よい歌を歌い上げるおまえは
疲れた人をなごませてくれるからだ。(11)

ゲルールはイエスズメを指すのに、ラテン語の passer から派生し、現在では燕雀（目）を指す passereau という古語をまだ用いている。この詩から、イエスズメの鳴き声が常に耳障りなものであったわけではなく、魅力的な歌声を持つ鳥と思われていたことが分かる。そのためもあってか、イエスズメはよく飼われていたようで、一八世紀以前のフランス文学作品には、捕まえられ飼育されているイエスズメがしばしば登場している。

一七世紀の喜劇作家モリエール（Molière, 1622-1673）の英雄的牧歌劇『メリセルト』（*Melicerte*, 1666）にも、そのようなイエスズメが登場する。文学に飼育されるイエスズメが登場する際、イエスズメのもう一つの属性、すなわち恋愛に一途な鳥であることが無視できないものになっていることに注意したい。『メリセルト』では、主人公のミルティルは恋人の羊飼いメリセルトへの贈り物にするためにイエスズメを捕らえているのである。つまりイエスズメの飼育は、恋愛という要素と結びつけられていたことになる。

ミルティル：
無垢な鳥よ
お前を捕まえた人間に対して
そんなにも暴れているが
自由を失ったからといって、嘆くことはない。
お前の運命は輝かしいものだからだ。
私はお前をメリセルトのために捕まえた。
彼女はお前を手に取り接吻し
胸に止まらせることだろう。
お前は彼女の恩寵を受けるのだ。
それ以上に美しく心地よい運命があるだろうか？

幸運なイエスズメよ、王様だって
お前と立場を交換したいと思わないものはいないだろう[12]。

この引用から、恋人が接吻し、胸に止まらせる情景を夢想することを可能にするような、官能的ななにかをイエスズメは持っていたのだと理解される。ミルティルのこの台詞は、古代ローマの抒情詩人カトゥルス（Gaius Valerius Catullus、B.C. 84?– B.C. 54?）が、レスビアという女性に捧げた「レスビアのイエスズメ」という恋愛詩を思い起こさせる。レスビアが飼っているイエスズメ[13]に、カトゥルスは「彼女が胸に止めるお前、接吻させようと彼女が指先を差し出すお前」と呼びかけていた。日本でもスズメはよく飼育されてきたが、そのスズメに官能的要素はない。例えば清少納言が『枕草子』の第二九段で「こころときめきするもの」として、「ちごあそばする所のまへわたる」、「よきたき物たきてひとりふしたる」、「唐鏡のすこしくらき見たる」、「よき男の車とどめて案内し問はせたる」などと並べて、「雀の子飼」を挙げているが、この雀には、官能的なものは見当たらないだろう。

動物を主人公とした『寓話』で知られる一七世紀フランスの詩人ラ・フォンテーヌ（Jean de La Fontaine, 1621-1695）の作品のなかにもイエスズメが登場する。彼の『寓話』の第一二の書（一六九三）に収められている「猫と二羽のイエスズメ」Le Chat et les deux Moineaux という寓話では、イエスズメの喧嘩っ早いという側面が描き出されている。ここで問題になっている鳥は、従来、スズメと訳されてきたが[14]、当然、イエスズメとして考えなければならないものである。一羽のイエスズメと一匹の猫が産まれた時から一緒に飼われていたため、お互いを友人として認識し、平和に時を過ごしてきた。特に「友人間で怒りに身を任すようなことがあってはいけない」と考える賢く謙虚な猫は、イエスズメが遊びのつもりでくちばしを剣のように使って突いてきても爪を出さないよう気をつけていた。しかし、ある時、近所に住む一羽のイエスズメが訪れたとき、二羽の血気盛んなイエスズメの間に、口論がおきてしまう。どちらかの味方につかなければならなくなった猫は、訪れてきたイエスズメが友人を侮辱していると思い、友人を助けようとそのよそ者のイエスズメを食べてしまった。そして猫はイエスズメが美味であることに気付く。

いやいや、と猫は言いました、
イエスズメというのは実に美味で、味わい深いものだな！
このように考えるや、猫はもう一羽のイエスズメを平らげてしまいました。

寓話は子供向けのものではなく、貴族や上流階級向けに書かれた作品であり、当時の上流階級の価値観を見ることができる。この作品もルイ一四世の孫で、後にルイ一五世の父となる当時一一歳だったブルゴーニュ公（Louis, duc de Bourgogne, 1682-1712）に捧げられていた。ラ・フォンテーヌが言うには、「教訓なしには、寓話は不完全」なのだが、この寓話には教訓がついておらず、また原典も不詳のため、作者が何を言わんとしたか、ただ単に表面的に読み取ればよいのか、さらに深い意味を求めるべきかは分かっていない。作者自身は、この寓話の教訓は自分にはぼんやりとしか分からないと述べた上で、まだ子供の公爵に向かって、「あなた様ならば直ちに分かったのではないでしょうか」と言う。ラ・フォンテーヌの研究者であるJ.C. ダルモンは、この台詞は読者である公爵の推論能力に関する皮肉だという説を立てている。(14) いずれにしても、この寓話はイエスズメが鳩を巣から追い出すほど喧嘩好きだと知らないとよく理解できない部分があるのだ。

ラ・フォンテーヌの『寓話』は人気を誇り、一八世紀には多くの寓話作家が追随することになる。その中の一人にジャン＝ルイ・オベール（Jean-Louis Aubert, 1731-1814）がいた。彼の一七五六年の『新寓話集』*Le recueil de Fables nouvelles* も大成功を収めていた。一八世紀の寓話は、啓蒙主義とその結果としてのフランス大革命と切り離して考えることはできない。イエスズメも時代と無関係でいることはできず、その象徴性が変化していくのを、後ほど私たちは確認することになるだろう。しかし、オベールの寓話は政治思想が薄く、後で取り上げる作家たちが悲劇的な結末を迎えたのと異なり、彼は革命をうまく乗り切れたようだ。実際、彼の寓話に出てくるイエスズメは、依然として恋愛という観点からしか見られていない。「二羽のイエスズメ」**Les Deux Moineaux** では、捕らえられ、別々に飼われていた二羽の愛し合うイエスズメの姿が描かれていた。時折、飼い主はカゴの扉を開け、二羽を自由にしていたが、イエスズメは会える回数の少ないことを嘆いている。詩人がイエスズメに呼びかける。

小鳥よ、どうして嘆くことがあろうか？
ああ、希望に高ぶることのなくなった
恋の炎がすぐ消え去るのを私たちは見ている。
小鳥よ、愛は甘やかされた子供のようなもので
渇望する物が与えられないと
手に入れたくてしかたなくなるものなのだ。

手に入れた瞬間に、その魅力は失われる。
障害こそ魅力を与えているのだ。
所有する宝には氷のよう
持っていない物すべてには炎のよう。

やがて、雄鳥の籠に裂け目ができ、修理の間、同じ籠に二羽のイエスズメが入れられた。雄鳥は愛する鳥の巣で眠れることになった。

客と主人のどちらがより満足したであろうか?
どちらもおなじだけ満足した。
この日、二羽のイエスズメの愛は激しく燃え上がった。
翌日は少しおとなしくなった。
この場所で五回朝を迎えると
壊れた籠が戻ってきた。雄鳥は嘆息も、
未練も、別れの言葉すらなしに、元の籠に戻った。(16)

啓蒙主義を代表する哲学者ヴォルテール(Voltaire, 1694-1778)も、一七一〇年頃、彼が滞在していたシュリー城でイエスズメと呼ばれていたヴリリエール夫人に、イエスズメを賛美する詩を贈っている。

来てください、魅力的なイエスズメよ、この林に来てください。
私たちの鳥は皆、当惑し、驚きながらも
あなたの羽毛を賞賛することでしょう。
ヴェニュスの車の鳩も
あなたに讃辞を呈しに来ることでしょう。
美しいイエスズメよ、これ以上、何を言えばいいのでしょう！
あなたを見るものは幸いかな、あなたの声を聞くものは幸いかな！
あなたの声は誰もが気にいるもので、あなたの目は皆を魅了する。
もしあなたがもう少し優しければ
イエスズメという名前があなたによりよく似合うことでしょう。(17)

以上のように、イエスズメは、その習性から、（肉体的）愛の象徴としてあり、恋人に贈られるに相応しい鳥としてあった。しかし、それは極めて貴族的な「遊び」でしかない。したがって、貴族の意味が問い直されたフランス革命を境にして、イエスズメという鳥が持つ象徴性が変化するのは必然のことである。実際、イエスズメはこの時期、愛の象徴から脱皮していく。イエスズメは、貴族によって捕獲され、籠に入れられていた者、つまり自由を求める者の象徴へと変化していくのだ。

今では忘れ去られているが、生涯に千本以上の寓話を執筆したボワザール（Jean Jacques François Marin

Boisard, 1744-1833）の寓話はヴォルテールなどの同時代の批評家からも好意的に受けとめられていた。革命後は反革命的意見が多く、故郷に引きこもらざるを得なくなり、忘れられていくが、彼の寓話におけるイエスズメはまさに自由を求める鳥として描かれていた。イエスズメは捕らえられたままで終わっていい鳥ではもはやない。彼の「子供とイエスズメ」L'enfant et le moineau の中では、飼っていたイエスズメが逃げてしまったため、一人の子供が悲しみに沈んでいる。子供が逃げたイエスズメに「柵を金色に塗って、小さな宮殿にしたというのにもう二度と戻ってこないつもりなの」と問いかけたところ、イエスズメは子供にこう答えた。

この誰もいない森で、私は
より大切な自由というものを見つけました。
私はここで死にたいと思います。
友達よ、あなたの言葉は美しいものだし
私の宮殿も美しいものでした。その宮殿が
鳥籠でしかないというのはなんと残念なことでしょう！(18)

「オオタカとイエスズメ」L'autour et le moineau でも、一羽のオオタカがイエスズメを憐れんでいるが、イエスズメは自らの生活を惨めには思っておらず、こう返事をする。

あなたがその惨めな生活を憐れんでいる者は
あなたの盛運を少しも妬んでおりません。
〔中略〕
わずかなものしか食べないので、飢饉もそれほど恐れていません。
時に、苦しむこともありますが
決して心配することはありません。
時に応じて、喜び、我慢することを知っているからです。(19)

この寓話は人間に撃ち落とされ、大地に横たわり痙攣するオオタカが猟犬に貪られようとする場面で終わる。この場面は、これから起こるフランス革命を予告するかのようであり、時代の空気を感じさせるものである。「イエスズメとアトリ」Le Moineau et le Pinson でも、ボワザールは鳥籠に入れられてしまったイエスズメを主題にしている。好きなだけ麻の実を食べることができ、絹の寝床に寝ることができても、イエスズメが幸福になることはなかった。雪や氷に大地が覆われ、野原に住む彼の同胞が苦しみ始めた時、鳥籠という避難所にいられることは大変幸せなことであるはずなのに、自由がなければ、この小鳥には何も意味がなかったからだ。イエスズメが逃げ出そうとしている時、一羽の愚かなアトリが鳥籠の魅力に取り付かれ、中に入ろうと大奮闘していた。イエスズメはアトリに向かって、次のように言う。

そんなに私を羨まないでください。

外へ出る手段を教えてくれれば
中への入り方を教えてあげますよ。[20]

自由を求める民衆の象徴として現れてきたこの時期、イエスズメは貴族側からは当然のように愚か者の象徴として扱われるようになる。貴族の出身のフロリアン（Jean-Pierre Claris de Florian, 1755-1794）は一七八八年にアカデミー・フランセーズ会員に選ばれたものの、革命時にアンシャン・レジームとの関係を疑われ、ソーに逃亡、逮捕された人物であった。その彼が書いた「ナイチンゲールと王子」Le Rossignol et le Princeという寓話では、イエスズメは群れをなす愚か者でしかない。一人の若い王子が、養育掛と林の中を散歩しているとき、葉陰でさえずっているナイチンゲールを見つけ、捕まえ鳥籠に入れたいと思った。しかし、王子は鳥を捕らえることはできず、ナイチンゲールは逃げ去ってしまう。王子は怒ってこう言う。

どうして、小鳥の中で、もっとも愛らしい小鳥が
森の中で、人になつかず、孤独を好む一方で
私の宮殿はイエスズメで満たされているのだろうか？[21]

この王子の怒りに、養育掛は「愚か者は誰でも姿を見せる術を知っていますが、有徳の士は隠れているので、こちらから探しにいかなくてはいけないのです」と答えるのである。

イエスズメには教育という光が必要であると貴族が考えていたことは、ジャンリス伯爵夫人（Stéphanie

Félicité de Genlis, 1746-1830）の『回想録』の中の逸話からも窺うことができる。後のフランス国王ルイ・フィリップの養育掛を勤めた伯爵夫人は、若者の教育論で知られている。『回想録』の中で彼女は、やはり貴族の出身でナポレオン二世の教育を任された軍人アナトール・ド・モンテスキュー（Anatole de Montesquiou-Fezenzac, 1788-1878）から、政治に関する意見を公にしないことを責める手紙をもらったことを記している。モンテスキューはその手紙の中で次のようなイエスズメの寓話を持ち出していた。イエスズメは羽の下に雛を抱えた一羽の雌鶏（ジャンリス伯爵夫人）に出会い、一晩その翼の下に泊めてもらえないかと頼むが断られてしまう。そのためイエスズメは死を迎える。

翌日、哀れなイエスズメは
近くの森で罠にかかってしまった。
つれない雌鶏は
断ったことを後悔していると言われている。
しかし、もうイエスズメはいない。
天は大地を照らすためにあなたを遣わした。
不死の名声へといたる
高貴な道を進みなさい。
皆にほとばしるあなたの光を浴びせなさい。
取るに足らないイエスズメですら

締め出されるべきではありません。(22)

言うまでもなく、鶏はフランスを象徴する鳥である。モンテスキューはジャンリス伯爵夫人に、指導者なきイエスズメは森に迷い死ぬだけなので、イエスズメたちを導く雌鶏になれと要請しているのである。

このように革命を通過したとき、その扱いに違いはあるものの、民衆側からも、貴族側からも、イエスズメは官能的存在ではなく、民衆の象徴として定着していった。一九世紀の文豪バルザック（Honoré de Balzac, 1799-1850）も、一般民衆の象徴としてイエスズメを作品の中に登場させている。一八四〇年に、バルザックの人間喜劇、ユゴー、ゾラの編集を手がけ、後にジュール・ヴェルヌを発見した名編集者エッツェル（Pierre-Jules Hetzel, 1814-1886）が、人気の挿絵画家グランヴィル（J.J. Grandville, 1803-1847）の絵に、シャルル・ノディエ Charles Nodier、ミュッセ Alfred de Musset、ジョルジュ・サンド George Sand、バルザックという人気作家の文章をつけ、擬人化された動物を主人公にパリの風俗を描く『動物の私的・公的生活情景』*Scènes de la vie privée et publique des animaux* の出版を企画した。バルザックはこの中の何作かを担当したが、その中に「最良の政治形態を求めるパリのイエスズメの旅」Voyage d'un moineau de Paris à la recherche du meilleur gouvernement という短篇がある。この作品は最初、ジョルジュ・サンドが書いたとされていたが、実は自分の名前が出すぎていると感じたバルザックが、サンドの名前を借りたものであった。サンドは、この作品の主人公であるスズメが彼女の友人であるキリスト教社会主義者のフェリシテ・ド・ラムネー（Hugues-Félicité Robert de Lamennais, 1782-1854）をモデルにしているため、快諾したのだ。この短篇におけるイエスズメは、フランス人民衆そのものであった。

パリのイエスズメは前から鳥の中でもっとも大胆で厚かましいと言われている。彼らはフランス生まれである、つまり、それが彼らの欠点であり、長所であるのだ。彼らは妬まれている、それが多くの中傷の説明になっている。彼らは実際、猟銃を恐れることなく生活しているし、誰にも頼ることもないのに、何も欠くことがない。間違いなく鳥のなかでもっとも幸せな鳥である。[23]

このように描かれるパリの「プロレタリア」のイエスズメは、ルイ・フィリップがフランス王となり、大ブルジョワジーしか政治参加できない体制を作り出すこととなった一八三〇年の革命の行く末を恐れていた。[24]そこで「王、女王や、人間が作り出したその他のありとあらゆるものを気にかけない国」からやってきた一匹のスズメが、この状況を憂い、最良の政治体制を求めて旅に出るのだ。このスズメはタイトルではイエスズメとなっているが、「偉大なるスズメ」Grand Friquet と呼ばれている。バルザックはイエスズメとスズメを区別をしていなかったのだろうか。そうは考えにくい。むしろ、ブルターニュ出身のラムネーを都市ではなく、田舎や森に生息するスズメに喩えたのではなかろうか。いずれにしても、バルザックは、キリスト教社会主義者であるラムネーをモデルとする主人公のスズメに、「パリの至るところで、土地所有者 les propriétaires という唾棄すべき人種の悪口を聞いたため、まだ会ったことがないうちから、私は土地所有者というものを憎んでいた[25]」と言わせている。もはやイエスズメは鳥籠に入れられてもいないし、恋人の胸に止まってもいない。バルザックのこの短篇を読む時、すでに貴族の遊びの世界から遠く離れたことに私たちは気づかされる。

このようにイエスズメは民衆の象徴となったが、恋愛とまったく無関係になったというわけではない。バルテという詩人（Armand Barthet, 1820-1874）が一八四九年に当時の人気女優ラシェル（Elisabeth Rachel Félix, 1821-1858）を主役に据え、古代ローマの詩人カトゥルスの恋愛詩「レスビアのイエスズメ」に着想を得た『レスビアのイエスズメ』*Le Moineau de Lesbie* をコメディ・フランセーズで上演し、そこそこの成功を収めていた。立身出世を夢見るカトゥルスは恋人のレスビアを捨て、執政官の娘と結婚しようとする。人々はレスビアがカトゥルスの裏切りよりも、飼っていたイエスズメが死んだことに悲しんでいるので驚く。実はレスビアは、恋人に裏切られたことを知ったまさにその日に、彼との愛の証であったイエスズメが死んだことを嘆いていたのである。しかし、一九世紀全体を通してみるならば、恋愛とイエスズメの関係性は薄れ、イエスズメは民衆の象徴としての地位を獲得していくことになる。

フランスを代表する文豪の一人であるヴィクトル・ユゴー（Victor Hugo, 1802-1885）も、その作品の中でイエスズメに大きな役割を与えている。代表作の一つである大河小説『レ・ミゼラブル』(*Les Misérables*, 1862) の中で、彼はパリの浮浪少年を取り上げ、子供でも大人でもない、「小さな人」と定義付けているが、そのイメージがまさにイエスズメなのであった。

パリには子供が、森には鳥がいる。鳥はイエスズメといい、子供は浮浪少年 gamin という。パリと子供時代という、片方は大かまどの炎、もう片方は夜明けの光を内包する二つの概念を結びつけ、その二つの輝きに衝撃を与えてみれば、そこからは一人の小さな存在が飛び出してくる。プラウトゥス（古代ギリシアの喜劇作家）ならば *Homuncio*（小さな人）とでも言うことだろう。(26)（第三部・第一編・

この小さな人は常に陽気な存在であった。小さな人は走り、待ち伏せし、物乞いし、時間つぶしをし、パイプが黒ずむまでふかし、地獄落ちする悪人のように悪態をつき、酒場にいりびたり、盗人と付き合いがあり、娘たちには馴れ馴れしく話し掛け、隠語を使い、下品な歌を歌い、それでいながら心に悪いものをなにも持っていないとユゴーは言う。何故ならば、「小さな人は心に純真さという真珠を持っているからであり、この真珠は泥に溶けて消えるようなものではない」からなのであった。このイエスズメに喩えて描いたパリの浮浪少年の代表がガブロッシュ（Gavroche）という少年である。ガブロッシュはあまりに有名になったため、パリの浮浪少年を指し示す一般名詞となり、現在でも辞書に登録されている。このガブロッシュの死の場面に再びイエスズメの比喩が登場する。一八三二年に、共和主義者がルイ・フィリップの七月王政を倒そうと暴動を起こしたとき（二月暴動）、ガブロッシュは労働者と学生たちからなる「ＡＢＣの友」（ＡＢＣは虐げられた民衆（Abaissé）を意味する）のために、政府軍が落とした薬莢を拾おうと、銃弾が飛び交う中をイエスズメのように歌いながら走り回ったのだ。

その光景は恐ろしいものであり、魅力的なものであった。銃撃されたガブロッシュは、銃撃者たちをからかっていた。彼はおおいに楽しんでいる様子であった。彼は狩人をつつくイエスズメのようであった。射撃される度に、彼は歌を一節歌いかえした。相手方は絶え間なく狙い撃つのだが、毎回外してしまった。ガブロッシュは寝ころんでは、起き上がり、門のかげに消えては、現れ、逃げては、

> 戻ってきて、銃撃者たちにあかんべえをしてみせた。その間も彼は薬莢をくすね、弾薬入れを空にしては、自分の籠につめ続けた。心配からかたずを飲む暴動者たちは、彼を目で追いかけた。バリケード中がどよめいた。ガブロッシュが歌っていた。そこにいるのは子供ではなかった。そこにいるのは大人ではなかった。それは奇妙な妖精のような小僧gaminであった。乱闘の中でも不死身の小人とでも言うべきであろうか。[27]（第五部・第一編・第一五章）

やがて、一発の銃弾がついに鬼火のようにとらえどころのない子供を捕らえた。ガブロッシュはよろめき、倒れた。しかし、すぐに起き上がると、顔から一筋血を流しながら、両腕を宙に上げ、弾丸が飛んできた方を眺め、歌い始めるのであった。

ユゴーの作品によって、イエスズメはパリの市民権を完全に得た。同時に、イエスズメという単語が作品に登場するとき、その単語は必ずガブロッシュ少年のイメージを喚起するものとなった。自然主義文学の代表であるエミール・ゾラ（Émile Zola, 1840-1902）も、『新ニノンへのコント』（*Nouveaux contes à Ninon*、一八七四年）で、「パリの真の子供、空のわんぱく小僧gaminとは、労働者の灰色のジャンパーを着ているイエスズメなのである[28]」と証言している。ここにいるイエスズメはもはや貴族によって鳥籠で飼われていた鳥ではない。下品で、からかい好き、恥知らずのイエスズメは「税金は収めないもののパリ市民」なのだ。しかし、時の権力者は、ガブロッシュを撃ったように、容赦なく自由を求めるイエスズメを迫害するだろう。ギュスターヴ・ナドー（Gustave Nadaud, 1820-1893）という風刺歌謡作者がいた。彼は生涯に三〇〇曲ほど作曲し、人気を得ていたが、ギャラを拒みつづけ、貧困のうちに死んだ反逆精神の持ち主であった。その彼がやり玉にあげていたのは、言論・出版の自由を規制するなど権威主義的統治を行ったナポレオン三世による第二帝政である。彼の「ワシとイエスズメ」L'Aigle et le Moineau という作品におけるイエスズメは民衆の象徴、ワシは勿論、ナポレオン三世と読まなければならない。そこでは何も獲物がいないため、「望むものが手に入らなければ、手元にあるものを食べるべきである」と考えるワシが、一羽のイエスズメに襲いかかっている。ワシは次のように自分の行動をイエスズメに正当化する。

王は哀れな臣下の血を
摂取しなければいけない。
私は餌としては
鳩、黒歌鳥、山うずらのほうが好みである。
肉はかなり固いが
まだカラスのほうが好みである。
しかし、どんなにやせ細っていたとしても
私には獲物が必要なのだ。そしてここに獲物がいる。
さあ、運命がおまえを送り出すところに向かうのだ。(29)

このように言うやいなや、ワシはイエスズメを食べてしまった。ナドーはこの作品を「人間の世界でも、鳥の世界でもこれが法であり、慣習であり、規則である。イエスズメはワシを食べないので、ワシがイエスズメを食べなくてはならない」と締めくくる。自由を規制し、イエスズメを食い物にするワシに注意しなければならないとナドーは警告しているのだ。

以上のように、一八世紀以降のフランス人はワシに食べられてしまう危険にさらされていようとも自由を欲するイエスズメに、自分たちの運命を投影していたのだ。そのことを、イエスズメという単語が出る度に私たちは思い出す必要がある。しかし、注意しなければいけない。イエスズメが喚起するイメージは時代だけでなく、地方によっても異なるのである。例えば、パリでイエスズメが迫害されるのを嘆いている間、田舎では、少年が無邪気にイエスズメを撃ち落としているのだ。

マイエンヌ出身のジュール・ルナール（Jules Renard, 1864-1910）の一八九四年の自伝的小説『にんじん』*Poil de carotte* で、作家は誰からも愛されない、田舎の赤毛の少年の日常を描いているが、その「カービン銃」**La Carabine** という章で、にんじんが兄とイエスズメ撃ちに行った時のことが語られている。

一群のイエスズメが飛び立った後、にんじんは立ち止まり、兄のフェリクスに動かないよう合図を送る。イエスズメの群は生垣から生垣へと飛び移る。背中を丸めた二人の猟師は、イエスズメたちが眠っているかの様に、音を立てずに近づく。

イエスズメの群は落ち着きがなく、ちゅんちゅん鳴きながら、他の場所へ飛んで行く。二人の猟師は背を伸ばす。兄のフェリクスは悪態をつく。にんじんは、心臓がどきどきしているが、兄よりイライラしている様子もない。彼は自分の実力を証明しなければいけなくなる瞬間を恐れている。もし的を外してしまったならば！(30)

にんじんがイエスズメに近づいた瞬間、彼は兄のフェリクスに武器をとりあげられ、手持ち無沙汰にしている。彼の代わりに、兄のフェリクスが前に出て、銃を肩に当てて狙いをつけ撃つと、イエスズメが落ちた。この少年によって「まるで手品の様」に落とされたイエスズメが、この鳥への感情移入がパリという都市に住んでいる人間に特有な感傷でしかなかったことを示している。時代だけではなく、地方によっても、単語の象徴性は異なる。どこにでもいる小鳥だと思って油断していると、とんでもない迷宮にさまよい込むことになるのだ。

結　論

動植物のようなものは、日本と外国において分布が異なるため、訳が極めて難しい。フランス語の**moineau**は、種として、私たちがよく知っている（と思っている）スズメではない。では、**moineau**という単語をイエスズメと訳せば、それで問題は解決かというと、そうもならない。種としては正確に訳せていても、イエスズメの持っている象徴性がそこから抜け落ちているからである。日本人はまだイエスズメという鳥に何のイメージも持っていないし、たとえ持っていたとしても、それはフランス人が持っているイメージと異なるものでしかない。さらに、面倒なことに、フランス内でも、時代ごとに、さらに地域ごとに**moineau**という単語が喚起するイメージが異なっていた。したがって、**moineau**という単語が出てきた場合、それがいつ、どこで書かれたかによって、意味が異なり、文章の意味まで変わる可能性があることに気をつけなければいけないのである。

逆もまた真である。我々に馴染みのある日本のスズメはフランス語では friquet であって、moineau ではない。ところが、フランスでもそのことは認識されておらず、日本のスズメが moineau として訳されてきているのである。当然、その結果、喚起されるイメージにずれが生じている。

日本の浮世絵に魅せられたエドモン・ド・ゴンクール（Edmond de Goncourt, 1822-1896）が、一八九六年に『北斎：一七世紀日本の芸術』*Hokousai, L'art japonais au XVII Siècle* という本を出版している。北斎の浮世絵は、すでにゴーギャン、ヴァン・ゴッホ、モネなどの画家に影響を与えていた。この本のなかで、ゴンクールは、北斎がまだ春朗と名乗っていた一七九二年に、山東京伝の黄表紙本「桃太郎発端話説」に絵をつけたときのことを紹介している。京伝の作品は、桃太郎の物語と舌切り雀の物語を融合した興味深いものだが、私たちの興味は「舌切り雀」のスズメがフランス語でどのように訳されているかにある。ゴンクールはまさに「一人の酢のように刺々しい顔つきの意地悪な老婆が、布を糊付けしようと用意してあった洗濯糊を食べた一匹のイエスズメ（moineau）を捕まえて、その舌を切った[31]」と物語の紹介を始めているのであった。勿論、そのような訳をしたからと言って、必ずしも誤訳ではないし、ゴンクールを責める必要もない。しかし、イエスズメは官能的な恋愛の象徴から、革命を経て、自由を求めるが政権によって迫害されている民衆の象徴となった鳥である。舌切り雀のスズメが moineau と訳されたその瞬間、バリケード中の薬莢を拾い集めているガブロッシュ少年が、ハサミを持った着物姿の老婆に舌を切られようとしているのを目撃したかのような強烈な眩暈を読者は感じざるを得ない。翻訳の限界はここにある。スズメのように些細な単語すら満足に訳することができないのだ。私たちは moineau という単語一つの意味を理解するためだけでも、日本語から外国語、外国語から日本語へとイエスズメのように飛びまわり、その際に感ずる強烈な眩暈と立ち向かう術を学ばなければならないのである。

（1）　柳父章　『翻訳語成立事情』　岩波文庫〔黄一八九〕　一九八二年

（2）　松原秀一　『フランスことば事典』　講談社学術文庫　一九九六年　二一四―二一八頁

（3）　Georges Louis Leclerc de Buffon, *Histoire naturelle des oiseaux*, tome 6, De l'imprimerie royale, 1785, p. 210. 下線部筆者。

（4）　*Ibid.*, p. 213.

（5）　*Ibid.*, p. 216.

（6）　*Ibid.*, p. 219.

（7）　*Ibid.*, pp. 217-218.

（8）　*Ibid.*, p. 230.

（9）　*Ibid.*, p. 231.

（10）　*Ibid.*, p. 234.

（11）　Guillaume Guéroult, *Second livre de la description des animaux*, B. Arnoullet, 1550, p. 3.

（12）　Molière, *Melicerte*, Acte I, Scène v.

（13）　原文では passer。この passer というラテン語が、現在のイエスズメと同じ鳥を指すかどうかは不明だが、後述するようにフランス語訳では一般に moineau とされる。

（14）　ラ・フォンテーヌ『寓話』（下）今野一雄訳　岩波文庫　一九七二年　三〇八―三一〇頁

（15）　La Fontaine, *Fables*, éd. Jean-Charles Darmon et Sabine Gruffat, Le Livre de Poche, LGF, 2002, p. 502, note de XII, 2.

（16）　Jean-Louis Aubert, *Fables et oeuvres diverses*, Moutard, 1774, p. 18-19.

（17） Voltaire, *Le temple du goût : et Poésies mêlées*, L. de Bure, 1823, p. 51.
（18） Jean Jacques François Marin Boisard, *Fables*, Lacombe, 1777, tome 1, p. 51.
（19） *Ibid.*, tome 2, p. 29.
（20） *Ibid.*, tome 2, p. 70.
（21） Jean-Pierre Claris de Florian, *Fables*, Impr. de P. Didot l'aîné, 1792, p. 63.
（22） Stéphanie Félicité de Genlis, *Mémoire inédite de Madame la Comtesse de Genlis*, tome vi, Colburn, 1825, p. 202-203.
（23） Grandville, *Vie privée et publique des animaux*, J. Hetzel, 1880, p. 113.
（24） *Ibid.*, p. 114.
（25） *Ibid.*, p. 133.
（26） Victor Hugo, *Les Misérables, 1*, éd. Yves Gohin, Collection Folio, Gallimard, 1995, p. 733.
（27） *Ibid.*, 2, p. 598.
（28） Émile Zola, *Nouveaux contes à Ninon*, Charpentier, 1879, p. 173.
（29） Gustave Nadaud, *Contes, Scènes et Récits*, III, Tresse et Stock, 1886, p. 14-15.
（30） Jules Renard, *Poil de carotte*, Flammarion, 1936, p. 39-40.
（31） Edmond de Goncourt, *Hokousaï , L'art japonais au XVII Siècle*, Flammarion : E. Fasquelle, 1922, p. 22-23.

〈成城学園80周年記念／成城大学法学部20周年記念〉

21世紀を展望する法学と政治学

成城大学法学会 編

一六、〇〇〇円（税別）

成城学園創立90周年記念

成城大学法学部創設30周年記念

21世紀における法学と政治学の諸相

2009年(平成21年) 3 月10日　　第 1 版第 1 刷発行

編　集　　成 城 大 学 法 学 会

発行者　　今　井　　貴

発行所　　信山社出版株式会社

〒113-0033　東京都文京区本郷6-2-9-102

電　話 03 (3818) 1019

F A X 03 (3818) 0344

Printed in Japan

印刷・製本／東洋印刷・大三製本

ISBN978-4-7972-6055-7　C3332

6055-012-050-010　NDC320.001

〔執筆者紹介〕（五十音順）

安達栄司（あだち・えいじ）

民事訴訟法
1965年生
早稲田大学大学院法学研究科博士課程単位取得退学
成城大学法学部教授
静岡大学人文学部助教授、成城大学法学部助教授を経て、現職
『国際民事訴訟法の展開』（成文堂・2000年）
『民事手続法の革新と国際化』（成文堂・2006年）

大津　浩（おおつ・ひろし）

憲　法
1957年生
一橋大学大学院博士後期課程単位取得退学
成城大学法学部教授
東海大学法学部教授、東海大学法科大学院教授を経て、現職
『憲法四重奏』[第２版]（大藤紀子・髙佐智美・長谷川憲と共著）（有信堂・2008年）
„《État de droit》, contrôle juridictionnel de légalité et pouvoir normatif autonome local au Japon“, *Revue française de droit constitutionnel,* n 65, 2006.
「国民主権と『対話』する地方政治」『岩波講座　憲法　3　ネーションと市民』（岩波書店・2007年）所収

大橋真由美（おおはし・まゆみ）

行政法
1973年生

一橋大学大学院法学研究科博士課程後期修了
成城大学法学部准教授
成城大学法学部助教授を経て、現職
「米国連邦政府の行政機関によるADRの利用（上）（下）」自治研究75巻12号（1999年）、76巻4号（2000年）
『行政紛争解決の現代的構造』（弘文堂・2005年）
「行政による紛争処理の諸形態」磯部力＝小早川光郎＝芝池義一編『行政法の新構想3』（有斐閣・2008年）所収

川　淳一（かわ・じゅんいち）

民　法
1961年生
東北大学大学院法学研究科博士課程退学
成城大学法学部教授
東海大学法学部教授、東海大学法科大学院教授を経て、現職
「英国における相続財産管理（一）（二・完）」法学（東北大学）54巻３号、54巻４号（1990年）
「相続財産の倒産処理――相続人の責任限定と相続財産破産制度」河野正憲＝中島弘雅編『倒産法体系』（弘文堂・2001年）所収
「英米法における遺言の自由とその制限」家族〈社会と法〉19号（2003年）

桑原康行（くわはら・やすゆき）

国際取引法、国際私法
1957年生
一橋大学大学院法学研究科博士課程単位取得退学
成城大学法学部教授
小樽商科大学商学部教授を経て、現職
「国際取引法におけるLex Mercatoriaの理論(1)(2)(3・完)」商学討究39巻１号（1989年）、42巻１号（1991年）、43巻１・２合併号（1992年）
「ソビエトおよびロシアにおける貿易取引の私法的規制」成城法学64号（2000年）

〔執筆者紹介〕

今野裕之（こんの・ひろゆき）

商　法・会社法
1951年生
一橋大学大学院法学研究科博士課程単位取得退学
成城大学法学部教授
成城大学法学部助教授を経て、現職
『EC市場統合と企業法』（共編）（商事法務研究会・1993年）
『新しい会社法制の理論と実務』（共著）（経済法令研究会・2006年）
『資産流動化・証券化』（経済法令研究会・2008年）

鋤本豊博（すきもと・とよひろ）

刑　法
1958年生
北海道大学大学院法学研究科博士後期課程単位取得退学
成城大学法学部教授
白鴎大学法科大学院教授を経て、現職
「判例の不遡及的変更について」『小暮得雄先生古稀記念論文集』（信山社・2005年）所収
「自首減軽規定と制裁免除制度」『能勢弘之先生追悼論集』（信山社・2003年）所収
「刑法における『合法的行為との代替性』について」刑法雑誌38巻２号（1999年）

田嶋信雄（たじま・のぶお）

国際政治史、比較政治学
1953年生
北海道大学大学院法学研究科博士後期課程単位取得退学
成城大学法学部教授
北海道大学法学部助手、成城大学法学部助教授を経て、現職
『ナチズム外交と「満洲国」』（千倉書房・1992年）
『ナチズム極東戦略――日独防共協定を巡る諜報戦』（講談社・1997年）

『日独関係史』（全３巻）（工藤章と共編）（東京大学出版会・2008年）

永 井 典 克（ながい・のりかつ）

フランス語、フランス文学
1966年生
東京大学大学院人文社会系研究科博士課程修了
成城大学法学部準教授
成城大学法学部助教授を経て、現職
フランス古典悲劇における毒の役割――メデからフェードルへ――　東京大学大学院2000年度博士学位論文（2000年）
La Main ou le bras : *Le Festin de Pierre* de Thomas Corneille, *Etudes de Langue et Littérature Françaises*, n. 82, 2003.
La Méthode tripartite de Jean Racine dans *Bérénice, Etudes de Langue et Littérature Françaises*, n.89, 2006.

成 田　　博（なりた・ひろし）

民　法
1951年生
東北大学大学院法学研究科博士課程退学
成城大学法学部教授
東北学院大学法学部教授を経て、現職
『断章民法学』（日本評論社・2001年）
『民法学習の基礎』[第２版]（有斐閣・2005年）

西土彰一郎（にしど・しょういちろう）

憲　法
1973年生
神戸大学大学院法学研究科博士課程後期課程修了
成城大学法学部准教授
名古屋学院大学経済学部専任講師を経て、現職

「二元的放送秩序における公共性の異同⑴⑵完)」六甲台論集法学政治学篇（神戸大学）46巻２号、46巻３号（1999年、2000年）
「メディア法における『自律』と『他律』の機能的統合」ドイツ研究35号（2002年）
「『内部的放送の自由』論の再構成」社会学部紀要94号（2003年）

平野篤司（ひらの・あつし）

ドイツ文学
1949年生
東京大学大学院人文科学研究科修士課程修了
成城大学法学部教授
東京外国語大学外国部学部教授を経て、現職
Die Rezeption österreichischer Literatur in Japan, Literas, 1990.
「ムージルの批評言語」『ドイツ文学における批評の展開』（1995年）
「ニーチェにおけるヘルダーリン受容」『人文・自然研究』（2008年）

三室次雄（みむろ・つぎお）

ドイツ語・言語哲学
1944年生
東京外国語大学大学院外国語学研究科修士課程修了
成城大学法学部教授
成城大学法学部助教授を経て、現職
『ドイツ文法大百科』（三修社・2004年）
„Nishidas Philosophie des Nichts und Japaner - Ein neuer Horizont der Philosophie durch Verfremdung.“ In: “Culture and Knowledge, Verfremdung - Strangification”, Peter Lang, 2006.
„Nishidas Begriff der ‚reinen Erfahrung‘.“ In: „Japanische Beiträge zu Kultur und Sprache“, Festschrift für Prof. Wolfgang Viereck, LINCOM EUROPA, 2006.

13 Nishidas Logik des Ortes und die japanische Sprache

Tsugio Mimuro

1

Die Philosophie von Nishida Kitarô (1870 - 1945) wird im allgemeinen als Philosophie des Nichts bezeichnet: Im Gegensatz zur westlichen Philosophie des Seins, in der es um die Logik des Logos geht, hat er die Logik des Ortes, der selber ein Nichts ist, entfaltet. 15 Jahre war Nishida Professor an der Universität Kyoto, und seine philosophischen Auffassungen haben die spätere Richtung der japanischen Philosophie entscheidend bestimmt: Sie wurden von seinen Schülern, die die Kyoto-Schule bildeten, übernommen und weiterentwickelt. Nishida wird somit unbestritten als Begründer der modernen japanischen Philosophie angesehen. 1926, kurz vor seiner Emiritierung, hat er einen Aufsatz unter dem Titel *Ort* (*Basho*) veröffentlicht, der in die im folgenden Jahr erschienene Aufsatzsammlung *Vom Wirkenden zum Sehenden* (*Hatarakumono kara Mirumono e*) aufgenommen wurde. Im Vorwort schreibt Nishida:

> „Im Aufsatz *Ort* eröffnete sich mir vielleicht mehr oder weniger der Anfang einer logischen Grundlegung, indem ich das transzendente Prädikat als Bewußtseinsebene denke. Ich glaube, daß ich damit fassen kann, was schon lange im Grunde meines Gedankens liegt.“ (S. 42)[1]

Vom logischen Standpunkt aus hat Nishida seinen Begriff des Ortes, der die Bewußtseinsebene bildet, wie wir später genauer sehen werden, als transzendentes Prädikat aufgefaßt. Es handelt sich darum, wie er fortfährt, „alles

Seiende und Wirkende als Spur von etwas, das selber nichts ist und sich selbst in sich selber spiegelt“ zu betrachten, und dieses „Etwas“ hat Nishida mit dem Begriff des „Nichts“ zum Ausdruck gebracht. Er sagt: „Ich will so das Sehende ohne Sehendes im Grunde aller Dinge denken“ (S. 42), weil er davon überzeugt war, daß im Grunde der östlichen Kultur etwas verborgen liegt, das die Form des Formlosen sieht und die Stimme des Stimmlosen hört, und beabsichtigte, diesem eine philosophische Grundlage im „Sehenden ohne Sehendes“ zu geben.[2]

Nishida hat sich intensiv mit dem westlichen Gedankengut auseinandergesetzt, und dadurch ist er rein philosophisch zu seinen eigenen Auffassungen gelangt. Um die logische Struktur seiner Gedanken zu begründen, greift Nishida u. a. auf die logischen Auffassungen von Aristoteles und Hegel zurück und entwickelt sie kritisch weiter. Man muß aber bedenken, daß er in und mit der japanischen Sprache philosophiert hat, wenn er auch mit europäischen Sprachen wie Deutsch, Englisch und Französisch vertraut war und viele philosophische Werke aus Europa und Amerika im Original gelesen hat. Ob sein rein philosophisch errungener Gedanke des Ortes etwas mit Japanisch, seiner Muttersprache, zu tun hat, und wenn das der Fall ist, dann in welchem Sinne, ist das Thema, das im folgenden betrachtet werden soll.

2

In seinem Erstlingswerk *Studie über das Gute* (*Zen no Kenkyû*) (1911) ist Nishida davon ausgegangen, die reale Welt nicht als etwas Stofflich-Materielles, sondern als Bewußtseinsphänomene des Menschen anzusehen. Die Realität ist Nishida zufolge nichts anderes als der einheitliche Bewußtseinszustand des Menschen, wo Subjekt und Objekt noch nicht geschieden sind und das Wissen

und dessen Gegenstand eins sind. Diesen usprünglichen Zustand des Bewußtseins, den noch keine Gedankenarbeit begleitet, das daher weder Wert noch Bedeutung hat, sondern das Tatsächliche einfach so erkennt, wie es ist, hat Nishida „reine Erfahrung“ genannt, die also mit der unmittelbaren Erfahrung gleichzusetzen ist. Es geht um die Erfahrung, die von innen her, im Bewußtsein des Menschen, unmittelbar erlebt wird, nicht von außen her vergegenständlicht und objektiviert wird. Mit diesem Begriff versuchte Nishida alles zu begründen: Realität, Natur, Ethik und Religion. Indem er auf die ursprünglichste Ebene des menschlichen Bewußtseins vor der Subjekt-Objekt-Spaltung zurückkehrt und von da aus die Realität als Entfaltung der reinen Erfahrung ansieht, wollte er den in der europäischen Philosophie herrschenden traditionellen Dualismus überwinden.

Dazu kam für Nishida das Problem, wie die Zergliederung der reinen Erfahrung stattfindet, wie also das Urteil bzw. die Reflexion entsteht. In seinem Werk *Anschauung und Reflexion im Selbstbewußtsein* (*Jikaku ni okeru Chokkan to Hansei*) (1917) spricht Nishida statt von „reiner Erfahrung“ vom „Selbstbewußtsein“. Darunter verstand er nicht „das bewußte Bewußtsein“, sondern „das sich selbst bewußt seiende Bewußtsein“, das der Akt des Selbst ist, sich selber in sich selbst zu reflektieren. Nach Nishida stammt dieser Akt aus dem unendlichen kreativen Akt des Ich, weil der Mensch den „absolut freien Willen“ habe, der als Totalität der Realität Subjekt und Objekt umfasse und sich selbst in sich reflektiere. Schließlich ist Nishida so weit gegangen, dieses „in sich“, wo das Ich sich reflektiert, als unendlichen Ort zu betrachten, in dem das Bewußtsein des Ich Gegenstände impliziert und repräsentiert und in dem die Erfahrung, das Selbstbewußtsein und der Wille entstehen. Der Ort ist das, was als Allgemeines alles, Akt und Sein, in sich selbst zustande bringt, umfaßt

und in sich selbst sieht. Mit dem Begriff des Ortes eröffnet sich Nishida eine neue Dimension, um die Welt und das sich darin befindende Ich von der Seite des Allgemeinen her zu begreifen, nicht von der Seite des Einzelnen.

Während die bisherige Erkenntnistheorie, wie sie Kant vertritt, vom Gegensatz zwischen Subjekt und Objekt ausgegangen ist und Wissen bzw. Erkennen so verstanden hat, daß ein Subjekt durch die Form Materie gestaltet, indem die Form im Subjekt vorhanden ist und ein Konstitutionsakt des Subjekts vorausgesetzt wird, stellt sich Nishida auf einen anderen Standpunkt:

> „Anstatt wie in der Kantischen Erkenntnistheorie zu denken, möchte ich versuchen, vom *Selbstbewußtsein* auszugehen, in dem ich mich selber in mir selbst spiegele. Sich selber in sich selbst zu spiegeln ist der ursprüngliche Sinn von Wissen.“ (S. 79)

Der Ort, wie ihn Nishida sieht, ist natürlich nicht physisch gemeint, sondern die Ebene des Sehens, das alle Akte und alles Seiende in sich selbst zustande bringt und in sich selbst spiegelt. Es geht darum, daß das Selbstbewußtsein als Ich einerseits als sehendes Auge, als spiegelnder Spiegel angesehen wird, der sich selbst und alles Seiende spiegelt und an sich nichts ist, und daß es andererseits als Kreis, als Ebene, worin sie gespiegelt werden, d. h. als „Ort“, aufgefaßt wird. Das bedeutet, daß Nishida das Ich als Ort betrachtet, der „das Gegenüberstehen von Ich und Nicht-Ich in sich umfaßt und die sogenannten Bewußtseinsphänomene in seinem *Inneren* zustande kommen läßt“ (S. 72), weil die reine Einheit der Bewußtseinsakte vom Ich „nur dem Nicht-Ich gegenüber gedacht werden kann“. (S. 72) Das Bewußtseinsfeld im Sinne Husserls ist der Ort, der die Bewußtseinsphänomene in sich umfaßt, in dem das Bewußtsein und der Gegenstand in Beziehung kommen, und der dadurch den objektiven Gegenstand entstehen läßt. Der Ort ist aber bei Nishida nicht sub-

jektiv gemeint, sondern ist transzendent, weil Nishida davon ausgeht, daß der Gegenstand nicht, wie bei Kant, vom Subjekt konstituiert wird, sondern den subjektiven Akt transzendiert und selbständig ist. Nishida geht es also darum, daß im Bewußtseinsfeld als „Ort-Worin" der Gegenstand als „Worin-Befindliches" gespiegelt wird. Anders gesagt: Im Hintergrund des gespiegelten Gegenstandes befindet sich ein Ort, der als spiegelnder Spiegel den Gegenstand existieren läßt und die Erkenntnis zustande bringt:

> „In diesem sich in sich selbst unendlich Spiegelnden - das sich selbst gegenüber das Nichts bleibt und unendliches Sein in sich enthält - als dem wahren Ich, kommt auch das Gegenüberstehen von Subjekt und Objekt zustande." (S. 77)

Diese Passage erhellt folgendes: Das wahre Ich (d. h. das Selbstbewußtsein als Spiegelnder: als Subjekt) spiegelt sich selbst unendlich in sich selber (d. h. im Bewußtseinsfeld als „Ort-Worin") und enthält das unendliche Sein in sich (d. h. den Gegenstand als „Worin-Befindliches" und als zu Spiegelndes: als Objekt), aber dieses Ich bleibt sich selbst gegenüber ein Nichts. Unter „Nichts" bzw. „Nichtseiendes" versteht Nishida nicht im Gegensatz zum Sein bzw. zu Seiendem, weil dieses Nichtseiende immer noch ein gegensätzlich Seiendes ist. Das wahre Nichts ist Nishida zufolge das, was den Hintergrund des Seins bildet: Es „muß Seiendes und Nichtseiendes als Entgegengesetzte in sich umfassen, es ist der Ort, der den Gegensatz von Sein und Nichts entstehen läßt". (S. 81) Dieses wahre Nichts wird von Nishida dem relativen Nichts gegenüber „das absolute Nichts" genannt, das sich hinter dem Bewußtsein befindet und nicht nur das Sein, sondern auch das Nichts negiert.

Nishida versucht, die Struktur des Wissens als Sich-in-sich-selbst-Spiegeln zu deuten und seine Gedanken des Ortes in der Form des Urteils logisch zu

begründen.

3

Seit der antiken formalen Logik wird das Urteil, das über ein Ding oder einen Sachverhalt etwas aussagt, d. h. einen Gegenstand als Subjekt von einem Begriff als Prädikat kategorisch unterscheidet, als das elementarste angesehen, und dieses kategorische Urteil wird im allgemeinen als „S ist P" dargestellt. Das Urteil, wie es Nishida als Beispiel anführt, „*Rot ist eine Farbe*" ist so zu verstehen, daß das Subjekt *Rot* vom Prädikat *Farbe* subsumiert wird. Die Kopula *ist* ist es, die diese Subsumtionsbeziehung zustande bringt, indem sie zwischen Subjekt und Prädikat steht und als Satzband dieses binomische Paar verbindet. Bei diesem Urteil geht es darum, daß das Subjekt vom Prädikat umfaßt wird; anders gesagt, das Besondere vom Allgemeinen subsumiert wird.

Zwar spricht Nishida auch von der Subsumtionsbeziehung im Urteil, aber unter Subsumieren versteht er nicht den Akt, das Besondere zum Subjekt zu erheben und das Allgemeine dazu zu prädizieren, wie es im allgemeinen angenommen wird, sondern die direkte Beziehung zwischen Allgemeinem und Besonderem. Nishida geht es um die grundlegende, unmittelbare Beziehung zwischen Subjekt und Prädikat vor dem Subjekt-Prädikat-Gegensatz und spricht davon, daß das Besondere *im* Allgemeinen enthalten ist: In der Form des Urteils ausgedrückt, heißt das, daß sich das Subjekt *im* Prädikat befindet. Anders als die westliche Vorstellung von der Kopula versteht Nishida darunter, „daß das Allgemeine der Ort des Besonderen ist" (S. 88); Das bedeutet, daß das Prädikat der Ort des Subjekts ist. Das ist der entscheidende Punkt, der Nishida von den westlichen Denkern unterscheidet. Nishida sagt:

„Das Besondere ist ein Teil des Allgemeinen und zugleich ist es sein

Spiegelbild. Allerdings hat das Allgemeine gegenüber dem Besonderen nicht die Bedeutung irgendeines Seienden, es ist vielmehr ihm gegenüber ganz und gar Nichts." (S. 89)

Nishida hat seinen Gedanken des Ortes wesentlich Platon entnommen, der in *Timaios* vom *chora*, dem Ort der *idea*, gesprochen hat. Aber Nishidas Ort-Begriff ist mit dem Platons nicht identisch. Platon hat die Idee, *idea*, als Allgemeines von vornherein vorausgesetzt, und das Besondere ist für Platon dasjenige, in dem sich das Allgemeine spezialisiert, indem das Besondere aus dem Allgemeinen je nach den speziellen Differenzen, Artunterschieden, hergeleitet wird. Platon sah deshalb das Allgemeine, *idea*, das im Urteil dem Prädikat entspricht, als objektive Realität an. Was als letztes bei diesem Differenzieren zu finden ist, ist bei Platon das Einzelne. Nishida denkt jedoch, die Differenzen gehören zum Allgemeinen, solange sie als eine Art von Eigenschaften zu verstehen sind. Das Einzelne als Letztendliches des Besonderen ist nach Nishida durch Differenzieren nicht zu erreichen, und selbst die höchste Idee Platons, die Idee des Guten, ist „nicht mehr als etwas bereits Bestimmtes und Besonderes". (S. 86) Außerdem sah Platon, sagt Nishida, den Ort als irreal und einfach bloß als ein Nichts an und gelangte nicht bis zu dem Gedanken des Ortes. (S. 86)

Dagegen habe Aristoteles umgekehrt das Besondere als etwas Reales betrachtet. Das Einzelne, das das Besonderste ist und im Urteil zum Subjekt wird, ist daher real, und das Allgemeine, das Prädikat, sind die Eigenschaften, die die realen Einzelnen besitzen. Wenn also ein Urteil als richtig gilt, wird es über das Besondere, das Subjekt, gefällt, wie das Urteil „*Das ist ein Pferd*" davon abhängt, ob das betreffende Tier die Eigenschaften eines Pferdes besitzt. Aber Nishida meint: Wenn man wie Aristoteles das Einzelne, zu dem das Allge-

meine gehört, als Reales annimmt, kann man das Einzelne mit dieser Auffassung über die Subsumtionsbeziehung zwischen Subjekt und Prädikat, Besonderen und Allgemeinen, nicht begreifen.

Von Aristoteles hat Nishida aber den Begriff *hypokeimenon* übernommen. Er nimmt einerseites, wie Aristoteles, auch eine Substanz an, die als Einzelnes zum Subjekt wird und nicht zum Prädikat wird, die daher als Zugrundeliegendes in Richtung Subjekt - das nennt Nishida „die transzendentale Subjektebene" - gedacht wird; andererseits hebt Nishida die transzendentale Prädikatsebene hervor, die umgekehrt als Allgemeines zum Prädikat wird und nicht zum Subjekt wird und die Nishida in seinem Sinne *hypokeimenon* nennt. Beim *hypokeimenon*, wie er es sieht, handelt es sich um eine sich unendlich ausweitende, transzendente Prädikatsebene, die zuletzt in Richtung des Prädikats gedacht wird, das das Subjekt umfaßt und den Hintergrund des Urteils bildet, d. h. um die Bewußtseinsebene als Ort des wahren Nichts. Nishida denkt, indem die subjektive Substanz auf das *hypokeimenon*, d. h. auf die Bewußtseinsebene als Ort des absoluten Nichts, gespiegelt wird, kommt das Wissen zustande. Für Nishida besteht die Grundbedeutung von *Spiegeln* bzw. *Sehen* darin, „daß sich im Subsumtionsurteil das Subjekt im Prädikat befindet". (S. 107) Er schreibt:

> „Das Nichts liegt überall im Hintergrund des Seins, und das Prädikat umfaßt das Subjekt. Schöpfen wir diese bis zum letzten aus, so versinkt die Subjektebene in der Prädikatsebene und das Sein versinkt im Nichts. An diesem Wendepunkt entsteht die kategoriale Anschauung." (S. 117)

Nach Nishida kann an diesem Wendepunkt „das Prädikative zum *hypokeimenon* werden". (S. 117) Dieses *hypokeimenon*, das als Letztendliches und Zu-

grundeliegendes an der Grenze zum Prädikat gesucht wird, ist das Nichts „Ort-Worin", der alle Gegenstände spiegelt. Bei der Subsumtionsbeziehung im Urteil handelt es sich darum, daß sich Allgemeines und Besonderes unmittelbar in unendlicher Weise „überlagern" (S. 127), und der Ort, in dem sie sich überlagern, ist das Bewußtsein:

> „Gehen wir von dem gerade Gesagten aus, so wird im Urteil eigentlich nicht das Besondere zum Subjekt, sondern vielmehr gerade das Allgemeine. Denn was völlig außerhalb des Prädikativen liegt, kann nicht zum Subjekt des Urteils werden, und insofern auch das Irrationale sich in irgendeinem Sinne zum Allgemeinbegriff machen läßt, wird es zum Subjekt des Urteils. In diesem Fall wird das Urteil zur Selbstbestimmung des Allgemeinen; Allgemeines muß immer konkretes Allgemeines sein." (S. 127)

Hier bezieht sich Nishida auf Hegel, mit dem er wesentlich sympathisiert hat, und zugleich unterscheidet sich Nishida von ihm. Bei Hegel ist es so, daß das Einzelne das Allgemeine ist, d. h. das Subjekt das Prädikat ist. Ihm geht es dabei um das konkrete Allgemeine, das dem Einzelnen (Besonderen) immanent ist und sich bestimmt, indem es sich spezialisiert und differenziert. Dadurch kehrt das Allgemeine endgültig zu sich selbst, zum Einzelnen zurück. Es handelt sich um die dialektische Selbstentwicklung des konkreten Allgemeinen zum Einzelnen. In die Form des Urteils gebracht, heißt das, daß sich das Prädikat zum Subjekt entwickelt: Das Subjekt (das Einzelne) ist in diesem Sinne letztendlich mit dem Prädikat (dem Allgemeinen) identisch. Anders als in der griechischen formalen Logik wird das Subjekt in Hegels dialektischer Logik nicht vom Prädikat umfaßt, sondern das Subjekt und das Prädikat wenden sich in entgegengesetzte Richtungen. Aber diesen Gegensatz verbindet

Hegel, indem er annimmt, das Subjekt selbst habe schon den Sinn des Prädikats; Subjekt sei Prädikat; das Einzelne sei das Allgemeine. Nishida zufolge legt Hegel einseitig großen Wert nur auf die Seite des Subjekts, auf die Seite des Einzelnen und auf die Seite des Seins. Nishida meint, bei Hegels Dialektik handelt es sich um eine Logik des Subjekts und des Einzelnen. Seine Logik sei die des Seins; sie sei prozeßhaft.

Von Hegel hat Nishida aber den Begriff des „konkreten Allgemeinen" übernommen und betrachtet das Besondere auch als Selbstbestimmung des konkreten Allgemeinen. Obwohl das Urteil auch für Nishida ein Prozeß ist, in dem sich das Allgemeine selbst spezialisiert, bedeutet das nicht unbedingt, daß der Prozeß der Spezialisierung unmittelbar als ein Ereignis in der Zeit erscheint. Nishida meint:

> „Der Prozeß zeigt lediglich die Beziehung von Besonderem und Allgemeinem. Nehmen wir ein konkretes Allgemeines an, so muß eine Urteilsbeziehung darin enthalten sein. Denn das *wahre Allgemeine* ist immer das *konkrete Allgemeine.*" (S. 91)

Nishida geht es nämlich nicht darum, daß sich das im Besonderen immanente konkrete Allgemeine, wie bei Hegel, durch Spezialisierung und Differenzierung *zeitlich*, d. h. *geschichtlich, entwickelt*, sondern das Besondere ist *als Beziehung* im Allgemeinen *als Überlagerung enthalten* und wird vom Allgemeinen umfaßt:

> „Allein, wenn wir die allgemeine Richtung in der Subsumtionsbeziehung und die prädikative Richtung im Urteil durchaus radikalisieren, erreichen wir - nach meiner Terminologie - den Ort des wahren Nichts." (S. 129)

Ausgehend vom Urteil definiert Nishida das Bewußtsein als etwas Prädi-

katives, das nicht zum Subjekt werden kann, und im Hintergrund des Urteils sieht er „eine sich ausweitende prädikative Ebene liegen, so daß sich das Subjekt durchgehend im Prädikat befindet". (S. 131) Jedes Urteil als Erfahrungswissen muß nach Nishida von der Tatsache: „Es kann in mir bewußt werden", begleitet werden, denn „das Selbstbewußtsein wird zur Prädikatsebene des Erfahrungsurteils". (S. 131) Im Gegensatz zur herkömmlichen, gewöhnlichen Denkweise, daß das Ich eine subjektive Einheit ist, schlägt Nishida einen anderen Weg ein. Er meint:

> „Eigentlich ist aber das Ich keine subjektive Einheit, sondern muß vielmehr eine prädikative Einheit sein; es ist kein Punkt, sondern ein Kreis, es ist kein Ding, sondern ein Ort. Ich kann mich aus dem Grunde nicht wissen, weil das Prädikat nicht zum Subjekt werden." (S. 131)

Nishidas Logik des Ortes ist, vom Standpunkt des Urteils aus gesehen, nichts anderes als Logik des Prädikats, wie er sie selbst nennt.[3] Von Nishida wurde unter einem anderen Aspekt die traditionelle europäische Urteilsform „S ist P" als „S befindet sich in P" verstanden.

4

Obwohl Nishida seinen *hypokeimenon*-Begriff, der zum Prädikat wird und nicht zum Subjekt wird, aus dem europäischen Gedankengut übernommen und auf seine Weise entwickelt hat, muß man auch beachten, daß er sich andererseits grundsätzlich an der japanischen Tradition des Denkens, vor allem des Zen-Buddhismus, orientiert. Er ließ sich, als er Mitte 20 war, auf Vorschlag seines alten Lehrers und eines Freundes aus der Schulzeit, Suzuki Daisetsu (1870 - 1966), der sich später als Zen-Philosoph und spiritueller Lehrer weltweit einen Namen machen sollte, in der Zen-Meditation unterweisen. Fast 10 Jahre lang

gab er sich der Zen-Praxis hin.

Bekanntlich ist der Begriff der *Leere*, der ursprünglich aus dem Sanskrit-Wort „*sunyata*“ stammt, eine der Hauptlehren des Mahayana-Buddhismus. *Leere* bedeutet, daß es im Diesseits keine Substanz gibt, nichts im Dasein eine eigene Wesenheit besitzt, alles leer ist. Der Begriff der *Leere* wurde im alten China im Hua-Yen-Buddhismus als *Li* übernommen. Nach Suzuki wird in der Hua-Yen-Philosophie angenommen, daß *Shih* immer im Kontrast zu *Li* steht, und *Li* zu *Shih*.[4] *Shih* (jap. *Ji*), das „das Individuelle“, „das Konkrete“, „das Besondere“ bedeutet, ist Unterschiedenheit und Unterscheidung, d. h. die Form (*Rupam*), während *Li* (jap. *Ri*), das „Prinzip“, „das Ganze“, „das All“, „Totalität“, „das Universale“ bedeutet, das daher mit „dem Allgemeinen“ in der europäischen Philosophie gleichzusetzen ist, Nicht-Unterschiedenheit und Nicht-Unterscheidung, d. h. die Leere bedeutet. *Li* ist immer mit individuellen Objekten, *Shih*, verbunden und existiert stets gemeinsam mit der Form. Suzuki schreibt:

> „Wo es keine Form gibt, gibt es auch keine Leere (*sunyata*), denn Leere ist Formlosigkeit, sie hat keine Selbstheit, keine Individualität, und ist daher immer mit Form verbunden. Form ist Leere und Leere ist Form. (...) Sie (sc. Leere) gleicht einem Spiegel, der leer ist und nichts aus sich selber spiegeln kann, der aber alles spiegelt, was vor ihm erscheint.“[5]

Wie wir schon gesehen haben, hat Nishida das Selbstbewußtsein als Ort des Nichts mit einem Spiegel verglichen, der sich selbst und alles Seiende spiegelt und an sich nichts ist.

In Japan wurde der Begriff der Leere im Zen-Buddhismus als Nichts (jap. *Mu*) übernommen, das im allgemeinen verwendet wird, um die Erfahrung zu

bezeichnen, daß alle Formen des Dualismus überschritten werden. Was unter „*Sunyata* (Leere)“ im alten Indien, „*Li* (Nicht-Unterschiedenheit, Nicht-Unterscheidung)“ im Hua-Yen-Buddhismus und „*Mu* (Nichts)“ im Zen-Buddhismus verstanden wird, ist, daß man den Zustand einer Erlösung zu erreichen versucht, indem man die gewöhnliche, alltägliche Annahme der Substanz negiert. In der buddhistischen Philosophie wird Nichts (Leere) daher immer das Prädikat der Negation: Es wird nicht zum Subjekt, wie es Nishida mit seinem *hypokeimenon*-Begriff versteht. Es ist klar, daß diese buddhistische Denkweise hinter Nishidas Philosophie steckt.

5

Das Urteil, das von etwas (von einem Subjekt) etwas (mit einem Prädikat) aussagt, ist allerdings nicht völlig mit dem sprachlichen Ausdruck identisch: Was man denkt, ist nicht immer gleichzusetzen mit dem, was man sagt; umgekehrt ist es auch so. Was gedacht wird, muß jedoch bloß in und mit der Sprache ausgedrückt werden. In den europäischen Gedankenströmungen wird im allgemeinen angenommen, daß die Logik als Prinzip des Denkens mit der Grammatik eng verbunden ist. Das zeigt sich auch darin, daß das griechische Wort *logos* ursprünglich die Doppelbedeutung von „Überlegung, Vernunft, Lehrsatz“ und „Rede, Wort, Sprache“ hat. Aristoteles hat seine Kategorien aus der Grammatik hergeleitet, und Sprachdenker wie Hamann, Herder und W. v. Humboldt haben die Sprache als Organ des Denkens angesehen. In dem Sinne läßt sich sagen, daß Denken und Sprache vom Wesen her miteinander eng verbunden sind und unsere Denkweise mit dem sprachlichen Rahmen, der Grammatik, in untrennbarer Verbindung steht.

Ursprünglich bedeutet das Wort „Urteil“ im Deutschen „Ur-Teilen“, d. h.

das Ganze zu teilen, und das Geteilte wird durch eine Kopula, was im Lateinischen „verbinden“ bedeutet, in Beziehung gebracht. Beim elementarsten kategorialen Urteil „S ist P“ handelt es sich ums *Teilen* in Subjekt und Prädikat und *Verbinden* dieser Teile durch die Kopula *ist*. Normalerweise wird diese Urteilsform im Japanischen „S (Shugo) *wa* P (Jutsugo) *dearu*“ zum Ausdruck gebracht, und diese Form wird auch auf dem Gebiet der Grammatik verwendet, um die syntaktische Grundstruktur des Japanischen zu erklären, wie z. B. in dem japanischen Satz „*Ningen wa Dôbutsu dearu*“, auf deutsch: „Der Mensch ist ein Tier.“ Das Subjekt *Mensch* erscheint im Deutschen als flektierender Sprache mit dem bestimmten Artikel im Nominativ, während im Japanischen, einer agglutinierenden Sprache, die weder Flexion noch Artikel kennt, das Wort *Ningen* (Mensch) als dasjenige angesehen wird, das als Subjekt fungiert, was aber erst mit dem nachstehenden Wörtchen *wa*, das auf den Kasus des Nominativ hinweist, erkennbar wird. Wenn man diesen japanischen Satz den europäischen Kriterien folgend zergliedert, heißt das, daß das Subjekt *Ningen* mit dem Prädikat *Dôbutsu* durch die Kopula *dearu* verbunden wird, oder, um es mit der formalen Logik zu sagen, *Ningen* (Mensch) wird unter *Dôbutsu* (Tier) subsumiert. In der japanischen Logik wird das im allgemeinen so dargestellt. Aber all das folgt den westlichen Kriterien und Mustern, wenn man auch einen japanischen Satz auf diese Weise in drei Teile zergliedert und dementsprechend die jeweils übersetzten Begriffsbezeichnungen von *Shugo* (Subjekt), *Jutsugo* (Prädikat) und *Keiji* (Kopula) verwendet, seien sie nur logisch oder grammatisch gemeint.

Früher wurde die Sprache an sich in Japan kaum zum Gegenstand der wissenschaftichen Betrachtung gemacht. Dichten und wissenschaftliche Tätigkeit waren lange nur Betätigungen der wenigen buddhistischen Mönche und des

Adels, und man beschäftigte sich mit der Sprache hauptsächlich mit dem Zweck, schöne Gedichte zu schreiben und Texte genau zu verstehen. Was die Wortlehre betrifft, hat man etwa seit dem 13. Jahrhundert grob drei Arten unterschieden: *Na* (Nomen im weiten Sinne des Wortes), *Kotoba* (Wörter außer Nomen, damit waren hauptsächlich die Verben gemeint) und *Te-Ni-Ha* (Partikeln).

Das Japanische wurde in Álvares' lateinischem Wörterbuch *De Institvtione Grammatica libri tres* (Olyssipone, 1572) zum ersten Mal von einem Europäer zum Gegenstand der Betrachtung gemacht und unters Licht der aus den europäischen Sprachen, d. h. schließlich aus dem Lateinischen stammenden Grammatikvorstellungen gehalten. In der zweiten Hälfte des 16. Jahrhunderts wurden die systematischen Beschreibungen und Untersuchungen der japanischen Sprache von den christlichen Missionaren und Mönchen aus Portugal und Spanien fortgeführt, u. a. von dem Portugiesen Rodorigues (1561 - 1634[?]), der über Indien nach Japan gekommen war und dort Mitglied der Societas Jesu wurde. Er veröffentlichte eine vierbändige Sprachlehre *Arte da Lingoa de Japan* (1604 - 1608), in der er auf Álvares basierend das Japanische vom Standpunkt der lateinischen Grammatik aus zu erfassen versuchte und statt der traditionellen dreifachen Wortklassifizierung zehn Wortarten unterschied. Bemerkenswert ist vor allem, daß Rodorigues unter den Partikeln die so etwas wie den Kasus bezeichnenden ausgesondert und sie „artigo" genannt hat und daß er im japanischen Adjektiv die Verwandtschaft zu den Verben gesehen und die grammatische Kategorie des „verbo adjektiuo" aufgestellt hat.

Den Beginn der einheimischen Philologie datiert man normalerweise auf das Ende des 18. Jahrhunderts: Der Literaturwissenschaftler und Philologe, Motoori Norinaga (1730 - 1801), behandelte in *Kotoba no Tamanoo* (*Bestandtei-*

le der japanischen Sprache) (1779) die Gesetzmäßigkeiten der postpositionellen Korrelationen, die eine charakteristische Sprachform der alten japanischen Schriftsprache bilden. Zu beachten ist, daß die Wortklassen der japanischen Sprache von Motoori völlig anders gesehen wurden als in der europäischen Grammatik. Bei den Wortarten unterschied er bloß zweierlei: *Ji* (quasi postpositionelle Partikeln wie „*te*", „*ni*", „*ha*", die auch im heutigen Japanischen nach dem Substantiv stehend als eine Art postpositioneller Hilfswörter verwendet werden) und *Shi* (sonstige Wörter). Aber in der japanischen Grammatik, wie sie heute auch in der Schule unterrichtet wird, wurden fast alle Begriffe und Kategorien, von einigen Ausnahmen abgesehen, seit der Mitte des 19. Jahrhunderts aus Europa übernommen und verallgemeinert, als sich Japan nach mehr als 200 Jahren Abschließung des Landes wieder ausländischen Einflüsse öffnete.

6

Wenn man die Eigentümlichkeiten des Japanischen bedenkt, ist zu bezweifeln, daß die Urteilsform „S ist P" mit der japanischen Formulierung „S *wa* P *dearu*" gleichzusetzen ist.

Wie schon gesagt, ist die Wortfolge anders: Im Deutschen hat man die Reihenfolge „S ist P", wobei sich die Kopula *ist* zwischen Subjekt und Prädikat befindet. Dagegen verwendet man im Japanischen die Wortstellung „S P ist".

Im Japanischen wird das Verb „*dearu*", das mit der aufs Subjekt hinweisenden Partikel „*wa*" in Verbindung steht, im allgemeinen als dasjenige angesehen, das der europäischen Kopula entspricht. Obwohl neben „*dearu*" auch „*da*", „*desu*" oder „*nari*" gebraucht werden, kann man sagen, daß es dabei meistens nur um eine Differenzierung des sprachlichen Ausdrucks mit Abstu-

fungsunterschieden geht und man sie logisch als identisch ansehen darf. Wichtig ist vielmehr, daß diese Endverben „*dearu*“, „*da*“, „*desu*“ oder „*nari*“ nicht je nach der Person und der Zahl des Subjekts konjugiert werden wie in den flektierenden Sprachen.[6] Die Aussage mit dem Subjekt im Plural: „Menschen sind Tiere“ ist ins Japanische auch als „*Ningen wa dôbutsu dearu*“ zu übertragen.[7] Daraus folgt, daß das japanische Verb in seiner Form nicht vom Subjekt abhängig ist, sondern eher mit dem Prädikat in Verbindung steht und mit ihm eine semantische Einheit bildet. D. h.: Im Japanischen wird das Subjekt nicht mit dem Prädikat durch eine Kopula verbunden, sondern „P sein“ bezieht sich unmittelbar auf das „S“.

Wie in den europäischen Sprachen wird auch im Japanischen das Adjektiv nicht nur attributiv, sondern auch prädikativ verwendet, wie „*Hana wa utsukushii*“ („Blumen - *hana* + *wa* - sind schön - *utsukushii*“). Aber das Adjektiv „*utsukushii*“ tritt in diesem Fall allein am Ende des Satzes auf, ohne „*dearu*“ oder „*da*“ usw.[8] Analysiert man diesen japanischen Satz nach den europäischen Kriterien, dann ist das Resultat, daß der Sinn und die Funktion der Kopula im Adjektiv „*utsukushii*“ als Prädikat enthalten ist. Das prädikative Adjektiv „*utsukushii*“ entspricht daher nicht einfach dem deutschen Wort „*schön*“, sondern „*schön sein*“ (P sein). Das zeigt sich noch deutlicher im „Adjektiv-Verb“ nach Rodorigues. Neben dem Adjektiv stellt es auch den Zustand oder die Beschaffenheit eines Gegenstandes dar und kann im Satz als Prädikat auftreten. Der Unterschied besteht darin, daß das Adjektiv in seiner Schluß- und Nennform mit „*i*“ endet, wie z. B. „*utsukushii*“ (schön) oder „*akai*“ (rot), während Adjektiv-Verben, deren Stamm zum größten Teil von einem Substantiv stammt, in ihrer Satzendform die Endungspartikel „*da*“ bzw. „*desu*“ aufweisen, z. B. bei „*shizukasa*“ (Stille): „*shizukada*“ (still sein), oder zu „*majimesa*“ (Ernst): „*maji-*

medesu" (ernsthaft sein). Überträgt man beispielsweise den deutschen Satz „Die Nacht ist still" ins Japanische, heißt das: „*Yoru* (die Nacht) (+*wa*) *shizukada* (still sein)." Daraus folgt, daß das Adjektiv und das Adjektiv-Verb des Japanischen, wenn sie als Prädikat verwendet werden, eine Einheit bilden, in der die der Kopula entsprechende Funktion schon enthalten ist und die sich deshalb im Sinne von „so und so sein" (P sein) unmittelbar auf das Subjekt beziehen kann.

Und die Partikel „*wa*" ist nicht die einzige, die auf das Subjekt hinweist. Man kann auch „*ga*" verwenden, wie in „*Yuki ga shiroi*" neben „*Yuki wa shiroi*" (Der Schnee ist weiß).[9] Den Unterschied erklärt der Japanologe Sakuma Kanae (1889 - 1970) so[10]: Wenn man sagt: „*Yuki ga shiroi*", bedeutet das, daß der Schnee, den man wirklich vor sich hat, weiß ist. Es handelt sich also um eine besondere Aussage des Sprechers über das Thema - hier die Landschaft, die er selbst mit seinen eigenen Augen sieht. Dagegen stellt die Aussage „*Yuki wa shiroi*" dar, was von der konkreten Wirklichkeit getrennt allgemein gesagt werden kann. Bei dem Satz mit „*wa*" handelt es sich nämlich um die Aussage: „Was Schnee angeht, so ist er weiß."[11]

Und in der Urteilsform mit „*ga*" wie in „*Watashi ga Riji desu*" (Ich bin Vorstandsmitglied) wird „*watashi*" (ich) unmittelbar dem Prädikat „*Riji*" (Vorstandsmitglied) gleichgesetzt, was Sakuma als „Vorstellungsbestimmung" bezeichnet. Wenn man hingegen mit „*wa*" „*Watashi wa Riji desu*" sagt, wird „*watashi*" als eins der Vorstandsmitglieder vom ganzen Vorstand umfaßt, was bei Sakuma als „Sonderbestimmung" dargestellt wird.[12]

Sakuma, ursprünglich Gestaltpsychologe, spricht davon, daß sich jede Aussage, ob auf eine Realität bezogen oder nicht, auf einen Umfang bezieht, in dem ein bestimmtes Thema auftritt, und sich dementsprechend der Denk- und

Vorstellungsprozeß entfaltet und eine Aussage hervorgeht. Dieser Umfang wird durch die Themenstellung bestimmt und als „Feld" gestaltet, in das jede Darstellung und jedes Urteil eingeführt werden, ein Feld, das Sakuma als „Themenfeld" nennt.[13] Er meint, jede Aussage, die sich auf ein bestimmtes Thema bezieht, muß vom Themenfeld her verstanden werden. Er stellt es daher so dar, daß das Subjekt nicht, wie in den flektierenden Sprachen, durch die Kopula mit dem Prädikat verbunden wird, sondern daß ein bestimmtes Thema in ein Themenfeld gestellt wird. Im Japanischen bildet das Themenfeld als Prädikatives die Basis der Aussage, auf der durch die Themenstellung ein Thema als eine Art Subjekt gegeben wird.

Das führt uns zu dem Problem, was das Subjekt im Japanischen ist, oder ob das Subjekt überhaupt im Japanischen als grammatische Kategorie vorhanden ist. Der Japanologe Mikami Akira (1903 - 1971), der Sakumas Auffassungen weiterentwickelte und in seinem Buch *Der Elefant hat einen langen Rüssel / Bei Elefanten ist der Rüssel lang* (*Zô wa Hana ga nagai*) die Partikel „wa" präzise analysierte, vertritt entschieden den Standpunkt, daß es im japanischen Satz keine Subjekt-Prädikat-Beziehung gibt[14], und die Annahme, ein Satz bestehe aus Subjekt und Prädikat, vorwiegend für die europäischen Sprachen gilt, aber nicht fürs Japanische.[15] Dagegen betont er die syntaktische Funktion des Prädikats und weist darauf hin, daß „das Prädikat auch ohne Subjekt bestehen kann".[16]

Von einer Subjekt-Prädikat-Beziehung wie in den europäischen Sprachen kann beim Japanischen nicht die Rede sein, und die Subsumtionsbeziehung „S ist P" läßt sich mit der Formulierung „S *wa* P *dearu*" nicht identifizieren. Im Japanischen gibt es viele Möglichkeiten der Urteilsaussage, die jeweils von Gefühl und Emotion des Sprechers und von der Beziehung zwischen Sprecher

und Angesprochenem abhängen, und aus denen man je nach der betreffenden Situation die geeignetste auswählt. Der logische Inhalt wird im Japanischen nicht isoliert zum Ausdruck gebracht, sondern im Rahmen eines viel größeren Bereiches.

7

Tokieda Motoki (1900 - 1967), ein moderner Japanologe, hat in seinem Werk *Prinzipien der japanischen Sprache* (*Kokugogaku Genron*) eine „Sprachprozeßtheorie“ entwickelt und, befreit von der europäischen Grammatik, Eigentümlichkeiten des Japanischen auf seine eigene Weise dargestellt, indem er von der saussurschen Vorstellung von der Sprache ausgeht, sich aber andererseits auch auf die Basis der traditionellen japanischen Grammatikvorstellungen bezieht. Was er da sagt, bestätigt überraschenderweise Nishidas Logik des Ortes aus der Sicht der Sprachwissenschaft.

Sein Hauptanliegen besteht darin, das Wesen der Sprache als subjektiven Prozeß des Menschen zu betrachten und die Äußerung geistiger Inhalte durch den Sprecher in ihrem Prozeß und ihrer Form positivistisch zu begreifen. Er kritisiert die Klassifizierung der Wortarten, die mit der Einführung wissenschaftlicher Darstellungen aus Holland auch in der japanischen Grammatik aufgenommen und verallgemeinert wurden, und schlägt vom Standpunkt seiner Prozeßtheorie aus vor, die Grundlage für die Wortklassen in den prozeßhaften Strukturformen der Sprache zu suchen. Der Tradition der japanischen Philologie, vor allem der schon erwähnten Wortklassifizierung Motooris folgend, unterscheidet er auch zwei Klassen: *Shi* und *Ji*. *Shi* ist die Form, die den Begriffsprozeß enthält, die deshalb den zu äußernden Gedankeninhalt bzw. Sachverhalt objektiviert und zu Begriffen gestaltet und dann mit Stimme oder

Schriftzeichen zum Ausdruck bringt: *Shi* kann nur das Objektive darstellen. Unter *Ji* versteht er dagegen die Form, die den Begriffsprozeß nicht enthält, sondern sich immer nur auf die Seite des Sprechers bezieht und seine Beziehung zum zu behandelnden Sachverhalt unmittelbar subjektiv darstellt, z. B. als Gefühl, Emotion oder Aufforderung. Er meint, *Ji* kann auch den Kasus bezeichnen, kann aber selber kein Satzglied werden, sondern setzt immer *Shi* voraus. Eine konkrete Äußerung kommt nach Tokieda erst durch subjektive Vereinigung dieser beiden Darstellungselemente zustande, indem *Ji* als Umfassendes am Ende des Satzes steht und *Shi* als Umfaßtes umgibt.

Davon ausgehend analysiert er verschiedene syntaktische Eigentümlichkeiten der japanischen Sprache. Nach ihm ist das den Begriff bezeichnende objektive *Shi* von dem ihm nachstehenden subjektiven *Ji* (eventuell Null-*Ji*) umfaßt wird. Z. B. den Satz „*Ume no Hana ga saita*“ (Die Pflaumen fangen an zu blühen) zerlegt Tokieda in drei syntaktische Teile: „*Ume no*“, „*Hana ga*“ und „*saita*“.[17] Der erste Teil „*Ume no*“ besteht aus dem *Shi* „*Ume*“ (Pflaumen) und dem *Ji* „*no*“ (etwa „von“), was eine zusammengefaßte Einheit bildet und vom folgenden *Shi* „*Hana*“ (Blüten) umgeben wird, das mit dem weiteren *Ji* „*ga*“ (eine aufs Subjekt hinweisende Partikel) eine zweite Einheit bildet, die schließlich mit dem Verb „*saita*“ (blühten) umfaßt wird, das aus dem *Shi* „*sai*“ und dem *Ji* „*ta*“ besteht. Die Endung „*ta*“ als *Ji* bezieht sich nicht bloß auf „*sai*“ (Infinitiv: *saku*), sondern auf das ganze vorangehende „*Ume no Hana ga sai*“, das als „Prädikat“ das Subjekt „*Ume no Hana*“ in sich hat und damit einen Satzteil bildet.

Auf diese Weise erklärt Tokieda, daß ein Satz im Japanischen zustande kommt, indem sich *Shi* mit *Ji* vereinigt und so eine zusammengefaßte Einheit bildet, die in der nächsten Phase als größeres *Shi* fungiert und mit einem noch

größeren *Ji* vereinigt wird. Im japanischen Satz wird Tokieda zufolge das Kleinere stufenweise zu Größerem zusammengefügt und schließlich von einem *Ji* umfaßt. Diesen syntaktischen Satzbau des Japanischen nennt Tokieda „die teleskopische Struktur“[18], während er die binomische Beziehung zwischen Subjekt und Prädikat in den europäischen Sprachen als „waagenhafte Vereinheitlichungsform“[19] bezeichnet. Tokieda sagt, die Subjekt-Prädikat-Beziehung in den europäischen Sprachen gilt nicht im Japanischen. Er sagt: „Wir müssen uns von der indoeuropäischen Denkweise befreien.“[20] Tokieda akzeptiert zwar den Begriff des Kasus, hat aber eine andere Vorstellung davon als in der europäischen Grammatik. Unter Kasus versteht er die Beziehung, die beim *Shi* zu finden ist: Es geht darum, in welcher Beziehung ein bestimmtes *Shi* als objektive Ordnung zum subjektiven *Ji* steht. Um mit dem schon angeführten Beispiel „*Ume no Hana ga saita*“ zu sprechen, steht das *Shi* „*Ume no Hana ga sai*“ in seiner Beziehung zum *Ji* „*ta*“ im „Aussagekasus“. Tokieda betrachtet das Subjekt (hier „*Ume no Hana*“) als einen Teil vom *Shi*, d. h. das, was den „Aussagekasus“ bildet und dessen Inhalt bestimmt. Im Japanischen spielt, meint Tokieda, der „Aussagekasus“ eine entscheidende Rolle, und jeder Satz besteht aus einem *Shi* im „Aussagekasus“ und dem dazu hinzugefügten *Ji*. Das Subjekt wird hingegen nur je nach Bedarf aus dem „Aussagekasus“ herausgezogen und zum Vorschein gebracht, mit der Absicht, den Inhalt des „Aussagekasus“ genauer und deutlicher erkennbar zu machen. Tokieda sagt:

> „Es ist nicht richtig anzunehmen, daß das Subjekt im japanischen Satz ausgelassen wird. Das Subjekt, das in einem Satz auftritt, ist nicht etwas, was dem Prädikat gegenübersteht, sondern etwas, das im ‚Aussagekasus‘ versteckt enthalten und von ihm umfaßt ist, wird, wo es als sinnvoll erscheint, ausdrücklich bezeichnet.“[21]

Tokieda hebt hervor, daß die „Situation“ eine wesentliche Bedingung der Sprache ist. Die Situation, wie er sie versteht, ist weder rein objektiv noch rein subjektiv, sondern in ihr sind die inhaltliche Welt des Objekts und der intentionelle Akt des Subjekts enthalten. Die Situation bildet „eine Welt, in der Subjekt und Objekt verschmolzen sind“.[22] Das Gesagte kommt nach Tokieda nicht bloß als Emanzipation von etwas Innerem beim Sprecher zustande, sondern immer in Beziehung zur Situation.

8

Vor 1200 Jahren haben die Japaner die Kunst entdeckt, das Chinesische aus seinen Schriftzeichen zu entziffern, um die klassische chinesische Literatur zu lesen, indem sie den chinesischen Schriftzeichen eine japanische Leseart zugeteilt haben und Hinweise zur Änderung der Wortstellung sowie Partikeln ergänzend dem Originalsatz hinzugefügt haben. In der agglutinierenden Sprache Japanisch spielen die Partikeln eine große Rolle, indem sie auf die Funktion des voranstehenden Begriffs und auf die Beziehungen der Begriffe untereinander in einem Satz hinweisen. Das größte Verdienst Tokiedas besteht darin, daß er den traditionellen einheimischen Grammtikvorstellungen folgend die Funktion und den Wert der kleinen Partikel als *Ji* hervorgehoben hat. Obwohl nicht klar ist, ob *Ji*, wie Tokieda meint, immer die Beziehung des Sprechers zum zu äußernden Sachverhalt nur unmittelbar subjektiv darstellt, ob es daher immer das Gefühl, die Emotion oder die Aufforderung des Sprechers bezeichnet, gehört es doch zum eigentümlichen Wesenscharakter des Japanischen, daß *Ji* zusammen mit *Shi* stufenweise eine semantische Einheit bildet und schließlich am Ende des Satzes steht und ihn umfaßt. Was Tokieda durch seine syntaktische Analyse des Japanischen rein aus der Sicht der Sprache darge-

stellt hat, bestätigt in mancher Hinsicht Nishidas philosophische Auffassungen. Nakamura Yujirô spricht davon, Nishidas Logik des Ortes habe die Logik der japanischen Sprache, die japanischem Denken zu Grunde liegt, plötzlich an den Tag gebracht.[23] So wie Nishida angenommen hat, daß im Hintergrund des Urteils das Bewußtsein als prädikative Einheit liegt und sich das Subjekt im Prädikat befindet, hat Tokieda davon gesprochen, daß im Japanischen das Subjekt im „Aussagekasus" enthalten ist und von ihm umfaßt wird. Es hat viel mit den Eigenschaften und Eigentümlichkeiten des Japanischen selbst zu tun, daß Nishida die traditionelle europäische Urteilsform „S ist P" auf seine Weise in „S befindet sich in P" umgedeutet hat. Abgesehen von der sprachwissenschaftlichen Diskussion, ob das Subjekt im japanischen Satz als grammatische Kategorie festzustellen ist oder nicht, kann man sagen, daß das Japanische eine andere Aussageform des Urteils besitzt, die nicht in der Form der binomischen Aufteilung zwischen Subjekt und Prädikat, wie in den europäischen Sprachen, erscheint, sondern daß der „Aussagekasus" die Basis bildet und das Subjekt je nach Bedarf herausgezogen und zum Vorschein gebracht wird.

Solange man das Japanische nach den europäischen Grammatikvorstellungen und Kriterien betrachtet, können diese Eigentümlichkeiten des Japanischen nicht richtig erfaßt werden. Natürlich hat jede Sprache ihre Eigentümlichkeiten und ihren eigenen Charakter und steht mit der Denkweise der Mitglieder der betreffenden Sprachgemeinschaft in untrennbarer Verbindung. Nach dem Orientalisten Nakamura Hajime (1912 - 1999) steht in der Aussageform des Urteils „S ist P" im Sanskrit das substantivische Prädikat immer vor dem Subjekt. Der Grund dafür hat, vermutet Nakamura, damit zu tun, daß man beim Urteilen zuerst auf das Prädikative achtet, daß man sich dann beim sprachlichen Ausdruck zuerst das Prädikat vorstellt, und daß die Inder auf das

Prädizieren großen Wert legen. Nach Nakamura kommt das daher, daß man wahrscheinlich mehr auf das Allgemeine achtet als auf das Besondere, mehr an die subjektive Seite denkt als an objektive Gegenstände, und größere Sehnsucht nach dem Unbekannten hat als nach dem Bekannten.[24]

Bei der europäischen Denkweise handelt es sich grundsätzlich um die dualistische Logik des Seins und des Subjekts. Das spiegelt sich deutlich auch in den Sprachen: Im Fall des Deutschen besteht eine Aussage aus Subjekt und Verb, das je nach der Person des Subjekts konjugiert wird; das Subjekt kann im selben Satz auch als Reflexivpronomen noch einmal im Akkusativ vergegenständlicht werden; jeder Satz besitzt grundsätzlich immer ein Subjekt. Aber desto mehr muß man im Deutschen das unpersönliche *es* als Subjekt verwenden als reine Formalie und ohne jede konkrete Bedeutung, und um so häufiger tritt das Pronomen *man* als grammatisches Subjekt auf, das keine konkrete Person beinhaltet, sondern bloß vage auf jemanden als Subjekt hinweist. Im Deutschen herrschen eigene Regeln und besondere Formen.

Daß das Japanische dagegen eine Sprache ist, die von der „Situation“, wie es Tokieda sieht, oder vom „Themenfeld“, wie es bei Sakuma heißt, sowie von den betreffenden menschlichen Beziehungen abhängt und dadurch bedingt wird, zeigt sich deutlich darin, daß sich im Japanischen viele Höflichkeits- und Bescheidenheitsformen entwickelt haben, daß man im Japanischen sich selbst im allgemeinen nicht als Subjekt bezeichnet, um Formelhaftigkeit oder zu große Direktheit zu vermeiden, daß es trotzdem zur Bezeichnung der jeweiligen grammatischen Personen sehr viele Ausdrücke gibt, die zu verwenden man aber im allgemeinen vermeidet, und daß die Aussage eine mehr oder weniger emotionelle, subjektive Schattierung aufweist. Aus dieser sprachlichen Sicht versteht man auch, daß man oft sagt, das Ich-Bewußtsein der Japaner sei

schwach entwickelt. Vom europäischen Standpunkt aus gesehen, mag das Japanische weniger dazu geeignet sein, logische Aussagen zum Ausdruck zu bringen. In der Tat gibt es viele, die behaupten, daß das Japanische eine unlogische Sprache ist. Daß europäische Sprachen logischer sind, kann man jedoch wohl nicht sagen.

Allein anhand europäischen Gedankenguts hat Nishida seine Logik des Ortes rein philosophisch entfaltet, unabhängig von einer Analyse der japanischen Sprache. Aber wie Shimomura Toratarô (1902 - 1995), einer der bekanntesten Schüler Nishidas, betont hat, handelt es sich bei Nishidas Vorstellung vom Ort um logische Einsicht in die Art und Weise des Denkens von den Japanern, die in und mit der japanischen Sprache denken[25], und neben dem buddhistischen Hintergrund hat das Japanische, Nishidas Muttersprache, die Richtung seiner philosophischen Reflexion wesentlich bestimmt.

Anmerkungen

1 Deutsche Übersetzung von Rolf Elberfeld: *Ort*. In: *Logik des Ortes. Der Anfang der Modernen Philosophie in Japan*. Wissenschaftliche Buchgesellschaft, 1999. Im folgenden folge ich grundsätzlich dieser Übersetzung. Die Seitenangabe in Klammern nach Zitaten aus diesem Werk bezieht sich auf diese Übersetzung.

2 Nishida, Kitarô: Vorwort von *Hatarakumono kara Mirumono e* (*Vom Wirkenden zum Sehenden*). In: *Nishida Kitarô Zenshû* (*Nishida Kitarôs Gesamtausgabe*), Iwanami-Shoten, 1965, Bd. 4, S. 6.

3 Nishida, Kitarô: *Ippansha no Jikakuteki Taikei* (*Das selbstbewußte System des Allgemeinen*). In: *Nishida Kitarô Zenshû* (*Nishida Kitarôs Gesamtausgabe*), Iwanami-Shoten, 1965, Bd. 5, S. 58*ff*.

4 Suzuki, Daisetsu Teitarô: *Wesen und Sinn des Buddhismus*. Herder, 1990, S.

78.

5 a. a. O., S. 79.

6 Was in der japanischen Grammatik unter „Konjugation“ verstanden wird, sind die funktionellen und semantischen Formenunterschiede wie Vorzustandsform, Satzendform, Annahmeform, Befehlsform usw., aber es gibt keine Beugung nach der Person und der Zahl des Subjekts.

7 Im Japanischen werden Singular und Plural des Substantivs normalerweise nicht unterschieden.

8 Zwar kann man dem Adjektiv *utsukushii* „*desu*“ hinzufügen, aber das geschieht fast nur im gesprochenen Japanisch und klingt besonders höflich. Wichtig ist, daß das prädikative Adjektiv in einer einfachen Aussage ohne „*desu*“ alleine stehen kann. (Aber auch im gesprochenen Japanisch kann man „*da*“ oder „*dearu*“ nicht hinzufügen.)

9 Im Japanischen wird auf das Subjekt auch mit den Partikeln „*mo*“, „*sae*“ und „*dake*“ hingewiesen, aber man kann sie als modale Variationen ansehen, denn sie werden im Sinne von „auch S“, „selbst S“ bzw. „nur S“ verwendet. Ohne Nebensinn sind „*wa*“ und „*ga*“.

10 Sakuma, Kanae: *Gendai Nihon Gohô no Kenkyû* (*Studien über die Redewendungen im modernen Japanischen*), Kôseikaku, 1940, S. 215*f.*

11 Es gibt auch Sätze, in denen „*ga*“ nicht anstelle von „*wa*“ verwendet werden kann, z. B. in dem Satz „*Ningen wa* (nicht: *ga*) *dôbutsu dearu*“. Außerdem können „*ga*“ und „*wa*“ eventuell auch als den Akkusativ bezeichnende Partikeln verwendet werden, wie in „*Kôhî wa nomitaku nai, Mizu ga hoshii*“. (Kaffee möchte ich nicht trinken, Wasser bitte!)

12 a. a. O., S. 228*f.*

13 a. a. O., S. 211.

14 Mikami, Akira: *Zô wa Hana ga nagai* (*Der Elefant hat einen langen Rüssel / Bei Elefanten ist der Rüssel lang*), Kuroshio-Shuppan, 1999, S. 105.

15 a. a. O., S. 179.

16 a. a. O., S. 185*f.*

17 Dieser Beispielsatz stammt aus: Tokieda, Motoki: *Nihon Bunpô. Kôgo Hen (Japanische Grammatik. Gesprochenes Japanisch)*, Iwanami-Shoten, 1978, S. 212*ff.*

18 Tokieda, Motoki: *Kokugogaku Genron (Prinzipien der japanischen Sprache)*, Iwanami-Shoten, 1941, S. 317.

19 a. a. O., S. 240.

20 a. a. O., S. 370.

21 a. a. O., S. 371.

22 a. a. O., S. 44.

23 Nakamura, Yûjirô: *Nishida Kitarô*, Iwanami-Shoten, 1983, S. 101.

24 Nakamura, Hajime: *Ronri no Kôzô (Struktur der Logik)*, II, Seidosha, 2000, S. 88*ff.*

25 Shimomura, Toratarô: *Nishida Tetsugaku to Nihongo (Nishida-Philosophie und Japanisch)*. In: *Shimomura Toratarô Chosakushû (Shimomura Toratarôs Ausgewählte Schriften)*, Bd. 12, 1990, Misuzu-Shobô, S. 182.

12 国民代表としての大統領の責任追及制度
― 2007年フランス憲法改正の意義 ―

ティエリ・S・ルヌー
（ポール・セザンヌ＝エックス・マルセイユ第3大学教授）
&ザビエル・マニョン（ペルピニャン大学教授）
（訳）大津浩（本学法学部教授）

【訳者まえがき】

本訳稿の原文は以下の論文である。Thierry S. RENOUX et Xavier MAGNON « Le nouveau régime de responsabilité du Chef de l'Etat issu de la révision constitutionnelle du 23 février 2007 : à la recherche d'une responsabilité pénale perdue ». 表題を訳せば、「2007年憲法改正から生ずる国家元首の新たな責任制度〜失われた刑事責任の探求〜」となる。この論文は、同名の表題でRevue de droit pénitentiaire et de droit pénal, 2007, n° 2, pp.453-470に掲載された論文の元原稿であるとの説明を共著者の1人であるルヌー教授から受けているが、訳者は現在までこの公刊された論文を入手していない。元原稿であるため、若干の誤字・脱字や段落分けの不十分さが目に付くが、通読すれば容易に修正可能な範囲の原稿であるので、本翻訳では活字化される前のこの元原稿を用いることにした。

訳者の長年の友人であるルヌー教授は、2007年夏に来日した際、7月23日㈪に訳者の依頼に応じて成城大学法学部を訪れ、法学部現代法研究室主催の講演会で上記のテーマで講演を行った。講演の中で教授が紹介したフランス大統領の責任追及制度の整備に関する2007年2月27日の憲法改正は、参

加者の多くにとっては全くの未知の情報であり、教授の報告は参加者に新たな知的関心を大いに抱かせるものとなった。

フランスの大統領は、国家元首にして執政権を含む行政権の首長であるが、従来は「大反逆罪」の場合を除き、法的にも政治的にも無答責であった。教授によれば、以下の本文に示すような今次の改革は、このような大統領の特権の根拠を国民代表の性格の観点から整理することを通じて、その無答責性の範囲を限り、大統領職辞任後の法的責任追及の道を切り開くものであった(実際、本憲法改正の施行直後に大統領の任期を終えたシラク前大統領が、パリ市長時代の職員架空雇用疑惑に関連して公共財産濫用容疑で捜査されることになったとの報道がなされている〔朝日新聞2007年11月22日記事〕)。加えて教授は、今次の改革が大統領の政治的な責任追及の道を切り開く可能性を持つことも明らかにした。本翻訳後半の説明が示すように、実際には「大統領の職務の実行と明らかに両立し得ない義務の懈怠」を理由とする解任制度は、その法的性質と解任理由の不明確さや解任手続要件の厳しさの点から現状では発動困難との評価もあるが、それでも興味深い論点である。

翻って日本国憲法を考えた場合、国家元首の責任追及制度はどうなっているのか。もっとも日本では、そもそも国家元首が誰なのかという点でも争いがある。政府が長年事実上そのようなものとして扱ってきたように、もし天皇が国家元首だとするならば、憲法上、天皇は政治的権能を一切持たず政治的に無答責と考えられるが（第3条及び第4条により内閣の政治責任となる)、法的責任については学説上あいまいなままである。もし天皇が法的にも無答責だとするならば、それはその象徴としての地位（第1条）を根拠とするほかない。しかしフランスの議論を参照するならば、本来全国民の平等を前提とするまともな国民主権国家の場合には、国家元首の無答責性はその国民代表としての性格に由来するほかなく、しかもそれはその職務に就いている一定期間に限られるはずである。天皇は国民から除外されるという前近代憲法

的な議論もあるが、まともな国民主権論を前提とする限り天皇も国民の一人であり、その地位は「日本国」と「日本国民統合」の象徴という国民代表の職務（しかも政治的性格をすべて剝脱された限りでのそれ）に由来すると理解するほかはない。そして国民代表である限りは、その地位はあくまでも主権者国民の意思と利益に従属するのであるから、天皇の生前退位制度と退位後の法的責任追及の制度を完備することは不可欠であろうと思われる。

他方で、内閣総理大臣を国家元首と見る説もあるが、この場合、日本国憲法はもちろんその政治責任追及を可能とする制度を備えている（第69条）。他方で、法的責任追及については、刑事責任追及は任期中はなされないとするのが通説である（第75条が総理大臣に認める国務大臣の訴追同意権からの類推解釈）。民事責任追及についてはあまり議論がないが、当然に可能であろう。このように分析すると、フランスの大統領が持つ無答責の地位は日本の内閣総理大臣の地位とはかなり異なることが明らかとなる。

もちろん、フランスと全く同じ国家元首の（法的）責任追及制度を日本国憲法が採用しなければならないと主張する根拠もないが、フランスで採用されているようなまともな国民主権原理を日本でも前提とする場合には、国民代表としての国家元首には、何らかの形で法的及び政治的責任を追及する制度が不可欠であると言い得るのではないか。そして、もし国民主権原理の下でもなお天皇を元首と考える場合には（訳者はそのようには考えないが）、何らかの形で天皇に対する法的責任追及制度を具備することが必要ではないか、といった興味深い論点も浮かび上がってくるのである。こうした点で、教授の今回の講演は極めて知的刺激に満ちたものであり、成城大学法学部創設30周年記念論文集に講演の元となった仏語論文の翻訳を掲載して、この分野におけるフランスの議論を広く学内外に知ってもらうことは極めて有益であると考える。

なお、本訳稿の表題は翻訳者がつけたものである。また、本稿の段落分け

は必ずしも原文通りではなく、翻訳者の判断で段落分けを若干変えている。さらに説明のために訳者が付け加えた部分は〔　〕として示している。原文の翻訳とその30周年記念論文集への掲載を快く許可してくださったルヌー教授に対して、ここに記して謝意と敬意を表する。(2007年12月末脱稿)

＊＊＊＊＊＊＊＊＊＊＊＊＊

共和国大統領の責任に関する2007年2月27日の憲法改正(1)は、必要かつ待ち望まれていたことであった。しかしながら、それが議論や学説上の論争に終止符を打つことになるのかどうかは定かではない。憲法第9章の修正は、憲法院〔＝フランス憲法裁判所〕と破棄院〔＝フランス最高司法裁判所〕の間で憲法第68条の解釈が違っていたことから、必要とされていたものであった(2)。「共和国大統領は、大反逆罪(haute trahison)の場合は別にして(en dehors)、その職務の行使の中でなされた行為について責任を負わない」という条文の解釈は、その行為がその職務と切り離しうるものであれ、あるいはその任期が始まる前にそれが行われたものであれ、その職務の行使とは「別に(en dehors)」なされた行為について、多くの問題を生み出してきた。

国際司法裁判所〔設立条約〕に関する1999年1月22日判決(3)の中で、憲法院は、高等法院〔＝大統領大反逆罪特別裁判所〕による大統領の責任追及の手続を、第68条が定めていないこうした問題にまで拡げて適用した。憲法院は、この条文中の2つの段落を分離する解釈(4)を選んだのだった。したがって共和国大統領の責任は、その職務の行使の中で行った大反逆罪を構成する行為について(第68条)だけでなく、その職務の行使とは別に犯

した全ての行為についても（憲法院の判例）、これらの行為が「重罪及び軽罪」の構成要件となる場合であれ(5)、さらにはより広い解釈に従うならば、訴追の原因となる行為の性質がいなかるものであれ(6)、第9章が定める手続に従い、高等法院によってこれを取り扱うことができるのである。このようにして憲法院は、共和国大統領のための裁判管轄の特権〔＝特別扱い〕という原則を、その職務の行使以外の場合になされた行為についても貫いたのだった。

〔他方で〕破棄院大法廷は、2001年10月10日のブレザシェール(Breisacher) 事件判決(7)において、別の道を採用した。〔すなわち〕破棄院大法廷は、第68条第1段落の制限的な解釈に従い、要するに、職務の行使とは「別に」なされた行為に対する本条項の沈黙を、国家元首にその職務の行使期間中の一時的な刑事免責を与えた規定と解すべきであると判示したのだった。したがって国家元首は、そのような行為については、高等法院に対しても通常の裁判所に対しても、少なくともその任期中は訴追されることがないのであった。〔しかし〕その任期が終了すると、大統領は普通の市民に戻るので、その過去の職務の行使と分離しうる全ての行為につき、通常の裁判所において普通の市民として責任追及を受けることがありうるというのである。

この2つの裁判所の解釈は相反するものである。憲法院の裁判官は裁判管轄上の特権〔＝特別扱い〕を主張するのに対して、最高司法裁判所〔破棄院〕の裁判官は一時的な刑事免責を主張しており、だからこそ憲法改正を通じて明確にすることが必要だったのである。この憲法改正は、それゆえこうした食い違いが、憲法第68条によって規定された手続の実効性を実際に確保する上で障害となる可能性があったがゆえに、それだけ一層必要とされたのであった。実際、高等法院への付託（renvoi）の前に訴えを受理する予審委員会は破棄院裁判官から構成されていた(8)。予審委員会は、犯罪事実の

法性決定（qualification des faits）の裁量権は持っていないけれども[9]、憲法院の解釈に基づいた手続が採られる際には、高等法院の召集を妨げることができるはずであった[10]。

そこで、2002年7月に共和国大統領ジャック・シラクは、ピエール・アヴリユ教授を座長とする委員会に憲法改正案を作成するための審議を委託した[11]。この委員会は2002年12月12日にその報告を行い、憲法第9章及び第67条と第68条の新条文の提案を行った[12]。「アヴリユ委員会」の提案は、実質的に見るなら[13]、国民議会〔＝下院〕事務局に対して2003年7月3日に提出された憲法改正法案の中に取り入れられた。憲法院判決以来、国家元首の責任問題が微妙な意味[14]を帯びるようになった時でさえ、国家元首が不偏不党の態度を採ったことには敬意を表するべきであろう。というのは、国家元首は自らに直接関わる責任のあり方の修正を一任し、また自らに伝達された改正案のほぼその全部を採用したからである。しかしながら、憲法改正法案の審議が国民議会で開始されたのは、2007年1月16日になってからのことであり、それはこの法案を提出してから4年近く経過した後で、ジャック・シラク大統領の任期が終了するほんの数ヶ月前に過ぎなかった。国民議会はこの法案にいくつかの修正を施し、元老院〔＝上院〕も修正を行った。憲法改正法律の最終確定文は、2007年2月19日に両院合同会議によって可決された。

憲法改正で目指された主要な目的は、大統領の行為の中でその資格においてなされるものとその資格とは別になされるものとを区別することで、国家元首の責任のあり方を明確にすることである。「職務の行使の中でなされた行為」というこれまでの定式は消滅した[15]。第67条は次のように述べている。「共和国大統領は、第53条の2及び第68条の規定する場合を別にして、その資格でなされた行為に対して責任を負わない」。本条はこのようにして、その資格においてなされた行為に関する大統領の無答責の原則を定めている。

この原則は2つの例外を持つ。1つは国際刑事裁判所に関する第53条の2の定める例外であり(16)、もう1つは解任に関する第68条の定める例外である。後者の手続が発動されるのは、大統領が「その任務の実行と明らかに両立し得ないようなその義務の」懈怠があった場合である。そのような場合には、国会の両院から構成される高等法院が〔大統領の〕解任を宣言する。高等法院の召集は、両院がそれぞれ3分の2の多数で賛成することにより決定される。高等法院が共和国大統領の解任を宣告する場合も、同じ〔3分の2の〕多数の賛成を必要とする。

第53条の2及び解任に関する第68条の場合を別にすれば、大統領はその資格においてなされた全ての行為について責任を負わない。大統領の資格とは別になされたあらゆる行為について、大統領は不逮捕特権（inviolabilité）を有するが、その範囲は第67条の第2項以下で定められている。このように、国内の裁判機関であれ行政機関であれ、それらの機関が行ういかなる手続であっても、その職務期間中は国家元首に対してこれを実行することはできないのである。不逮捕特権の範囲は、問題となる手続の型に関わって広がるが、それは当然のこととして一時的なものにとどまる。さらにこの不逮捕特権は、あらゆる時効や訴権失効の期間が停止されるために、訴追や訴訟手続に影響を与えるものではない(17)。いったん任期が終了すると、様々な手続や訴訟がその1ヶ月後から再開されるのである。

以上のように一般的に簡略化して述べたが、新たに設けられた制度は少なくとも2つに分けて説明する必要がある。1つは、異なるいくつかの形をとる免責特権（immunités）という広範な問題に関わる。もう1つは、言うならば国家元首の責任追及制度の性格に関するものである。すなわち、それは刑事上のものなのか政治的なものなのかという問題である。

免責特権の問題は、一見したところでは単純であるが、それでもなお免責

特権は様々な内容を含むので、学説上の分類は曖昧なままである[18]。国際公法において用いられている職務上の免責特権と人的免責特権の区別[19]は考慮されるべきであり、明確化されるべきであるように見える。この区別は、保護の目的に力点を置く。前者は職務を保護することを狙っているのに対して、後者は職務の行使を保護することを目的としている。

職務上の免責特権は、職務の行使の中でなされる行為についての、その職務の資格保持者の無答責性として示される。この特権は永遠である。なぜなら、その職務はその資格保持者の離職後も終わらないからである。

人的免責特権は、職務の行使を保護することを目的としており、したがってこの職務の資格を有する者と結びついている。この特権は、その職務の外部にある行為にしか関わらない。この原則は無答責性の原則とは異なる。職務の資格保持者は責任を負う。つまり、人々が保護したいと願う職務をその者が行使するがゆえに、こうした責任〔追求〕によってこの職務の実効的な行使が妨げられてはならないところに、その狙いがあるに過ぎないのである。したがって人的免責特権は、本来的に一時的なものであり、その職務の終了と共に終わるものである。大まかに言って、この特権は多少なりとも拡大された手続上の特権として具体化される。すなわち、1999年1月22日判決で憲法院が採用した考え方である裁判管轄の特権〔＝特別扱い〕から、国会議員についての憲法第26条第2項以下が定めるタイプの考え方である不逮捕特権までがそれに含まれるのである。

したがって職務の行使を保護するために大事なことは、職務の外にある行為についての判断を裁判管轄の特権として職務行使の間、特別な裁判権に委ねること（1999年1月22日の憲法院判決）、あるいは ― しかしこの場合には不逮捕特権の問題があるが ― 任期中に通常裁判所による判決に枠をはめること（憲法第26条第2項）あるいはこれを妨げること（新しい憲法第67条）である。〔いずれにせよ〕任期が終了すると、職務の資格保持者は人的免責

特権の一環としての特別な保護を全て失うことになる。

刑事上のものか政治的なものかという責任制度の性質の決定は確実なものではない。M・トロペールによれば、刑事責任とは、「それが重罪として法性決定される行為について統治者にかかるという事実、それがとりわけ訴追の局面及び判決の局面を含む刑事手続に従ってその行為に関して行使されるという事実、そしてそれが刑罰の原因となるという事実から定義される。政治責任については、それは政治手続に従って議会と政府の間の政治対立に関して行使されるものであり、議会による多数決で決定がなされ、政治制裁すなわち地位の喪失として現れるものである(20)」。この2つの責任の型を区別するために、3つの基準が用いられている。1つ目は責任を生じさせるために付されうる理由であり、2つ目は従うべき手続であり、3つ目は制裁が宣告されうることである。

もしこれらの基準を、1つの免責特権の視点の中に位置づけつつ重ね合うことの可能なものと考える場合には、公選制の職務の資格保持者についてその任期中に「純粋な」刑事責任を想定するのは不可能なように見える。

例えば、アメリカの弾劾制度は、付されうる理由については刑事〔責任〕の論理の中に位置づけられるが(21)、手続と制裁については政治〔責任の論理〕に位置づけられる。さらに別の例を挙げるならば、フランスでは、2007年2月19日以前の国家元首の「刑事」責任〔追求〕の制度は、2つのモデルの妨げとなるものだった。この意味において、国家元首が犯す「大反逆罪」の観念はなお確定的なものではなく、それどころか、それは政治の都合から国家元首を遠ざける特別な理由ともなっていた。手続は、もし破棄院の裁判官から構成される予審委員会を例外とするならば、むしろ政治的なものである。制裁も刑事的なものであると同時に政治的なものでもありうる(22)。したがってこの区別は絶対的なものではない。

同じく、純粋な刑事責任〔追求〕は免責特権を考慮に入れると不可能であ

る以上、「政治的＝刑事的」責任〔追求〕という表現(23)の方がより好まれるかもしれない。別の言い方をすれば、政治責任者の刑事的と思われている全ての責任は、多少なりとも重要なある段階においては、本当は常に政治的といいうるのである。ルネ・カピタンは憲法第68条の手続を、「特に荘厳な形式で宣告される不信任動議」と性格規定してはいなかったであろうか(24)。しかしながら、これら3つの基準のそれぞれが、責任〔追求〕制度の性格付けの際に同じ重みを持つべきであるとまでは思えないであろう。手続に支えられて付されうる理由こそが決定的に重要なように見える。実際、政治責任〔追求〕においては政治的都合のみが支配しており、責任追及のための理由は何でもよいのに対して、前もって決められた理由の存在は、別の性質の責任〔追求〕に道を開く場合を制限することになる。確かに、憲法第68条の旧条文が対象とした「大反逆罪」は刑法典に定められた重罪でも軽罪でもないが、それはそれでもなお前もって決められた理由であり、国会の評価権を制限していた。

ところで、憲法49条第2項が対象とする政治行為である不信任動議はこのような場合には当たらない。とはいえ、憲法の条文が想定する理由の正確な意味が何であれ、政治的狙いのみを持つ手続が、アメリカ合衆国におけるように、その理由が重罪と軽罪に還元される場合を含めて、明言された理由を歪める可能性があることは否定できない。他方で、アヴリユ委員会は、刑事責任の手続を政治的目的の方向に歪めることがしばしば有りうるという事実確認をめぐってその作業を進めたのだった(25)。

こうした用語の明確化は、2007年2月以降フランスで設けられた共和国大統領の新たな責任〔追求〕制度を解明する手助けとなる。

免責特権について言うならば、共和国大統領の資格でなされた行為に関しては、政治的にも刑事上も完全な無答責性が原則である。不逮捕特権は幅広く用いられるが、その任期の間中と、その職務の終了から1ヶ月後まで続く、

一時的なものでもある。職務上の免責特権と人的免責特権はこのようにして2007年の憲法改正で正確になり、明確化されたのだった。次に、2つの例外が完全無答責性に付け加えられるが、そのうちの一つは国際刑事裁判所に属し、もう一つは憲法上の解任手続に属する。後者は、付される理由においても従うべき手続や可能な制裁においても、もはや「政治的かつ刑事上の」責任〔追求〕とは見られない。このように本改革は、大統領の責任に関する完全な差別化を示している(26)。しかしながら、解任〔手続〕の利用は、それが実施されうるケースに関してもその潜在的な実行可能性に関しても、多くの疑問を生じさせる。それゆえ、免責特権の制度が明確になったのとは対照的に（I）、解任の手続は曖昧なものに見える（II）。

I．明確化された免責特権の制度

2007年の改正によって生み出された新しい憲法第67条は、この問題に関するフランス共和主義の伝統の中に位置づけられるけれども、破棄院の判例の帰結でもあった。本条は、その資格を理由に共和国大統領が無答責であるとする原則を繰り返すことで、職務上の免責特権を付与している（A)。同時に、本条は政治職務の行使期間と結びついた不逮捕特権に一時的な性格を与えることで、人的免責特権制度を明確にしている（B)。

A. 資格を理由とする無答責性（職務上の免責特権）

新しい憲法第67条はその第1項で次のように定める。「共和国大統領は、第53条の2及び第68条の規定における留保の下で、その資格においてなされた行為について責任を負わない」。

この原則はしたがって無答責性のそれである。この原則は憲法第53条の

2と第68条に定められた2つの例外しか許容しない。すでに示したように、第53条の2はジェノサイドや人道に反する罪の場合の国際刑事裁判所の権能に関する規定である。それはまた、フランスの留保宣言が取り除かれた場合には戦争犯罪も含まれるし、それが将来規定された場合には侵略の犯罪も含まれる。第68条については、本条は、大統領がその職務の行使と明らかに両立し得ないその義務の懈怠があった場合に、本条が定める条件の下で〔大統領の〕解任を可能にすることで、こうした不可欠な「安全弁」を設けたのだった(27)。

国家元首の無答責性の原則を法認する点で、現在の憲法はその前身と同様に、共和主義的な条文の伝統に背かないものであった。

公権力の組織に関する1875年2月25日の憲法的法律第6条は、共和国大統領が「責任を負うのは大反逆罪の場合に限られる」ことをすでに明確にしていた。1875年7月16日の憲法的法律第9条(28)は、代議院〔下院〕による訴追がなされた後で(29)、「高等法院(30)」となった元老院に共和国大統領の裁判を行うための権能を付与していた。この規定は主要部分については第4共和制憲法でも繰り返された。すなわち、国民議会の訴追を受けた共和国大統領は、立法期の最初に国民議会から選出された高等法院による以外には裁判にかけることはできなかった(31)。それゆえ1958年以降も、憲法は既に確立された歴史的連続体の中に位置づけられることになった。こうして、2007年の憲法改正前の条文では、共和国大統領は、刑事的側面も政治的側面も全て包括するがゆえに、極めて曖昧な概念である「大反逆罪」に該当する「稀な」場合を除き、それ以上その行為に対して責任を負うことは無かったのである。大統領が訴追されるのは、両院が同一の表決でかつ絶対多数でこれをなした場合に限られ、その後で国民議会と元老院の構成員の内から選出される同数の者で構成される高等法院により「裁判」を受けるのだった。

したがって1875年以来、国家元首の政治責任は、国家元首がその資格に

おいてなした行為を理由にして国会の両院がこれを問題にする以外にはありえなかった。広く流布した考え方とは正反対に、フランス共和国大統領のこうした立場は、「国王は不正をなし得ない」という格言が示すような君主の無答責性に由来するものではない。歴史的に見れば1789年のフランス革命の始めから、国王という人格の伝統的な不逮捕特権と国民代表の職務の保護との間の区別が明確に現れている。1791年にフランスの最初の憲法は、この意味で「代表者は立法府と国王である」と宣言し、さらにその退位の後は「国王は市民階級の中に含まれ、その退位以降になされた行為につき市民と同様に訴追され裁判を受けうる[(32)]」ことを明確にするところまで突き進んでいる。

したがって、こうした観点の下で共和国大統領の地位は、第二帝政の時期を除き、フランスのこれまでの諸憲法が全て恒常的に再確認してきた国民代表の免責特権の古典的な枠組みの中に位置づけ直されなければならない。

1789年以来、免責特権はこのように人格から明確に切り離されて、もはや職務にしか関わらないようになった。実際、民主主義の理念からすれば、国家元首とは一つの職務を与えられた単なる一市民に過ぎない。しかし、いかなる職務でも良いわけではない。それは、第5共和制憲法第3条及び第5条がこの国家元首に必然的に与えるところの国民代表という職務でなければならない[(33)]。それこそが、共和国大統領がその資格においてなした行為を理由にして無答責であることの基礎なのである。すなわち、「〔国民〕代表は主権の行使に参加するがゆえに、国民代表に与えられる職務を完全な独立性を持って行使することができなければならず、こうした理由から裁判所がその責任を問うことはできない[(34)]」のである。

したがって、こうした伝統的な無答責性は、結局のところ憲法第26条が設けた無答責性にいっそう近づけなければならない。後者は、その職務の行使の中で行った「発言や表決」を理由とする〔責任追及から〕国会議員を保

護するものである。この免責特権が無ければ、人民の代表者は国民主権の行使に不可欠でこれと分離し得ない自由を持つことができない。

***B*.** 政治的任務を理由とする一時的な不逮捕特権（人的免責特権）

その資格においてなされた行為を理由とする共和国大統領の無答責性を確認することは、必然的に、その際に留保されたこの保護をその職務の行使にのみ限ることを意味することになる。それは単に、共和国大統領であるからではなく、共和国大統領であるにもかかわらず、法的非難に値するあるいは損害発生の原因となる一定の行為を行うことができることを意味するだけではない。法は、解任手続の際に、職務上の義務の明らかな懈怠であるのか否かを評価し、大統領の衣の下の単なる市民の身体を露わにするために、わずかな間だけであるが、政治責任〔追求〕の余地を認める。だがそれだけではなく、いったん大統領の任期が尽きたときには、あるいは高等法院によりその職務が中断させられたときには、裁判所は自らの担当する訴訟を始めなければならないことをも意味するのである。

1つには、任務の行使は、あらゆる拘束力のある行為に対抗して、フランスのあらゆる裁判機関や行政機関に対する広い個人的不逮捕特権を与える(35)。共和国大統領は、「その任期中は、フランスのいかなる裁判機関においても行政機関においても、証言を強制されることはなく、訴訟の対象にも、尋問、予審、訴追行為の対象にもなりえない」。この文章は、すでにアヴリユ委員会が強調していたように、共和国大統領が主権者人民から直接選挙され、公権力の正規の運営と国家の継続性とを保障する任務を与えられている以上、共和国大統領を通常の訴訟当事者と考えることはできないところから理解される。したがって、正当な、あるいは更に言えば威嚇的な、いかなる訴訟も訴追も尋問も、共和国大統領の任務の行使の方向を直接的であれ間接

的であれ歪めることはできないのである。国家元首はこの場合、自らの良心と彼を選出した人民との間で彼が作りたいと願う関係の型にのみ従う。〔したがって〕憲法は、例えば司法の良好な運営に寄与するために自ら望んで証言をすることまで禁止するわけではない[(36)]。

もう1つは、任務の行使によって一時的な個人的不逮捕特権が与えられるということである。実際、不逮捕特権は、その職務がそれを行使する個人を保護する限りにおいて有効であるに過ぎない。それゆえ第67条はその第2項で、2001年10月10日の判決の中で破棄院が採用した決着のつけ方を真に憲法上で法認したものである、「あらゆる時効や訴権の失権の期限は停止される」ことを定めており、またその第3項では、「このようにして〔前項の規定により〕妨害された審理や手続は、共和国大統領の職務が終了して1ヵ月後から、〔共和国大統領〕に対して再開ないし開始することができる」と定めているのである。もっとも後者の定式は稚拙である。なぜならば、定義上これらの審理や手続は共和国大統領に対してではなく、これらの職務を行使していた人物に対して再開ないし開始されるからである。

以上のように、共和国大統領がその職務により行ったものではない行為、換言すればその職務を得る前になされた行為、あるいは憲法によりその職務として定義されたものから分離可能な行為（この場合〔定義するのは憲法であって、〕組織法律や通常法律だけで定義することはできない。後者の法律は、無答責に関する憲法原則に例外を設ける権限を有してはいないからである）は、なお司法審査の対象であり続ける。このような考え方は、ギリシャ憲法第49条§1と関連させて考えるべきものである。というのは、同条項は次のように規定しているからである。「(共和国大統領の) 職務の行使と関係のない行為については、その任期が終了するまで刑事訴追は停止される」。

だからといって、国家元首はそれが受けた委任を理由にして他の者と同様に司法審査の対象となると考えることはできないであろう。〔憲法〕改正に

よって採用された考え方は、単なる刑事上の無答責性を越えて民事上及び行政上の無答責性にまで拡大するからである。こうした拡張は、さもなくば、共和国大統領が「数多くの訴訟において自己防衛しようという気になる可能性がある」という事実に由来する。「この場合、数多くの訴訟の中には、単に彼のイメージや評判を傷つけたいという意図で提起されるに過ぎないものもあるが、その全ては、彼をその任務の通常の遂行と両立しえないような状況に置くことになるからである(37)」。それは、フランスにおいてその時まで未知であるような、ある種の権力を備えた司法に直面する弱い共和国大統領のイメージを与えることになりかねない。いかなる制度も例外のないものはありえないだろう。悪意によらずして自己が債務者ではないと考え、税金の納入を履行しないような共和国大統領について考えたらどうなるであろうか。彼に対する裁判的な手段は閉ざされている。だが行政的な手段も、それが刑罰の宣告に通じる可能性がある以上、同じことである。確かに行政〔的手段〕は、大統領に延滞利息や遅延制裁金を課すことはありうる。しかし行政〔的手段〕は大統領が単なる市民に戻るまで待つことを強いられるであろう。これは奇妙な仮定である。というのは、憲法はこの場合、それが保護していると見なされているものと、かえって対立することになるからである。

同様に、実際のところ新たな文面は、ヨーロッパ人権条約のある重要な権利と反対のことを言っているように見える。それは独立した公平な裁判への権利であるが、その訴権の正当性の証拠となるデータを失いかねない原告側当事者にとっても、最高執政官職〔＝大統領〕に選ばれた市民自身にとっても、保障されるべき権利なのである。なぜならば、現在の文面はその者に証人として出廷することを禁じており（その完全な自由意志による証言の場合を除く）、詳述するならば、もし大統領が、それでもなお、たとえば自分の私生活を守ろうとしたり、名誉毀損の訴訟を起こそうとするなどの目的で裁判所に提訴した場合に、被告は武器の平等原則（*principe de l'égalité des armes*）

侵害を引き合いに出すことができることになるからである。というのは、その手段が刑事上のものであろうと民事上のものであろうと行政上のものであろうと関わりなく、結果的に（その悪意の欠如を証明するための、あるいは誣告罪としての告発や差押、家宅捜索などの行動をとるための）あらゆる強制的な手段が被告には閉ざされてしまうからである。したがって、第三者の権利保護の問題がまだ残されているのである(38)。なるほど、妨げられた審理や手続は職務終了後１ヶ月が経てば回復されうるけれども、迅速な司法の対応を必要とする一定の訴訟にあっては、もし完全な効力を発揮できないとすれば訴権は全く意味を失う危険がある。

Ⅱ．曖昧な解任の手続

憲法第 68 条が設けた解任の手続は、憲法第 67 条第１項を欠いては理解できない。後者の規定は、大統領がその資格において行った行為に関する無答責の原則を設けている。解任はこの原則に対する例外である。したがって、全ての私的な行為あるいは職務外の行為、すなわち大統領の資格とは別になされたあらゆる行為は解任と無関係であり、それは不逮捕特権の問題となる。大統領の「職務」の中に第 68 条を組み入れること〔の必然性〕は、解任手続を始動させるために採用されうる〔解任〕理由によっても強められている。すなわち、「その任務の実行と明らかに両立し得ないようなその義務の懈怠」がそれである。少なくとも「大反逆罪」という定式と比べた時に、このような定式の明瞭さは、改正案を推進しようとする様々な者たちによって不断に賞賛されているけれども、それでもこの定式は一義的というには程遠い。解任手続の開始のために採用されうる理由の側では、もし月並みな撞着語法を用いることが許されるならば、その不明瞭な明確さを確認することしかできない（A）。本来の意味での手続に関して言うならば、閂の掛かった政治手

続であることが明白である。その具体的な実施は全く理論上のものである（B）。

A.「その義務の懈怠…」〔という要件〕の不明瞭な明確さ

「その任務の実行と明らかに両立し得ないようなその義務の懈怠」という定式が全く新しいというわけではない。一部の学説は、「大統領の任務に由来する義務のはなはだしい違反[39]」が大反逆罪の観念に含まれるとも考えた。2007年に用意された〔解任〕理由は確定的とまではいえないが、それでもなお大反逆罪よりも明らかに明確であるように思える[40]。しかしながらこの〔解任〕理由からは、そのいずれもが同等に解任手続の潜在的な利用のあり方を示す、少なくとも3つの異なる解釈が導き出されうるのである。

第1の解釈の場合、この定式は重大な憲法違反の場合に向けられる[41]。さらに学説は、大反逆罪の観念の中にこのような考え方を導入してきた。フランスの制度上で行われてきたことは、少なくともこの解釈を例証する。1962年に、国家元首が憲法に反して第11条の立法レファレンダムを用いようと考えた際に、元老院議長ガストン・モネルヴィユ（Gaston MONNERVILLE）は、憲法第68条を使う可能性があることに言及したのだった[42]。学説がしばしば言及する別の例によれば、1986年に共和国大統領がオルドナンスに署名することを拒んだ時にも、これは憲法違反と考えられうるとして、旧第68条の手続を利用するとの警告が発せられた。したがって憲法違反は、解任手続を実行に移すことで制裁を加えることができるのである。こうした事態は、多くの外国の憲法でも予定されている。例えば、ドイツの「故意の憲法違反」（ドイツ基本法第61条）、ブラジル（憲法85条）、ブルガリア（第103条）、コロンビア（第198条）、ポーランド（第145条）における憲法違反、ハンガリーにおける憲法制度侵害（第31条）、イタリアにお

ける「憲法に対する攻撃」(第90条)、ルーマニアにおける「憲法条項を侵害する重大な事実」(第95条) などである[43]。

第2の解釈の場合、「その任務の実行と明らかに両立し得ないようなその義務の懈怠」は、大統領の「義務」についてと、「その任務の実行と」の両立不可能性についての政治的な評価を含むことになる。まず始めに、国家元首の「義務」とは何か。先の解釈によれば、この「義務」の中に法的な義務を含めることができるが、「義務」という言葉の多義性は他の型の義務、すなわち政治的な義務さらには道徳的な義務をも含んでいるように見える。次に、「任務の実行と明らかに両立し得ないような」とは、いかなる義務の懈怠なのか。その中には、任務の実行と両立しうるものもあれば、両立し得ないものもある。想像を働かせることが必要である。ヤマシギ狩りしか解禁されていないのにヤマウズラの幼鳥を殺してしまったとの喩えを用いるならば[44]、大統領がその資格においてヤマウズラの幼鳥を殺そうとして、それだけのために正式に狩りを組織しなければならないというようなものである。この場合、法律の遵守という法的義務も、さらには動物の種の尊重という道徳的義務も存在するであろうが、だからといってそのような〔義務の〕懈怠は、任務の実行と明らかに両立し得ないものであろうか。その答えは、完全に当不当の判断に任されている。政治的責任への変質は明らかであるが、不完全である。憲法には明確な〔解任〕理由が述べられているが、その評価は政治判断に委ねられており、大統領の政治責任が問題とされうるのである。政治判断に限界が設けられている点だけが、不信任動議に対して解任を特徴づけるものであるが、「義務」の「典型的な」懈怠の存在が必要ということこそが、その限界なのである。無能な公選職であるというような政治上の不手際のレッテルは、憲法第49条第2項の枠内で政府の政治責任を追求することを可能にするけれども、だからといってこれを解任の原因とすることはできない。それゆえ、共和国大統領の不幸な解散〔=大統領が行った議会解

散が大統領に不利な結果となった場合〕が〔あって初めて〕、議会の新たな多数派による大統領の解任も可能になるといえるのである。

しかしながら、憲法改正のイニシアティヴをとった者たちもこれを可決した者たちも、この政治責任の原則を明確に提示していたわけではない。アヴリユ委員会は、国家元首の責任を、特に採用される手続の視点から見て政治的な領域に置きつつも、政治責任の制度化には反対している(45)。この点で、委員会の立場は曖昧である。というのは、手続の「脱刑罰化」のためになされたように見える決定的な議論は事実上次のようなものだからであある。すなわち、いくつかの外国においては、国家元首の刑事責任の制度は政治的な目的に流用されているという議論が展開されたのである(46)。そこから、以下のような言明が不可避的に帰結する。すなわち解任手続のいかなる「刑罰化」も排除されたということである。国会議員の議論も、国家元首の政治責任がありうることについてより示唆的なわけではない。相違を誇張することは時に避けなければならないけれども(47)、国会議員の中には刑事責任に言及する者(48)もあれば、政治責任の原則を確実なものと見なす者(49)、あるいはこれを危惧する者(50)もいたことは確認できる。解任の政治的な解釈は、現在の国家元首であるニコラ・サルコジ大統領がこれを擁護したように、1958 年 10 月 4 日憲法の大統領制的な理解の仕方と一貫性を保つことができるという利点がある。確かにこの一貫性は、両院に対する政治責任〔を確保する〕制度が存在しない大統領制の論理の一端から帰結されるわけではない。それは、政府を犠牲にしつつ大統領に有利なように執行権を集中する傾向に直面して、共和国大統領の政治責任をこの傾向への対抗策として考えるところから導かれる。このような傾向の中で、今回の新しい制度は政府の政治責任を国家元首に移すことを可能にするものといえよう。もっとも、解任制度の政治的な用い方は、解散権の行使を通じて、大統領が〔自らに対する〕告発の段階でこれを妨害することが当然にありうることも指摘しておきたい(51)。

そのような場合には、争いに決着をつけるのは人民である。

最後に、第3の解釈も可能である。これは、解任手続を国家元首の不逮捕特権というより一般的な枠組みの中に置き直す傾向を持つものである。解任手続が発動されてこれが成功した場合には、大統領を普通法の裁判所による裁判の当事者となりうる通常の市民に戻すことができるように、彼から国家元首の資格を剥奪することが可能になる(52)。その任期中、普通法の裁判所に対して共和国大統領が有する個人的な免責特権は、このように解任手続の発動によって廃止されうる。国家元首が普通法上の重罪や軽罪を犯した場合、その解任後に国家元首は普通法の裁判所に召喚されなければならない。

しかしながらこのような解釈には、すでに言及したいくつかの理由により部分的ながらも異論が唱えられている。解任は大統領の資格においてなされた行為にしか関係がない。したがって我々は、想像力すら必要とした「職務の行使の中で」なされたものではないが、大統領の資格においてなされた普通法上の重罪や軽罪を考えることの困難さに再び逆戻りしてしまう。というのは、大統領の政治的任務の点から考えると、それは「その義務の」明らかな懈怠を構成するからである。国家元首によってなされた夫婦間の暴力は、「大統領の資格」においてなされたものと考えうるのだろうか。大統領がこの資格で行動したと考えられるためには、この暴力が公的かつ／ないし公式の式典の途中でなされる必要があるのだろうか。おそらくは、収賄の場合、とりわけ私人あるいは外国による物質的な利益の供与による収賄の場合を考えた方が良いであろう。それは、常に大統領の身分と結びつき、解任手続を発動させうるものとして考えられるべきものだからである。逆に、離婚後に義務付けられた扶養料を支払わなかった場合というのは、大統領の身分と結びつくことはありえず、したがって憲法第67条の不逮捕特権の対象となるであろう。いずれにせよ、重罪または軽罪の場合に大統領を通常の裁判にかける目的で解任を用いるためには、これらの犯罪がこうした身分でなされる

必要がある[53]。

B. 政治手続上の閂（verrou）

たとえ新たな〔解任〕理由が完全には納得しうるものでないとしても、手続が政治化していることは抗えない事実である。高等法院がその「裁判所としての」性格を失うのと同様に、第68条が規定するような解任手続は裁判的な性格を全て失っている。アヴリユ委員会は、報告書の中で示唆した組織に関する条文の中のそれも含めて、こうした考え方を採用した[54]。憲法改正権力は、この第68条のみのために予定された組織法律が可決されるのを待つことになった。

高等法院への結集の提案は、両院のそれぞれで採択される議決により順々に可決される。他方の院からの提案を受けた院は、15日以内にこれについて決定を下さなければならない。組織法律に規定されるべきものに関して、アヴリユ委員会は当該院の構成員の10分の1が署名した決議案の提出を義務づける旧来の要件を維持している[55]。報告書が追加したのは、一人の国会議員がそのような決議案に賛成の署名をするのは大統領の任期中に1回に限られるという点である。手続の政治化は〔この点からしても〕明白である。解任の実効的な発動可能性を減じさせることに加えて、この規範は、1995年8月4日の憲法改正まで同一会期中の「攻撃的な」不信任動議への賛同署名について国会議員を拘束していた限界を復活させるものである。同じくアヴリユ委員会の提案によれば、一度〔解任の〕提案が可決されると、事件に関する必要な場合の予審の任務が、両院の副議長からなる特別委員会に委ねられることになる。〔すなわち、〕司法官職〔＝司法職団（corps judiciaire）に所属する裁判官と検察官〕によって構成される予審委員会は消滅し、政治家から構成される委員会に代えられることになったのである。憲

法第68条によれば、国民議会議長が高等法院の議長を務めることになる。「不平等型の二院制」の形をとった議院内閣制の見せかけを超えて、そのような議長のあり方も、もしそれが必要だとしても、フランスの解任〔制度〕をアメリカの弾劾制度から遠ざけている。合衆国では、弾劾と判決の権限は各院それぞれに分配されており、フランスにおけるように両院に2つの権限が両方とも委ねられるわけではない(56)。また合衆国大統領を裁く時には、最高裁首席裁判官（chief justice）〔＝最高裁長官〕すなわち国の最高段階の裁判所である最高裁判所の議長こそが上院の議長を務めるのである。そのような選択は、象徴的ではあるがフランスの改革にはこれまで存在しなかった〔大統領解任制度の〕「裁判所化（juridicisation）」を示している。高等法院は1ヶ月以内に判断を下し(57)、その決定は即時効を持つ。決定は秘密投票でなされ、委任はいかなる場合も禁止されている(58)ことを考慮すれば、裁決については特別な荘厳さが見込まれている。憲法第49条と第50条が定める政府の政治責任と比べて、〔大統領解任〕手続の政治化は奇妙なままである。というのは、解散させられない元老院がこれに加わるからである。いかなる不信任動議も元老院では提出できないがゆえに、政府の政治責任を実効的に問題にするあらゆる可能性から遠ざけられながらも、元老院は、時に政治的なものともなる大統領の責任を問い質すところに、一つの役割を見出すと思われる。

表決のあり方は、それが解任につながりかねないが故に、自律的に審査されなければならない。アヴリユ委員会は、高等法院への結集提案の採択と解任の表決のそれぞれについて、当該議院の構成員もしくは高等法院の構成員の単純多数を支持していたが、この考え方が法案に取り込まれることになった。〔加えて〕、第49条の不信任動議の考え方にもう一度倣って、高等法院への結集提案や解任への賛成票のみが数えられることとなっていた。〔しかし〕国民議会において共和国憲法・立法・一般行政委員会は、多数決要件を

重くし5分の3とした。但し他の要件はそのまま残された。当該議院（高等法院への結集を生ずる場合）あるいは高等法院（解任を宣告する場合）の在籍構成員の3分の2（投票総数や出席者数のそれではない）に再び多数決要件が引き上げられたのは、野党のイニシアティヴ、より正確にはアンドレ・ヴァリニ（André VALLINI）氏が提出した修正案(59)によってであった。国会議員の討論を見ると、こうした多数決要件の引き上げの動きは、解任の政治屋的な利用を避けることを目論んだものであるが、そのこと自体、この観念に政治責任を見る者たちを含めて、この観念を取り巻く一定の混乱があることを示している。こうした観点から見ると、野党の修正案は、元老院が伝統的かつ構造的に右派に属する多数派が支配する議院に留まっているという事実を考慮に入れてのものだったことが分かる。単純多数決要件を採る場合、コアビタシオン〔＝保革共存政権〕の時期に解任は利用可能であろうが、それは専らに左派から出た大統領に対して右派に位置する国会議員多数派がこれを行使する場合であろう。このようなことが明らかになった以上、多数決要件を重くするという選択はやはり批判されるべきである。というのは、元老院議員の選任方法を変えない限り（もっとも、この点も討論の中で言及されたが）、政治的対立が投票の際にも重視される場合、右派の多数派出身の大統領が解任されることは実は全く理論上の問題に留まってしまうからである。〔もっとも、〕他の多数派出身の大統領の解任も、憲法上の空想科学に属するのではあるけれども。

憲法内部では、議院の構成員の3分の2を必要とする多数決要件は、どのような場合であれ最も重いものである。これと比べて、憲法の改正案やその提案は両院のそれぞれの〔単純〕多数による同一文言での可決で足り、憲法改正案を発布するにも、もし大統領がその方法を採る場合には投票総数の5分の3の多数による両院合同会議（Congrès）の可決で足りる。したがって、大統領の解任に到達するよりも憲法改正の法がはるかに容易なのである(60)。

したがって国会議員は自ら解任手続を閉じてしまったのである。このことが驚くには当たらないのは、〔議事〕手続の秘法に熟練した人として知られ、多数派に属するある議員であってさえ、2001年に現役の大統領を弾劾する決議を提出するために国民議会議員の58名の署名すら集められなかったことを思い出すからである。〔解任〕手続を求めて国民議会議員のうちの385名〔の参同者〕を見つけ出さねばならないとしたら、一体どうなるであろうか。大統領の責任をめぐってなされた党派的な議論がいかなるものであれ、おそらく見せかけに騙されてはならないであろう。なぜなら、任期中は刑事上も政治上も、国家元首に事実上完全な免責特権があることに賛成する政治的多数派のコンセンサスが存在しているからである。政治責任問題に関し第五共和制下で神話となっている真の〔政治的〕大地震〔的な出来事〕である、1962年に存在した〔政治〕状況のようなタイプの状況でもない限り(61)、新憲法第68条を実際に活用することは不可能であろう。

最後に、もし解任に値することを明白かつ決定的に宣告しなければならないとしたら、異議を唱えるのは困難であるにせよ、政治責任について語るべきであろう。

M. トロペールが導き出した3つの基準を用いるなら、実際に確認されるべきなのは、政治的委任にそれ自体匹敵する義務の明白な懈怠が存在することを条件として、〔解任の〕理由づけ (le motif) を政治選択の代わりに用いることが可能であること(62)、手続は専らに政治的であること、そして制裁は政治的なものに限られ、解任は国家元首の任期の終了をもたらすことである。

保護すべきとの意思が強すぎるこうした観点の下、新憲法の第67条と第68条の法文は、実際上、判断を困難にさせるものとなりうる。たとえ憲法が国内秩序において、コンセイユ・デタと破棄院の一致した判例によれば今でも最高規範であり続けているとしても(63)、決してそのようなメカニズム

がヨーロッパ人権裁判所の異なる評価を逃れているわけではない。政治的職務の実行と切り離しうる行為につき、たとえそれがあまり重要ではない行為であったにせよ、不逮捕特権が一時的にせよ保障されているために、それが到達すべき目的との関係で均衡を欠くように見える場合には、とりわけ裁判を受ける権利の観点から〔欧州人権裁判所によって〕裁かれるのである。

【補足資料】

(1) 2007年2月23日憲法改正によるフランス憲法新条文（仮訳）

（第９章）高等法院（La Haute Cour）

第 67 条〔共和国大統領の免責特権〕

① 共和国大統領は、第 53 条の 2 並びに第 68 条の規定する場合を別にして、その資格でなされた行為に対して責任を負わない。

② 共和国大統領の任期中は、フランスのいかなる裁判機関においても行政機関においても、共和国大統領に証言を強制することはできないし、共和国大統領を訴訟の相手方とすることも、尋問、予審、訴追行為の対象とすることもできない。あらゆる時効や訴権の失権の期限は停止される。

③ 前項において妨害された審理や手続は、共和国大統領の職務が終了して1ヶ月後から共和国大統領に対して再開ないし開始することができる。

第 68 条〔共和国大統領の解任〕

① 共和国大統領は、その任務の実行と明らかに両立し得ないようなその義務の懈怠があった場合を除き、解任されることはない。その解任は、国会が高等法院となってこれを宣告する。

② 国会の両院の一つによって可決された高等法院への結集の提案は、でき

る限り早く他の院に伝達され、後者の院は15日以内に決定を下さねばならない。

③　高等法院は国民議会議長がその議長を務める。高等法院は1ヶ月以内に秘密投票で解任についての決定を下す。その決定は即時効を持つ。

④　本条を適用して決定を行う場合、当該院又は高等法院を構成する議員の3分の2以上の賛成を要する。表決の委任はいかなる場合でも禁止される。高等法院への結集に賛成の票あるいは解任に賛成の票のみが表決数として数えられる。

⑤　本条の施行要件については組織法律がこれを定める。

(2) 改正前のフランス憲法の当該条項及び今回修正されなかった関連条項 *

第53条の2〔国際刑事裁判所の裁判権：1999年改正で付加されたもので、今回改正されたものではない〕

共和国は、1998年7月18日署名の条約が定める要件のもとで、国際刑事裁判所の裁判権を承認することができる。

（第9章）高等法院（La Haute Cour de Justice）

第67条〔高等法院の構成、手続き〕

①　高等法院が設置される。

②　高等法院は、国民議会の改選または元老院一部改選の後に、各議院内部から同数で選出される議員によって構成される。高等法院は、その構成員の中から、院長を選出する。

③　高等法院の構成、その運営の規則ならびに高等法院で適用される手続は、組織法律がこれを定める。

第 68 条〔高等法院の職務〕

共和国大統領は、大反逆罪の場合は別にして、その職務の行使の中でなされた行為について責任を負わない。共和国大統領は、両議院が、公開投票により、かつその構成員の絶対多数により、同一の表決で裁定するのでなければ、起訴されることができない。共和国大統領は、高等法院によって裁判される。

（1） Loi constitutionnelle n° 2007-238 du 23 février 2007 portant modification du titre IX de la Constitution, *JORF*, 24 février 2007, p.3354.

（2） 反対の立場として、D. CHAGNOLLAUD の見解が、またより含みのある見解として、F. MELIN-SOUCRAMANIEN や F. ROUVILLOIS の見解がある。これらの見解は、« Dossier spécial : Statut pénal du Chef de l'Etat », *R. D.P.*, n° 1, 2003 のそれぞれ 67 頁、71 頁、並びに 95 頁に掲載されている。

（3） C.C., n° 98-408 DC, 22 janvier 1999, *Cour pénal internationale*, *Rec.*, p.29. この判決は稀有なものであったが、憲法院の 2000 年 10 月 10 日の新聞公式発表による補足が付け加えられていた。この補足は、特にこの判決の中で採られた解釈を明確にすることを目指したものだった。

（4） 第 2 段落によると、大統領を「……訴追することはできない」とある。憲法院は、「共和国大統領は、大反逆罪の場合は別にして、その職務の行使の中でなされた行為について責任を負わない」とする第 1 段落の想定する場合から排除するようにして、これを第 2 段落と結びつけないことで、この第 2 段落を独立させる解釈を選んだのだった。その結果、その職務の行使の中でなされた行為以外の場合（第 1 段落）にも、訴追がありうる（第 2 段落）ことになった。

第 68 条に関する 3 つの可能な解釈については以下を参照のこと。M.

TROPER, « Comment décident les juges constitutionnels », *Le monde*, 13 février 1999. なおこの論文は、*R.F.D.C.*,1999, pp.326-327 に再録されている。

（5） 事実、高等法院の組織法律に関する 1959 年 1 月 2 日オルドナンス第 59 条の 1（ordonnance n°59-1）第 27 条は、「高等法院に訴追される重罪及び軽罪に起因する損害」に言及している。しかもこのオルドナンスの条項は、憲法院が採用した解釈の根拠付けとして援用されていた。

（6） この解釈によるならば、議会が訴追権を持つ以上、政治的な理由を含むいかなる理由に基づいてであれ、大統領に対する高等法院による手続を開始することも可能と考えることができるのである。

（7） Cass., Plén, 10 octobre 2001, *Breisacher, R.F.D.A.*, 2001, p.1186 et s., concl. R. De GOUTIES, *R.F.D.C.*, 49, 2002, p.51 et s.

（8） 1959 年 1 月 2 日オルドナンス第 22 条以下。

（9） 1959 年 1 月 2 日オルドナンス第 25 条による。

(10) 予審委員会の選択は不可争力を持っていた。その決定は抗告訴訟の対象とはなりえず、犯罪被害者が高等法院に損害賠償請求のための付帯私訴の申立てを行っても受理されることはない（それぞれにつき、1959 年 1 月 2 日オルドナンス第 24 条及び第 27 条を参照のこと）。

(11) 2002 年 7 月 3 日の大統領任務通達及び共和国大統領の刑事上の地位に関する検討委員会を創設するための 2002 年 7 月 4 日のデクレ第 2002—961 号。これらの文書はアヴリュ委員会、すなわちピエール・アヴリュ教授が委員長を務める共和国大統領の刑事上の地位に関する検討委員会の次の報告書に再録されている。***Le statut pénal du Président de la République***, Rapport au Président de la République, La documentation française, 2003, それぞれにつき 57 頁及び 59 頁。同じく、Th. S. RENOUX et M. DE VILLIERS, *Code constitutionnel*, Litec, 2005, 3ème édition, Annexe 13, n° 1946. も参照のこと。

(12) 同上報告書、特に 9—12 頁を参照のこと。

(13) 法案は次のように規定することで、1 つの点でアヴリュ委員会提案を修正している。それは、「前項において妨害された審理や手続は、共和国大

統領の職務が終了して１ヶ月後から大統領に対して再開ないし開始することができる」という規定である。もっとも委員会は、この１ヶ月の期限を特別の組織法律の中に記載するつもりであった（報告書 44 頁）。

(14)　この〔微妙な〕意味づけを説明するものとして、特に以下を参照のこと。L. FAVOREU, « De la responsabilité pénale à la responsabilité politique du Président de la République », *R.F.D.C.*, 49, 2002, p.7 et s.

(15)　憲法第 67 条及び第 68 条として存在した以前の文章に関する完全な注釈として、前掲 *Code constitutionnel*, n° 1247 et s. を参照のこと。

(16)　国際刑事裁判所については、特に次のものを参照のこと。S. SUR, L. CONDORELLI et J.-A. CARRILLO-SALCEDO, « La Cour pénale internationale en débat », Dossier spécial, *R.G.D.I.P.*, 1999, p.9 et s.

(17)　この点を明確化した規定が、国民議会の共和国憲法・立法・一般行政委員会によって〔憲法〕改正法案に挿入された。

(18)　例えばある論者は、無答責の場合を対象とする本来的免責特権と、裁判管轄上の特権と不逮捕特権をまとめたものである手続的免責特権とを区別する (B. GENEVOIS, « Immunités constitutionnelles et privilèges de juridiction. France », *A.I.J.C.*, 2001, p.195)。また別の論者は、適用される刑罰法規を限定する実質的免責特権と、関連性のある刑罰法規の適用を特別な手続によって妨げることを許す形式的免責特権とを区別する（O. PFERSMANN, « Immunités constitutionnelles et privilèges de juridiction. Autriche », *A.I.J.C.*, 2001, p.144)。さらに別の論者は、本来的な法的免責特権（無答責）を、手続的免責特権や厳密な意味での免責特権、あるいは不逮捕特権から区別する（E. LIBONE, A. PIZZORUSSO, « Immunités constitutionnelles et privilèges de juridiction. Italie », *A.I.J.C.*, 2001, pp.250-251)。

(19)　特に次のものを参照のこと。A. CASSESE, « Peut-on poursuivre des hauts dirigeants des Etats pour des crimes internationaux ? A propos de l'affaire *Congo c. Belgique* (C.I.J.) », *R.S.C.*, 3, juill.-sept. 2002, p.488 et s. 同じく次のものも参照のこと。G. GIUDICELLI-DELAGE, « Justice pénale et décisions

politiques : réflexions à partir des immunités et privilèges de juridiction », *R.S.C.*, Avril/Juin 2003, pp.249-250.

(20) M. TROPER, « Pesponsabilité politique et fonction gouvernementale », in *La responsabilité des gouvernants*, O. BEAUD et J.-M. BLANQUER, Descartes & Cie, 1999, p.33.

(21) アメリカ憲法第2条第4節によれば、弾劾裁判が提起されうるのは「反逆罪、収賄罪あるいはその他の重罪と軽罪」の場合である。

(22) 1959年1月2日の組織オルドナンス〔＝組織法律に基づく委任命令〕第34条によれば、「被告人に有罪判決を下す場合には、そのまま続けて刑罰の適用に関する表決を行う（傍点は引用者）」。しかしながら刑事制裁の宣告に関する高等法院の裁量は、学説上は論争の的となっている。

(23) D. BARANGER, « Responsabilité politique », in *Dictionnaire de la culture juridique*, sous la direction de D. ALLAND et S. RIALS, Lamy-P.U.F., 2003, p.1358.

(24) R. CAPITANT, « La distinction du chef d'Etat et du chef du gouvernement », 1963, in *Ecrits constitutionnels*, Editions du C.N.R.S., 1982, p.396.

(25) この点に関し、合衆国におけるウィリアム・ジェファーソン・クリントン（William Jefferson CLINTON）大統領やブラジルにおけるフェルナンド・コロル・デ・メッロ（Fernando COLLOR DE MELLO）大統領に対して採られた手続について、委員会が言及している（前掲報告書、35頁）。同じ意味で、イギリスにおける1640年のストラフォード（STRAFFORD）訴訟という歴史上の事例や、最近の例としてブラジル、ヴェネズエラ、パラグアイ並びにリトアニアにおける国家元首の責任についても、共和国憲法・立法・一般行政委員会を代表してP・ウイヨン（P. HOUILLON）によってなされた憲法第9章の修正に関する憲法法案の提案（修正後の n° 1005）を参照されたい（n° 3537, *Assemblée nationale*, Douzième législature, 20 décembre 2006, 各事例につき、p.23, pp.34-35 et pp.36-38.）。

(26) 統治者の政治責任の刑罰化については、とりわけ汚染血液事件に関し

てO. ボー（O. BEAUD）が批判していたところである。特に以下のものを参照。O. BEAUD, « La responsabilité politique face à la concurrence d'autres formes de responsabilité des gouvernants », *Pouvoirs*, n° 92, 2000, p.18 et 26. この刑罰化は、「既存の普通法上の犯罪（infractions）の枠組みに入れることで、統治者の『政治上の過失』に制裁を加える責務を刑事責任制度に委ねさせる手続」を企図するものである（前掲、D. BARANGER, « Responsabilité politique »,p.1359）。ここで我々が「非刑罰化」という言葉を用いているのは、以前、大反逆罪が存在していた時に用いられていた「刑罰的な」側面を、罷免〔という手段〕を用いることで消滅させることを専ら意図しているに過ぎない。

(27)　以下の叙述を参照のこと。

(28)　（訳注）正しくは同憲法第12条である。したがって第9条とあるのは誤記と思われる。

(29)　1875年7月16日法第12条。

(30)　この制度はすでに1948年11月4日憲法第91条によって設けられていた。

(31)　1946年10月27日憲法第42条及び第58条。

(32)　P. アヴリユを委員長とする委員会の報告書がこの点を強調している。

(33)　「国民〔＝国家〕の主権は人民に属し、人民は、その代表者を通じて……主権を行使する」（憲法第3条）。「共和国大統領は、憲法が尊重されるよう監視する。大統領は、その調停によって、公権力の適正な運営と国家の継続性を確保する。共和国大統領は、国の独立、領土の一体性、条約の尊重を保障する」（第5条）。

(34)　前掲のアヴリユを委員長とする委員会の報告書（31頁）。

(35)　「フランスの行政機関」を指し示すことで、〔改正憲法の〕法文の起草者は強制力を持つ権限を授けることのできる独立行政機関を設けたいと望んでいた。アヴリユ委員会は、こうした理由から、インサイダー取引が発生した時にこれを審査しうる財政市場機関の前で手続が行われる場合を引

き合いに出している。

(36)　1974年にパリ軽罪裁判所に証人喚問されたヴァレリィ・ジスカール・デスタン大統領は、自ら進んで証言することを引き受けたことがある。また第3共和制期にも、レイモン・ポワンカレ大統領が自らの職務の尊厳性を守るために、パリ控訴院の裁判長の前で証言することを決めたことがあった（1914年のカイヨー（Caillaux）事件）。

(37)　前掲・アヴリユ委員会報告書、33頁。

(38)「当然のことながら、提訴することが不可能であるために侵害される可能性のある第三者の権利を実効的かつ直ちに保護するための規定は、それが絶対に必要であるがゆえに、組織法律の中に規定されなければならない」ことを、アヴリユ委員会は明言している。大統領任務の候補者は、その私生活において生ずる損害に関してすでに「強制的に」保障が与えられている以上、「不逮捕特権によってその決着を遅らせることのできるものは、保険の利く損害以外の損害に限られるように思われるが、そのような損害は一見したところ、極めて稀である」（前掲・報告書45頁）。さらに付け加えるならば、保険会社はその損害が私的な活動から生じたものであって、その〔公的〕職務の結果生じたものではないことを認定しなければならない。その結果、とりわけ職務行使の中でなされた行為とそれとは別になされた行為との区別が、普通法の裁判所で再び提起されることになる。同様に、委員会によれば、施行のための組織法律によって「定められるに値する特別な制度が存在する様々な分野」の中に、労働法〔の分野〕も含まれる。それ故にこそ組織法律は、大統領の任務を担う者が、その選挙後直ちに憲法院において、資産宣言（une déclaration DE patrimoine）への署名と同時に「遅滞なく、その者が雇用主として契約することのできたであろう全ての労働契約を第三者に移譲する（…）約束をすべきこと」、あるいは「管財人を指定すべきこと」を定めなければならないだろう（同上、33頁）。しかしながら、2007年の憲法改正によって成立した現在の憲法第67条は、施行のための組織法律についていかなる言及も行っていない。

(39) T.S. RENOUX, M.de VILLIERS, *Code conatitutionnel, op.cit.*, § 1251.

(40) 憲法史上唯一つだけ、1848 年 11 月 4 日憲法の第 68 条が大反逆罪を定義していた。それは、「共和国大統領が国民議会を解散したり、〔その会期を〕延長したり、その任務の実行を妨げるあらゆる手段は大反逆罪である」とするものであった〔原文は「1968 年憲法」と書かれていたが、内容から見て「1848 年憲法」が正しいので訳文上で訂正しておいた（訳注)〕。反対に、いくつかの国際的文書をフランスで批准した後になると、大反逆罪は「共和国大統領がそれを犯した場合の刑法典上の反逆罪に他ならない」とする評価もある。この点につき、M.-L. RASSAT, « Du statut dit « pénal » du Président de la République », *Droit pénal*, n° 5, mai 2007, Étude 8. 大反逆罪に関する学説上の様々な解釈については、とりわけ以下のものを参照のこと。O. BEAUD, « Pour une autre interprétation de l'article 68 de la Constitution », *R.F.D.A.*, 2001, p.1195 et s.

(41) この意味では、前掲・アヴリユ委員会報告書、36 頁を参照されたい。

(42) E. DEZEUZE, « Un éclairage nouveau sur le statut pénal du Président de la République sur la décision n° 98-408 DC du 22 janvier 1999 du Conseil constitutionnel », *R.S.C.*, 3, juill.-sept. 1999, p.503.

(43) アヴリユ委員会報告書 93 頁以下の様々な憲法規定を参照のこと。

(44) J. BARTHELEMY et P. DUEZ, *Traité de droit constitutionnel* を模倣しているが、次のものも参照されたい。P.-h. PRELOT, « Le perdreau mort. L'irresponsabilité du président de la République : inviolabilité personnelle, immunité fonctionnelle, privilège de juridiction ? », *Dalloz* 2001, n° 12, Chron., p.949.

(45) この 2 つの考え方については、前掲・報告書 34 頁及び 37 頁を参照のこと。

(46) 同上、36 頁。

(47) 例えば、2007 年 1 月 16 日の国民議会第 2 読会における法務大臣報告を参照のこと。

(48)　例えば、2007年1月16日の国民議会第2読会におけるエルヴェ・モラン（Hervé MORIN）の報告を参照のこと。

(49)　例えば、2007年1月16日の国民議会第2読会における共和国憲法・立法・一般行政委員会議長兼報告者のフィリップ・ウイヨン（Philippe HOUILLON）の報告を参照のこと。

(50)　例えば、2007年1月16日の国民議会第2読会におけるジャック・ブランエス（Jacuqes BRUNHES）の報告を参照のこと。

(51)　この問題については、憲法第9章を改正する憲法案（修正後のn° 1005）に関する、共和国憲法・立法・一般行政委員会を代表してP・ウイヨンが行った報告（前掲n° 3537, pp.57-58）を参照のこと。

(52)　この意味でアヴリユ委員会報告書34頁を参照されたい。同じ意味で、憲法・立法・普通選挙・規則・一般行政委員会委員長兼報告者のジャン＝ジャック・イエスト（Jean-Jacues HYEST）も、2007年1月7日の読会で、国家元首の私的行為に続いて解任手続をとることを可能とすることに賛成した。

(53)　この点で、特に次の批判も参照されたい。M.-L. RASSAT, « Du statut dit « pénal » du Pésident de la République », *précité.* 解任を介してあらゆる刑事責任を追及することを拒否する者として、M. VERPEAUX, « Le faux *impeachment* à la française ou la nouvelle combinaison du pénal et du politique. A propos de la révision du Titre IX de la Constitution », *La semaine juridique*, Ed. G., 15, 11 avril 2007, Doctrine, I-141, p.18.

(54)　報告書39頁参照。

(55)　同上、49頁。

(56)　今後は解任と共に「弾劾」について語ることはできなくなるので、合衆国では下院のみで弾劾について裁決するというのに対して、フランスでは今後は国民議会と元老院の両院で採決を行うということになる。アメリカの上院は、「弾劾を受けた者を裁判する」ために宣誓又は荘厳な宣言の表明により裁判所に変身する。フランスでは、高等法院は、理論上はもはや

裁判所と同一視されえない。それは、その「法院〔Cour＝法廷〕」としての法的地位にもかかわらず、決して判決を下すことはなく、解任を宣告する（prononce）一種独特の機関といえよう。

(57) 当初、この期限は2ヶ月だった。期限が1ヶ月に減らされたのは、国民議会が採択した（第12）修正の結果である。他方で、この同じ修正によって、当初定式化されていた高等法院への結集の決定に続く大統領による〔この手続の〕妨害の局面に関する第68条第3項は廃止されたのである。

(58) この最後の説明は、国民議会が採択した第13修正から導かれる。

(59) 第9修正。

(60) もちろんそれは、このようにして制度化された新たな手続を実行に移す前に、国家元首の責任を問い質すための要件を緩やかにするための憲法改正をしない場合の話である。

(61) 憲法を改正し、直接普通選挙による国家元首の選挙を設けようとして、憲法第11条を共和国大統領が使用したことに対し、これを失敗させようとして、とりわけその時の多数派による〔抵抗〕を含む、ありとあらゆることが予告され、かつ試みられた。1962年10月5日の不信任動議は、第五共和制下で今日までに可決された唯一の不信任動議であり、したがって政府の辞職をもたらした唯一の不信任動議である。

(62) たとえ我々が、別の場所では、この理由付けについて2つの別の解釈を行ってきたとしてもそうである。この点ではすでに述べてきたことを参照のこと。

(63) C.E, Ass., 30 Octobre 1998, *Sarran, Levacher et autres, Europe*, mars 1999, p.4, note D. SIMON, *G.A.J.A.* n° 113 ; Cass., Ass. Plén., 2 juin 2000, *Mille Fraisse, Europe*, Août-septembre 2000, p.3.